2차 면접대비
청소년상담사
3급 한권으로 끝내기

시대에듀

2025 시대에듀 청소년상담사 3급 2차 면접대비

Always with you

사람의 인연은 길에서 우연하게 만나거나 함께 살아가는 것만을 의미하지는 않습니다.
책을 펴내는 출판사와 그 책을 읽는 독자의 만남도 소중한 인연입니다.
시대에듀는 항상 독자의 마음을 헤아리기 위해 노력하고 있습니다.
늘 독자와 함께하겠습니다.

자격증・공무원・금융/보험・면허증・언어/외국어・검정고시/독학사・기업체/취업
이 시대의 모든 합격! 시대에듀에서 합격하세요!
www.youtube.com → 시대에듀 → 구독

머리말

그토록 어려운 3급 1차 필기시험에 합격하신 것을 우선 진심으로 축하드립니다. 3급 필기시험에 합격하기 위하여 그동안 너무나 힘들게 노력하시고 애쓰며 공부하신 결과 마침내 필기시험 합격의 영광을 얻으셨습니다. 1차 필기시험에 이어 2차 면접시험도 별다른 어려움 없이 합격하시어 청소년상담사 3급 자격증을 취득하시기를 간절히 기원합니다.

"어떻게 하면 존경받는 완벽한 상담사가 될 수 있을까?"라는 명제는 상담사라면 누구나 한 번쯤 하는 고민일 것입니다. 청소년 내담자는 각양각색의 특징과 상황, 여건을 가지고 여러분들 앞에 앉기 때문에 상담에는 정답이 없으며, 호소문제를 직접적으로 해소하는 식의 간단한 대처도 정답은 아닙니다. 각기 다른 성장환경, 부모의 양육방식 그리고 현재에 처한 문제와 상황, 내담자의 다양한 성격, 정서, 태도와 행동으로 인하여 겉으로 똑같은 문제라 하더라도 내담자 특성에 따라 상담자가 개입하는 방법이 천차만별인 것이 현실입니다. 그래서 상담을 오래한 저 역시 상담 중에 좌절감을 느끼기도 하고 매순간 새로운 도전을 받기도 합니다.

그러나 저는 청소년의 문제유형에 따라 기본적인 상담개입전략이 있다고 믿고 있으며 이를 정립해 보려고 상담 일선에서 무척 노력하였습니다. 상담에는 정답이 없지만 최소한 이 책에서 기술하는 바와 같이 '면접관이 머리를 끄덕일 정도의 답변'을 찾아 여러분에게 제공하기 위해 이 책을 만들었습니다. 10년 넘게 청소년상담을 통한 여러 가지 지식과 경험, 이론적인 학습, 적용한 상담기법 등을 종합하여 가장 보편적이고 일반적인 방법을 기술하였습니다.

이 책에서 소개되는 사례들은 제가 청소년상담을 하면서 오랫동안 축적된 경험과 지식을 바탕으로 하여 만들어 낸 것과 주위에서 일어나는 사례들을 포함하였습니다. 기출사례들은 해마다 3급 응시 수험생들이 면접시험 후 인터넷에 게시하는 면접후기를 참고하였습니다. 수험생에게 개별적으로 특별히 부탁하여 재생하여 만들었으며, 가능한 한 기출제된 사례를 원문과 가깝게 복원하였습니다. 사례 이외에 면접관들이 현장에서 질문한 사항들은 이 책의 해당 사례에 적절히 배분하여 매년 반영, 보완하고 있습니다.

이 책이 나오기까지 여러 사례에 대해 여러 모로 도와주시고 조언을 아끼지 않으신 시대에듀 담당자에게 무한한 감사를 드립니다. 장차 상담 각 분야에서 뛰어난 상담가로 활약하실 수험생 여러분의 무궁한 건승을 빕니다. 감사합니다.

저자 문두식

이 책의 구성과 특징 STRUCTURES

청소년상담사 윤리강령

청소년상담사 윤리강령은 청소년상담사 3급 필기시험과 면접시험에서, 그리고 현장에서도 숙지하여야 하는 기본적인 내용입니다. 이러한 청소년상담사 윤리강령을 면접을 대비하며 한 번 더 찾아보지 않아도 되도록 가이드 안에 수록하여, 언제든지 쉽게 읽어보실 수 있도록 마련하였습니다.

면접상황 준비

면접진행의 개괄과 기본적으로 면접 준비를 위해 대비하여야 하는 사항을 총정리하였습니다. 본격적인 면접 준비 전 가볍게 읽어보면서 면접대비에 유용한 팁들을 확인할 수 있습니다. 이를 통해 실전의 낯선 상황에서도 당황하지 않고 본인의 능력을 100% 끌어낼 수 있습니다.

이 책의 구성과 특징 STRUCTURES

면접관 현장질문 대비

면접시험에서 수험생들에게 주어지는 질문들과 상황들을 모아서 구성하였습니다. 일부 문제는 블로그, 수험생 모임카페, 합격후기 등에 복원된 문제를 본 파트의 목적에 맞게 재구성하였습니다. 현직 전문상담사의 모범답변을 참고하시면서 자신만의 답안을 만들어 나가시길 바랍니다.

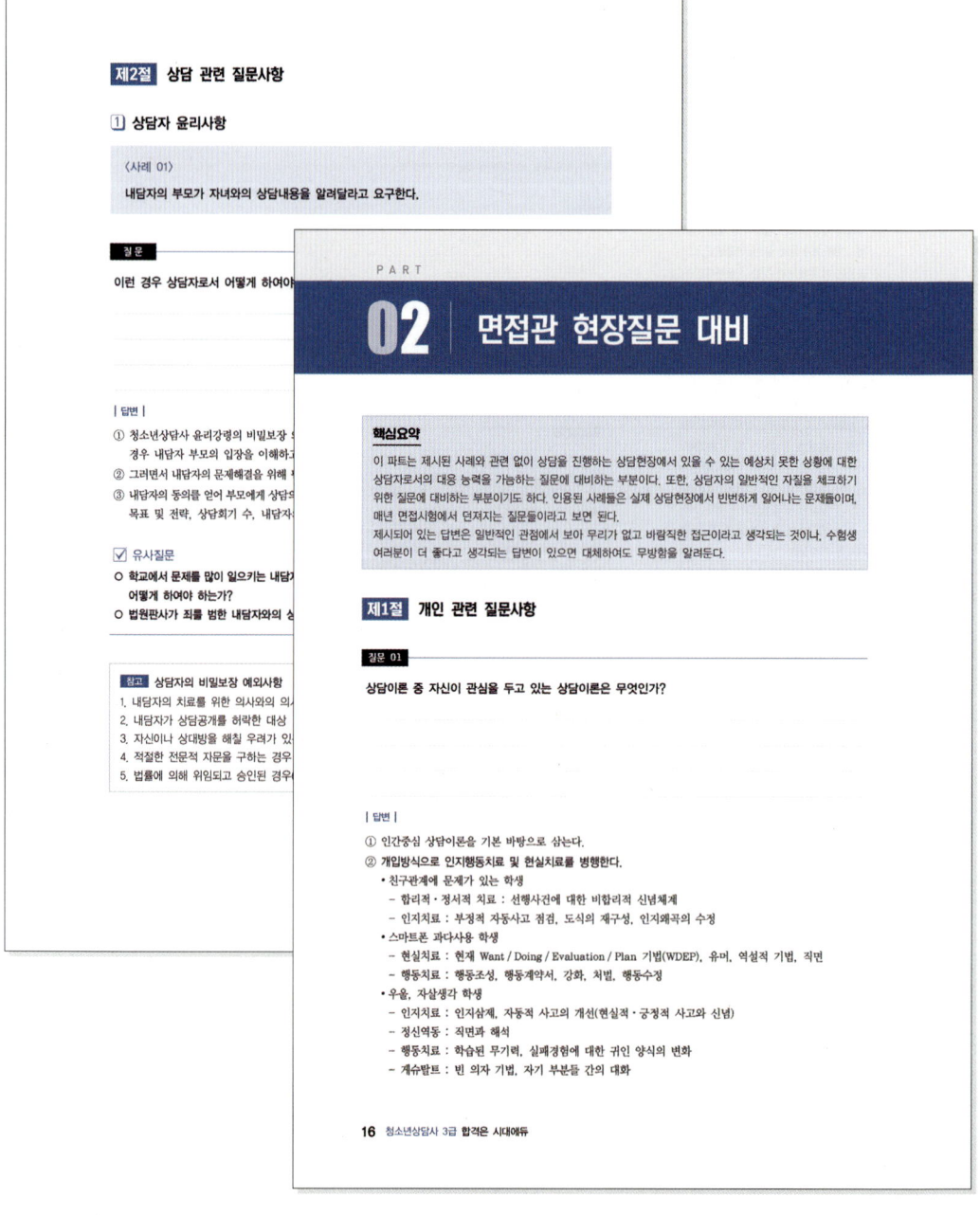

제시된 사례질문 대비

면접시험에서는 제시된 사례에서 청소년의 문제행동과 원인을 단 10분 안에 파악하여야 합니다. 주어진 짧은 시간 안에 전략적으로 면접을 대비하실 수 있도록, 블로그나 수험생 모임카페, 합격후기 등에 게시된 사례를 5개의 주요한 청소년 문제 분야로 나누어 총 30개의 사례로 수록하였습니다.

이 책의 구성과 특징 STRUCTURES

3급 기출사례 익히기

2016년 14회부터 2024년 23회까지 3급 면접시험에서 실제 제시된 사례들과 질문을 재구성하여 실었습니다. 사례와 질문들은 면접시험 경험자들의 복원을 바탕으로 만들어진 것이기 때문에 실제와는 약간 차이가 있을 수 있으나, 수험생 여러분이 면접시험을 준비하는 데 많은 도움을 줄 것이라고 생각합니다. 다른 사례에서 중복 출제된 질문을 생략하고 각 사례별 3~4개의 질문으로 알차게 구성하였습니다.

실전 모의면접

총 20가지 상황을 통하여 수험생 여러분이 실제 면접과 동일하게 연습해 볼 수 있도록 모의면접 장면을 구성하였습니다. 해당 사례들은 면접 당일에 수험생에게 주어지는 사례와 그에 따른 5~6개의 질문을 받는 상황을 반영하였습니다. 실제로 답안을 현출하는 연습을 하신다면 면접장에서 그 노력이 빛을 발하리라 확신합니다.

제3절 시험불안

제시된 사례

중학교 2학년에 재학 중인 윤 양(14세, 여)은 중간고사 때 성적이 눈에 띄게 떨어져 큰 고민에 빠졌다. 중학교 1학년 때는 반에서 항상 1~2등을 하여 친구들의 부러움을 받았다. 자신이 생각해도 왜 성적이 떨어졌는지 이해가 되지 않는다. 공부를 중학교 1학년 때보다 더 하고 있다고 생각하기 때문이다. 그리고 앞으로 다가올 기말고사를 생각하면 마음이 불안하고 주의가 집중되지 않아 몇 시간을 앉아 있으면서 공부하였지만 공부한 책을 보는데 활자가 움직이는 것 같이 수 없는 당혹감과 절망감을 느낀다.

윤 양의 아버지는 몇 년 전에 사고로 있다. 윤 양의 어머니는 철두철미한 주고 학습계획표에 의하여 공부하도 밖에서 친구와 만나는지 점검하고, 야단을 친다. 특히 영어에서 100점

윤 양은 중학교 2학년 중간고사 때 하였다. 그리고 그다음 과목도 전 시 이 낮게 나와 11등까지 떨어졌다. 이 시작하였다. 어머니와 공부하는 동안 대고 "전화질하지 말고 공부나 해!" 판에 숨이 막힌다.

면접관 질문

❶ 내담자가 일탈행동을 하고 있는데

❷ 대학교 때 심리학을 전공하였는데

PART 05 실전 모의면접

핵심요약

이 파트는 면접시험에서 제시되는 사례의 주요 5가지 주제(친구관계, 부정적 정서, 인터넷/스마트폰 중독, 학교 부적응, 진로)와 수험생이 주의를 기울여 다루어야 할 다른 주제(학교폭력, 온라인 게임 시 명예훼손, 자기중심적 사고, 위험행동 등)를 망라하여 총 20가지 사례를 담았다.
면접현장에서 어떤 사례가 주어지더라도 수험생들이 당황하지 않고 자신 있게 대답할 수 있도록 사례경험의 폭을 확장하도록 하였다. 이 파트에 실린 질문 중 제시사례와 관계없이 던져지는 질문은 과년도 실제 면접관들이 질문한 것을 최대한 많이 인용하였고, 사례와 관련된 질문들은 실제 면접현장에서 면접관이 질문할 가능성이 큰 것으로 실었다.
많은 청소년의 사례를 접해 보고 다양한 질문에 답해 보는 것이 면접시험에서 좋은 점수를 받는 중요한 요소이다.

제1절 경계선 지능

제시된 사례

중학교 3학년인 정 군(15세, 남)은 친구를 무척 사귀고 싶지만 잘 사귀지 못하며, 친구들도 정 군을 피하고 있다. 정 군은 초등학교 5학년부터 수업내용을 잘 이해하지 못했고 교사의 질문에 답을 못하며, 시험성적은 전 과목에서 50점 넘기가 힘들었다. 말도 약간 어눌하게 하여 친구들의 놀림 대상이 되기도 하였다. 정 군의 어머니는 정 군의 이런 학습부진과 따돌림 상태를 걱정하여 청소년병원에서 진단을 받게 했고, 그 결과 정 군의 지능이 정상 학생보다 낮고 약간의 운동지체가 있다는 사실을 알게 되었다.

정 군이 중학교에 진학한 후 정 군의 어머니는 학교 담임선생님과의 면담을 통해 반 친구들로부터 괴롭힘을 당하지 않도록 신경을 썼고, 덕분에 학교폭력 피해자가 되지 않고 있지만 친구들을 사귀고 어울리는 데에는 한계가 있었다. 정 군의 어머니는 아들을 일반학교보다는 특수학교에 보내는 것이 어떨지 고민하였는데, 아들의 상태가 더욱 나빠질 것을 염려하여 그냥 일반학교로 보내기로 하였던 것이다. 정 군은 모둠활동에서 제대로 역할을 하지 못하여 친구들로부터 활동에서 제외되는 경우가 많았다. 정 군은 자신을 은근히 무시하는 친구들에게 욕을 하거나 주먹을 날리기도 하였다.

이 책의 구성과 특징 STRUCTURES

면접자료

청소년상담사로서 반드시 알아야 할 청소년 문제유형별 상담개입전략과 위험행동에 대한 지식, 청소년상담과 관련 제도 및 기구들을 정리, 수록하였습니다. 부록까지 꼼꼼하게 학습하시면, 2차 면접시험도 무난히 합격할 수 있을 것입니다. 예상 못 한 질문에도 수월하게 답변하실 수 있도록 시험 직전까지 틈틈이 학습하시기 바랍니다.

시험안내 INFORMATION

◆ 주최 · 주관기관
- 여성가족부 : 정책수립
- 한국산업인력공단 : 필기시험, 면접시험, 응시자격서류 심사
- 한국청소년상담복지개발원 : 자격시험 연수, 자격증 교부

◆ 2025년 시험일정

회차	원서접수	빈자리 접수	필기시험	필기합격자 발표일	면접접수	면접시험	최종합격자 발표일
24회	7.21(월)~7.25(금)	9.4(목)~9.5(금)	9.13(토)	10.22(수)	11.3(월)~11.7(금)	11.24(월)~11.29(금)	12.24(수)

※ 시험일정은 변경될 수 있으니, 반드시 해당 홈페이지를 확인하시기 바랍니다(www.q-net.or.kr/site/sangdamsa).
※ 2025년도 국가자격시험 시행일정 사전공고를 바탕으로 작성되었습니다.
※ 필기시험 정답은 www.q-net.or.kr/site/sangdamsa에서 "합격자발표 ➡ 가답안/최종정답공개"에서 확인할 수 있습니다.

◆ 최근 5개년 2차 면접시험 합격률(3급)

구분	2020년	2021년	2022년	2023년	2024년
응시자(명)	3,061	1,710	2,794	2,599	2,804
합격자(명)	2,629	1,522	2,305	2,204	2,377
합격률(%)	85.89	89.01	82.50	84.80	84.77

※ 위 통계는 면접시험 합격자 수입니다. 최종합격자는 경력서류 심사에서 합격하여야 합니다.
※ 큐넷 청소년상담사 홈페이지 자료에 따른 내용으로 수치에 오차가 있을 수 있습니다.

시험안내 INFORMATION

◉ 면접관 평가기준표

평가항목	배 점	합 격	불합격
청소년상담사로서의 가치관 및 정신자세	5점	면접관 3명의 점수평균이 15점 이상일 때 (25점 만점)	• 면접관 3명의 점수평균이 15점 미만일 때 • 면접관 과반수(3명 중 2명 이상)가 5개 항목 중 어느 하나의 평가사항에 대해 "하"(1점)로 평점하였을 때 평균점수와 관계없이 불합격 처리
청소년상담을 위한 전문적 지식 및 수련의 정도	5점		
예의, 품행, 성실성	5점		
의사표현의 정확성과 논리성	5점		
창의력, 판단력, 지도력	5점		
총 점	25점	평균 15점 이상	평균 15점 미만

◉ 면접시험 대상 및 고사장 안내

- **대상** : 필기시험 합격예정자 중 응시자격 증빙서류 심사 합격자/면접시험 재응시자
- **방법 및 장소** : 응시자격 증빙서류 심사 합격자 발표 시 공고
   ※ 면접시험 원서접수 전 선착순에 따라 본인이 일시 및 장소를 사전에 선택하여 접수(원서접수 마감 후에는 변경 불가)
- **면접수험표 지참 필수** : q-net.or.kr/site/sangdamsa → 마이페이지에서 출력

◉ 면접시험 합격자 공고

- **방법** : 한국청소년상담복지개발원 홈페이지, 한국산업인력공단 홈페이지에서 공고
- **재응시 규정** : 면접시험에 불합격하였을 경우, 다음 회(차기 1회)의 시험에 한하여 필기시험, 서류심사 면제(공단에 제출한 경우 법령이 개정되기 전까지 계속 인정)
- **합격자 공고** : 한국산업인력공단 청소년상담사 홈페이지(q-net.or.kr/site/sangdamsa)에서 '합격자 발표' → '합격자 발표조회', ARS (1666-0100)

◉ 문의 · 안내

- **원서접수/필기시험/응시자격/면접시험**
   한국산업인력공단 HRD 고객센터 : 1644-8000, 인터넷 홈페이지(q-net.or.kr/site/sangdamsa)
- **자격연수/자격증 교부 관련**
   한국청소년상담복지개발원 자격연수팀 : 051-662-3103/3104, 인터넷 홈페이지(www.youthcounselor.or.kr)

윤리강령 DOCTRINE

청소년상담사는 청소년의 인지, 정서, 행동, 발달을 조력하는 유일한 상담전문 국가자격증이다. 청소년상담사는 항상 청소년과 그 주변인들에게 인간으로서의 존엄성을 높이고자 노력하고, 청소년이 스스로 결정할 수 있도록 도와주며, 청소년의 아픔과 슬픔에 대해 청소년상담사로서의 책임을 다한다. 청소년상담사는 청소년이 사랑하는 가족, 이웃과 더불어 행복하게 살아갈 수 있도록 지원하기 위해 다음과 같이 윤리규정을 숙지하고 준수할 것을 다짐한다.

◆ 제정 목적

① 청소년상담사의 책임과 의무를 분명하게 제시하여 내담자를 보호한다.
② 청소년상담사가 직무 중에 발생하는 문제를 처리할 수 있는 기준을 제공한다.
③ 청소년상담사의 활동이 전문직으로서의 상담의 기능 및 목적에 저촉되지 않도록 기준을 제공한다.
④ 청소년상담사의 활동이 지역사회의 도덕적 기대에 부합하도록 준거를 제공한다.
⑤ 대한민국 청소년들의 건강·성장을 책임지는 전문가로서의 청소년상담사를 보호하는 기준을 제공한다.

◆ 청소년상담사로서의 전문적 자세

① 전문가로서의 책임
㉠ 청소년상담사는 청소년기본법에 따라 청소년의 권리와 책임을 다 할 수 있게 지원해야 한다.
㉡ 청소년상담사는 자기의 능력 및 기법의 한계를 인식하고, 전문적 기준에 위배되는 활동을 하지 않도록 한다.
㉢ 청소년상담사는 검증되지 않고 훈련 받지 않은 상담기법의 오·남용을 하지 않도록 유의한다.
㉣ 청소년상담사는 청소년과 관련된 정책·규칙·법규에 대해 정통해야 하고, 청소년 내담자를 보호하며 청소년 내담자가 최선의 발달을 이루도록 노력해야 한다.

② 품위유지 의무
㉠ 청소년상담사는 전문상담자로서 품위를 손상하는 행위를 하지 않는다.
㉡ 청소년상담사는 현행법을 우선적으로 준수하되, 윤리강령이 보다 엄격한 기준을 설정하고 있다면, 윤리강령을 따른다.
㉢ 청소년상담사는 상담적 배임행위(내담자 유기, 동의를 받지 않은 사례 활용 등)를 하지 않는다.

윤리강령 DOCTRINE

❸ 보수교육 및 전문성 함양
㉠ 청소년상담사는 자신의 전문성을 유지·향상시키기 위해 법적으로 정해진 보수교육에 반드시 참여한다.
㉡ 청소년상담사는 다양한 사람들을 상담함에 있어 상담에 필요한 이론적 지식과 전문적 상담 및 연구능력을 향상시키기 위해 교육, 자문, 훈련 등 지속적인 노력을 기울여야 한다.

◆ 내담자의 복지

❶ 내담자의 권리와 보호
㉠ 청소년상담사는 내담자의 복지를 증진하고 존엄성을 존중하는 것에 최우선 가치를 둔다.
㉡ 청소년상담사는 내담자가 상담 계획에 참여할 권리, 상담을 거부하거나 개입방식의 변경을 거부할 권리, 거부에 따른 결과를 고지 받을 권리, 자신의 상담 관련 자료를 복사 또는 열람할 수 있는 권리 등을 보장해주어야 한다. 단, 기록물에 대한 복사 및 열람이 내담자에게 해악을 끼친다고 판단될 경우 내담자의 기록물 복사 및 열람을 제한할 수 있다.
㉢ 청소년상담사는 외부 지원이 적합하거나 필요할 때 의뢰를 요청할 수 있으며, 이를 청소년 내담자 및 보호자(만 14세 미만 내담 청소년의 경우)에게 알리고 서비스를 받을 수 있도록 노력한다.
㉣ 청소년상담사는 자신의 질병, 죽음, 이동, 퇴직 등으로 인하여 상담을 중단해야 하는 경우 이에 대한 적절한 조치를 취해야 한다.
㉤ 청소년상담사는 청소년 내담자에게 무력, 정신적 압력 등을 사용하지 않는다.

❷ 사전 동의
㉠ 청소년상담사는 상담을 시작할 때 내담자가 충분한 설명을 듣고 선택할 수 있도록 적절한 정보를 제공해야 하고, 상담자와 내담자 모두의 권리와 책임에 대해 알려줄 의무가 있다.
㉡ 청소년상담사는 내담자에게 상담 과정의 녹음과 녹화 여부, 사례지도 및 교육에 활용할 가능성에 대해 설명하고, 내담자에게 동의 또는 거부할 권리가 있음을 알려야 한다.
㉢ 청소년상담사는 내담자가 만 14세 미만의 청소년인 경우, 보호자 또는 법정대리인의 상담 활동에 대한 사전 동의를 구해야 한다.
㉣ 청소년상담사는 내담자에게 상담의 목표와 한계, 상담료 지불방법 등을 명확히 알려야 한다.

❸ 다양성 존중
㉠ 청소년상담사는 모든 인간의 기본적인 권리, 존엄성, 가치를 존중하며 성별, 장애, 나이, 성적 지향, 사회적 신분, 외모, 인종, 가족형태, 종교 등을 이유로 내담자를 차별하지 않는다.
㉡ 청소년상담사는 내담자의 다양한 문화적 배경을 이해하고, 청소년상담사 자신의 고유한 문화적 정체성이 상담 과정에 영향을 주지 않도록 노력해야 한다.
㉢ 청소년상담사는 자신의 개인적 가치, 태도, 신념, 행위를 자각하고 내담자에게 자신의 가치를 강요하지 않는다.

상담관계

❶ 다중관계
㉠ 청소년상담사는 법적, 도덕적 한계를 벗어난 다중관계를 맺지 않는다.
㉡ 청소년상담사는 내담자와 연애 관계 및 기타 사적인 관계를 맺지 않는다.
㉢ 청소년상담사는 내담자와 상담 비용을 제외한 어떠한 금전적, 물질적 거래 관계도 맺지 않는다.
㉣ 청소년상담사는 내담자와 상담 이외의 다른 관계가 있거나, 의도하지 않게 다중관계가 시작된 경우에는 적절한 조치를 취해야 한다.

❷ 부모/보호자와의 관계
㉠ 청소년상담사는 부모(보호자)의 권리와 책임을 존중하고, 청소년 내담자의 건강한 성장을 위해 부모(보호자)에게 상담자의 역할에 대해 설명하여 협력적인 관계를 성립하도록 노력한다.
㉡ 청소년상담사는 내담자의 성장과 복지에 필요하다고 판단되는 경우, 내담자의 동의하에 부모(보호자)에게 내담자에 관한 최소한의 정보를 제공한다.

❸ 성적 관계
㉠ 청소년상담사는 내담자 및 내담자의 가족, 중요한 타인에게 자신의 지위를 이용하여 성적 접촉 및 성적 관계를 가져서는 안 된다.
㉡ 청소년상담사는 이전에 연애 관계 또는 성적인 관계를 가졌던 사람을 내담자로 받아들이지 않는다.

비밀보장

❶ 사생활과 비밀보장의 의무
㉠ 청소년상담사는 내담자와 부모(보호자)의 사생활과 비밀보장에 대한 권리를 최대한 존중해야 한다.
㉡ 청소년상담사는 상담기관에 소속된 모든 구성원과 관계자, 수퍼바이저, 주변인들에게도 내담자의 사생활과 비밀이 보호되도록 주지시켜야 한다.
㉢ 청소년상담사는 청소년 내담자 상담 시 사전에 상담에 대한 내담자의 동의를 받고 상담 과정에 부모나 보호자가 참여할 수 있으며, 비밀보장의 한계에 따라 정보를 제공할 수 있음을 알린다.
㉣ 청소년상담사는 청소년 내담자 상담 시, 상담 의뢰자(교사, 경찰 등)에게 내담자 및 보호자(만 14세 미만 내담 청소년의 경우)의 동의하에 정보를 제공할 수 있다.
㉤ 청소년상담사는 비밀보장의 의미와 한계에 대하여 청소년 내담자의 발달단계에 적합한 용어로 알기 쉽게 설명해주어야 한다.
㉥ 청소년상담사는 강의, 저술, 동료자문, 대중매체 인터뷰, 사적 대화 등의 상황에서 내담자의 신원 확인이 가능한 정보나 비밀 정보를 공개하지 않는다.

윤리강령 DOCTRINE

❷ 기록 및 보관
㉠ 청소년상담사는 내담자에게 전문적인 서비스를 제공하기 위해 상담 내용을 기록하고 보관한다.
㉡ 기록의 보관은 공공기관이나 교육기관 등은 각 기관에서 정한 기록 보관 연한을 따르고, 이에 해당하지 아니한 경우에는 3년 이내 보관을 원칙으로 한다.
㉢ 청소년상담사는 기록 및 녹음에 관해 내담자의 사전 동의를 구한다.
㉣ 청소년상담사는 면접기록, 심리검사자료, 편지, 녹음 및 동영상 파일, 기타 기록 등 상담과 관련된 기록을 보관하고 처리하는 데 있어서 비밀을 준수해야 한다.
㉤ 청소년상담사는 원칙적으로 내담자 및 보호자(만 14세 미만 내담 청소년의 경우)의 동의 없이 상담의 기록을 제3자나 기관에 공개하지 않는다.
㉥ 청소년상담사는 내담자와 보호자가 상담 기록의 삭제를 요청할 경우 법적, 윤리적 문제가 없는 한 삭제하여야 한다. 상담 기록을 삭제하지 못할 경우 타당한 이유를 내담자와 보호자에게 설명해 주어야 한다.
㉦ 청소년상담사는 퇴직, 이직 등의 이유로 상담을 중단하게 될 경우, 기록과 자료를 적절한 절차에 따라 기관이나 전문가에게 양도한다.
㉧ 전자기기 및 매체를 활용하여 상담관련 정보를 기록·관리하는 경우, 기록의 유출 또는 분실 가능성에 대해 경각심과 주의 의무를 가져야 하며, 내담자의 정보 보호를 위해 적극적인 노력을 해야 한다.
㉨ 내담자의 기록이 전산 시스템으로 관리되는 경우, 접근 권한을 명확히 설정하여 내담자의 신상이 공개되지 않도록 조치를 취한다.

❸ 상담 외 목적을 위한 내담자 정보의 사용
㉠ 청소년상담사는 자신의 사례에 대해 보다 나은 전문적 상담을 위해 내담자 및 보호자(만 14세 미만 내담 청소년의 경우)의 동의를 구한 후, 내담자에 대해 사실적이고 객관적인 정보만을 사용하여 동료나 수퍼바이저에게 자문을 받을 수 있다.
㉡ 청소년상담사는 교육이나 연구 또는 출판을 목적으로 상담 관련 자료를 사용할 때에는 내담자 및 보호자(만 14세 미만 내담 청소년의 경우)의 동의를 구해야 하며, 신상 정보 삭제와 같은 적절한 조치를 취하여 내담자에게 피해를 주지 않도록 한다.

❹ 비밀보장의 한계
㉠ 청소년상담사는 상담 시 비밀보장의 1차적 의무를 내담자의 보호에 두지만, 비밀보장의 한계가 있는 경우 청소년의 부모(보호자) 및 관계기관에 공개할 수 있다.
㉡ 비밀보장의 한계가 있는 경우는 다음과 같다.
  • 청소년상담사는 내담자의 생명이나 사회의 안전을 위협하는 경우 비밀을 공개하여 그러한 위험의 목표가 되는 사람을 보호하기 위한 합당한 조치 등 안전을 확보한다.
  • 청소년상담사는 법적으로 정보의 공개가 요구되는 경우 내담자에게 그 사실을 알리고 최소한의 정보만을 제공한다.
  • 청소년상담사는 내담자에게 감염성이 있는 치명적인 질병이 있을 경우 관련 기관에 신고하고, 그 질병에 노출되어 있는 제3자에게 정보를 공개할 수 있다.
㉢ 청소년상담사는 아동학대, 청소년 성범죄, 성매매, 학교폭력, 노동관계 법령 위반 등 관련 법령에 의해 신고의무자로 규정된 경우 해당 기관에 관련 사실을 신고해야 한다.

심리평가

❶ 심리검사의 실시
㉠ 청소년상담사는 심리검사를 실시하고 해석할 수 있는 능력을 배양해야 한다.
㉡ 청소년상담사는 심리검사 실시 전에 내담자 및 보호자(만 14세 미만 내담 청소년의 경우)에게 사전 동의를 받아야 한다.
㉢ 청소년상담사는 검사 도구를 선택, 실시, 해석함에 있어서 모든 전문가적 기준을 고려하여 사용한다.
㉣ 청소년상담사는 내담자에게 적절한 심리검사를 선택해야 하며 검사의 타당도와 신뢰도, 제한점 등을 고려한다.
㉤ 청소년상담사는 다문화 배경을 가진 내담자를 위한 검사 선택 시 내담자의 사회문화적 맥락을 신중히 고려해야 한다.

❷ 심리검사의 해석
㉠ 청소년상담사는 심리검사 해석에 있어 성별, 나이, 장애, 성적 지향, 인종, 종교, 문화 등의 영향을 고려하여 검사 결과를 해석한다.
㉡ 청소년상담사는 청소년이 이해할 수 있도록 심리검사의 목적, 성격, 결과에 대한 설명을 제공한다.
㉢ 청소년상담사는 심리검사 결과를 다른 이들이 오용하거나 외부에 유출하지 않도록 하여야 한다.

수퍼비전

❶ 수퍼바이저의 역할과 책임
㉠ 수퍼바이저는 사례지도 방법과 기법들에 대한 교육과 훈련을 지속적으로 받음으로써 사례지도 역량을 향상시키기 위해 노력한다.
㉡ 수퍼바이저는 전자 매체를 통하여 전송되는 모든 사례지도 자료의 비밀보장을 위해서 주의하고, 필요한 조치를 취한다.
㉢ 수퍼바이저는 사례지도를 시작하기 전에, 진행 과정에 대해 충분히 설명한 후 동의를 받음으로써 수퍼바이지의 적극적 참여를 독려할 책임이 있다.
㉣ 수퍼바이저는 수퍼바이지에게 전문가적·윤리적 규준과 법적 책임을 숙지시킨다.
㉤ 수퍼바이저는 지속적 평가를 통해 수퍼바이지의 한계를 파악하고, 그가 자신의 한계를 인식하고 보완할 수 있도록 돕는다.

❷ 수퍼바이저와 수퍼바이지의 관계
㉠ 수퍼바이저는 수퍼바이지와 상호 존중하며 윤리적, 전문적, 개인적 그리고 사회적 관계를 명료하게 정의하고 유지한다.
㉡ 수퍼바이저와 수퍼바이지는 성적 혹은 연애 관계, 그 외에 사적인 이익관계를 갖지 않는다.
㉢ 수퍼바이저와 수퍼바이지는 상호간에 성희롱 또는 성추행을 해서는 안 된다.
㉣ 수퍼바이저는 가족, 친구, 동료 등 상대방에 대한 객관성을 유지하기 힘든 사람과 수퍼비전 관계를 맺지 않는다.

윤리강령 DOCTRINE

◎ 청소년 사이버상담

❶ 사이버상담에서의 정보 관리
㉠ 운영 특성상, 한 명의 내담자가 여러 명의 사이버상담자를 만나게 되는 경우 상담자들 간에 정보를 공유할 수 있음을 내담자에게 알린다.
㉡ 사이버상담 운영기관에서는 이용자가 다른 사람의 신분을 도용하지 않도록 절차를 마련해야 한다.

❷ 사이버상담에서의 책임
㉠ 사이버상담자는 만약에 있을지 모르는 위기개입 등의 상황을 대비하기 위해서 내담자의 신분을 확인할 방법을 가지고 있어야 한다.
㉡ 사이버상담이 내담자에게 부적절하다고 간주될 경우, 상담자는 대면상담 연계 등 이에 적합한 서비스 연계를 하여야 한다.

◎ 지역사회 참여 및 제도 개선에 대한 책임

❶ 지역사회를 돕는 전문가 역할
㉠ 청소년상담사는 경제적 이득이 없는 경우에도 청소년의 최선의 유익을 위하여 지역사회의 기관, 조직 및 개인과 협력하고 사회공익을 위해 전문적 활동에 헌신함으로써 사회에 공헌하도록 한다.
㉡ 청소년상담사는 내담자가 다른 정신건강 전문가와 상담을 받고 있음을 알게 되면, 내담자의 동의하에 그 전문가와 긍정적이고 협력적인 관계를 맺도록 노력한다.

❷ 제도 개선 노력
㉠ 청소년상담사는 청소년 및 복지관련 법령, 정책 등의 적용과 개선을 위해 노력한다.
㉡ 청소년상담사는 자문을 요청한 내담자나 기관의 문제 혹은 잠재된 사회문제를 규명하고 해결하는 데 도움을 준다.

◎ 상담기관 설립 및 운영

❶ 상담기관 운영자의 역할
㉠ 청소년 상담기관을 운영하고자 할 경우, 운영자로서의 전문성 및 역량을 갖추도록 노력해야 한다.
㉡ 상담기관 운영자는 직원이나 학생, 수련생, 동료 등을 교육·감독하거나 평가 시에 착취하는 관계를 가져서는 안 된다.
㉢ 상담기관 운영자는 자신과 현재 종사하고 있는 직원의 전문적 역량 향상에 책임이 있다.
㉣ 상담비용은 내담자의 재정 상태 등을 고려하여 합리적으로 책정한다.
㉤ 상담기관 운영자는 직원 채용 시 자격 있는 사람을 채용해야 한다.

❷ 상담기관 종사자의 역할
㉠ 청소년상담사는 자신이 종사하는 기관의 목적과 운영방침을 따라야 하며, 기관의 성장 발전을 위해 노력해야 한다.
㉡ 청소년상담사는 고용기관에 손해를 끼칠 수 있는 상황이나 기관의 효율성에 제한을 줄 수 있는 상황에 대해 미리 알려주어야 한다.

연구 및 출판

❶ 연구활동
㉠ 청소년상담사는 청소년 문제 해결을 위해 윤리적 기준에 따라 과학적인 방법으로 연구를 계획하고 수행한다.
㉡ 청소년상담사는 연구 대상자를 심리적·신체적·사회적 불편이나 위험으로부터 보호하여야 한다.
㉢ 청소년상담사는 연구 참여자들에게 연구의 본질, 결과 및 결론에 대한 정보를 제공하는 것이 과학적 가치와 인간적 가치를 손상시키지 않는 한, 연구 참여자들이 이에 대한 정보를 얻을 수 있는 기회를 제공한다.

❷ 출판활동
㉠ 청소년상담사는 연구 결과를 출판할 경우에 자료를 위조하거나 결과를 왜곡해서는 안 된다.
㉡ 청소년상담사는 투고논문, 학술발표원고, 연구계획서를 심사할 경우 제출자와 제출내용에 대해 비밀을 유지하고 저자의 저작권을 존중한다.

자격취소

❶ 청소년상담사는 청소년기본법 제21조의2(자격의 취소)에 해당하는 경우 자격이 취소된다.
㉠ 청소년기본법 제21조의 결격사유에 해당하게 된 경우
- 미성년자, 피성년후견인 또는 피한정후견인
- 파산선고를 받고 복권되지 아니한 사람
- 금고 이상의 형을 선고받고 그 집행이 끝나거나 집행을 받지 아니하기로 확정된 후 3년이 지나지 아니한 사람(3호)
- 금고 이상의 형을 선고받고 그 집행유예의 기간이 끝나지 아니한 사람(4호)
- 3호 및 4호에도 불구하고 다음 아래의 어느 하나에 해당하는 죄를 저지른 사람으로서, 형 또는 치료감호를 선고받고 확정된 후 그 형 또는 치료감호의 전부 또는 일부의 집행이 끝나거나(집행이 끝난 것으로 보는 경우를 포함한다) 집행이 유예·면제된 날부터 10년이 지나지 아니한 사람
  - 「아동복지법」 제71조 제1항의 죄
  - 「성폭력범죄의 처벌 등에 관한 특례법」 제2조의 성폭력범죄
  - 「아동·청소년의 성보호에 관한 법률」 제2조 제2호의 아동·청소년대상 성범죄
- 법원의 판결 또는 법률에 따라 자격이 상실되거나 정지된 사람

㉡ 거짓이나 그 밖의 부정한 방법으로 자격을 취득한 경우
㉢ 자격증을 다른 사람에게 빌려주거나 양도한 경우

청소년상담사 윤리강령 제·개정 및 해석

❶ 한국청소년상담복지개발원은 청소년상담사 윤리강령 교육·보급을 위해 노력해야 한다.
❷ 한국청소년상담복지개발원은 청소년상담사 대상 의견수렴 및 전문가 토론회, 자격검정위원회의 보고 등 자문을 통해 청소년상담사 윤리강령 개정안을 수립한 후 청소년상담사 윤리강령을 개정할 수 있다.
❸ 윤리강령과 관련하여 의견이 있거나 공문 등을 통해 윤리적 판단을 요청할 경우, 한국청소년상담복지개발원에서 전문적 해석을 제공할 수 있다.

합격수기 REVIEW

청소년상담사 3급, 2급 동시합격!

작성자 : 위**

청소년상담사 3급 시험은 시대에듀 교재로 독학해서 합격을 했고, 그보다 난도가 높은 2급은 동영상 강의와 교재로 공부를 했습니다. 시대에듀 덕분에 청소년상담사 3급과 2급 자격을 동시 취득할 수 있었습니다.

면접은 상담사례에 대한 이해와 상담기법, 이론들에 대한 이해가 중요합니다. 특히나 면접은 사례를 주고 질문을 하기에 비슷한 유형들이 자주 출제되어서 복원 사례를 충분히 숙지하는 것이 중요하다고 생각합니다.

시대에듀의 면접 기출사례는 복원도가 높을 뿐만 아니라, 해설도 적합하다고 생각합니다~! 저 역시도 시대에듀에서 복원한 기출사례가 실제로 출제된 3급, 2급 면접을 봤습니다^^! 저는 면접 준비를 2주 정도 했고, 예상 질문에 대한 답변을 저의 말로 적고 입으로 연습하면서 시대에듀에서 제공해 주시는 강의를 참고했습니다.

자신감을 더해 준 시대에듀!

작성자 : 전**

한 번 떨어진 경험이 있어 강의의 도움을 받고자 시대에듀를 선택했습니다. 책에 개념들도 기출 위주로 잘 정리되어 있었고, 강사님들도 이해하기 쉽게 알려주셔서 꼬박꼬박 받아적어 정리하니 자신감이 점점 생겼습니다.

시험장에 가기 전에 나만의 원페이지 개념을 작성해서 가는데, 그 개념을 선정하는 것도 강사님들이 강조하신 내용들로 썼더니 도움이 많이 되었습니다.

면접장서 받은 사례도 시대에듀 책에 나온 사례가 비슷하게 출제되어 더 자신감 있게 분석하고 답할 수 있었습니다. 이 책들로 공부하기 잘했다는 생각이 들더라고요.

좋은 교재와 강의 만들어주셔서 감사합니다!

합격의 공식 Formula of pass | 시대에듀 www.sdedu.co.kr

시대에듀라서 합격할 수 있었다.

작성자 : 김**

청소년상담사 3급 면접 합격을 큐넷에서 최종 확인했습니다. 솔직히 말해서 정말 기쁘네요. 해냈다는 느낌. 많이 늦은 나이에 공부하는 것도 쉽지 않았지만, 제가 오래전에 대학을 다녔고 또한 전공이 달라서 시험 치는 자격 조건부터 준비를 해야 했습니다. 다시 자격증 시험을 준비하고 공부하는 과정이 쉽지는 않았습니다. 하여 전문적으로 잘 가르쳐주는 강의가 필요했습니다. 자격증 공부는 인터넷을 보고 시대에듀를 선택했습니다.

직장인이어서 1년간의 시험 준비기간을 거쳤는데, 다행히 시대에듀 교수님들의 좋은 강의로 합격을 할 수 있었다는 것에 대해서 전적으로 100% 인정합니다. 강의를 진행하는 모습에서 진정성이 보였다고 할까요? 뭔가를 하나라도 더 가르쳐 주시려고 하는 애쓰는 모습을 보았던 것 같습니다. 청상을 준비하시는 여러분, 한번 도전해 보세요. 할 수 있습니다.

청소년상담사 3급 단기합격, 감사합니다

작성자 : 윤**

청소년상담복지센터에서 근무를 하게 되면서 청소년상담사 자격증 취득을 해야 한다는 목표를 세웠습니다. 그러던 중 우연한 기회로 인터넷에서 시대에듀 강의를 듣고 합격했다는 경험담을 접하게 되었습니다. 순간 '혹시나 나도 도움을 받을 수 있을까?'란 생각을 하고 바로 온라인 강의를 신청하였습니다.

저는 기관장으로 근무를 하면서 실제 상담경력이 없었기에 면접에 대한 부담감이 너무 컸습니다. 그런데 면접에 대한 안내부터 사례까지 모든 내용이 들어있는 자료 제공과 사례에 대한 강의까지 제공해 주셔서 그 강의를 반복해서 들었던 것이 합격에 결정적인 도움이 되었습니다. 이 기회를 빌려 시대에듀에 감사의 인사를 전합니다^^

※ 본 합격수기는 시대에듀 홈페이지에 올라온 청소년상담사 3급 합격수기를 재구성한 것입니다. 개인정보 보호를 위해 합격생의 이름은 가명으로 작성되었습니다. 시대에듀에서는 여러분의 다음 합격수기를 기다리고 있겠습니다(sdedu.co.kr).

이 책의 목차 CONTENTS

PART 1 면접상황 준비

01 면접시험의 중요성 · 2
02 면접의 형태 및 순서 · 4
03 면접에 임하는 자세 · 6
04 면접 전 준비사항 · 7
05 면접 답변 요령 · 8
06 3급 사례 및 질문 특징 · 10
07 제시사례 분석방법 · 11

PART 2 면접관 현장질문 대비

01 개인 관련 질문사항 · 16
02 상담 관련 질문사항 · 29
03 일반지식 관련 질문사항 · 76

PART 3 제시된 사례질문 대비

01 학교 및 가정 관련 사례 · 86
02 친구 관련 사례 · 99
03 인터넷 관련 사례 · 108
04 부적응 및 비행 관련 사례 · 119
05 진로 및 기타 사례 · 129

PART 4 3급 기출사례 익히기

01 3급 기출사례 – 2024년 23회 · **144**

02 3급 기출사례 – 2023년 22회 · **168**

03 3급 기출사례 – 2022년 21회 · **192**

04 3급 기출사례 – 2021년 20회 · **215**

05 3급 기출사례 – 2020년 19회 · **236**

06 3급 기출사례 – 2019년 18회 · **256**

07 3급 기출사례 – 2018년 17회 · **273**

08 3급 기출사례 – 2017년 16회 · **290**

09 3급 기출사례 – 2016년 15회 · **309**

10 3급 기출사례 – 2016년 14회 · **324**

PART 5 실전 모의면접

01 경계선 지능 · **340**

02 학교폭력 · **343**

03 시험불안 · **347**

04 컴퓨터 게임몰두 · **349**

05 절 도 · **352**

06 폭력성과 게임몰두 · **355**

07 부모의 희생양 · **358**

08 범죄행동 · **361**

09 폭주족 · **364**

10 에이즈 감염공포 · **366**

11 신체훼손 · **369**

12 학교 부적응 · **371**

13 집단 따돌림 · **373**

14 학교폭력 가해자 · **376**

15 자기중심적 사고 · **379**

16 진로문제로 인한 부모와의 갈등 · · · · · · · · · · · · · · · **382**

17 명예훼손 · **385**

18 친구집착 · **388**

19 대인관계의 어려움 · **392**

20 자살생각 · **396**

PART 6 면접자료

01 문제유형별 상담개입전략 · **402**

02 청소년 위험행동 · **409**

03 청소년 관련 정보 · **418**

PART 01
면접상황 준비

CHAPTER 01	면접시험의 중요성
CHAPTER 02	면접의 형태 및 순서
CHAPTER 03	면접에 임하는 자세
CHAPTER 04	면접 전 준비사항
CHAPTER 05	면접 답변 요령
CHAPTER 06	3급 사례 및 질문 특징
CHAPTER 07	제시사례 분석방법

▲ 정오표

PART 01 면접상황 준비

> **핵심요약**
>
> 상담이 인간과 인간의 관계에서 이루어지듯이 면접도 짧은 시간 내에서 면접관과 피면접자라는 인간관계가 이루어진다. 이는 일방적인 관계가 아니라 상호작용하는 관계임을 의미하는 것이다. 물론 피면접자의 발언내용을 면접관이 평가하여 당락을 결정하는 형식이지만, 인간관계에서 일어나는 보편적인 의사교류 방식을 취하고 있다.
> 즉, 상대방을 바라보며 자연스럽고 진솔하게 자신이 생각하는 바를 명확하고 간결하게 전달하는 것이 중요하다. 가식적이거나 경직되고 부자연스러운 태도로 자신을 표현하면 면접관도 부자연스럽게 반응하게 되어 평가결과가 좋지 않게 되는 것은 당연하다. 그러므로 자신이 평소에 알고 생각했던 바를 간단하고 명확하게 이야기하고 모르는 것은 미소를 짓기도 하며, 앞으로 상담을 하면서 노력하여 학습할 것을 약속하는 등 여유와 평정을 잃지 않는 자세가 필요하다.
> 책에서 배운 지식을 전달하기보다는 사례를 통해 청소년들의 고통을 마음으로 느끼며 사랑과 관심, 공감과 배려와 같은 기본적인 인간의 향기를 맡을 수 있는 내용으로 전달하여야 한다. 인간의 따뜻함이 배어나는 자세로 응한다면, 면접관도 상담자가 될 당신의 인간다움에 높은 점수를 줄 것이다.

제1절 면접시험의 중요성

(1) 면접시험 경쟁률이 높아지고 있다.

① 당해 연도에 최종적으로 선발할 인원을 기준으로 필기고사 평균 60점 이상을 취득하여 1차 필기시험에 합격한 수험생들이 해를 거듭할수록 점점 더 많아지는 추세이다. 이는 2차 면접시험의 합격률이 80%를 상회한다고 해도 실제 불합격자의 수는 많아진다는 의미로 해석할 수 있다.

② 다시 말해서, 과거에 형식적인 것에 불과했던 면접시험이 이제는 최종 당락을 결정하는 중요한 변수로 작용하게 되었다. 해가 갈수록 상담을 필요로 하는 학생의 수가 폭발적으로 증가하고 있고, 대학교와 대학원의 상담계열 전공 이수자가 늘어나고 있는 상황에서 청소년상담사 국가자격을 취득하려는 수험생들이 그만큼 늘어나고 있다고 보아야 할 것이다.

③ 면접관은 1차 필기시험에서 평균 60점 이상을 받은 수험생들이 상담에 필요한 지식을 기본적으로 갖추었다고 가정하고 피면접자를 대면한다. 즉, 모든 수험생을 면접결과에 따라 점수를 매김으로써 결국 면접이 최종 합격·불합격을 결정하는 요소가 된 것이다.

④ 그러므로 면접 전에 자신의 말하는 방식과 태도를 점검하고, 말하기 연습과 더불어 면접관이 던지는 질문의 요지를 정확하게 파악하는 훈련이 필요하다.

⑤ 최근 들어 면접 합격률은 80% 이상을 유지하고 있지만, 응시자 수가 급속하게 늘어나고 있어 상대적으로 불합격자 수가 늘어나고 있다. 이를 감안한다면, 단순히 합격률만 보고 면접시험에 안일하게 대처해서는 안 된다.

(2) 피면접자의 긴장이 면접을 망칠 수 있다.

① 필기시험에 합격한 사람들은 기본적으로 상담에 필요한 기본적인 지식을 갖추고 있다고 볼 수 있다.

② 그러나 면접 시 너무 긴장하게 되면 자신이 알고 있는 내용도 자신 있게 말하지 못하거나 면접관의 질문에 당황하여 엉뚱한 답변을 할 가능성이 높다.

③ 면접 장소에서 피면접자가 긴장하는 것은 당연한 일이다. 따라서 긴장감을 줄이기 위해서는 많은 사례를 접하고 이에 대처하는 내용을 미리 준비하는 것과 면접상황을 만들어 연습하는 수밖에 없다.

(3) 상담자의 자질과 잠재된 상담능력을 측정한다.

① 상담자는 상담에 관한 지식, 상담경험, 그리고 기본적으로 인간을 사랑하는 태도가 갖추어져야 훌륭한 상담자가 될 수 있다.

② 면접관은 면접을 통하여 피면접자의 지식과는 별개로 예상 밖의 질문에 대한 대처능력, 진술할 때의 표정과 자세, 자기의사를 전달하는 방식과 태도 등 수험자의 상담자로서의 자질과 잠재된 상담능력을 점검한다.

③ 피면접자는 유연한 자세, 여유 있는 행동, 솔직한 대답과 자신이 배워야 할 것이 많다는 겸손을 면접관에게 나타내어야 할 필요가 있다.

(4) 피면접자의 상담 실무지식을 측정한다.

① 면접관은 상담 현장에서 일어날 수 있는 여러 가지 상황을 제시하여, 피면접자가 취할 수 있는 반응·행동·태도·결정사항을 측정하고자 한다.

② 3급 응시자는 상담경험이 없는 경우가 많아 피면접자는 당황할 수밖에 없다. 그러므로 면접 현장에서 일어날 수 있는 여러 상황을 미리 예측하여 준비할 필요가 있다.

③ 또한 내담자의 문제행동의 원인을 파악하고 개입의 구체적인 방법을 제시하는 지식을 측정하므로 상담이론, 상담기법, 청소년의 특징, 상담 관련 기관 등의 폭넓은 지식이 필요하다.

제2절 면접의 형태 및 순서

(1) 면접의 유형(그룹면접)
① 한 번에 면접실로 들어가는 피면접자는 보통 2명 정도다. 이 수험생들은 같은 사례를 부여받고, 면접관의 질문에 차례대로 대답하게 된다.
② 면접실에 들어갈 때 가볍게 면접관 쪽으로 목례를 하고, 다른 사람들이 앉기를 기다려 같이 앉거나 면접관이 앉으라고 할 때 앉는다.
③ 좌석은 면접실에 들어가기 전에 보통 진행자가 지정해 준다.

(2) 면접 당일의 순서
① 수험생들은 지정된 일시에 면접시험 장소에 도착하여 자신의 이름과 면접실 번호를 확인하여 대기한다(수험자 종합대기실). 당일 면접을 보는 수험생이 많아 시간대별로 도착시간을 정해서 수험생들에게 통보한다.
② 면접을 볼 시각이 다가오면 일단 필기시험 수험번호별로 각 면접 대기장소로 흩어져 이동한다.
③ 면접 대기장소에서 면접 진행요원이 수험생에게 봉투에 있는 비번호(즉 면접번호)를 뽑게 한다. 보통 5개조(10명)로 편성되며, 그날 자신이 뽑는 비번호가 속한 조에 속하여 면접실로 들어가기 때문에 뒤의 번호를 뽑게 되면 한 시간 이상을 기다려서 면접을 보게 된다.
④ 비번호(면접번호)를 뽑으면서 소지한 핸드폰을 맡긴다. 면접 대기장소에서는 화장실 이용이 제한되어 있기 때문에 화장실에 갈 경우 진행요원의 허락을 받고 간다.
⑤ 면접 시에는 면접관에게 자신의 이름이나 최종학교 등 개인정보에 관한 질문을 받지도 않았는데 이를 노출해서는 안 된다. 부정을 사전방지하기 위하여 도입된 조치이니, 이를 명심하여 불필요한 오해나 불이익을 받지 않도록 주의해야 한다. 그러므로 면접번호만으로 자신을 나타내어야 한다.
⑥ 면접실에 들어갈 때는 필기구 지참이 일절 허용되지 않는다.
⑦ 배분된 사례는 A4용지의 2/3에서 한 장 전체의 분량이다. 이를 읽고 답변을 준비할 시간은 대략 10분 내외이다(최근에는 부여시간이 5분 정도로 짧아졌다고 수험생들은 전하고 있다).
⑧ 면접순서

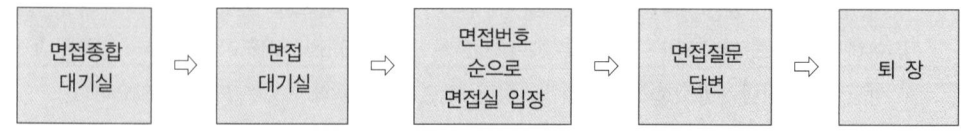

면접종합 대기실 ⇨ 면접 대기실 ⇨ 면접번호 순으로 면접실 입장 ⇨ 면접질문 답변 ⇨ 퇴장

⑨ 면접시험을 마친 수험생이 대기자와 서로 접촉할 시 모두 부정행위로 간주될 수 있다.

(3) 질문의 순서

① 수험생들이 순번에 맞추어 앉으면 면접관이 번갈아 가면서 순서 없이 임의로 질문한다.
② 질문을 많이 하는 면접관이 있는가 하면, 수험생이 대답한 것에 대해 꼬리질문을 하여 구체적인 대답을 요구하는 면접관도 있다. 부드러운 면접관을 만나는가 힘들게 하는 면접관을 만나는가 하는 것은 그날의 운이라고 해야 할 것이다.
③ 자신이 한 말에 대해 면접관이 다시 질문하는 경우 당황하기 마련이다. 이때도 평정을 잃지 않고 아는 만큼만 대답하도록 한다.

(4) 질문의 수와 내용구성

① 질문의 내용은 원칙적으로 면접관에 따라 다르다고 보아야 한다. 그러나 당일 면접관에게 주어진 전형적인 질문이 있어 그 리스트를 보면서 질문한다.
② 질문은 일반적으로 다음의 3가지로 구성된다.
- 개인적 질문 : 상담사로서의 개인적인 계획, 희망, 포부, 자질에 관한 질문
- 상담 관련 질문 : 상담을 할 때 현장에서 일어날 수 있는 여러 가지 상황에 대처하는 방식에 관한 질문
- 제시된 사례에 대한 본인의 생각이나 상담목표 및 상담전략, 주호소문제, 가능한 개입방법 등의 질문

③ 면접관 3명에 수험생이 2명이며, 원칙적으로 3개의 질문이 주어진다(추가질문이나 꼬리질문은 제외).
④ 앞 사람과 같은 질문을 받을 수도 있고, 옆 사람과 다른 개별 질문을 받을 수도 있다.

(5) 답변의 순서

① 답변의 순서는 면접관이 정해주는 대로 진행된다.
② 좌측에서 우측으로, 우측에서 좌측으로 답변하고 때로는 면접관이 지정하여 답변을 요구하기도 한다. 그렇기 때문에 자신의 답변 차례가 될 때까지 자신이 어떻게 이야기할지 미리 생각해 놓아야 한다.

(6) 면접관의 특징

① 보통 3명 정도의 면접관이 앉아 있다. 처음 상담을 시작하려는 수험생에게 면접관은 대부분 우호적이며 격려하는 말을 많이 한다.
② 면접관의 선정은 한국청소년상담복지개발원이 위촉하여 당일 면접을 하게 되는데, 일반적으로 한국상담심리학회에서 발급한 상담심리사 1급 소지자나 청소년상담사 1급 소지자로 구성된다.
③ 상담심리사 1급 혹은 청소년상담사 1급 소지자는 대학교 교수로 재직하고 있기도 하고, 개인 상담기관을 운영하기도 하며, 상담기관의 장(長)이나 책임연구원, 수석상담자로 일하고 있는 경우가 많다.
④ 면접관은 상담실무에 상당히 밝은 전문가라고 할 수 있다. 따라서 확실하게 이해하지 못한 이론이나 기법을 이야기하다가는 발목을 잡힐 우려가 있다. 그리고 정확하게 알지 못하는 사항을 애매모호하게 이야기하는 것도 감점의 대상이 된다.
⑤ 요점이 없는 이야기를 장황하게 늘어놓거나, 잘 모르면서 아는 척하는 인상을 주게 되면 질문공세를 당할 수도 있음을 주의해야 한다.

제3절 면접에 임하는 자세

(1) 옷차림
   ① 남 성
      - 재킷과 와이셔츠를 입으면 좀 더 깔끔한 인상을 줄 수 있다.
      - 청바지나 라운드티(Round T-shirt)와 같은 캐주얼한 복장은 부정적인 인상을 줄 수 있다.
      - 신발은 운동화나 슬리퍼보다는 캐주얼화나 신사화가 더 좋은 인상을 준다.
   ② 여 성
      - 노출이 심한 옷이나 지나친 액세서리는 좋지 않은 인상을 줄 수 있다.
      - 신발은 단정한 느낌을 주는 단화가 좋다.

(2) 앉는 자세
   ① 무릎을 붙이고 앉고, 손은 무릎 위에 얌전히 얹는다.
   ② 시선은 면접관을 향한다.
   ③ 어깨를 펴고 허리를 곧게 세운다.
   ④ 경직되지 않고 자연스러운 자세를 유지한다.

(3) 면접의 목적과 기본적 자세
   ① 청소년상담사 3급 시험에 시간이 많이 소요되고 주관적인 판단이 개입될 수 있는 면접을 굳이 채택하여 시행하고 있는 이유는, 아래의 사항을 통하여 면접관들이 수험생을 판단하기 위함이다.
      - 모나지 않은 원만한 인성인지 아닌지를 파악(보편타당한 사고와 판단을 하고 있는지의 여부)
      - 상담자로서 적합한 자질을 지니고 있는지를 가늠(전문적·인간적인 자질)
      - 상담자로서의 열의와 사명감 정도의 판단
   ② 수험생이 가져야 할 자세
      - 상식적인 수준의 이해력과 행동 및 정서를 지니기
      - 청소년을 사랑하고 그들의 언어와 세계를 이해하며 수용하는 자세를 표현하기
      - 우유부단한 면을 보이거나, 너무 딱딱하고 냉정한 인상을 남기지 않기
      - 예상 밖의 질문에 당황하지 않고, 유머가 넘치고 여유로운 답변하기
      - 모를 때는 모른다고 시인하면서 자신의 솔직함을 드러내고, 앞으로 노력하겠다는 겸손함을 보이기

(4) 답변하는 자세
   ① 말을 할 때 면접관과의 눈맞춤(Eye Contact)이 중요하다. 이는 수험생의 자신감의 표시일 수 있다.
   ② 피식 웃거나 중얼거리고, 손과 발을 쓸데없이 떨거나 움직여서는 안 된다.
   ③ 옆 사람이 답변하는 동안 허공을 바라본다거나 쓸데없는 동작을 하면 무성의한 인상을 주어 감점이 될 수 있다. 그러므로 열심히 경청하는 자세를 취하면서 머릿속으로는 자신의 답변을 준비하여야 한다.

(5) 면접종료 후 퇴장하는 자세
① 면접이 끝나고 나가도 좋다고 면접관이 이야기할 때 "감사합니다"라고 이야기하고, 의자 옆으로 비껴서 조용히 나오도록 한다.
② 마지막으로 나오게 되면 조용히 문을 닫는다.

(6) 편안한 마음가짐
① 3급 면접질문은 예상 못 한 전문지식이나 특수한 사항에 대한 질문이 그리 흔하지 않다. 그러나 수험생이 너무 긴장하게 되면 평이한 질문도 잘 파악하지 못하여 엉뚱한 답변을 하거나 면접관에게 질문을 다시 확인하는 경우가 발생한다. 이런 경우에는 면접관에게 좋지 못한 인상을 주거나 감점 대상이 될 수 있다. 다른 사람들보다 과도하게 긴장하는 수험생의 경우, 면접 한 시간 전에 마음을 안정시키는 약을 복용하는 것도 고려해 보아야 한다.
② 면접에서 불합격되면 다음 해에 면접시험만 한 번 더 응시가 가능하니, '올해에는 경험 삼아 도전한다'는 생각으로 마음의 안정을 확보해야 한다.
③ 답변을 하다가 말문이 막힐 때는 당황하지 말고, 면접관에게 양해를 구하여 조금 쉬었다 다시 이야기한다.

(7) 면접에서 중요하게 평가하는 사항(상담자로서의 결격사유 판정)
① 성격상으로 편협되거나 과거 심각한 심리적 상흔이 없는지?
② 너무 종교적인 관점이 강하여 상담 본연의 기능을 도외시하지는 않는지?
③ 태도나 신념이 편협하고 고착되어 있는 것은 아닌지?
④ 성실하고 적극적으로 대답을 하려 하는지?
⑤ 청소년에 대한 애정이나 관심이 많은지?
⑥ 자격증 취득을 너무 취업을 위한 수단으로 생각하고 있지는 않은지?
⑦ 청소년상담사로서의 기본적인 지식이나 소양이 갖추어져 있는가?

제4절 면접 전 준비사항

(1) 필요한 서류를 하루 전에 챙겨둔다.
① 수험표
② 신분증
③ 대기시간에 볼 요약표나 정리된 노트
④ 기타 필요서류

(2) 문제유형별로 상담 개입방법을 정리하여 외운다.
사례가 달라도 접근하는 방식은 유사할 수 있기 때문에 청소년 문제의 유형별 개입방법을 정리하여 숙지한다.

(3) 자신이 선호하는 상담이론을 1~2가지 선정하여 제시되는 사례에 적용한다.

로저스(Rogers)의 인간중심 상담이론, 엘리스(Ellis)의 합리적 정서 행동치료, 벡(Beck)의 인지치료, 스키너(Skinner)의 조작적 조건형성, 펄스(Perls)의 게슈탈트 상담이론 등을 완전히 숙지하고, 이를 제시되는 사례에 접목하는 것도 좋다.

(4) 거울 앞에서 연습한다.
① 면접시험 며칠 전부터 대형거울을 앞에 놓고, 자신이 대답하는 형태를 관찰하고 수정한다(연습 5회 이상).
② 거울 앞에서 자신에게 '나는 잘할 수 있다'고 이야기함으로써 자신감을 키운다.

(5) 실제 면접상황을 만들어 본다.
① 친구나 부모님에게 부탁하여 모의 면접관에게 준비된 사례를 질문하게 한 다음 자신이 대답한다. 혹은 스터디 그룹(Study Group)을 만들어 서로 돌아가면서 면접상황을 재연해 보는 것도 좋다.
② 타인의 피드백을 받아 자신의 태도나 답변 내용을 수정한다.

제5절 면접 답변 요령

(1) 너무 전문적인 용어의 사용은 피한다.
① 수험생들은 때때로 자신의 지식을 드러내기 위하여 필요 이상의 전문용어를 사용하려 한다.
② 자격시험의 면접과정은 상담자로서의 기본적인 소양과 성격, 태도 등에 초점을 맞추고 있기 때문에 대단한 지식의 보유자를 선호하는 것이 아님을 명심하여야 한다.
※ 한 수험생이 '아들러(Adler)의 수프에 침뱉기' 기법을 이야기하였다가, 면접관이 그것을 꼬치꼬치 파고들어 질문하는 바람에 곤혹을 치렀다고 한다.

(2) 영어표현이나 용어를 가급적 자제한다.
① 충분히 한국어로 표현할 수 있는 용어를 영어로 답변하는 것은 면접관에게 좋지 않은 인상을 줄 수 있다.
예 표준을 'Standard', 과정을 'Process' 등으로 말하는 것
② 상담이론에서 영어식의 표현은 전문성을 드러내는 전략이 될 수 있다.
예 교류분석(Transaction Analysis), 투사(Projection), 원초아(Id) 등

(3) 단정적으로 이야기하지 않는다.
단정적으로 이야기하는 것은 면접관에게 역으로 질문공세를 받을 수도 있으므로, 겸손한 자세로 "제 생각에는…" 하고 이야기하는 편이 낫다.

(4) 많이 아는 척하지 않는다.
상담이론의 학자나 학설, 그 이론에 등장하는 상담기법이나 원리를 자기가 완전히 숙지하고 많이 활용하는 것처럼 이야기하면 면접관의 꼬리질문을 받기 쉽다.

(5) 결론을 먼저 이야기한다.
① 연역적으로 결론을 먼저 이야기한 후 부연설명을 하는 것이 좋다.
② 면접관의 질문에 긴장한 나머지 결론 없이 서론만 길게 이야기할 가능성을 차단한다.

(6) 옆 사람의 답변을 참고한다.
① 옆 사람이 면접관의 질문에 대해 어떤 답변을 하는지 잘 듣고 참고하는 것이 좋다.
② 그렇다고 해서 옆 사람이 이야기한 것을 그대로 반복하는 것은 감점의 요인이 된다.
③ 차라리 자신만의 접근방법과 해결방법을 이야기하여 전문성을 돋보이게 한다.
④ 자신이 확신하는 경우에는 옆 사람이 이야기한 것을 비판하거나 지적할 수도 있지만, 일반적인 경우 자신의 견해가 다르다는 점만 부각하면 충분하다.
⑤ 상대방의 잘못된 답변을 수정하는 것은 좋지 않은 인상을 줄 수도 있다.

(7) 면접관에게 부정적인 인상을 줄 수 있는 답변의 예
① 어눌한 목소리나 분명하지 않은 답변
② 초점을 벗어난 답변
③ 애매모호한 답변
④ 장황한 답변
⑤ 성의가 없는 아주 짧은 답변
⑥ 너무 현학적(衒學的)인 표현의 답변

제6절 3급 사례 및 질문 특징

(1) 일반사항
① 수험생이 3명의 면접관에게서 받는 질문의 수가 보통 4~6개 정도인데, 청소년상담사 3급의 질문은 대체로 평이하다고 할 수 있다. 첫 질문은 보통 마음 편하게 대답할 수 있는 질문들이기 때문에 긴장감이 풀어지는 계기를 마련할 수 있다.
② 3급의 경우 A4용지 2/3 정도의 분량으로 사례가 제시된다.
③ 사례의 내용으로는 내담자의 상황, 내담자의 성격적 특성, 부모의 직업이나 특성, 내담자-부모관계, 기타 교우관계 등이 언급된다. 드물게는 내담자를 상담한 상담내용이 제시되기도 한다.
④ 질문은 미리 준비된 것을 사용하지만 수험생에게 각기 다른 질문을 던지며 답변하는 순서도 일정하지가 않다.

(2) 질문내용
① 개인/상담 관련 질문
- 질문이 일반적이며 포괄적이다.
- 수험생 개인의 특성에 따라 답변내용이 달라지는 질문이다.
- 기초적이고 전체적인 상담이론에 대한 질문이다.
  - 예 – 훌륭한 상담사가 되기 위하여 어떤 점에 노력하였는가?
    – 청소년상담사가 되려고 하는 이유나 계기는 무엇인가?
    – 자신이 관심을 가지고 있고 발전시키려고 하는 상담이론은 무엇인가?
    – 부모나 담임선생님이 내담자와의 상담내용을 알려고 한다. 상담자로서 어떻게 할 것인가?
    – 인간중심의 상담을 할 때 이런 내담자의 말에 어떻게 반응하는 것이 좋은가?

② 제시된 사례질문
- 상담자로서 어떻게 상담을 할 것인가?와 같이 제시된 사례에 대한 전체적인 접근방식을 질문한다.
- 상담이론의 개략적인 지식을 타진하기 위해 질문한다. 구체적인 반응에 대한 질문도 그렇게 전문적이지는 않다.
  - 예 – 이런 내담자를 어떻게 상담할 것인가?
    – 내담자의 문제는 무엇이고 그 원인은 무엇인가?
    – 우울한 내담자에 대해 공감반응을 해 보아라.
    – 내담자의 보호요인과 위험요인은 무엇인가?

(3) 학습방법
① 이 책은 가능한 한 많은 사례를 실어 수험생들이 폭넓게 사례를 경험할 수 있도록 하였다. 사례를 읽으면서 원인을 빨리 파악하고 그것을 해결하는 방안을 항상 머릿속으로 생각하여야 한다.
② 면접관의 질문의 난이도는 시험마다 약간씩 달라 일반화하여 이야기하기는 어렵지만 면접을 보는 면접관의 성향이나 면접 분위기, 수험생의 답변에 따라 난이도가 유동적으로 변하기도 한다.

③ 이 책에서 제시한 답안은 일반적이고 보편적인 사항이며, 자신의 경험이나 논리로 다른 답안을 얼마든지 만들 수 있다. 따라서 기술된 답안을 그대로 외울 필요는 없다. 단지 이런 문제에 대해서는 이런 해결책이 유효하다는 정도의 감각을 가지면 좋을 것이다. 그리고 사례를 읽으면서 자신만의 질문이 연상되는 경우, 이에 대해 답해 보는 것도 좋다.

제7절 제시사례 분석방법

(1) 일반사항
① 면접실 앞에서 대기하는 대략 5~10분(앞 팀이 면접시험을 보는 시간)은 짧지만 철저한 준비를 해야 하는 숨 막히는 시간이다.
② 이 시간 동안 제시된 사례의 구성과 분석방법을 몸에 익힌다면, 면접관의 사례관련 질문에 대해 어느 정도 자신 있는, 납득할 만한 대답을 할 수 있을 것으로 확신한다.
③ 사례의 내용이나 분량은 그 짧은 시간 내에 소화하기에는 정말 힘들며 긴박한 상황에서 정신을 집중하기에도 어려운 상황이다. 그러므로 다음에서 제시하는 사례 접근방식에 익숙해지도록 평소에 연습해 두는 것이 중요하다.
④ 실제 면접 때 수험생에게 제시되는 사례는 아래에 언급된 것과 같이 정형화되어 있지는 않지만, 구성내용은 거의 일치한다고 보면 된다. 면접관들이 질문을 하기 위해 최소한의 근거를 사례에서 제시하기 때문이다.
⑤ 제시된 사례를 읽으면서 다음 사항을 생각하여야 한다.
  • 내담자의 문제가 무엇인지? 주된 문제와 부수적인 문제가 각각 무엇인지?
  • 그 문제의 원인은 무엇인지?
    (사례에서 구체적으로 제시되어 있거나 맥락으로 쉽게 추정할 수 있는 원인들)
  • 문제를 유지하는 요인은 무엇인지?
  • 내담자의 강점이 무엇인지?
  • 어떤 방식으로 개입할 것인지? 등을 파악한다면, 어떤 질문이든지 자신 있게 답변할 수 있을 것이라고 확신한다.
※ 해를 거듭할수록 제시되는 사례의 길이가 길어지고 그 내용이 복잡해지고 있으며, 사례 파악을 위해 주어지는 시간 역시 점점 짧아지고 있다.

(2) 사례의 구성

① 보통 사례는 '전문, 본문, 종결문'의 3개 문단으로 구성되어 있다.

② 구성의 내용

전문 (前文)	• 내담자의 인적사항(나이, 성별, 학년 등) • 가족사항(현재 동거하고 있는 가족의 직업, 성격, 내담자와의 관계역동 등) • 내담자의 소속과 소속원(친구, 교사 등)과의 관계 • 방과 후 활동 • 내담자가 현재 보이고 있는 인지·행동·정서·태도의 내용
본문 (本文)	• 내담자의 문제와 관련된 추가정보 : 원인에 대한 직·간접적인 정보가 제공된다. • 부모의 양육방식이나 양육태도 : 내담자의 심리·행동상의 문제에 원인을 제공하는 부모의 양육방식이나 가족구성원의 상호관계에 관한 정보 등이 담겨있다. • 내담자의 정서나 욕구에 대한 언급 : 괴롭다든가 가출하고 싶다든가 하는 현재의 내담자 자신에 대한 인지·정서 상태를 언급한다.
종결문 (終結文)	• 내담자가 자신의 문제에서 느끼는 감정이나 생각 • 미래에 대한 내담자의 걱정이나 예정된 행동 • 기타 상담자의 내담자에 대한 사례보고 내용

(3) 분석의 3단계

① 문제 및 문제의 원인 파악

② 내담자의 자원 포착

③ 개입방법의 결정

(4) 문제 및 문제원인의 파악

① 문제의 파악

이 부문은 그렇게 어렵지 않다. 보통 사례에서 직접적으로 제시되어 있기 때문이다. 사례에서 문제로 거론되는 정서·인지·태도·행동을 빨리 파악한다.

② 문제원인의 파악

• 문제원인의 파악은 좀 어려운 편이다. 그러나 이 부문이 가장 핵심적이고 개입방법을 쉽게 결정할 수 있는 중요한 부분이라고 할 수 있다.

• 문제의 원인은 '내적요소'와 '외적요소'로 나눌 수 있다.

내적요소	내담자의 스트레스에 대한 취약한 기질이나 성격, 잘못된 인지도식, 편향된 성격요소, 이상행동 등이다.
외적요소	부모의 직업이나 경제적인 상황, 부모의 바람직하지 않은 양육방식, 또래관계를 맺는 내담자의 패턴, 학업과 성적의 스트레스, 과거의 경험 등으로 직접 언급되어 있거나 언급된 상황에서 유추할 수 있다.

(5) 내담자의 자원 포착
   ① 자원은 내담자가 가지고 있는 강점이나 장점, 잠재력이라고 할 수 있다. 이는 내담자를 지탱하고 있고, 차후 행동이나 정서의 변화를 유도하는 동력으로 작용한다.
   ② 사례에서 직접 제시되기도 하고 그렇지 않기도 하여 수험생의 직관력이 요구되기도 한다.
   ③ 내담자의 자원으로는 긍정적인 사고방식, 좋은 가정환경, 내담자가 장차 개발할 수 있는 능력 또는 현재 발휘하고 있는 능력, 학교 진학과 학업 수행, 자부심과 자긍심, 성취동기와 노력, 주위 사람들의 걱정과 관심, 상담에 대한 긍정적인 인식, 문제 개선 의지, 미래에 대한 희망 등이 있다.

(6) 개입방법의 결정
   ① 상담이론적 접근
      - 문제를 치유하는 상담이론과 상담기법을 생각한다.
      - 이 경우 수험생이 자신 있게 대답할 수 있는 상담이론과 기법을 1~2개 정도 숙지하고 있어야 한다.
      - 쉽게 접근할 수 있는 이론은 현실주의, 인지·행동적 접근, 인간중심적 접근이다.
   ② 자원연계적 접근
      - 강점을 인식·부각시키거나 발휘하게 하는 내용이다.
      - 강점과 앞으로의 직업을 연계하고 성취동기를 자극하는 내용이다.
   ③ 내담자를 둘러싼 미시체계(부모, 친구, 교사 등)에 대한 접근
      - 가장 대표적인 개입방법은 부모상담을 병행하는 것이다.
      - 참고로 내담자 문제행동의 직접적인 감소나 소거보다는 근본적인 원인규명과 심리적 문제 해소 방식이 면접관에게 더 높게 평가될 것이다.
      - 지역사회 청소년통합지원체계와 연계한다.

합격의 공식 시대에듀 www.sdedu.co.kr

▲ 정오표

PART 02
면접관 현장 질문 대비

CHAPTER 01	개인 관련 질문사항
CHAPTER 02	상담 관련 질문사항
CHAPTER 03	일반지식 관련 질문사항

PART 02 면접관 현장질문 대비

> **핵심요약**
>
> 이 파트는 제시된 사례와 관련 없이 상담을 진행하는 상담현장에서 있을 수 있는 예상치 못한 상황에 대한 상담자로서의 대응 능력을 가늠하는 질문에 대비하는 부분이다. 또한, 상담자의 일반적인 자질을 체크하기 위한 질문에 대비하는 부분이기도 하다. 인용된 사례들은 실제 상담현장에서 빈번하게 일어나는 문제들이며, 매년 면접시험에서 던져지는 질문들이라고 보면 된다.
> 제시되어 있는 답변은 일반적인 관점에서 보아 무리가 없고 바람직한 접근이라고 생각되는 것이나, 수험생 여러분이 더 좋다고 생각되는 답변이 있으면 대체하여도 무방함을 알려둔다.

제1절 개인 관련 질문사항

질문 01

상담이론 중 자신이 관심을 두고 있는 상담이론은 무엇인가?

| 답변 |

① 인간중심 상담이론을 기본 바탕으로 삼는다.
② 개입방식으로 인지행동치료 및 현실치료를 병행한다.
- 친구관계에 문제가 있는 학생
  - 합리적·정서적 치료 : 선행사건에 대한 비합리적 신념체계
  - 인지치료 : 부정적 자동사고 점검, 도식의 재구성, 인지왜곡의 수정
- 스마트폰 과다사용 학생
  - 현실치료 : 현재 Want / Doing / Evaluation / Plan 기법(WDEP), 유머, 역설적 기법, 직면
  - 행동치료 : 행동조성, 행동계약서, 강화, 처벌, 행동수정
- 우울, 자살생각 학생
  - 인지치료 : 인지삼제, 자동적 사고의 개선(현실적·긍정적 사고와 신념)
  - 정신역동 : 직면과 해석
  - 행동치료 : 학습된 무기력, 실패경험에 대한 귀인 양식의 변화
  - 게슈탈트 : 빈 의자 기법, 자기 부분들 간의 대화

③ 그 외
- 불안정 애착 문제가 있는 학생 : 대상관계이론
- 비행학생 : 욕구지연학습, 분노조절훈련

질문 02

상담이 실제 자신의 삶에 어떤 영향을 주는가?

| 답변 |

① 대인관계가 좋아진다.
- 상대방의 행동이나 태도의 원인을 알게 되어 상대방을 이해하는 마음이 생긴다.
- 미움, 비판의 시각에서 수용하는 태도로 변한다.
- 대화할 때 수용, 반영, 무조건적 존중 등의 상담기법을 사용하게 되어 상대방이 나에게 호감을 가지게 된다.

② 청소년을 사랑하게 된다.
- 청소년의 특성을 이해한다.
- 청소년의 저항을 공감, 수용한다.
- 청소년의 발전과 성장을 기대하게 된다.

③ 가족이나 자녀를 이해하게 되고 관심을 기울이고 사랑하게 된다.
- 대화 속에 가족구성원의 숨겨진 의도와 욕구를 파악하게 되어 가족관계가 개선된다.
- 자신의 감정을 솔직하게 이야기하여 가족들에게 이해받게 된다.
- 자녀와의 대화를 통해 항상 관심을 기울이고 사랑한다고 표현하게 된다.

④ 인생을 의미 있게 보낸다.
- 자신의 존재 이유나 의미를 부여한다.
- 자신의 감정·행동·사고를 객관적으로 바라볼 수 있다.
- 생활의 스트레스를 극복하는 능력을 가진다.

⑤ 인간관계 형성에 여유로운 마음을 가지게 된다.
- 상대방의 욕구를 이해한다.
- 상대방의 정서를 공감, 반영한다.
- 나의 태도와 행동을 바르게 인지해서 스스로를 변화시킨다.

질문 03

왜 청소년상담사 자격시험에 응시하게 되었는가?

_____
_____
_____
_____

| 답변 |

① 결혼한 수험생의 경우 다음과 같이 대답할 수 있다.
- 자녀를 이해하고 싶은 심정에서
- 생활에 매몰되지 않고 자기계발을 하기 위하여
- 자녀의 양육을 잘하기 위하여(바람직한 양육환경의 조성과 양육방식의 적용)

② 평소 청소년에 관심이 많다.
- 청소년을 대하고 청소년과 생활하는 기회가 많이 있다.
- 청소년의 문제를 이해하고, 그들의 발전 잠재성을 인정하기 때문에 도움을 주고 싶다.

③ 학교, 청소년상담복지센터, 민간 상담센터에서 상담사로 근무하고 싶다.
- 청소년 문제가 심각해지고 있다.
- 상담으로 그들의 심리적인 문제를 해소하여, 바람직한 가치관과 생각을 지닌 학생으로 성장하는 것을 돕고 싶다.
- 상담으로 청소년을 변화시키고 이를 통해 나의 자아실현의 욕구를 경험하고 싶다.

☑ 유사질문

○ **청소년상담사가 되려고 한 계기가 있었다면 이야기해 보시오.**
   이 경우 〈질문 3〉과 연관지어 자신의 경험을 이야기한다.

○ **청소년상담사 자격증을 취득하면 무엇을 하고 싶나?**
   〈질문 7〉의 답변 참고

질문 04

당신의 장점과 단점은 무엇이고, 상담 상황에서 어떻게 나타날 것 같은가?

| 답변 |

① 장점의 예
- 분석적·계획적·평가적이다.
  - 단기 해결중심 상담에서 상담효과를 확실히 달성한다.
    - 예 학습부진, 스마트폰 과다사용, 친구관계 문제 상담
- 직관적이고 논리적이다.
  - 상담의 구조화를 잘한다.
  - 사례개념화에 능하다.
  - 상담평가를 철저히 하고 상담효과를 확인한다.
- 인간에 대한 이해력이 높다.
- 상대방의 문제에 대해 관심이 많으며, 같이 고민하고 해결하는 데 즐거움을 느낀다.

② 단점의 예
- 성격이 급하다.
  - 내담자의 침묵을 기다리지 못한다.
  - 내담자를 가르치려고 든다.
- 상담에서 주도적인 역할을 하게 된다.
  - 상담에서 상담목표를 향해 내담자를 끌고 가려는 경향이 강할 것 같다.
  - 상담의 과도한 구조화(상담목표, 상담전략, 중간평가 등)가 이루어진다.
  - 지시적인 말을 많이 사용한다.
  - 해결책을 제시하거나 권유한다.
- 내담자의 통찰을 끌어내는 부분이 미흡할 것 같다.
- 내담자의 말과 태도, 행동 속에 숨어있는 욕구·의도를 잘 파악하지 못한다.

※ 상기 답변은 하나의 예시이다. 수험생은 자신의 장점과 단점을 미리 파악하고 이를 정리하여 상담 장면에서 그러한 장단점이 어떻게 작용할 것인가를 기술하는 연습을 충분히 해 두는 것이 좋다.

질문 05

상담을 잘하기 위해서 본인이 보완하여야 할 점은 무엇인가?

| 답변 |

다음과 같은 사항을 보완할 사항으로 솔직히 인정한다면 면접관에게 좋은 인상을 줄 수 있을 것이다.
① 평소 공감능력이 부족하여 내담자의 정서적인 탐색 노력이 부족하다.
② 상담이론은 알지만 구체적인 상담기법에 대해서는 아직 경험이 부족하여 이를 보완하고 싶다.
③ 나 자신의 문제를 철저히 분석하고 이를 우선적으로 해결하고 싶다.
④ 내담자의 사례개념화를 정확히 하지 못하여 상담의 효과를 내지 못하는 경우가 있다.
⑤ 상담을 지나치게 주도적으로 이끌어 가면서 내담자의 행동을 변화시키려고 한다.
⑥ 내담자의 반응이나 태도에 너무 몰입하여 역전이가 발생할 가능성이 높다.
⑦ 내담자의 숨겨진 의도나 욕구를 읽지 못하여 정확한 개입을 하지 못한다.
⑧ 내담자의 주호소문제를 표면적이고 기계적인 해결책으로 해결하려고 한다.
⑨ 내담자를 미숙한 존재로 보고 가르치고 설득한다.
⑩ 상담경험의 부족으로 상담에 대한 불안감이 크고 상담기술에만 의존한다.

☑ 유사질문
훌륭한 상담사가 되기 위하여 더 함양하여야 할 부분은 무엇인가?

질문 06

상담을 잘하고 싶다면 어떻게 준비하겠는가?

| 답변 |

① 자신이 상담사가 되겠다고 결심한 이유를 간단히 설명한다.
  • 현재 청소년의 문제가 심각해지고 사회화되고 있는 현상에 대해 관심이 크다.
  • 청소년은 무한한 가능성을 가지고 있는 존재로 자신의 인생을 망치는 일이 없도록 보호하고 싶다.
  • 상담사는 청소년의 바른 길잡이 역할을 충분히 할 것이라고 기대한다.
② 상담이론을 좀 더 심층적으로 공부하고 상담경험을 열심히 쌓을 것이다.
  • 상담경험을 하기 위해 빨리 청소년상담사 3급 자격증을 따서 기관에 지원하겠다.
  • 상담현장에서 내담자의 호소문제에 적절히 개입하기 위해서 상담이론을 더 깊이 공부하겠다.
  • 청소년을 위한 활동을 적극적으로 하겠다(청소년과 그들의 문화나 언어를 이해).
③ 상담 수퍼비전에 열심히 참석할 예정이다.
  • 다른 상담자의 사례와 상담방법을 배우고 개선해야 할 사항을 찾아서 개선하겠다.
  • 상담 수퍼바이저에게 수퍼비전을 받으면서 나 자신의 상담의 질을 높이겠다.
  • 상담을 잘하기 위한 자기계발(학회 가입, 상담자 모임 참석 등)을 게을리하지 않겠다.

질문 07

청소년상담사 시험에 합격하여 자격증을 받으면 무엇을 할 예정인가?

| 답변 |

① 자신이 평소 근무하고 싶은 기관과 근무처에 대해 이야기한다.
　　예 청소년상담사 자격증으로 도전할 만한 직장
　　　　• 각 시·군·구의 청소년상담복지센터
　　　　• 건강가정지원센터
　　　　• 아동보호센터
　　　　• Wee Center
　　　　• 초등학교, 중학교, 고등학교 전문상담교사
　　　　• 청소년쉼터
　　　　• 서울시의 6개 I Will Center 상담원
　　　　• 생명의 전화 상담원
　　　　• 1388 상담원
　　　　• 성/가정폭력 상담소 등
② 자신이 계획하거나 추구하는 일에 대해 이야기할 수도 있다.
　　• 청소년 성장을 위한 집단상담
　　• 컴퓨터 게임, 스마트폰 중독 학생을 둔 부모 교육
　　• 청소년 자아개발 훈련 프로그램 시행
　　• 왕따, 따돌림, 학교폭력 가해자, 피해자 학생 집단상담
　　• 인터넷 과다사용 학생의 치유를 위한 집단상담 등

☑ 유사질문
○ 청소년상담사가 된 이후의 장·단기 목표를 이야기해 보시오.
　　상기 답변과 〈질문 15〉의 답변을 같이 이야기한다.
○ 청소년상담사가 되었을 때 앞으로의 포부는?
　　상기 답변과 유사하게 답변한다.
○ 상담사가 되면 무엇을 할 계획인가?

질문 08

대학의 전공이 ○○학인데, 상담을 진행하는 데 어떤 도움이 된다고 생각하는가?

| 답변 |

① 자신의 전공과목이 사람의 생각과 행동, 정서와 관련된 학문으로서, 공통적으로 상담과 맥을 같이한다고 생각하는 점을 부각한다.
② 상담 관련 전공과 관계없이 자신의 소신을 밝힌다.
  - 청소년은 근본적으로 착하고 변화 가능하며, 선한 방향으로 나아간다고 믿는다.
  - 대학에서 무엇을 전공하였는가가 중요한 것이 아니라, 청소년을 보는 관점과 인간관, 청소년에 대한 관심과 열정이 더 중요함을 부각한다.
  - 상담을 하면서 상담 관련 대학원에 진학하여 상담에 대해 더 많이 알고 연구하고 싶다.

질문 09

왜 청소년상담사가 되려고 하는가?

| 답변 |

수험생의 개인적 다양성 때문에 답변을 제시할 수는 없지만, 이 질문의 답변에는 다음의 사항이 포함되면 좋다.
① 청소년에 대한 관심, 애정
② 전공의 유사성
③ 종사하는 일과 청소년상담의 관련성
④ 청소년상담사 자격을 접하게 된 계기
⑤ 자녀의 양육에서 느낀 당혹감과 회의
⑥ 청소년 문제의 심각성 인지와 해결에 대한 욕구
⑦ 상담을 통한 상담자 자신의 성장과 청소년의 변화 도모 등

질문 10

당신의 인간관은 무엇인가?

| 답변 |

인간중심의 인간관이 답변하는 데 제일 용이하다. 인간의 심리적 문제는 현실을 인지하는 방식의 문제, 학습된 행동방식의 문제 그리고 실제의 자신과 바깥으로 드러내는 자신의 차이(Gap)에서 발생한다고 믿는다. 그러므로 인간을 합리적인 생각과 행동을 할 수 있는 존재로 보고 자기실현의 동기를 가진 긍정적인 존재로 본다.

각 상담이론의 인간관

정신분석 (Freud)	• 인간을 비합리적 · 결정론적 존재로 가정한다. • 생물학적인 충동과 본능을 만족시키기 위하여 행동이 동기화된다.
개인심리 (Adler)	• 프로이트의 생물학적 · 결정론적 관점에서 벗어나 사회심리적 · 비결정론적 관점에서 인간을 본다. • 무의식이 아닌 의식이 성격의 중심이며, 환경에 영향을 미치고 환경을 창조하는 능력을 가지고 있다.
형태주의 (Perls)	• 인간은 자유의지를 가졌으며 자신의 행동에 책임을 진다. • 환경과 접촉하는 존재이며 현재를 중심으로 자신을 경험하며 성장, 성숙한다.
의사교류분석 (Berne)	• 인간은 반결정론적 · 자율적 존재이며, 패배적인 인생각본에서 벗어나 보다 적절한 생활양식을 선택하고 결정할 수 있다. • 인간은 자신의 감정과 행동에 대해 책임을 져야 한다.
현실주의 (Glasser)	인간은 스스로의 삶을 효과적으로 통제할 수 있는 능력을 가지며, 결과에 대해 스스로 책임을 지는 존재이다.
합리 · 정서치료 (REBT), (Ellis)	인간은 역기능적인 인지체계에서 심리적인 문제를 일으키는데, 이를 합리적인 사고로 전환하여 바른 행동을 유도한다.
인지치료 (Beck)	개인의 역기능적인 정보처리와 인지적 왜곡을 재구성하여, 정서나 행동의 변화를 일으킨다.
행동주의 (Skinner)	• 인간의 행동은 학습된 결과이며 새로운 행동을 학습한다. • 인간의 행동은 일정한 법칙성을 지니고 있다고 가정한다.
인간중심 (Rogers)	• 인간은 자기 자신의 일을 스스로 결정하며, 자기실현의 동기를 가지고 태어났다. • 자신의 중요한 일들을 스스로 결정하고, 자신의 문제를 해결할 수 있다.

☑ **유사질문**

당신이 좋아하는 상담이론과 그 인간관은 무엇인가?

질문 11

자신이 가지고 있는 상담사의 자질은 무엇이라고 생각하는가?

| 답변 |

다음의 자질을 감안하여 적절하게 대답한다.
① 전문가적인 자질
- 관련 학문의 수강과 관심(사회학, 심리학, 범죄학, 생리학, 교육학 등)
- 상담이론의 정확한 이해와 적용
- 상담기술 훈련, 자격증 보유
- 상담자의 자기계발
  - 학회, 연구회 참석
  - 공개 사례 참석
  - 공개 수퍼비전, 연구분석, 집단상담 참석
- 객관적·논리적인 사고방식과 평가능력
- 상담경력
- 수퍼비전 수련 정도
- 자신의 상담능력 한계 인식

② 인간적인 자질
- 인간에 대한 폭넓은 이해, 청소년을 사랑하는 마음
- 참을성과 인내심, 인간의 발전가능성에 대한 믿음
- 상담에 대한 열의
- 철저한 자기관리
- 청소년과 이야기하고 활동하는 것을 선호함
- 자발성과 수용성, 타인에 대한 열린 마음
- 삶에 대한 진지함과 좋은 대인관계
- 긍정적인 인간관
- 개인적인 심리문제의 선해결

☑ 유사질문
○ 상담사의 자질 중 어떤 자질이 청소년을 상담할 때 중요하다고 생각하는가?
○ 이상적인 청소년상담사란 무엇이라고 생각하는가?

질문 12

당신의 성장과정을 소개해 보시오.

| 답변 |

이 질문 또한 수험생의 개별성으로 인하여 바람직한 답변을 규정하기는 어려우나, 다음의 사항이 언급되면 면접관의 주의를 끄는 답변이 될 것이다.
① 어린 시절 친구에게 상처를 주었거나 상처를 받았던 일
② 친구나 가족이 슬픔에 잠겨 있었던 일
③ 학창 시절 친구관계에서 경험한 어려움이나 기쁨
④ 부모와 형제관계에서의 정서적 경험
⑤ 친구를 도왔을 때의 기쁨
⑥ 친구관계, 부모와의 관계에서 가졌던 의문
⑦ 내가 성장하여 부모가 된다면 그러지 말아야겠다고 느낀 점
⑧ 꿈의 좌절, 절망의 경험
⑨ 타인에게서 받은 실망감, 배신감 등

질문 13

상담자가 되면 하고 싶은 집단 프로그램이 있는가?

| 답변 |

집단상담의 종류를 감안하여 이야기한다.
① **치유집단** : 집단구성원의 행동을 바꾸고, 개인적인 문제를 완화하거나 대처하는 집단
　　예 외상 후 스트레스 장애 치유집단, 마약중독자 치료집단, 금연·금주집단, 주의력이 현저히 떨어지는 아동집단
② **과업집단** : 과업의 달성을 위해 성과물을 산출해 내거나 명령을 수행하기 위해 만들어진 집단
　　예 Task-Force 팀, 위원회, 특별조사집단

③ **자조집단** : 장차 일어날 사건에 좀 더 효과적으로 적응하기 위하여 대처기술을 발전시킴으로써 집단구성원들이 삶의 위기에 대처하도록 돕는 집단
　예 이혼가정의 취학아동모임, 암환자 가족모임, 한부모 집단
④ **성장집단** : 집단구성원의 자기 인식을 증진시키고, 자신의 사고를 변화시키는 것을 목적으로 하는 집단
　예 부부의 결혼생활 향상집단, 청소년 대상 가치관 확립 집단, 퇴직을 준비하는 집단, 청소년 자기계발 집단
⑤ **교육집단** : 집단구성원의 지식과 정보 및 기술향상을 목적으로 하는 집단
　예 부모역할 훈련집단, 청소년 성교육 집단, 위탁가정의 부모가 되려는 집단, 입양에 관심을 갖는 부모 집단, 학업중단 청소년 집단
⑥ **사회화 집단** : 사회관계에 어려움이 있는 집단구성원들이 사회생활에 필요한 사회적 기술을 배우거나 증진시키는 것을 목적으로 하는 집단
　예 과거 정신장애자의 집단, 자기주장 훈련집단, 공격성을 가진 아동들의 집단, 친구관계에 어려움이 있는 집단

질문 14

청소년쉼터에 머물고 있는 학생들을 위한 프로그램을 운영한다면, 어떤 프로그램을 운영하겠는가?

| 답변 |

① 홀로서기 능력배양 프로그램
② 진학(진로)지도 프로그램
③ 스트레스 인내력 증강 프로그램
④ 학습능력 증진 프로그램
⑤ 직업훈련 프로그램
⑥ 자율성과 독립심 함양 프로그램

질문 15

15년 후, 청소년상담사로서 성장한 자신의 모습을 간단히 이야기해 보시오.

| 답변 |

개인적인 가치관이 다르고 능력, 환경, 기회가 각기 다르기 때문에 한마디로 이야기하기는 어렵다. 그러나 다음의 사항이 포함되면 바람직한 답변이 되겠다.
① 지역사회의 청소년 문화증진과 청소년 성장과 발달을 위해 노력하며 성과를 이루는 상담자 혹은 청소년기관장이나 상담지도자
② 가정과 학교, 청소년 사이의 가교역할을 하는 사람
③ 청소년의 현실적응능력을 증진하는 교육책임자
④ 가정과 사회에서 소외되어 차별받는 청소년을 구제하고 선도하는 단체의 장
⑤ 지역사회에서 청소년의 지위와 권리를 고양하는 사람
⑥ 청소년 문제를 종합적으로 접근하는 청소년센터장
⑦ 다문화 가정의 자녀와 외국인 부모의 상담이나 교육을 담당하는 선임상담사 등

☑ 유사질문
○ 청소년상담사 자격증을 취득한 후 자신의 미래를 그려 보시오.
○ 자신이 자신 있게 상담할 수 있는 분야는 무엇인가?
○ 성공한 청소년상담자의 모습은 어떤 모습인가?
○ 상담사가 된다면 어디에서 근무하고 싶은가?
○ 앞으로 어떤 종류의 상담일을 하고 싶은가?

제2절 상담 관련 질문사항

1 상담자 윤리사항

〈사례 01〉
내담자의 부모가 자녀와의 상담내용을 알려달라고 요구한다.

질문

이런 경우 상담자로서 어떻게 하여야 하는가?

| 답변 |

① 청소년상담사 윤리강령의 비밀보장 의무에 의거하여 상담내용을 알려줄 수 없음을 분명히 이야기한다. 이 경우 내담자 부모의 입장을 이해하고 공감하는 태도를 보인다.
② 그러면서 내담자의 문제해결을 위해 필요한 경우, 부모와의 면담이나 부모상담이 필요하다는 점을 전달한다.
③ 내담자의 동의를 얻어 부모에게 상담의 내용을 알려줄 경우, 최소한의 범위에서 상담내용을 전달한다(예 상담목표 및 전략, 상담회기 수, 내담자의 변화과정 등).

☑ 유사질문
○ 학교에서 문제를 많이 일으키는 내담자의 상담내용 공개를 그 담임선생님이 요구한다. 이런 경우 상담자로서 어떻게 하여야 하는가?
○ 법원판사가 죄를 범한 내담자와의 상담내용을 요구한다. 상담자로서 어떻게 하여야 하는가?

참고 상담자의 비밀보장 예외사항
1. 내담자의 치료를 위한 의사와의 의사소통을 위한 정보제공
2. 내담자가 상담공개를 허락한 대상
3. 자신이나 상대방을 해칠 우려가 있는 경우
4. 적절한 전문적 자문을 구하는 경우
5. 법률에 의해 위임되고 승인된 경우(법원의 판사요청은 이에 해당)

〈사례 02〉

상담 중 고1 여학생이 임신을 한 사실을 털어놓았고, 상담자의 비밀보장 의무를 이야기하면서 절대 부모에게 말하지 말고 자기를 도와달라고 한다.

질문

이 경우 상담자로서 어떻게 대응할 것인가?

| 답변 |

① 내담자의 상황에 충분히 공감해 준다.
  - '비밀보장의 예외사항'은 아니나 내담자에게 비밀을 보장한다고 성급하게 이야기하지 말고, 일단 내담자의 불안한 마음에 충분히 공감해 준다.
  - 심리적인 안정감을 되찾게 하고 위험행동을 감행할지 모르는 상황을 대비하여 안전을 확보한다.
② 임신 사실 여부를 확인한다.
  - 실제 임신을 하였는지 아니면 불안한 상태가 증폭되어 그러한 고백을 하는지 탐색한다.
  - 병원에 가서 진찰을 받자고 제의한다.
    ※ 상담기관이 지방자치단체의 예산으로 운영되는 경우, 병원진찰비는 보조금으로 지원된다.
  - 임신이라는 것이 사실로 밝혀질 경우
    - 부모에게 알려야 함을 설득한다(임신은 보호자의 보호와 개입이 필요한 사안임을 전달한다).
    - 병원진료의 필요성을 알려준다.
③ 부모로 하여금 자녀인 내담자의 행동이나 정서를 적절히 관찰하고, 위험행동을 예방하게 한다.
④ 필요한 경우, 미성년자의 임신문제를 지원할 수 있는 전문기관에 도움을 의뢰한다.

☑ 유사질문

임신한 여학생이 상담실에 찾아왔을 때 부모에게 알려야 하는가?

> **참고** 낙태죄 폐지

(1) 2019년 4월 낙태죄에 대한 헌법재판소의 헌법불일치 판결로 2021.1.1.부로 형법상의 낙태죄가 폐지되어 낙태로 인한 형사처벌은 폐지되었다. 그러나 관련법이 개정되지 않아 임신중절수술을 진행하는 기준에는 여러 가지 혼선이 일어나고 있다.

(2) 임신중절수술은 다음에 해당될 때 가능하다.
   ① 모자보건법 제14조에 해당할 때
   ② 임신중절수술이 가능한 주수(週數)가 되었을 때(병원의 초음파를 통해 산출함)
   ③ 본인 및 배우자가 동의할 때
   - ①의 요건이 안 되는 경우라도 ②와 ③의 요건이 되면 수술이 가능하다.
   - ①의 요건이 안 되면서 ③의 요건이 안 되는 경우 수술이 불가능하다.
   - ②의 경우는 임신가능일 5주 이상이 되어야만(아기집 보임) 수술이 가능하다.
   - ②의 경우 태아가 상당히 자랐을 때는 중절수술의 위험성을 감안하여 병원에서 결정하는 것이 상례이다.

(3) 모자보건법 제14조 해당 요건은 다음과 같다.
   ① 본인이나 배우자가 우생학적(優生學的) 또는 유전학적 정신장애나 신체질환이 있는 경우
   ② 본인이나 배우자가 전염성 질환이 있는 경우
   ③ 강간 또는 준강간에 의하여 임신된 경우
   ④ 법률상 혼인할 수 없는 혈족 또는 인척 간에 임신된 경우
   ⑤ 임신의 지속이 보건의학적 이유로 모체의 건강을 심각하게 해치고 있거나 해칠 우려가 있는 경우

> 〈사례 03〉
> 내담자가 상담 후에 자신에게 문제가 생겨 이를 해결하기 위해 급히 20,000원을 빌려 달라고 하면서 부모에게는 알리지 말라고 당부한다.

질문

이때 본인이 상담자라면 어떻게 할 것인가?

| 답변 |

① 돈을 빌려 달라고 하는 진짜 이유가 정말 돈이 필요한 경우인지, 아니면 거짓말을 하여 용돈으로 사용하려고 하는 경우인지 알아본다. 후자의 경우, 상습적으로 돈을 구하기 위하여 둘러대는 경우가 많다.
② 이유별 대처
- 차비 등 급한 용무를 보기 위한 경우
  - 빌려주지만 꼭 갚도록 한다.
  - 갚지 못할 경우는 상담목표를 수행하는 과제를 실행하게 한다.
  - 돈을 빌려주는 것은 1회에 한한다.
- 용돈으로 쓰려고 하는 경우(예 사고 싶은 물건을 구입하기 위해)
  - 신뢰성 상실 등 거짓말의 부정적 결과를 설명한다.
  - 욕구의 자제 및 부적절한 행동의 교정을 돕는다.
  - 필요한 경우 추가 상담목표를 설정한다.
  - 자신의 행동에 대한 책임의식을 고양한다.
- 또래들로부터 금전적 요구를 받고 있는 경우
  - 학교폭력 관련 여부를 판단한다.
  - 학교폭력에 해당한다고 판단되는 경우 소속기관장과 부모에게 이를 즉각적으로 알린다(신고의무 조항).

☑ 유사질문

○ 내담자가 상담자에게 차비를 빌려달라고 하면 어떻게 할 것인가?
○ 내담자가 상담자에게 급히 전화하여 돈을 빌려달라고 할 때 어떻게 하겠는가?

> **〈사례 04〉**
>
> 상담을 받고 있는 남학생이 상담자에게 사랑을 느낀다고 하면서 접근한다.

질문

이 경우 청소년상담사의 윤리강령과 관련하여 어떻게 개입하여야 하는가?

| 답변 |

① 상담사는 윤리강령을 지켜야 하는 의무가 있으므로, 내담자와 이중관계를 형성하여서는 안 된다.
② 일단 차갑게 대하며 접근을 차단한 다음, 공감을 통해 내담자의 자존감을 회복하게 하고 상담자와 내담자의 역할과 책임을 상기시킨다.
③ 이성과의 교제 욕구를 해소하기 위한 대안활동을 내담자로 하여금 수행하게 한다.
- 취미활동의 탐색과 수행
- 학업성과를 향상시키기 위한 학습계획 수립 및 실천
- 적극적인 봉사활동, 동아리 활동 전개

④ 상담 중에 상담자 자신이 보였을지도 모르는 역전이 여부를 점검한다.

☑ **유사질문**

자신에게서 상담받고 있는 학생이 바깥에서 따로 만나자고 요청한다면 어떻게 대응하겠는가?

〈사례 05〉

상담 중에 내담자가 상담자를 선생님이 아니라 '누나, 엄마, 형'과 같이 부르며 과도한 친근감을 표시한다.

질문

이런 경우 상담자로서 어떻게 하여야 하는가?

| 답변 |

① 우선 친근감을 나타내는 호칭을 사용하는 것에 대해 고마움을 표시한다.
② 상담의 원활한 진행을 위하여 그런 부적절한 호칭을 삼가도록 권유한다. 이는 내담자와의 이중관계 형성을 사전에 방지하는 효과가 있다.
③ 내담자가 상담자를 협조자·전문가·촉진자로 인식하고, 자신의 문제를 좀 더 탐색하게 한다.
④ 내담자의 충족되지 않은 욕구를 파악하고 이를 해결하는 것을 상담목표에 추가한다.
⑤ 이것이 개선되지 않을 때, 다른 상담자에게 그 사례를 인계(Refer)하거나 상담전문가로부터 수퍼비전(Supervision)을 받는다.

〈사례 06〉

자신이 상담하고 있는 내담자가 상담자의 주소, 개인 전화번호를 알려달라고 한다.

질문

이런 경우 상담자로서 어떻게 할 것인가?

답변

① 먼저 내담자가 알고 싶어 하는 이유를 탐색한다.
② 내담자의 단순한 호기심과 관심의 표시인 경우
- 우선 상담자에 대한 내담자의 호감과 관심에 대해 고마움을 표시한다.
- 상담자와 내담자는 상담을 통하여 이루어지는 관계이며, 상담시간 이외에 연락을 취하는 것은 상담자의 사생활을 침해할 수 있음을 인지하게 한다.
- 타인의 사생활을 존중하는 배려가 인간관계를 형성하는 데 매우 중요하다는 점을 이야기한다.
- 인간관계에서 서로가 지켜야 할 예의(매너)가 있음을 느끼게 한다.
③ 내담자의 인간관계를 형성하는 패턴인 경우
- 심리검사를 시행하여 내담자의 욕구와 성격 등을 규명하여 적절한 개입을 한다.
- 상대방에게 너무 집착하는 경향을 경감시키고 폭넓은 친구관계를 맺도록 유도한다.
④ 이러한 과정을 거치지 않고 라포 형성을 위하여 개인정보를 전달하면, 내담자가 시간을 가리지 않고 연락하거나 방문함으로써 상담자가 내담자에 대한 불편한 감정을 느낄 수 있고, 동시에 상담자에 대한 내담자의 의존성을 키우는 역효과가 발생할 수 있다.

<사례 07>

내담자가 사적으로 하루에도 여러 번, 심지어는 저녁 늦게 상담자에게 전화를 하고 있다.

질문

이런 경우 상담자가 어떻게 대처해야 하는가?

| 답변 |

① 처음에는 내담자의 전화에 친절하게 응대해 준다.
② 그러나 상담을 통해서 이야기할 것을 권유한다. 이야기할 사항을 전화로 성급하게 할 것이 아니라, 상담시간에 차근차근 이야기하는 것이 더 바람직하다고 이야기한다.
③ 상담과 사적인 친교가 구별되어야 함을 알려주고, 상담자와 내담자가 상담 이외의 관계를 형성하는 것이 상담의 효과적인 진행에 방해가 됨을 인지시킨다.
④ 내담자가 도움을 원하는 사항을 본인 스스로 생각하고 행동할 수 있도록 상담시간에 자율성과 독립성을 높여준다.
⑤ 상담을 통해 내담자의 욕구통제나 욕구지연의 능력을 높인다.
⑥ 상담자가 내담자의 의존성을 높이지 않았는지 점검한다.

☑ 유사질문

상담하고 있는 내담자 청소년이 상담예약을 하지 않고 시도 때도 없이 상담실을 찾아올 때 어떻게 대처할 것인가?

2 내담자 저항반응 대처

> 〈사례 01〉
> 어머니의 손에 이끌려 상담실을 찾은 학생을 상담하려고 하는데, 대뜸 자신은 상담이 필요 없다고 이야기한다.

질문

이런 경우 상담자로서 어떻게 해야 하는가?

| 답변 |

① 상담실에 오게 된 상황을 다룬다.
   - 불편하고 화가 난 감정에 대하여 공감을 표시하고, 자신이 이해받고 있다고 느끼도록 한다.
   - 필요한 경우 감정의 발산을 돕고 이를 통한 정화를 유도한다.
   - 어머니에게 이끌려 온 것이기는 하지만 어머니의 마음을 생각해서, 또 어느 정도 상담을 받을 의사가 있어서 따라온 것이므로 이를 칭찬한다.
   - 내담자가 일상생활에서 짜증을 느끼는 일이 있을 것이라고 이야기한다.
     예) 어머니와의 갈등, 스마트폰 사용 통제
② 상담을 받는다는 사실에 대해 불안을 느끼는 경우
   - 비밀보장을 약속한다.
   - 상담기록이 학교생활기록부에 기재되지 않는다는 사실을 알려준다.
   - 상담을 받는다는 사실이 '문제가 있는 학생'이라는 의미는 아니라는 점을 이야기해 준다.
   - 상담자 역할(촉진자, 협조자)과 상담의 효과에 대해 설명한다.
③ 저항(상담의 불필요, 상담효과에 대한 회의)하는 경우
   - 상담을 받고 좋아진 사례에 대한 정보를 제공한다.
   - 상담자의 전문성과 경험을 객관적인 사실을 인용하여 신뢰감을 형성한다.
   - 심리검사, 성격검사 실시 등으로 자기탐색의 기회를 제공함으로써 상담에 대한 흥미를 유발한다.

☑ 유사질문

○ 비자발적 내담자를 어떻게 대할 것인가?
○ 어머니와 상담실에 온 내담자가 화난 표정을 지으며 아무 말도 하지 않을 때 어떻게 하겠는가?

<사례 02>
상담을 하고 있는 내담자가 있는데 아이돌(Idol)의 열렬한 팬으로 그가 하는 공연에 가야 한다며, 상담을 여러 차례 미루기도 하고 상담에도 나타나지 않는다.

질문

이런 경우 상담자로서 어떻게 할 것인가?

| 답변 |

① 내담자의 행동원인을 알아본다.
   - 내담자의 수동적 저항(상담자가 자신의 마음을 알아주지 못한다는 것을 간접적으로 표현)인지 점검한다.
   - 저항이 아니면, 상담을 종결하고 싶은 의사의 간접적 표시일 수도 있다.
   - 갈등이 많고 우유부단한 성격이거나 문제회피의 징후일 가능성도 감안한다.
   - 자신의 욕구를 적절히 통제하지 못하는 충동성이 원인일 수도 있다.
② 수동적 저항의 경우
   - '상담할 때 어떤 느낌인지, 무엇이 충족이 되지 않았는지'를 묻고 탐색한다.
   - 상담자의 상담기법, 촉진적 관계 구축, 호소문제의 재검토, 개입방법이나 상담전략을 평가하고 수정하는 등 상담방법을 개선한다.
   - 해당 사례에 대해 수퍼비전(Supervision)을 받아본다.
③ 내담자가 종결을 강하게 요구하고, 그 의사가 확고하여 설득할 수 없는 경우
   - 상담을 1~2회 더 진행하면서 종결 준비를 한다.
   - 내담자에게 추수상담을 안내한다.
   - 그러나 상담을 받고 싶지 않은 이유를 내담자로부터 직접 듣는 것이 중요하다.
④ 상담자와의 갈등과 우유부단한 태도에서 종결 요구를 한 경우
   - 상담자와의 갈등의 원인이 무엇인지 탐색한다.
   - 상담 중에 자신의 문제를 노출하는 것을 회피하는 원인을 파악한다.
   - 내담자와 치료적 동맹을 강화하여 그 원인을 제거한다.
⑤ 욕구억제, 지연의 능력이 떨어지는 경우
   - 자신의 욕구를 인지하고 의미를 생각하게 한다.
   - 욕구 충족의 행동결과를 평가하게 한다.
⑥ 이유가 불분명한 경우, 내담자의 욕구에 부응하여 상담관계를 회복한다.
   - 내담자의 열정을 공감하고, 내담자가 좋아하는 아이돌의 공연에 깊은 관심을 보이며 이해와 공감을 표시한다면, 내담자와의 상담관계를 복구할 수 있는 좋은 계기가 될 수 있다.
   - 상담 하루 전에 메시지를 보내 상담자가 내담자에게 항상 관심을 기울이고 있음을 나타낸다.

✅ **유사질문**
○ 내담자가 상담시간을 자주 어기고 나타나지 않는다면, 이럴 때 어떻게 대처할 것인가?
○ 상담시간에 항상 늦게 오거나 상담 당일에 다음 주로 상담을 연기하고자 하는 내담자에게 어떻게 대응할 것인가?
○ 내담자가 상담시간에 항상 10-20분 정도 늦게 도착하는 경우 어떻게 할 것인가?

〈사례 03〉
집단상담 참여자들이 상담자에 대해 불만을 토로하고 반대의사를 이야기하며, 집단상담이 지루하고 의미 없다고 이야기한다.

질문

이런 경우 집단리더로서 어떻게 하여야 하는가?

| 답변 |

① 집단상담 참여자들의 저항 완화에 최선을 다한다.
  - 이해와 수용
  - 상담분위기의 변화
    - 집단 진행방식, 거론되는 사항, 상담자의 피드백 등 불만사항을 공식적으로 다룬다.
    - 리더 자신이 지적받은 문제점, 개선할 점을 수용할 것을 약속한다(이런 경우 참여자 중에는 리더의 지지자가 있기 마련이다).
    - 친밀한 관계를 형성할 수 있는 행사나 이벤트에 참가자들과 함께 참가한다.
    - 지속적으로 부정적 행동을 보이는 참가자들과 별도의 모임을 통해 의견을 모으는 기회를 마련한다.
② 상담과정의 재탐색을 시도한다.
  - 내담자의 문제인식과 탐색이 되지 않는 이유 규명
  - 참가자들과 합의하여 집단방식 개선
  - 집단리더의 집단운영상의 문제 검토
  - 집단의 응집성이나 참가자의 자기노출을 방해하는 원인 규명
③ 상기 ①, ②의 조치에도 불구하고 같은 상태가 계속 지속되면 전문가의 수퍼비전(Supervision)을 받는다.

〈사례 04〉

내담자가 상담자의 전문성을 의심하고 상담효과에 대해 불신한다.

질문

이런 경우 상담자로서 어떻게 하여야 하는가?

| 답변 |

① 내담자가 상담효과에 대한 불신을 표시하는 용기를 우선 칭찬해 준다.
  - 내담자의 불신과 불만을 경청한다.
  - 내담자가 상담에 대해 지적하는 사항을 이해하고 그의 견해를 존중해 준다.
  - 상담자는 인정할 것은 인정하고 수용할 것은 수용하며, 지적하는 사항에 고마움을 표현한다.

② 내담자가 상담자의 전문성을 의심하는 이유를 탐색한다.
  - 상담자의 진행이 너무 내담자의 주도하에 진행되고 있는 것은 아닌가?
  - 내담자의 이야기에 너무 몰입하여 이에 편승하고 있는 것이 아닌가?
  - 내담자가 평소 상담의 효과에 대해 불신하고 과소평가하는 것 때문인가?
  - 자신의 문제는 자신이 알아서 할 수 있다는 내담자의 자만심의 표현인가?
  - 내담자의 욕구의 비합리성을 지적하고 이를 바로잡으려고 한 것인가?

③ 원인별 대처방안

상담자의 전문성 불인정	• 내담자의 문제원인과 차후 개입방법 설명 • 청소년상담사 자격의 전문성 설명 • 유사 사례의 성공적인 상담결과 예시 • 적절한 심리검사의 시행과 진단 제시
상담효과에 대한 불신	• 상담목표와 전략, 적용하는 상담기법의 재평가 • 상담과정상 상담자의 실수 인정과 사과
내담자의 자기과신	• 상담의 전문성 강조 • 내담자의 심리적 문제 진단과 해결책 제시 • 내담자에게 상담을 통한 해결 가능성 강조(내담자의 문제가 전문가의 도움이 필요한 사안임을 강조)

④ 상기 조치가 효과가 없을 때에는 다른 상담자에게 의뢰하거나 상담을 종결한다.

<사례 05>
초등학생이 학교에 가기 싫다며 등교를 거부하고 있다.

질문

이런 경우 상담자로서 어떻게 개입할 것인가?

| 답변 |

① 먼저 내담자가 학교에 가기 싫어하는 마음에 공감한다.
② 내담자가 학교에 가기를 싫어하는 원인을 탐색한다.
- 친구와 싸워 교사에게서 질책이나 벌을 받았다.
   예) 친구와의 싸움에서 자신이 잘못이 없는데도 벌을 받았다고 생각한다. 이 경우 싸움의 흔적은 옷차림이 흐트러져 있었거나, 단추가 떨어져 나갔거나, 옷에 흙이 묻어 있거나 얼굴에 멍이나 상처가 생겼을 가능성이 크다.
- 수업시간에 장난을 치다 야단을 맞았다.
- 친구에게 따돌림이나 괴롭힘을 당하고 있다.
- 모둠 시간에 모둠 학생들로부터 제외되었다.
③ 원인별 개입
- 교사의 질책으로 인한 등교기피 : 교사의 역할에 대해 서로 생각하고 교사가 되어보는 체험을 해 본다. 자신의 실수나 잘못을 인정하고 선생님에게 잘못하였다는 점을 용기 있게 이야기하게 한다.
- 친구의 따돌림이나 괴롭힘 : 교사에게 이러한 사실을 알리고(대화내용의 녹음이나 문자 캡처 같은 증거물 제시), 내담자로서는 학교폭력 가해자에게 그만할 것을 분명하게 말하도록 훈련하며, 117(학교폭력 신고센터)에 신고할 수 있음을 가해자에게 경고하는 용기를 가지게 한다.
- 모둠 활동에서 제외됨 : 친구 사귐의 패턴 탐색, 상대방에 대한 배려심 유무 판단, 독선적인 주장과 행동 유무 등을 파악하여 적절한 개입(사회성 기술훈련 등)을 한다.

<사례 06>
집안일을 많이 하고 있는 여학생 내담자가 집에 들어가기 싫다고 이야기하고 있다.

질문

이런 경우 상담자로서 어떻게 개입할 것인가?

| 답변 |

① 내담자가 집안일로 인하여 힘든 상황을 이해하고 집안일을 하기 싫은 마음에 공감한다.
② 내담자가 처한 가정환경을 탐색한다.
   • 모가 근무하고 있어 가사를 돌볼 수 없는 상황인지
   • 모의 부재 중에 돌보아야 할 동생들이 있는지
   • 내담자가 집안에서 하여야 할 가사 내용과 정도
   • 내담자가 집안일을 등한시하였을 때 어떤 결과가 일어나는지
③ 내담자의 집안일에 대한 정서 및 인지를 파악한다.
   • 집안일로 인하여 공부하는 데 지장이 있는지
   • 친구들과 사귀고 노는 시간이 없어 이에 불만을 가지고 있는지
   • 가정상황(부모의 무관심, 빈곤, 과도한 집안일 등)에 대한 불만과 이와 관련한 우울감인지
④ 사항별 개입
   • 자존감 형성 : 내담자의 가정에서의 역할의 중요성을 부각해 준다. 부모님을 돕는 일이 값지고 훌륭한 일이라는 점을 인지하게 한다.
   • 가사일 경감 : 주소지에 있는 주민센터의 복지담당자와 협의하여 가사보조인의 도움을 받도록 한다.
   • 학습기회 부여 : 지역사회의 통합지원체계를 통하여 대학생 멘토의 지원을 받도록 해 준다.
   • 돌봄 지원 : 청소년통합지원체계를 통해 동생의 방과 후 수업이나 돌봄 서비스를 제공받도록 한다.
   • 생활 지원 : 내담자를 위기청소년으로 선정하게 하여 생활비를 지원받게 한다.
⑤ 내담자의 심리적인 문제를 탐색하여 상담목표에 포함하여 상담을 통해 이를 해소한다.

〈사례 07〉

상담 중에 내담자가 상담자가 하는 이야기에 사사건건 따지고 든다.

질문

이런 경우 상담자로서 어떻게 대응할 것인가?

| 답변 |

① 모든 사항을 비판적인 시각으로 보고 의견을 내는 내담자를 일단 칭찬한다.
② 내담자의 입장에서 생각해 보는 여유를 가진다.
  • 내담자가 하는 이야기에는 상담자가 참고해야 할 사항이 있기 마련이다.
  • 내담자의 상담 중 상담자를 향한 일반적인 반응형태를 탐색한다.
③ 상담자는 자신의 말속에 실수가 있지 않았는지 점검해 본다.
  • 내담자를 실망하게 만든 것은 아닌가?
  • 내담자를 무시한 것은 아닌가?
  • 내담자에 대한 편견을 가지고 말한 것은 아닌가?
  • 확실한 근거 없이 내담자에 대하여 추측한 것은 아닌가?
④ 내담자의 충족되지 아니한 욕구를 탐색하여 이를 상담에서 다루어 준다.
  • 내담자의 반응과 의견을 충분히 듣고 공감해 준다.
  • 내담자의 태도와 반응에서 직면해야 하는 사항을 확실하게 짚어준다.
  • 이런 경우 내담자에게 상담자가 자신의 말을 끝까지 주의 깊게 들어준다는 인상을 준다.
⑤ 상대방을 비판하면서 우월감을 느끼고 있는 경향이 있다면 다음과 같이 대응한다.
  • 일단 자신의 우월감의 표현을 이해하고 수용해 준다.
  • 상대방의 입장을 고려하고 배려하며 존중하는 태도의 중요성을 부각해 준다.
  • 또한 그러한 행동으로 인하여 발생하는 부정적인 결과(친구관계 단절, 말다툼, 싸움 등)를 알려준다.
  • 수정할 행동을 정하여 상담목표에 포함한다.

〈사례 08〉
상담 중에 내담자가 상담자를 보고 '엄마와 똑같은 소리를 한다'고 불평한다.

질문

이런 경우 상담자로서 어떻게 대응할 것인가?

| 답변 |

① 이것은 내담자의 전이현상이다.
② 내담자 전이현상이 발생할 때 상담자는 전이를 수용하고 공감한다.
   - 상담자가 어떤 점에서 내담자의 어머니와 비슷한지 물어본다.
   - 상담자의 말이 내담자의 저항을 불러온 것에 대해 겸허하게 수용한다.
   - 어머니에게서 느꼈던 감정을 상담자에게도 똑같이 느끼는 점에 대해 공감한다.
③ 상담자는 내담자의 전이내용을 해석해 준다.
   - 어머니와 상담자가 내담자에게 어떤 반응을 원해서 그렇게 말했다고 생각하는지, 그 말에 어떤 의미가 있다고 생각하는지 물어본다.
   - 어머니와 상담자의 발언은 내담자에 대한 관심의 표현이자 개선 희망에 대한 기대임을 이해시킨다.
   - 내담자가 자신의 문제를 곰곰이 생각하게 하고 어떤 것이 바람직한지 따져보게 한다.
   - 내담자가 마음만 먹으면 자신의 문제적 상태(태도나 행동, 감정 등)를 개선할 수 있음을 통찰을 통해 확신하게 한다.
   - 내담자의 변화를 확신하고 이를 격려한다.
④ 이 경우 상담자의 역전이가 발생하지 않도록 주의하여야 한다.

〈사례 09〉
부모와 같이 상담실을 찾은 내담자가 상담 초기면접 시 나와는 상담을 하고 싶지 않다고 이야기한다.

질문

이런 경우 상담자로서 나는 어떻게 대응할 것인가?

| 답변 |

① 처음 만나는 상담자에 대해 알지 못하면서 상담을 거부하는 것은 상담에 대한 내담자의 전형적인 저항반응이라고 할 수 있다.
② 내담자가 상담받는 것을 싫어하는 것을 충분히 이해하고 공감해 준다.
- 부모님의 상담압력에서 느끼는 스트레스를 거론해 주면서 이해하고 공감한다.
- 상담실까지 동행한 이유에 대해 물어본다. 부모의 바람에 부응한 사실이 언급되면 놀라움을 표시하고 칭찬해 준다.
- 자신이 상담에 대해 알고 있는 사항을 열거하게 한다.
③ 내담자의 강점을 부각해 준다.
- 외현적으로 드러나는 특징을 보아 추정하여 장점이나 강점을 표현한다.
- 상담신청서에 기입된 주호소문제와 관련하여 내담자가 잘해 낼 것이라는 상담자의 확신을 표현한다.
④ 상담과 상담자에 대해 소개한다.
- 상담의 성격과 상담자와 내담자의 관계에 관한 정보를 전달한다.
- 상담을 받음으로써 일어날 수 있는 내담자의 변화에 대해 예측해 준다.
- 상담은 내담자가 원하면 언제든지 그만둘 수 있음을 부각한다.
- 상담자의 경력이나 지금까지의 상담효과 실적, 상담 후의 내담자들의 변화된 상태와 지속적인 교류를 설명한다.
⑤ 내담자와의 만남을 소중하게 여기는 상담자의 감정을 솔직하게 전달한다.

③ 내담자 위기상황 대처

〈사례 01〉
전화상담을 하고 있는 동안에 갑자기 내담자가 "나는 살아야 할 의미가 없다"라고 이야기하며 죽을 계획을 밝히고 죽겠다고 하였다.

질문

내담자의 '죽는다'는 말에 뭐라고 이야기해 줄 것인가?

| 답변 |

① 우선 침착성을 유지하면서 학생에게서 당장 필요한 정보를 파악한다.
  - 주소, 집 전화번호, 본인 핸드폰 번호, 부모님 핸드폰 번호 확보
  - 학교명, 학년, 나이 등의 신상정보 파악
  - 현재의 위치, 같이 있는 사람의 존재 유무 파악
② 자살하려는 사연에 공감하면서 계속 말을 시킨다.
  - 자살이유, 자살계획, 현재 심정 파악
  - 활용가능한 자원을 알려줌
  - 자살만이 해결책은 아니라고 이야기함
③ 개입전략
  - 위기개입 체계 구축
    - 인근 청소년상담복지센터 위기지원팀이나 119 출동 의뢰
  - 설득과 희망고취
    - 자살은 절대로 해결책이 될 수 없으며, 자살이 아니더라도 주위에 도움을 줄 사람들이 많다는 사실을 알려준다.
    - 자살을 하려다 그만두고 밝은 삶을 사는 사람의 사례를 전한다.
    - 통화 중에 파악된 학생의 장점을 부각한다.
    - 학생의 문제는 해결할 수 있는 일임을 설득한다.
  - 자살의도가 누그러졌을 경우
    - 자살하지 않겠다는 약속을 받고 상담을 예약한다.
    - 부모나 담임선생님에게 연락하여 주의를 기울일 것을 당부한다.

☑ 유사질문
○ 1388 청소년전화에서 여학생이 죽고 싶다고 이야기한다. 전화로 어떻게 대화할 것인가?
○ 상담 중인 내담자가 전화를 걸어와 지금 가출하여 죽을 생각을 하고 있다고 말할 때 대처하는 방법은?

> **참고** 자살시도 내담자의 상담적 개입방법
> ① 자살위험 수준을 평가한다.
> ② 최근 구체적으로 자살계획을 세운 적이 있는지 질문한다.
> ③ 자살과 관련한 생각과 감정을 표현할 수 있도록 한다.
> ④ 내담자가 위기상황에서 사용 가능한 대안을 찾아보도록 돕는다.
> ⑤ 자살하려는 이유와 자살에 대한 생각을 표현하게 하고 탐색한다.
> ⑥ 내담자가 하고 싶은 것을 찾고 희망을 가지게 한다.
> ⑦ 부정적인 감정을 구체적으로 표현할 수 있도록 돕는다.
> ⑧ 내담자의 현재 기능수준에서 다룰 수 있는 문제부터 개선하여 위기수준을 낮춘다.

〈사례 02〉
과거 단기상담 형식(1회기)으로 상담하였던 여학생이 상담센터로 갑자기 찾아와 남자친구에게 성폭력을 당하였다고 하면서 상담을 신청하였다.

질문

이러한 사례에 대해 상담자라면 어떻게 하겠는가?

| 답변 |

① 성폭력 피해자의 구급처리를 신속히 하게 하고 바로 가족에게 이 사실을 알린다.
  • 위급한 사항으로 혼자 해결할 문제가 아니며 부모님에게 알려 도움을 청해야 한다고 이야기한다.
  • 병원검사 : 외상의 유무 점검, 검체 채취, 검사 후 응급피임약 복용 등 필요한 조치 시행
  • 병원검사 시 보호자에게 알려서 동행하도록 조치
  • 피해 후 12시간 이내에 진단서 발급
② 심리적 안정을 위한 조치를 취한다.
  • 자책감·죄의식·수치심을 완화시킨다.
    예 "본인의 과실이 아니므로 수치스럽게 생각해서는 안 된다."
       "이는 엄연히 폭행을 당한 것이지 성행위가 아니다."
  • 가족을 개입시켜 그 학생(자녀)을 관찰하게 한다(위험행동 방지).
  • 심리적 안정을 위해 일시적으로 성폭력 피해자 보호시설이나 상담기관(열림터, 해바라기센터, 한국성폭력상담소, 한국성폭력위기센터 등)에 위탁한다.

③ 성폭력 사실을 가족 및 관계 기관에 알리고 신고한다.
- 아동이나 청소년에 대한 강간, 성폭행 등의 성폭력 범죄인 경우에는 상담자는 즉시 이를 소속기관장, 부모, 경찰서에 알려야 한다.
- 여성긴급전화(1366)나 경찰서(112)로 신고하게 한다.

〈사례 03〉
상담 중인 여고생이 원치 않는 임신을 하였고, 낙태할 것인가를 놓고 심하게 괴로워하고 있다.

질문

이런 경우 상담자로서 어떻게 할 것인가?

| 답변 |

① 내담자의 심리적인 안정을 우선 도모한다.
- 현재의 괴로움과 후회 등 마음의 상처에 대한 깊은 공감과 이해를 한다.
- 함께 고민하며 현실적인 해결책을 상의하는 등 적극적인 개입을 한다.

② 낙태와 관련한 사안을 여러 각도에서 생각할 수 있도록 한다.
- 낙태로 인한 건강상의 문제, 생명존중의 가치관 등을 다룬다.
- 동시에 청소년의 임신과 출산에 따른 결과도 생각해 보도록 한다.

③ 스스로 부모에게 이야기하게 하여 조속한 시일 내에 부모의 개입을 자연스럽게 유도한다.

④ 미혼 임산부 보호시설이나 미혼 양육모 보호시설과 연계하여 차후 지원방안을 알아보고 알려준다.

※ 낙태에 대한 의사결정은 내담자와 부모가 서로 합의하도록 하며 상담자의 생각이나 의견을 전달하면서 의사결정에 개입하는 것은 피해야 한다.

⟨사례 04⟩

상담 중인 내담자가 매사에 지나치게 적극적이고 상담자에게 호의적이며 관심을 기울인다.

│질문│

이런 경우 어떻게 대처할 것인가?

│답변│

① 먼저 내담자가 상담 중에 보이는 주의집중과 상담자의 과제수행에 적극적인 면을 칭찬하며, 그로 인한 상담의 효과가 클 것이라고 칭찬한다.
② 그러나 내담자가 뭐든지 관심을 보이고 상담자에게 과도하게 호의적 태도나 행동을 보이는 것은 상담자로서도 불편하다는 점을 솔직히 이야기하고 동시에 그러한 행동으로 상담효과가 저해될 수 있음을 인지하게 한다.
  • 상담자의 불편함 : 과도한 관심, 사생활 침해, 이중관계 오해유발
  • 상담효과 저해 : 건강한 상담관계 훼손, 상담자에 대한 의존도 증가, 자신에 대한 통찰기회 감소, 변화에 대한 과소평가 등
③ 필요 이상의 적극성은 상대방을 자신도 모르게 무시할 수 있어 갈등이 유발되기도 하고 상대방에 의해 소외될 수도 있음을 깨닫게 한다.
④ 자기 위주의 사고방식, 판단을 자제하도록 하며 상대방을 배려하고 위하는 행동을 실천하도록 한다.

〈사례 05〉

남자 대학생인 내담자가 본인이 에이즈(AIDS)에 걸린 상황을 알았는데, 여자친구에게 그 사실을 알려야 할지를 두고 고민하고 있다.

질문

이 내담학생의 상담자라면 어떻게 조언하겠는가?

| 답변 |

① 남에게 질병을 전염시킬 우려가 있는 경우는 '비밀보장의 예외사항'에 해당한다.
② 상담자는 당연히 내담자에게 이 사실을 여자친구에게 알려야 하고, 인근 보건소에 신고하여야 할 의무가 있음을 알린다.
③ 인근 보건소나 병원에 가서 검사를 통한 정확한 진단을 받도록 종용한다.
④ 에이즈 확정 판단 후 대한에이즈예방협회(02-861-4114, www.aids.or.kr)로 연락하여 필요한 지원을 받도록 한다.
   • 대한에이즈예방협회 : 전국 9개 지회(서울특별시, 대구광역시, 광주광역시, 대전광역시, 경상남도 창원시, 경기도 안양시, 강원도 춘천시, 충청북도 청주시, 전라북도 전주시)
   • 서울특별시지회(www.aidsseoul.or.kr) : 02-859-5481

〈사례 06〉

상담 중인 내담자가 갑자기 칼을 꺼내고 누구든지 죽여버리겠다고 흥분을 한다.

질문

이런 경우 상담자로서 어떻게 대응할 것인가?

| 답변 |

① 상담자는 침착성을 유지하고 즉각적인 반응행동을 자제한다. 상담자 자신의 안전을 위한 방안을 최우선적으로 결정한다.
② 필요하면 내담자의 폭발행동에 대해 깊게 생각하는 태도를 보인다(단, 안전이 어느 정도 보장된다는 상황에서만).
③ 내담자의 격앙된 감정이 가라앉기를 기다린다.
④ 내담자의 행동이 진정되고 대화가 가능해졌을 때
　• 울분, 분노, 억울함의 사연을 경청하고 원인을 탐색한다.
　• 이해하고 공감하는 자세를 취한다.
　• 적절한 개입을 한다.
⑤ 내담자가 상담자를 위해할 가능성이 커 지체할 수 없는 위급상황이라고 판단되는 경우, 내담자의 시선을 붙잡고 침착성을 유지하면서 계속 말을 걸고, 기회를 보아 안전구역으로 신속히 피신한다.

4 내담자 이상반응/행동 대처

〈사례 01〉
오늘 상담을 받았던 내담자가 한밤중에 전화를 걸어와 갑자기 '멘붕' 상태라고 이야기하면서 상담자의 도움을 다급하게 요구하고 있다.

질문

이런 경우 상담자로서 어떻게 대응하겠는가?

_____

_____

_____

| 답변 |

① 침착함을 유지하면서 내담자의 상황을 파악한다.
② 자살과 같은 위기상황이라고 판단되는 경우
  - 가능한 위험행동의 자제를 부탁하고 도와줄 것을 약속한다.
  - 부모에게 연락하여 위기에 개입시킨다.
  - 현장으로 내담자를 만나러 나간다.
③ 위급사항이 아닌, 상담자에게 답답한 마음을 토로하고 싶은 상황이라고 판단되는 경우
  - 계속 통화하면서 내담자의 정서에 공감한다.
  - 바로 만난다고 해결될 상황이 아님을 이야기한다.
  - 다음 날 상담실에서 차분한 마음으로 이야기하자고 설득한다.

⟨사례 02⟩

내담자는 부모가 이혼한 후 어릴 때부터 외할머니의 집에 맡겨져 자라고 있고, 학업 성적도 하위권이다. 친구들 사이에서 왕따를 당하고 있어 학교에 가기를 싫어하며, 방에서 게임만 한다.

질문

이런 경우 상담자라면 어떻게 하겠는가?

| 답변 |

① 내담자가 속한 지역사회의 보호망 확보 및 지원
- 내담자 가족이 기초생활수급대상자인지 차상위 계층인지를 확인하여 지역사회의 도움을 받게 한다.
- 사회복지사와 연계하여 그 외의 생활보조를 받을 수 있는지 점검한다.
- 센터에 보고하여 위기청소년 지원을 받게 한다.

② 교우관계 개선
- 자기표현훈련, 대인관계향상 프로그램에 참여시킨다.
- 가장 가까이 있는 친구부터 사귀기(먼저 접근, 말 걸기), 친구를 이해하고 사랑하기, 나를 아끼는 친구가 있다고 확신하기
- 학교폭력 피해자 구제조치

③ 학업성적 향상
- 학습목표를 함께 계획하고 이를 실천한다.
- 지역아동센터에서 학습지도를 받도록 한다.
- 집중력 강화훈련 프로그램을 시행한다.
- 학습 습관을 관찰하고 수정을 시도한다.
- 멘토(Mentor)를 물색하고 연계해 준다.

④ 자존감의 향상
- 작은 (학습)목표를 계획하고 이를 성취하게 함으로써 성취감을 경험하게 한다.
- 성공하는 사람들의 습관을 전달하고, 이를 실천하도록 격려한다.
- 강점과 자원을 부각해서 자신이 소중한 존재임을 인지하게 한다.

⑤ 게임 시간 줄이기
- 게임 시간을 정하고 실천하기
- 대안활동을 개발하고 정기적으로 하기(예 자전거 타기, 배드민턴이나 축구하기 등)
- 방과 후 교실에 다니기
- 인정의 욕구 충족하기
- 지역아동센터 다니기

☑ **유사질문**
학업방법을 알지 못해 성적이 부진한 학생을 어떻게 상담할 것인가?

〈사례 03〉
상담 중에 있는 학생이 계속하여 자신의 감정에 대해 과장되게 이야기하면서, 자신은 현실과 다르게 천애의 고아와 같고 항상 슬픔과 외로움 속에서 살고 있다고 이야기한다.

질문

이런 경우 상담자로서 어떻게 대응하겠는가?

| 답변 |

① 상담초기에는 내담자가 하는 말에 경청하며 그때의 기분이나 처지에 대해 공감하면서, 자신의 처지를 과장되게 이야기하는 내담자의 심리적인 이유를 탐색한다.
  - 불안
  - 거짓말로 이득을 본 경우
  - 상담자에 대한 의존성
  - 상대방의 조종의도
② 현실을 너무 과장되게 이야기한다는 것을 직면시킨다.
  - 진술 전후가 논리적으로 상이한 점을 지적한다.
  - 주위 관련자의 진술과 다른 점을 부각한다.
③ 내적 불안의 원인을 탐색하고 이를 해소한다.
  - 불안을 느끼는 근본적인 원인을 탐색한다.
    - 부모의 비민주적인 양육방식, 무관심과 방임
    - 부모와 담임선생님의 관심과 애정 결여
    - 애착형성의 불안정
    - 기타 현실적인 불안 등
  - 불안을 야기하는 요소를 제거한다.
    - 부모의 바람직한 양육방식, 인정, 애정과 관심
    - 학교에서의 친구, 담임선생님의 관심과 보살핌
    - 현실적 문제의 해결방안 모색
    - 바람직한 자아상 확립

④ 그릇된 행동(거짓말)의 학습 수정
   • 행동수정(정적/부적 강화, 처벌)
   • 심리검사와 검사결과에 기초한 개입
⑤ 상담자에 대한 의존성향 감소
   • 내담자의 강점 부각
   • 성취경험의 기회제공과 성취경험 획득으로 자존감 향상
⑥ 심리검사와 적절한 개입으로 상대방을 조종하려는 원인을 해소하고, 건전하고 건강한 심리상태를 유지하도록 돕는다.

〈사례 04〉
상담을 받고 있는 학생이 학교에 가기를 거부하거나 등교를 하지 않는다.

질문
이런 경우 상담자라면 어떻게 대응하겠는가?

| 답변 |

① 가정 외 원인에 대해 살펴본다.
   • 학교폭력, 집단 괴롭힘과 따돌림(학교폭력 피해자)
   • 선생님의 야단이나 체벌
   • 과도한 학업수행 부담
   • 교과과목이나 수업내용에 흥미상실
   • 나쁜 친구의 유혹으로 PC방 출입이나 거리배회
② 가정 내 원인에 대해 살펴본다.
   • 어머니의 과잉보호로 인한 대인관계 미숙
   • 부모의 지나친 학업성취도 기대로 인한 시험불안
③ 원인에 맞는 대책을 수립한다.
   • 집단폭력, 따돌림의 경우 : 학교 담임선생님과 상의, 부모를 개입시켜 해결
   • 부모의 양육방식 태도에 의한 경우 : 진심어린 애정, 관심과 애착관계 형성, 보상을 통한 행동수정
   • 비행청소년 교제의 경우 : 가족행사 참여 유도, 친구를 집으로 초청하기, 모범학생과의 교우관계 유도
   • 기타 대책 : 학습태도와 학습방법 개선, 교과 흥미유발, 성취동기 향상을 위한 집단활동 참여

<사례 05>
학교폭력 가해자(괴롭힘)가 학교결정으로 상담을 받게 되었다.

질문

이런 경우 어떻게 상담하겠는가?

| 답변 |

① 우선 자신의 입장을 충분히 표현, 변호하게 한다.
- 피해자 학생에 대한 내담자의 정서, 생각, 태도
- 괴롭힘 행동의 이유, 당위성, 의미 등 진술
- 학교조치에 대한 내담자의 반응(불만, 후회 등)
- 상담에 대한 생각

② 이해하고 수용할 부분이 있을 때 이해하고 수용, 공감해 준다.

③ 내담자가 행한 사항에 대해 여러 각도에서 탐색하도록 돕는다.
- 학교폭력의 불법성
- 피해학생의 고통과 괴로움
- 괴롭힐 때 자신의 정서 생각하기
  - 자신이 부모나 타인에게서 느꼈던 불만이나 울분
  - 으스대고 싶은 욕구의 발현
  - 과거 다른 애들로부터 자기가 당한 따돌림의 복수
- 부모나 학교생활에서 받는 스트레스 해소행동
- 피해학생과의 갈등상황

④ 분노의 올바른 표출방식이나 억제능력을 가지게 한다.
- 상대방에게 불만이나 화가 날 때 먼저 언어로 표현하게 한다.
- 갈등국면이 형성될 때 자리를 피하거나 숫자를 10까지 세는 훈련을 한다.
- 심리검사를 통하여 나타난 내담자의 성향을 감안하여 상담한다.
  - 피해의식, 남에게 탓을 돌리는 성격, 공격성 등의 유무 판단
  - 의사소통의 능력, 연대감, 인내력 등의 기질과 성격
- 성장과정에서의 공격성 학습 여부를 탐색하여 개입(소거)한다.

〈사례 06〉

내담자가 상담 중에 고개를 숙이고 오랫동안 침묵하고 있다.

질문

당신이 상담자라면 침묵에 어떻게 대처하겠는가?

| 답변 |

① 침묵하는 이유를 탐색한다.
- 어느 정도의 침묵은 내버려 두어 침묵하는 이유가 무엇인지 탐색한다.
- 침묵이 내담자 자신에 대한 탐색이라면, 그 침묵을 깨지 않고 느긋하게 기다려 준다.

② 침묵이 불안에서 생기는 경우
- 내담자에게 이해, 관심, 인간적인 따뜻함을 보인다.
- 내담자가 이야기할 수 있는 말을 건넴으로써 불안이나 긴장을 완화시킨다.
    예 "말 못 할 사연이라도 있나요?"
    "이야기를 하면 마음이 후련해져요."
    "마음이 편치 않으면 이야기를 하지 않아도 되지만, 자기 자신을 너무 자책하지 마세요."
- 자기노출에 대한 부담감일 경우 비언어적인 상담방법을 시도한다.
    예 모래놀이, 감정카드, 그림 그리기

③ 상담자에 대한 저항인 경우
- 저항의 감정을 수용하면서 내담자가 상담할 때 무엇이 충족이 되지 않았는지를 묻고 탐색한다.
- 필요한 경우 상담자의 반응이나 상담진행 방식 등을 개선한다.
- 상담자의 실수가 인정되면 미안하다고 솔직히 이야기한다.
- 상담자의 실수 예시
    - 내담자의 정서 미탐색, 무시, 주호소문제를 급히 다루지 않음
    - 내담자의 몰이해, 무리한 변화시도, 실행하기 어려운 과제부여
    - 내담자가 처한 상황의 간과, 잘못된 지적, 일방적인 가르침 등

☑ 유사질문

○ 내담자가 상담자와 눈맞춤을 하지 않고 바닥만 보고 있다면 어떻게 대응하겠는가?
○ 내담자가 상담자의 질문에 대답을 하지 않고 간신히 "예", "아니오"만 대답할 때 어떻게 하겠는가?

〈사례 07〉
내담자가 상담 중에 슬픈 감정에 휩싸여 계속하여 흐느끼고 있다.

질문

이런 경우 어떻게 상담하겠는가?

| 답변 |

① 슬픈 감정이 가라앉을 때까지 기다린다.
- 상담자가 참지 못하고 이유를 묻거나 섣불리 위로해서는 안 된다.
- 감정을 발산하고 나면 보통 냉정해지기 때문이다.

② 이해와 수용적인 말을 해준다.
- 슬플 때는 우는 것이 최고의 약이다.
- 감정을 억누르지 않고 표현하는 것이 정신적으로 건강하다.

③ 감정을 말로 표현하도록 유도한다.
- "말 못 할 사연이라도 있나요?"
- 이때 문제의 본질에 급하게 접근하지 말고, 스스로 이야기하도록 유도한다.

④ 평소 내담자가 자신의 감정을 잘 표현하지 못한다고 할 경우
- 상담진행 중 자기표현, 자기주장 훈련을 시도한다.
- 감정억압의 원인을 규명하여 이를 해소시킨다.

⑤ 슬픔에 대한 이유를 듣고 적절히 개입한다.

<사례 08>
상담을 받고 있는 내담자가 자신은 항상 옳고 남이 문제이며, 자신에게 일어난 일이 다 남의 탓이라고 이야기한다.

질문

자신이 상담자라면 이런 경우 어떻게 상담하겠는가?

답변

① 우선 내담자가 불평하는 상황에 대해 공감하고 이해한다.
- 상황에 대한 이야기를 끝까지 들어준다.
- 그때의 기분을 내담자가 충분히 표현하도록 한다.
- 내담자의 기분에 대해 공감한다.

② 내담자의 심리적인 열등감이나 상처를 알아본다.
- 부모상담을 시행하여 가족력, 가족구조, 가족역동을 조사한다.
- 열등감을 느꼈던 사건을 규명하고 내담자가 영향을 받았을 법한 상황을 가정한다.

③ 개입전략
- 과거의 아픈 경험에서 오는 미해결된 감정을 해소시킨다.
- 남과 공동으로 일을 성취하는 과제를 주고 성취감을 경험하게 한다.
- 나 전달법(I-Message)을 훈련시킨다(미국 심리학자 Thomas Gordon).
- 타인의 피드백을 받는 기회를 제공해서 자기통찰을 하게 한다(예 역할연기, 빈 의자 기법, 집단상담 참여 등).
- 지나친 적대성·경계심·의심을 완화시킨다.
- 타인의 행동을 자신과 연계하는 빈도와 정도를 완화시킨다.
- 타인을 위한 봉사활동을 권유한다.

〈사례 09〉

내담자가 상담 중에 갑자기 밥을 사달라고 한다.

질문

이런 경우 어떻게 하겠는가?

| 답변 |

① 뭔가 먹고 싶은 욕구에 반응해 준다.
  - "배가 고픈 모양이구나."
  - "점심을 먹지 않고 상담에 왔구나."
② 정말 배가 고픈지의 여부를 확인한다.
  - 상담 전 해야 할 식사를 하였는지 걸렀는지 확인해 본다.
  - 배가 고픈 경우, 상담이 끝난 후 인근의 식당으로 데리고 가서 식사를 제공한다.
  - 단, 상담자에게 의존하여 상담 시마다 식사를 기대하게 해서는 안 된다.
③ 배가 고프지 않고, 단지 상담의 분위기를 바꾸고 싶어 그렇게 이야기한 경우
  - 상담장소를 변경해 본다.
  - 간단한 간식을 제공한다.
④ 경제적 빈곤으로 식사를 종종 거르게 되는 경우
  - 내담자 거주지 관할 주민센터의 복지담당과 협의해서 식사 지원이 되도록 한다.
  - 기타 복지 관련 시설과 연계하여 지원책을 알아본다.
⑤ 바람직하지 않은 식사 습관인 경우
  - 외식을 선호하거나 맞벌이 부모의 경우, 자신이 차려먹어야 하는 것을 회피하려는 경우가 이에 해당한다.
  - 이 경우 식사가 자율적·독립적 행동임을 전달하여 자신이 스스로 집에서 식사를 해결하도록 한다.

✓ 유사질문
○ 가출한 내담자가 전화로 돈을 빌려 달라고 하면 어떻게 할 것인가?
○ 차비가 없다고 돈을 빌려 달라고 할 때 어떻게 하겠는가?

〈사례 10〉
상담목표를 충분히 달성하여 종결하려고 하는데, 내담자가 상담자에게 계속하여 상담받기를 원한다.

| 질문 |

이런 경우 어떻게 대처할 것인가?

| 답변 |

① 우선 내담자가 상담자에게 호의를 느끼고 헤어지기를 싫어하는 정서를 이해하고 공감하며, 상담자도 헤어진다는 것이 아쉽다는 것을 표현한다.
② 그러나 이는 상담종결 2~3회기 앞에 상담종결에 따른 내담자의 정서를 취급하고 정리하는 단계가 미흡하여 일어날 수 있는 현상이다. 상담자는 상담목표의 성취를 내담자와 재평가하고, 내담자 혼자서 충분히 잘 해낼 수 있음을 확신시킨다.
③ 동시에 상담과정에서 상담자 자신도 모르게 내담자의 의존성을 키운 결과일 수 있다. 상담을 하면서 상담자가 앞서 나가면서 내담자의 자율성을 저해하지 않았는지 상담의 전 회기를 회상하고 반성을 해본다.
④ 1~2회기 더 연장하여 내담자의 정서를 취급하고, 내담자의 자기결정권을 존중하고 자율성을 보강한다.

☑ 유사질문

상담하고 있는 내담자(여학생)가 딱 50분만 상담한다고 "저를 별로 좋아하지 않는군요"라고 이야기한다. 이런 경우 어떻게 대처할 것인가?

5 내담자의 보호자 대처

> 〈사례 01〉
> 상담을 진행 중인데 부모가 와서 상담을 더 이상 원하지 않는다고 이야기한다.

질문

상담자로서 상담을 지속하겠는가?

| 답변 |

① 일단 상담중단을 원하는 이유를 파악한다.
- 내담자를 대신하여 부모가 이야기하는 것인지?
- 문제를 일으키는 상황이 완화되고, 자녀의 행동이나 태도상의 변화가 생긴 것인지?
- 상담효과에 대한 회의나 상담자에 대한 불신에서 중단을 원하는지?

② 내담자와 상담의 지속 여부를 타진한다.
- 부모의 의견에 동의할 경우 상담을 종결한다.
- 동의하지 않을 경우에는 상담을 지속한다.
  - 상담의 지속 이유를 설명하여 부모를 설득한다.
    (내담자 문제의 미해결, 심리검사의 해석 등의 객관적 근거 제시)
  - 상담 이후의 효과에 대해 설명한다.

③ 그래도 부모의 종결의사가 확고할 경우
- 내담자에게 상담종결을 예고한다.
- 2~3회 상담을 더 실시한다.
- 이 경우 상담자 자신이 무능하여 상담이 종결된다고 생각하지 말아야 한다.

☑ **유사질문**
○ 내담자의 모가 상담의 효과를 의심하며 상담중단을 요구하면 어떻게 할 것인가?
○ 내담자의 부모가 사설상담소로 옮기기를 원한다고 이야기할 때 어떻게 하겠는가?

〈사례 02〉

센터 상담실로 학생 내담자를 데리고 온 어머님이 상담으로 과연 내담자의 행동을 변화시킬 수 있는지 의심하기도 하고 걱정한다.

질문

이런 경우 상담자로서 어떻게 어머니에 대응할 것인가?

| 답변 |

① 어머니를 안심시킨다.
- 내담자의 문제는 청소년이면 누구나 겪을 수 있는 보편적인 문제임을 인식시킨다.
- 청소년은 상담을 통하여 스스로 회복할 수 있는 능력이 있음을 이야기한다.
- 청소년의 행동·정서·인지의 특징을 설명한다.

② 상담자의 전문성에 대한 신뢰감을 고취시킨다.
- 상담사 자격의 전문성에 대한 안내
- 자신의 상담경력과 능력을 설명
- 몇 가지 성공적인 상담사례 소개

③ 상담의 효과를 안내한다.
- 실시할 심리검사 종류와 해석 안내
- 상담 진행방법 안내
- 예상 상담효과 설명

④ 상담 중 부모상담을 병행한다.
- 부모 자신의 변화가 우선(자녀의 이해와 수용태도)
- 가족규칙의 필요성, 애착의 중요성, 자녀와의 대화법, 양육태도와 방식개선 등

☑ 유사질문

내담자의 부모가 상담자에 관하여 결혼하였는지, 어느 학교를 나왔는지 등을 알고자 하는 경우 어떻게 대처할 것인가?

〈사례 03〉
상담을 하고 있는 학생 내담자의 어머니가 찾아와 상담 중에 한 이야기를 거론하면서 기분이 나쁘다고 말한다.

질문

이런 경우 상담자로서 어떻게 하겠는가?

│답변│

① 부모의 고양된 감정을 일단 진정시킨다.
  - 친절한 태도로 급히 찾아온 것을 이해하듯 반긴다.
  - 그러면서 감정을 진정시키기 위해서 차나 다과를 권하며 독립된 공간(상담실)로 인도한다.
② 어떤 사항이 마음에 들지 않았는지 경청하고 해명한다.
  - 상담자 발언의 전후관계를 설명한다.
  - 내담자 입장의 관점에서 본 이야기임을 해명한다.
  - 필요한 경우 사과한다.
  - 부모의 미해결 감정에서 기인하는 투사라면 부모에게 상담을 권유한다.
③ 내담자에게 상담 중에 거론되었던 내용의 비밀유지를 당부한다.

〈사례 04〉

내담자의 부모가 상담자에게 아직 아이를 양육해 본 경험이 없다는 이유로 상담효과를 신뢰할 수 없다고 이야기한다.

| 질문 |

이런 경우 상담자로서 어떻게 하겠는가?

| 답변 |

① 우선 부모의 걱정에 공감을 표시한다.
② 상담자는 훈련된 전문인임을 인식시킨다.
③ 다른 시각의 관점을 부각한다.
- 다른 내담자와 부모들이 보이는 상담자에 대한 긍정적인 반응을 이야기해 준다.
- 상담에서 중요한 것은 부모로서의 양육 경험 유무가 아니라 청소년에 대한 사랑, 열정과 이해, 전문적인 상담이론과 기법, 내담자의 수용, 이해와 관심임을 이야기한다.
- 젊은 사람이 청소년을 더 잘 이해할 수도 있다는 점을 강조한다(눈높이식 접근).
- 자녀 양육 경험이 자칫 내담자에 대한 편향된 인식(전이와 역전이)을 갖게 하는 요인이 될 수 있음을 전달한다.

〈사례 05〉

내담자의 모(母)가 상담자가 속한 센터에 찾아와서 다른 상담자로 변경해 달라고 요구한다.

질문

당신이 상담센터의 소장이라고 한다면 어떻게 대처하겠는가?

| 답변 |

① 우선 어머니의 방문에 감사를 표시하고, (앉을) 자리를 안내하고 차를 대접하는 등 감정의 안정을 위해 필요한 시간적 여유를 갖게 한다.
② 현재의 상담자가 왜 마음에 들지 않는지 그 이유를 물어본다.
③ 상담센터의 소장으로서 다른 관점에서 해당 상담자를 보고 평가하는 면을 전달한다.
  - 상담을 받는 내담자의 입장에서 상담자를 평가하여야 함을 전달한다.
  - 상담자가 변경됨으로써 발생할 수 있는 내담자의 영향을 고려해 볼 것을 권유한다.
  - 필요한 경우 내담자의 상담에 대한 만족도 조사서를 제시해 준다.
④ 불평사항을 해당 상담자와 협의한다.
  - 상담의 개입방식이나 대화의 개선을 함께 탐구한다.
  - 내담자 모(母)의 불평으로 상담자가 마음의 상처를 입지 않도록 배려한다.

참고 내담자 측에서 상담자의 교체를 요구하게 되는 배경
- 부가 부재한 가정에서 남자 상담자가 아버지의 역할을 더 잘해줄 수 있다고 모가 생각하는 경우
- 상담자가 상담 중에 자신의 부모의 양육태도나 방식에 부정적인 입장을 보여 내담자가 불편함을 느끼고 이를 모에게 이야기한 경우
- 상담자의 직면, 해석을 잘못 해석하여 상담자를 비난하고 모에게 이르는 경우
- 내담자가 상담을 기피할 목적으로 상담자에게 비판적인 태도를 보이는 경우
- 급한 성과를 원하는 모의 성급함이 작동하는 경우

〈사례 06〉

한부모가정의 남자 중학생 내담자의 어머니가 남자 상담사로 변경해 달라고 한다.

질문

여성 상담사로서 당신은 어떻게 대응할 것인가?

| 답변 |

① 우선 어머니의 욕구를 이해하고 정서를 공감한다.
- 남자 상담사가 내담자를 잘 교육하고 지도할 것이라는 생각을 이해한다.
- 자녀에 대한 아버지의 엄한 역할을 상담사가 대신해 주기를 바라는 욕구를 수용하고 공감한다.

② 상담자의 역할을 설명해 준다.
- 상담자는 내담자의 심리적 문제의 해결이나 행동변화를 스스로 하게 돕는 사람이다.
- 상담자는 전문지식과 이론적 배경을 지닌 전문가이다.
- 상담자의 역할은 남자이든 여자이든 동일하다.

③ 내담자의 반응에 대한 적절한 조치를 약속한다.
- 라포를 형성하기 위해 노력한다.
- 내담자에게 성별에 대한 오해가 있다면 상담과정 중에 해소할 것이다.
- 상담자의 노력에도 내담자의 어머니와 내담자가 계속해서 남자 상담사를 원하는 경우, 남자 상담사에게 사례를 인계(Refer)한다.

〈사례 07〉
내담자의 부모가 자녀상담에 자주 개입하려고 한다.

질문

이런 경우 상담자로서 어떻게 하겠는가?

| 답변 |
① 우선 자녀 상담에 관심을 기울이는 것에 감사를 표시한다.
② 부모의 상담관여와 관련한 욕구, 생각, 두려움 등을 탐색한다.
- 상담 후 부모들이 변화된 자녀를 제대로 통제할 수 있을까 하는 회의감
- 자신들이 원하는 자녀의 모습대로 변하게 하기 위해 상담자가 대신 지도, 훈육, 조언 등을 하여야 한다는 생각
- 자신들이 상담받는 자녀에 대해 제일 잘 알고 있다고 생각하고 상담자에게 알려야 한다는 욕구
- 지시하고 간섭하려는, 평소의 양육방식이나 태도를 유지하려고 하는 습관

③ 탐색한 것을 기초로 다음과 같은 사항을 부모에게 알린다.
- 상담은 자녀의 자율성, 자기결정권을 키우고 건강하게 성장하도록 돕는 일이다.
- 자녀와 한 이야기는 비밀보장이 되어야 한다는 사실을 깨닫게 한다.
- 상담은 부모를 대리하여 자녀를 변화시키는 일이 아니라는 사실을 인지하게 한다.
- 자녀의 문제가 부모의 그릇된 양육방식에서 기인할 수 있음을 알린다.
- 부모의 그릇된 양육방식(권위적인 태도, 지나친 간섭, 강압적인 통제 등)이 부정적인 영향을 자녀에게 준다는 사실을 전달한다.
- 민주적인 양육방식과 바람직한 소통방식을 이야기해 준다.
- 가장 가까이 있으면서도 자녀를 이해하지 못하는 경우가 많다는 사실을 인지하게 한다.
- 부모의 개입이 상담진행을 방해하고 상담효과를 저해할 가능성이 있음을 알린다.

☑ **유사질문**
상담 개입방법에 대해 질문하고 이렇게 해주었으면 좋겠다고 하는 지침을 상담자에게 준다.

〈사례 08〉
자녀가 인터넷을 너무 많이 하는 것이 걱정되어 부모가 센터 상담실로 학생 내담자를 데리고 왔다.

질문

이런 경우 상담자로서 부모에게 어떤 조언을 줄 것인가?

| 답변 |

① 우선 인터넷 과다사용 자녀로 인해 겪는 어려움에 공감한다.
  • 자녀가 학습을 등한시하는 데 대한 걱정과 자녀의 장래에 대한 걱정을 이해한다.
  • 자녀의 행동과 반응에 대한 짜증과 분노를 공감한다.
② 질책과 비난, 일방적인 통제는 크게 효과가 없음을 설명한다.
  • 자녀의 심한 저항에 부딪힐 수 있다.
  • 자녀와의 대화 경로가 차단된다.
③ 자녀에게 이해와 관심을 보인다.
  • 자녀가 하는 인터넷 게임이나 콘텐츠에 관심을 보인다.
  • 열중하고 있는 대상이 재미있음을 인정해 준다.
  • 나 전달법(I-Message)으로 걱정하는 마음을 전달한다(예 VDT증후군 등 건강을 해치는 문제, 과제 등 해야 할 일을 하지 못하는 문제).
④ 인터넷 사용에 부모가 모범을 보인다.
  • 사용시간, 사용방향, 사용목적 등 올바른 인터넷 사용을 모델링하게 한다.
  • 인터넷 사용에 대한 가족규칙을 정하고 구성원 모두가 준수한다.
⑤ 학습목표를 세우게 하고 이를 지키도록 응원한다.
  • 성적, 학습량, 학습시간 등 학습 관련 목표를 수립하게 한다.
  • 학습목표 달성 시 강화물을 제공한다.
⑥ 평소 자녀와의 애착형성에 최선을 다한다.
  • 자녀의 말을 경청하고 자녀에게 이해하고 공감, 존중하는 모습을 보인다.
  • 자녀와의 협력을 통해 자녀의 어려움을 해결하려는 자세를 보인다.

6 학습, 진로, 기타 상황 대처

〈사례 01〉
상담자가 상담 중에 울먹이는 내담자를 보고 자신도 감정을 억제하지 못하여 울어버렸고, 다음 회기에서 그 내담자를 대하게 되었다.

질문 01

이런 상황이 상담에 어떤 영향을 미치는가?

| 답변 |

① 내담자가 상담자에 대해 동료의식을 가질 수 있다.
② 내담자가 평정을 잃은 상담자의 전문성에 대해 의심을 할 수 있다. 그러므로 문제해결의 기대나 의지, 상담자에 대한 신뢰도가 낮아질 가능성도 있다.
③ 상담자의 역전이는 내담자의 자유로운 정서표현에 걸림돌이 될 수 있다.
④ 상담자의 소진이 빨리 온다.
⑤ 내담자에 대한 깊은 탐색이 방해를 받는다.
⑥ 내담자의 전이와 상담자 자신의 역전이를 객관적으로 분석하지 못한다.

질문 02

재발방지를 위해 어떻게 대처할 것인가?

| 답변 |

① 상담자 자신의 경솔함을 인정한다.
  • 상담자의 감정 자체가 그 당시 그럴 수밖에 없었다는 점을 고백한다.
  • 감정을 조절하지 못한 상황은 상담자로서 지켜야 할 본분이 아니라는 점을 시인한다.
② 사람은 누구나 실수할 수 있음을 솔직히 고백한다.
③ 내담자의 정서를 충분히 공감하였음을 알린다.
④ 상담자 자신의 미해결 감정을 탐색하여 이를 해소하고, 교육분석을 정기적으로 받는다.

〈사례 02〉

상담을 받는 내담자가 학습의욕이 전혀 없고, 성적 또한 하위권이다.

질문

이런 경우 상담자라면 어떻게 하겠는가?

| 답변 |

① 학업성적에 대한 내담자의 감정탐색과 공감
- 솔직한 감정을 물어본다.
- 내담자의 어려움과 내담자가 받고 있는 스트레스에 대해 공감한다.
- 성적의 불만족을 다른 것(게임 등)으로 대체하려는 시도는 좋지 않으며, 문제를 피하지 말고 부딪쳐야 함을 강조한다.

② 학업성적이 좋지 않은 원인을 조사
- 흥미상실, 나쁜 학습태도나 습관 여부
- 또래친구와 노는 시간이 과도함, 인터넷 과다사용 여부
- 부모의 지나친 간섭이나 기대에 대한 반발 여부

③ 상담목표

학업성적을 올리는 조치	• 학습태도 및 방법에 대한 개선 • 성취동기를 높이는 기법(학습계획과 실천에 따른 상과 벌) • 학업에 흥미를 느낄 수 있도록 하는 방법
학업을 방해하는 요소의 제거 및 완화	• 선택적인 교우관계 유지 • 인터넷 과다사용을 조절하는 조치(대안활동, 사용시간 계획 수립과 실천 등)
자존감 향상을 위한 조치	• 부모의 애정과 적정한 관심, 간섭의 자제 • 성취감을 맛볼 수 있도록 적절한 목표제시와 달성 시 강화물 제공

〈사례 03〉
진로선택의 문제로 부모와 갈등하고 있는 내담자가 상담실을 방문하였다.

질문

이런 경우 당신이 상담자라면 어떻게 하겠는가?

| 답변 |

① 부모와의 갈등에서 오는 감정에 대해 이해와 공감을 표시한다.
② 부모와 내담자의 진로의견 차이에 대해 규명한다.
  - 부모의 주장 듣기
  - 내담자의 주장 듣기
  - 상치하는 부분의 규명
③ 일단 갈등국면을 해소하기 위한 조치를 취한다.
  - 부모의 의도와 심정을 이해한다.
    - 자녀가 장래에 고생하지 않고 남에게 존경을 받으면서 성공하기를 바라는 것이 부모의 마음이다.
    - 어떤 경우는 자신들이 이루지 못한 꿈을 자녀를 통하여 이루려는 의도도 있다.
  - 자신의 진로선택이 얼마나 확고한지 검토하게 한다.
④ 구체적으로 직업내용을 조사한다.
  - 목표로 하고 있는 직업을 파악한다.
    예 급여수준, 장래성, 경쟁의 정도, 사전자격 조사 등
  - 선배들의 조언을 듣는다.
⑤ 자신의 특성을 정확히 이해한다.
  - 흥미검사, 태도검사, 적성검사 등을 종합평가하여 자신에게 적합한 직업을 알아낸다.
  - 진로상담 선생님과 상담을 받는다.
⑥ 본인이 목표하는 직업이 자신에게 적합하다는 진단이 나올 경우
  - 확신에 찬 모습으로 구체적인 계획과 목표를 전달하는 등 내담자가 직접 부모를 설득한다.
  - 부모님의 지지와 지원을 얻어낸다.

〈사례 04〉

집단상담에서 수줍고 방관적인 참가자와 예의 없는 참가자가 있어 집단상담의 성공적인 진행을 방해받고 있다.

질문

집단의 리더로서 어떻게 하겠는가?

| 답변 |

① 수줍음이 많고 방관적인 참가자의 처리
- 강제적으로 참여를 권유하지 말고, 관찰자의 역할과 심부름꾼의 역할을 준다.
- 그런 다음 자기를 노출하며, 남에게 피드백을 주는 의미를 잘 설명하여 참여를 서서히 유도한다(집단상담의 효과에 대한 이야기).
- 집단상담의 참여가 가져다주는 효과를 설명해 준다.
- 필요한 경우 적극적인 참가자로 하여금 그의 멘토로 지정해서 참여를 독려하게 한다.

② 예의 없는 참가자의 처리
- 부정적인 이야기라도 발표한 것에 대해 고마움을 표시한다.
- 집단에서 다른 참여자를 배려하고 양보하며 존중해야 함을 강조한다.
- 격한 어조로 이야기하는 것보다 경청하는 것이 더 도움이 된다는 사실을 강조하고, 회기 중간에 별도의 개인상담을 실시한다.
- 그럼에도 불구하고 계속하여 집단상담의 분위기를 저해할 경우, 다음 회기의 집단상담에서 제외한다. 단, 당사자에게 사전에 이를 이야기하여 수용할 수 있도록 준비를 시킨다.

☑ 유사질문

집단상담에서 참가자들 사이에서 말싸움이 벌어졌다. 진행자로서 어떻게 수습할 것인가?

〈사례 05〉
집단상담에서 구성원들이 지적·인지적 수준에 큰 차이를 보여 집단응집력이 잘 생기지 않는다.

질문

집단의 리더로서 어떻게 하여야 하는가?

| 답변 |

① 진행과정에서 능력이 뛰어난 학생과 낮은 학생을 짝지어서, 능력이 뛰어난 학생이 능력이 낮은 학생을 지도하게 한다.
② 집단원이 협동하는 방법을 사용한다.
- 문제의 탐색
- 의사결정
- 피드백 주기 등

③ 개인별로 멘토(Mentor)를 지정하여 항상 서로 협의하고 협력하는 상태를 유지시킨다.
④ 지적·인지적 수준이 낮은 참가자들이 비판·비난받지 않도록 적절히 보호한다.
⑤ 지적·인지적 수준이 낮은 참가자의 의견이나 피드백에 대해 재진술, 해석 등으로 내용을 보강해 준다.

〈사례 06〉

연예인을 너무 좋아하여 '사생팬'이 된 딸을 어머니가 상담을 의뢰하였다.

질문

이런 경우 상담자로서 어떻게 상담할 것인가?

| 답변 |

① 우선 내담자의 상황에 공감한다.
- 자신의 열정을 이해하지 못하는 어머니에 대한 분함과 억울함을 공감한다.
- 좋아하는 연예인에 대한 내담자의 활동에 놀라움과 칭찬을 표시한다.

② 좋아하는 연예인에 대한 정보를 얻는다.
- 내담자의 연예인 덕질(심취하여 그와 관련된 것을 모으거나 찾아보는 행위) 내용을 경청하고 이를 수용·이해한다.
- 덕질과 팬덤(Fandom) 행동이 내담자에게 주는 의미를 분석한다.

③ 라포를 형성하고 행동수정을 도모한다.
- 관심을 가지는 연예인에 대한 정보를 수집하여 내담자와의 대화를 원활하게 한다.
- 사생팬이 됨으로써 '얻는 것'과 '잃는 것'에 대한 평가를 해보도록 한다.
- 내담자의 Want를 파악한다(예 친구들의 관심과 존경, 다른 친구들보다 더 많이 알고 있다는 자부심).
- 자신이 원하는 사항(직업 등)과 목표로 하는 행동을 정하고, 이를 하나하나 실천하게 한다.

참고 팬덤(Fandom)

가수, 배우, 운동선수 등의 유명인이나 특정 분야를 지나치게 좋아하는 사람들 또는 그러한 무리를 말한다. 영어로 '광신자'를 뜻하는 'Fanatic'의 '팬(Fan-)'과 '영지(領地)·나라' 등을 뜻하는 접미사 '덤(-dom)'의 합성어이다.

제3절 일반지식 관련 질문사항

질문 01

초기면접 시 내담자의 부모님에게 당부하고 싶은 말은 무엇인가?

| 답변 |

① 청소년인 자녀를 보는 관점의 변화가 필요하다.
- 다른 청소년과 유별나게 다른 것을 문제로 보는 인식을 지양한다.
- 자녀를 부모의 소유물로 보아서는 안 된다.
- 청소년의 발달단계를 감안할 때 자율성과 독립성이 중요한 시기이다.
- 질책, 비난, 통제보다 격려, 지지, 칭찬이 더 바람직하다.
- 청소년 문화에 대한 이해가 선행되어야 함을 강조한다.

② 자녀를 자신이 이루지 못한 욕구의 수행자로 취급해서는 안 된다.
③ 자녀를 독립된 인격체로 대한다. 독립적인 사고와 의사결정, 행동의 자유를 존중해 준다.
④ 자녀를 가족신화를 달성하는 대상으로 지시하고 요구하며 압박해서는 안 된다.

질문 02

상담자의 역전이를 예방하는 방법은 무엇인가?

| 답변 |

① 상담자가 내담자를 객관적으로 분석, 탐색, 관찰, 평가하는 능력을 키운다.
② 상담자가 자신의 '미해결 감정'이 무엇인지 알아보고, 교육분석을 통하여 이를 해소한다.
③ 상담자 자신의 약점을 알고 이를 극복하려고 노력하며, 항상 상담방식을 점검하는 태도를 가진다(자기분석).
④ 평소 상대방에 대하여 냉정을 유지하고 논리적으로 생각하며, 상대방의 감정변화에 대해 지나치게 동조하는지 점검한다.
⑤ 내담자와의 정서적 거리를 유지하며 내담자의 정서적 반응을 해석하려고 노력한다.

질문 03

접수면접과 개인상담의 차이는 무엇인가?

| 답변 |

① 접수면접
  - 상담을 신청한 내담자가 상담센터에 방문하였을 때 하는 면접을 의미한다.
  - 내담자의 기본적인 정보를 수집하여 차후 상담자에게 제공하는 것을 주목적으로 한다.
  - 접수면접 시 취합하는 내담자의 정보
    - 내담자와 가족의 기본적인 정보, 연락처, 가족구성원의 수와 나이, 직업 등
    - 내담자의 주호소문제
    - 상담진행의 빈도와 시간 등의 안내
    - 내담자의 행동관찰, 상담경험의 유무, 생활배경 파악
    - 상담신청서 작성
② 개인상담
  - 접수면접에서 수집한 기본적인 정보를 취합하여 내담자에게 직접 개입한다.
  - 상담자가 적절한 심리검사를 기초로 하여 내담자의 언어적·비언어적 표현과 행동을 관찰하고, 내담자가 가지고 있는 심리적·행동적 문제를 상담적 개입방법을 통해 해결한다.

질문 04

상담 초기의 저항은 일반적으로 어떻게 다루는가?

| 답변 |

① 자신을 변화시키려는 시도에 대한 본능적 저항
- 시간적인 여유를 가지고 충분한 정서적 공감(억울함)과 반영을 한다.
- 내담자가 처한 입장을 충분히 이해하고 격려한다.
- 상담자를 신뢰하는 말과 분위기를 만든다(상담목표 합의, 작업동맹 등).

② 부모의 강요에 의한 저항
- 상담이 불필요하다는 생각을 이해한다.
- 내담자가 원하면 언제든지 상담 취소가 가능하다는 확신을 준다.
- 상담자는 부모님의 편이 아니라 내담자의 편이라는 점을 부각한다.

③ 상담을 받는다는 사실에 대한 불편감에 따른 저항
- 상담을 받는다는 사실은 내담자 본인이 말하기 전에는 친구나 학교에는 알려지지 않는다.
- 상담은 이상하거나 문제가 있는 학생을 치료하는 것만은 아니다.
- 상담의 내용은 절대 비밀로 부쳐진다.

질문 05

청소년상담과 성인상담의 차이는 무엇인가?

| 답변 |

구 분	청소년상담	성인상담
상담동기	비자발적 내담자가 많다.	대부분 자발적인 내담자이다.
내담자의 특징	• 약속을 잘 지키지 않는다. • 상담에 집중하지 못할 때가 많다. • 정서의 변화폭이 크다. • 상담자를 다른 부모나 교사로 본다. • 라포 형성이 어렵다. • 행동예측이 어느 정도 용이하다.	• 상담약속을 잘 지킨다. • 상담의 태도를 정확히 알기 힘들다. • 자기노출을 솔직하게 하는 편이다. • 내담자의 숨겨진 욕구 파악이 힘들다(자기방어와 사회적 바람직성 표현).
상담기간	10~12회기의 단기상담이 많다.	장기상담이 보통이다.
기타 사항	• 부모의 상담이 필요할 경우가 있다. • 부모의 양육방식에 대한 정보가 중요하다.	• 원가족 탐색이 필요하다. • 외현적으로 드러난 행동, 태도의 원인을 찾아내기가 상당히 복잡하고 어렵다.

☑ 유사질문

청소년상담이 성인상담에 비해 어려운 점은 무엇인가?

질문 06

Wee Class에서 지역의 청소년상담복지센터로 상담을 의뢰하는 경우 어떤 절차로 진행하게 되는가?

| 답변 |

① 우선 상담신청을 하게 되는 이유, 내담자의 인적사항, 내담자의 행동 관찰사항 등을 기술하여 학교장의 결재를 받는다.
② 상담신청서를 작성하여 지역청소년상담복지센터에 서류를 발송한다.
③ 상담신청서에는 내담자의 인적사항, 가족관계, 관찰된 행동과 정서, 실시한 심리검사 결과와 소견, 내담자와 부모의 주호소문제 등을 기입한다.
④ 상담자가 배정되었을 때, 상담자에게 충분한 정보를 제공하고 상담 중에 협조관계를 유지한다.

질문 07

상담을 구조화하는 상담자의 대화를 예로 들어 보시오.

| 답변 |

① 협력적 관계 조성
- "내담자를 이렇게 만나게 되어 반갑고 기쁘구나."
- "긴장을 풀고, 이쪽으로 편안하게 앉으려무나."
- "여기 상담자가 준비한 간식을 함께 먹자꾸나."

② 내담자의 역할
- "상담자가 내담자를 잘 돕기 위해서는 마음 속에 있는 하고 싶은 이야기를 거짓 없이 말해주기를 바란다. 그리고 경험하고 느낀 것을 편안하게 이야기하면 좋겠다."
- "가능하면 상담시간 내에 이야기하고, 상담 후 새롭게 도움이 필요한 사항은 잘 기억하였다가 다음 상담시간에 이야기하자꾸나."
- "상담시간을 철저하게 지키고, 약속변경 사유가 발생하였을 때는 미리 상담자에게 알려다오."

③ 상담자의 역할
- "상담자는 부모님이나 선생님의 역할을 하는 사람이 아니며, 내담자를 위하여 무엇인가를 하고 해결하는 사람이 아니란다."
- "상담자는 내담자가 어렵게 생각하는 것을 스스로 해결할 수 있도록, 함께 느끼고 고민하는 사람이란다. 이를 통해 내담자가 스스로 자신의 문제를 해결하고, 나아갈 길을 설정하게 된단다."

④ 상담과정 및 목표설정
- "상담은 일주일에 한 번, 1시간 정도 진행된단다."
- "총 상담횟수는 보통 '12회기'지만, 단축이나 연장이 가능하단다."
- "상담목표는 상담자와 내담자가 서로 합의하여 정할 거란다."

⑤ 비밀보호
- "상담 중에 이야기한 내담자의 비밀은 상담자가 철저히 비밀을 유지할 거란다."
- "그러나 예외사항이 있음을 알아야 한단다."

질문 08

내담자의 인터넷/스마트폰 게임을 줄이게 하는 방법은 무엇인가?

| 답변 |

① 내담자가 즐겨 하는 게임의 내용, 레벨, 아이템 등에 관심을 가지고 질문해 본다.
② 게임을 하는 시간이나 빈도를 파악한다.
③ 게임을 함으로써 '얻는 것'과 '잃는 것'에 대해 함께 이야기해 본다.
④ 인터넷/스마트폰 게임의 폐해에 대해 설명한다.
  - 신체증후군 : 거북목증후군, 손목터널증후군, 척추측만증, 안구건조증, 성장판 훼손, 유령진동증후군, 리셋증후군 등
  - 정신적인 피해 : 전두엽 파괴, 현실과 가상세계의 혼돈에서 오는 문제 등
  - 게임중독의 증세 : 내성, 금단, 일상생활의 장애 등
⑤ 청소년기의 과업과 시간의 불가역성을 인지시킨다.
  - 시간은 흘러가면 다시 되돌릴 수 없는 것
  - 현재 해야 할 일 리스트 작성하기
⑥ 내담자가 변화를 시도할 수 있도록 돕는다.
  - 게임 이용시간을 정하고 실천하기(강화물 제공)
  - 대안활동 하기(예 운동, 악기, 미술, 동아리 활동 등)
  - 학습계획을 세우고 실천하기
  - 장래 희망직업을 정하고, 이를 성취하기 위하여 행동하기

☑ 유사질문
게임을 즐겨 하는 내담자가 핸드폰으로 같이 게임을 하자고 조른다. 상담자로서 어떻게 대처할 것인가?

참고 MMPI-A Profile(점수표) 해석

(1) 개요

지금까지 3급 면접시험에서는 MMPI-A 프로파일을 제시한 사례가 없는 것으로 알고 있다. 그러나 간혹 면접관이 면접상황에서 별개의 질문으로 던지는 경우가 있는데 이를 대비하기 위하여 가장 기본적인 사항만 여기에 언급하였다.

(2) 제시된 사례와 표의 연관성
① 문제행동, 주호소문제의 설명
② 심리적인 문제 원인 제시
③ 상담 개입방법의 근거 제시(상담목표와 전략)

(3) 임상척도 중에서 질문 가능한 상승척도쌍
① 4Pd-6Pa 동반상승
- 학교생활에서 교사에게 대들고 규율을 잘 어긴다.
- 친구관계에서 적대적이며 싸우기 좋아한다(학교폭력 가해자).
- 학교생활 부적응, 문제(비행)학생의 전형적인 형태이다.

② 4Pd-9Ma 동반상승
- 반항적이고 충동적이며 분노폭발 등의 과격한 행동의 특징을 보인다.
- 반사회성 성격장애로 발전할 가능성이 크다.

③ 8Sc-9Ma 동반상승
- 기태적인 사고방식(망상, 환각 등)을 지니고 있고, 예상 외의 행동을 한다.
- 정서적으로도 불안정성을 나타내며 조현병의 가능성이 높다.

(4) 임상척도 단독상승 시(70점 이상) 가능한 해석
① 1Hs : 신체증상 집착, 주변사람 조종, 책임과 심리적 문제 회피, 자기중심적
② 2D : 걱정, 근심, 자살생각/시도, 학교폭력(피해), 무기력
③ 3Hy : 실패에 대한 지나친 걱정, 잦은 신체적 통증 호소, 고통스러운 현실과 스트레스의 부인
④ 4Pd : 결석, 조퇴, 비행, 학교폭력(가해)
⑤ 5Mf : 남성특성-여성특성
- 남성(T>70) : 동성애적 관심 표명, 동성애적 성향 공개, 참고로 현재 동성애는 이상성격 자원으로 간주하지 않음
- 여성(T>70) : 여성의 전통적인 특성 거부, 매우 남성적이고 경쟁적이고 지배적인 성향 보유, 그러나 동성애적 성향은 보이지 않음
⑥ 6Pa : 친구관계 문제(경계, 불신, 시비, 특정친구에 집착, 대인관계 민감성)
⑦ 7Pt : 고정된 사고방식, 높은 도덕적 기준, 질서정연함에 집착, 내성적 성격, 걱정과 불안 수반
⑧ 8Sc : 환상, 공상, 자아통합 실패, 기이한 행동
⑨ 9Ma : 과잉활동(지나친 적극성), 정서적 흥분, 나서기 좋아함, 비도덕성
⑩ 0Si : 자기비하, 사회적 접촉 회피, 감정의 억압, 혼자 지내기, 친구가 없거나 소수

합격의 공식 시대에듀 www.sdedu.co.kr

▲ 정오표

PART 03

제시된 사례 질문 대비

CHAPTER 01	학교 및 가정 관련 사례
CHAPTER 02	친구 관련 사례
CHAPTER 03	인터넷 관련 사례
CHAPTER 04	부적응 및 비행 관련 사례
CHAPTER 05	진로 및 기타 사례

PART 03 | 제시된 사례질문 대비

> **핵심요약**
>
> 이 파트는 면접실에 들어가기 전에 수험생들에게 배부되는 사례문제 유형이다. 실제 상담에서 다루게 되는 여러 가지 청소년의 보편적인 고민거리를 내포하는 사례형태로 만들었다. 기본적인 사례개념은 저자가 몇 년간 상담 현장의 경험을 기초로 하여 형성된 개념틀에서 창조된 것이며 실제 사례들이 아님을 밝혀둔다. 이 파트에서는 실제 면접에서 제시되는 사례보다 간략하게 핵심적인 내용만 기술하여, 가능한 한 많은 사례를 접해 보고 사례별 상담의 개입방법을 숙지할 수 있도록 구성하였다. 다양한 사례와 그 개입방법을 익혀 가면 면접상황에서 어떤 사례가 제시되더라도 능숙하게 답변할 수 있을 것이라고 확신한다.
>
> 주어진 사례를 접할 때 우선 해당 청소년 문제가 어디에서 비롯된 것인지(핵심원인)를 빨리 추정하여야 한다. 그래서 면접관이 "사례에 대해 상담자로서 어떻게 할 것인가?"를 질문하면 우선 내담자가 겪을 수 있는 심적인 상태를 이해·공감하고, 문제의 원인에 대해 언급하고 자신이 생각하는 해결책(개입방법, 상담목표나 전략 등)을 이야기하는 순으로 답변하는 것이 무난하다.

제1절 학교 및 가정 관련 사례

〈사례 01〉

중학교 3학년 여학생이 이메일(e-mail)로 청소년상담복지센터에 다음과 같은 사연을 보내왔다.

지금 저희 가족이 살고 있는 집은 제가 중학교 2학년 때 부모님께서 힘들게 모은 돈과 은행의 대출금으로 어렵게 마련한 것입니다. 그런데 건설 현장에 미장일을 나가시는 아버지는 요즘 건설업 불황으로 일자리를 얻지 못하여 허탕을 치고 돌아오시는 날이 많습니다. 집에서는 신세한탄을 하면서 술을 마십니다. 저는 아버지가 알코올 중독자가 될까 두려워요. 어머니는 얼마 전까지 식당 주방 보조일을 하고 있지만 최근에는 신경통으로 집에서 쉬는 날이 많습니다.

저에게는 고3 언니가 한 명 있는데, 이런 어려운 가정형편에도 아랑곳하지 않고 학원을 다녀야 한다고 떼를 쓰면서 경제적으로 무능하다고 아버지를 원망하고 있습니다. 저도 남들처럼 잘살지는 못하더라도 공부하는 데 어려움이 없고 용돈을 넉넉하게 써보았으면 하고 바랍니다.

언니와 저는 어렸을 적에 아버지에게 많이 맞고 자랐습니다. 그래서인지 저 역시 아버지가 증오스러워요. 아버지는 집에서 일없이 쉬고 있을 때도 어머니를 도와주지 않습니다. 저 역시 힘들어하는 어머니를 위해 집안일을 도와주지 않고 짜증만 내고 있어요. 학교에서도 스트레스를 받는데, 집에 와도 마음이 편하지 않아요. 학교에서는 모범학생 행세를 하지만, 집에 와서는 화내고 짜증만 내는 저의 이중적인 모습이 너무 싫습니다. 어머니는 식당의 고된 일로 파김치가 되어 들어오시고 신경통을 호소하고 계십니다. 신세한탄을 자주 하는 어머니가 가출하거나 일찍 돌아가실지도 모른다는 생각에 자주 잠을 설치곤 합니다.

질문 01

전화 · 이메일 상담과 면대면 상담에는 어떤 차이가 있는가?

| 답변 |

구 분	전화 · 이메일 상담	면대면 상담
상담동기	심리적인 부담감 없이 상담에 임한다(상담접근의 용이성).	자발적으로 상담을 신청하기 어렵다(비자발적 상담).
정보수집	통화내용이나 서신의 내용에 국한된다.	정확한 신상파악으로 내담자의 정보파악이 용이하다.
호소문제	상담자의 표정이나 인상을 알 수 없어 호소문제 탐색이 표면적인 것에 그칠 가능성이 있다.	라포(Rapport) 형성과 시간적인 여유를 가지고 호소문제에 대한 심층적 접근이 가능하다.
상담기간	단편적 · 일회성으로 끝날 가능성이 있다.	상담의 구조화를 통해 일정기간 상담이 지속된다.
상담 비밀보장	비밀보장이 쉽다.	신변상의 정보가 노출된다.
상담자 대응	일회성의 상담과 빠른 결말을 요구하므로, 빠른 판단력, 포괄적 지식, 음성, 문자정보에 대한 민감성을 갖추어야 한다.	시간을 가지고 내담자의 정보와 호소문제를 분석하여 적절한 대응을 할 수 있다.

☑ 유사질문

○ 사이버 상담과 면대면 상담을 비교해 보시오.
○ 인터넷 채팅상담과 직접 만나서 하는 상담이 다르다면 어떤 점에서 다른가?

질문 02

상기의 상담사례에 대한 답변메일을 말로 표현해 보시오.

_____
_____
_____

| 답변 |

정말 어려운 상황에서 씩씩하게 생활해 나가는 모습이 자랑스럽습니다. 그런 환경에 처하면 누구나 짜증이 나고 스트레스가 쌓이며, '왜 나만 이런 어려운 처지에 처해야만 하나?' 하고 세상을 원망하기도 합니다. 그러나 경제적인 어려움에 처해 있으면서도 현실과 맞서 싸워 성공을 성취한 사람들도 우리 주위에 많이 있습니다. 어려운 가정형편은 현재 학생의 힘으로는 해결할 수가 없는 것입니다. 그러므로 학생이 우선 아버지를 이해하고 나아가 아버지의 노고에 감사드리며 용기를 잃지 않도록 격려한다면, 기운을 얻은 아버지께서 빠른 시일 내에 일자리를 찾으시겠죠. 정상적으로 일을 하셔야만 아버지의 음주문제가 함께 해결될 수 있으니까요.

어머니를 사랑하세요. 아버지 대신에 어머니가 네 식구의 가정을 이끌고 가면서 힘든 싸움을 하고 계시니 말입니다.

학생이 부모님의 화합을 위하여 아버지와 어머니를 사랑하는 마음을 한번 표현해 보세요. "아버지가 자랑스러워요", "어머니 사랑해요. 정말 힘드시죠?" 하고 자신의 마음을 표현해 보세요. 아니면 글로 편지를 써보는 것도 좋겠네요. 가족의 사랑은 고난을 모두 해결할 수 있는 치료약입니다. 가족들이 모두 기쁜 마음으로 서로 사랑하고 노력한다면 문제가 하나둘 해결이 될 것으로 확신합니다.

지금 처한 가정형편으로 인하여 여러 가지로 힘들고 어렵겠지만 자신이 할 수 있는 일(학업)에 전념하여 보다 나은 미래를 만들 수 있도록 노력하는 것이 부모님의 은혜를 갚는 길이 아닐까요? 힘내세요. 희망은 먼 곳에 있는 것이 아니랍니다.

〈사례 02〉

중학교 3학년 최 군(15세, 남)은 최근 친구들과 운동장에서 축구를 하고 나서 학교 화장실에서 세수를 하다가 비누를 놓는 곳에 스마트폰을 놔두고는 그냥 집에 와버렸다. 서둘러 학교로 다시 가보았지만 이미 스마트폰은 없어지고 난 후였다. 그 스마트폰은 어머니와 한 달 전에 구입한 최신형이다. 앞으로 공부를 열심히 하겠다는 것을 약속하여 얻어낸 스마트폰이다.

최 군은 어머니의 꾸중과 아버지의 불호령이 떨어질까 봐 불안하였다. 게다가 얼마 전에 게임어플을 깔아 게임을 하는 바람에 요금이 20만 원이 넘게 나와 어머니는 열심히 공부하겠다는 약속을 지키지 않았다며 꾸중하셨고, 아버지에게는 엎드려뻗쳐로 10대를 맞았다. 그런데 설상가상으로 학교에서 그 스마트폰을 잃어버렸으니 최 군에게는 앞이 캄캄한 일이 아닐 수 없다. 최 군은 어머니에게 그 사실을 이야기하였고 어머니는 약속을 지키지 않고 충동적이며 주의가 산만한 아들이 걱정이 되어 최 군과 함께 상담실을 찾았다. 아버지는 상담까지 받을 필요가 있냐며 상담받는 것을 반대하였다.

질문 01

최 군이 당면한 문제는 무엇인가?

| 답변 |

① 약속을 어긴 것에 대한 부모님의 처벌 두려움
② 핸드폰 분실에서 생기는 당혹감
③ 두려움을 회피하기 위한 위험행동 가능성

질문 02

급히 상담실로 찾아온 최 군에게 당신이 상담자라면 어떻게 하겠는가?

| 답변 |

① 우선 최 군을 진정시킨다.
  - 물건을 잃어버리는 실수는 누구나 한다는 것을 알려준다.
  - 부모님이 최 군이 생각하는 것만큼 자신을 혼내지 않을 것이라고 진정시킨다.
② 최 군을 상담하면서 부모에게 연락한다.
  - 최 군이 느끼는 두려움과 이로 인한 자살 가능성 부각(청소년의 불안정한 심리상태 설명)
  - 자녀에 대한 사랑과 이해, 수용의 중요성 인식과 실천
  - 실수를 인정하는 너그러움과 신뢰 표명
③ 개입할 사안
  - 자신의 잘못 인정과 사과의 필요성
  - 약속의 의미 인식
    - 약속은 자기 자신과 하는 것
    - 사람 사이에 신뢰가 중요한 것임을 전달
  - 스마트폰의 바람직한 사용
    - 스마트폰의 과도한 사용 자제(사용시간 계획 및 실천)
    - 게임 자제, 학습용도 전환
  - 성취 경험하기
    - 자신감을 가지고 하는 일을 끝까지 해 보기
    - 친구의 유혹을 물리치고 계획된 일을 하기
    - 자신의 미래를 계획하고 실천하기

〈사례 03〉

1388 청소년전화로 여학생이 다음과 같은 심정을 토로하였다.

중학교 3학년인 채 양(15세, 여)은 현재의 가정상황을 생각할 때면 암울해지고 화가 나서 걷잡을 수 없어 자신을 학대하거나 옥상으로 올라가서 고함을 지르곤 한다. 아빠는 항상 술에 취해 있고(제조공장에서 근무하시다 허리를 다쳐 꼼짝도 못 하고 집에서 지내신다) 작은 일에도 짜증을 내며 우신다. 마트의 계산원으로 근무하는 엄마가 퇴근하고 돌아올 때 파김치가 된 모습을 보면, 자신이 부모님에게 죄를 짓는 것 같아 마음이 아프다. 빠듯한 살림살이에 용돈을 달라고 하기에도 송구스러울 정도이다. 나이가 좀 더 많았으면 아르바이트 자리라도 알아보겠지만 받아주는 데도 없을 것 같다.

그래도 학교에서는 명랑하고 모범적으로 행동하고 있는데, 집에 오면 답답해지고 우울해질 때가 많다. 자신이 왜 가난한 집에 태어났는지 자신의 운명이 원망스럽다. 게다가 학교에서는 잘난 체를 하면서 허세를 부리는 자신의 가식적인 모습이 저주스러울 정도이다. 자신의 가정환경을 다른 친구가 알게 될까 걱정이며, 그러다 보니 친구와의 거리도 점점 멀어지고 학교에 가기도 싫어지고, 공부에 대한 열의도 사라져 간다. 채 양은 이 지긋지긋한 집에서도 빨리 탈출하고 싶다.

자신의 남동생은 가정의 어려움도 아랑곳하지 않고 게임을 즐기며 온라인으로 게임을 하는 데 높은 사양의 컴퓨터가 필요하다고 부모님에게 좋은 컴퓨터를 사달라고 조르고 있다. 철없는 동생이 정말 밉다.

질문 01

채 양이 겪고 있는 문제는 무엇인가?

| 답변 |

① 어려운 가정형편에서 느끼는 암울함과 억울함
② 부족한 용돈과 가난에 대한 창피함
③ 자신의 처지에 대해 비관하고 자신을 학대하는 마음
④ 학교에서의 자신의 가식적인 행동에서 오는 자책감
⑤ 부모에 대한 연민과 원망
⑥ 자기 처지의 노출에 대한 두려움
⑦ 위험행동(가출)에 대한 유혹

질문 02

상기 사례를 인지·정서·행동의 측면에서 어떻게 접근하고 싶은지 이야기해 보시오.

| 답변 |

① 인지적 접근
- 자신의 어려운 처지를 자신의 문제로 생각하지 않는다.
- 자신이 부모님을 경제적으로 돕지 못한다는 점으로 인해 죄책감을 느끼는 것은 잘못된 생각이다.
- 현실을 부정적으로 해석하지 말고 긍정적으로 생각하며 용기를 잃지 말아야 한다.
- 학교 친구들이 자신의 어려운 환경으로 자신을 무시하거나 업신여기는 것을 걱정하여 방어하는 것은 상당한 심리적 문제를 야기한다는 사실을 알아야 한다.

② 정서적 접근
- 가정형편이 어렵다고 해서 슬퍼하거나 절망하는 것은 전혀 도움이 되지 않는다.
- 자신의 가식적인 태도는 정서적 어려움을 가중한다는 점을 깨닫는다.
- 자신의 열등감을 보상하기 위한 행동은 오히려 자신을 더욱 힘들게 하는 일임을 안다.
- 심리적인 안정을 얻기 위하여 친구에게 괴로움을 이야기한다(친구의 이해와 위로가 힘이 된다).

③ 행동적 접근
- 어려운 상황을 부정하거나 회피하지 말고 인정하며, 해결에 도움이 되는 행동을 한다(부모님에 대한 감사와 위로).
- 자신이 어떻게 할 수 없는 상황(가난)을 받아들이고 그 안에서 최선을 다하는 태도를 보인다.

④ 기타 개입
- '위기청소년'에 대한 지방자치단체의 지원이 가능한지 알아본다.
- 부모님에게 사랑과 격려의 메시지를 보내게 한다.
- 학생이 할 수 있는 가정 내에서의 활동을 찾게 한다(어머니의 퇴근 후 가사일 경감 등).

⟨사례 04⟩

고등학교 2학년 하 양(17세, 여)은 아버지가 외국 지사에 근무하게 되어 부모와 함께 6살부터 초등학교 6학년까지 외국에서 생활하며 학교를 다녔다. 하 양은 해외생활을 한 덕택에 영어를 매우 잘한다. 그러나 귀국한 이후 중학교 1학년 때부터 공부는 뒷전이고 화장을 하며 귀걸이를 착용하고, 튀는 머리스타일을 하여 학교에서 친구들과 선생님의 이목을 집중시켰다. 하 양의 이색적인 취향과 행동으로 반 친구들은 하 양을 기피하고 있다. 하교 후 하 양은 다른 학교 친구들과 어울려 놀다가 새벽에 들어오기도 했다. 그러면서도 하 양은 진정한 친구가 없는 것 같은 소외감을 느끼고 알지 못할 슬픔을 느낀다.

하 양의 화장이나 옷차림에 대해 아버지는 딸을 벌도 세우고 때리기도 하였다. 하 양은 부모에게 여러 차례 거짓말을 하여 돈을 타내어(등록하지도 않은 학원비, 가지도 않는 수학여행비 등) 화장품을 사거나 친구들과 노는 비용으로 다 써버렸다. 심지어 부모가 여행 간 사이 이틀간 무단결석을 하였다.

하 양의 아버지는 대기업의 임원으로 엄격한 집안에서 자랐다. 최근에는 회사일로 야근하는 날이 많고, 주말에도 출근하는 날이 잦다. 가정주부인 하 양의 어머니는 하 양의 행동거지를 하나하나 지적하며 비판하고, 하 양의 아버지를 본받아야 한다고 말하곤 한다. 하 양이 약속한 귀가시간을 초과하면 신경질적으로 하 양에게 메시지를 보내며, 집 앞에 나가서 서성이며 하 양을 기다리기도 한다. 또 하 양이 늦을 때는 하 양의 어머니에게 전화를 받지 않는 친구가 없을 정도이다. 이런 부모에게 하 양은 거친 말과 행동으로 저항하고 있다.

질문 01

상기 사례에서 다루어야 할 문제를 요약하여 설명하시오.

| 답변 |

① 어머니의 지나친 간섭과 통제에 대한 저항의 형태로서의 비행 가능성
② 아버지의 체벌과 몰이해
③ 내담자의 행동
　• 거짓말 : 폭력적인 부친에 대한 두려움, 과도한 소비습관
　• 화장, 늦은 귀가 : 인정과 수용에 대한 욕구
　• 부모에 대한 저항
④ 가족구성원 간의 갈등 및 갈등요소
⑤ 친구관계 개선

질문 02

상기의 사례에서 상담목표와 상담전략은 무엇인가?

_____
_____
_____

| 답변 |

① 부모상담 실시
- 지나친 간섭과 체벌이 자녀에게 미치는 부정적 영향을 인지하게 한다.
- 자녀에 대한 애정, 신뢰, 격려의 필요성을 깨닫게 하고 실천하도록 한다.
- 하 양의 학교적응의 어려움을 이해하고 공감, 격려하게 한다.

② 나쁜 습관의 수정
- 부모에 대한 저항행동 소거
- 학교 부적응 행동 해소(짙은 화장, 무단결석)
- 바람직하지 않은 행동의 수정(밤늦게까지 친구와 어울림, 거짓말과 돈낭비 등)

③ 자존감 향상과 성취감 경험
- 영어실력을 발휘할 기회 조성(학교 영어 콘텐츠, 영어 동아리 활동 등) → 성취감 경험
- 담임선생님의 협조 권유(관심과 칭찬의 필요성 전달)
- 자존감 향상(외국문화의 경험, 뛰어난 영어실력 활용)

☑ 유사질문

부모와 심하게 갈등을 빚고 학교 부적응 행동을 하고 있는 내담자를 어떻게 상담할 것인가?

〈사례 05〉

중학교 3학년인 양 군(15세, 남)은 공무원이었던 아버지가 작년에 암으로 돌아가셨고, 그동안 아버지의 병원비 부담으로 가정 형편이 무척 어려워졌다. 그래서 가정에서 살림만 하시던 어머님이 생활비를 벌기 위하여 인력회사 청소원으로 나가고 있다.

그런데 최근 양 군에게 큰 고민거리가 하나 생겼다. 어머니가 양 군이 다니는 학교에 청소원으로 배정된 것이다. 놀란 양 군은 어떻게 다른 학교라도 알아보시면 안 되겠냐며 어머니에게 부탁을 하였다. 어머니 역시 다른 학교로 배정받기를 원하였지만, 회사 사정상 당분간 변경이 불가능하다고 한다.

양 군은 어머니가 청소부로 근무하고 있는 것이 창피하고 친구들이나 선생님들이 그 사실을 알게 될까 봐 두려웠다. 양 군의 고3 누나는 이런 어려운 상황에서도 학원비를 안 준다고 어머니를 원망하고 있다. 양 군은 주유소나 편의점 아르바이트라도 하여 생활비에 보탤까 하고 생각하고 있지만 어머니가 극구 반대하신다. 학생은 공부를 해야 한다고 말씀하시지만, 현재의 기분으로는 공부하는 것이 무의미해져 버렸다. 어머니 일로 마음이 괴롭기도 하고 불안하여 친구들과 저녁 늦게까지 놀다가 집에 들어온다. 어머니는 그런 양 군에게 공부하여 출세하기를 바란다고 눈물로 호소하지만, 양 군은 이 집이 정말 자기의 숨통을 조이는 것 같아 견디기 힘들다.

양 군의 안절부절못하는 태도와 우울한 기분을 관찰한 담임선생이 그 이유를 물었으나 괜찮다고만 대답하여 학교 Wee Class의 상담교사를 통하여 관할 청소년상담복지센터로 개인상담을 의뢰하게 하였다. 상담사를 마주한 양 군은 문제가 없다고 이야기하다가 자신의 어머니 이야기를 털어놓으면서 눈물을 쏟았다.

질문 01

양 군의 괴로움은 어디에서 비롯되는 것인지 설명하시오.

| 답변 |

① 어머니가 자신이 다니는 학교에서 청소부로 일하는 것에 대한 부끄러움
② 자신이 어머니를 경제적으로 돕지 못한다는 죄책감
③ 경제적인 어려움으로 자신의 미래가 불투명해졌다는 생각
④ 가난으로 자신이 불행하다는 생각
⑤ 공부하여 출세하기를 바라는 어머니의 간절한 소망으로 인한 부담감
⑥ 자신이 현실개선을 위해 아무것도 할 수 없다는 자괴감과 절망감
⑦ 자기 자신이 남에게 괜찮은 존재라고 인식되기를 바라는 마음

질문 02

양 군을 상담하게 된다면 어떤 점을 강조할 것인가?

| 답변 |

① 어머니의 근로가 신성한 것임을 부각한다.
② 어머니의 직업을 부끄러워하게 되면 자책감이 더 커진다.
③ 가정을 지키는 어머니에 대한 고마움을 인식시킨다.
④ 학생으로서는 현재 방황하지 말고 과업(학업)에 충실하는 것이 최선이라는 사실을 알려준다.
⑤ 누나와 양 군 모두 현실의 형편에 맞게 생각하고 행동해야 함을 인식시킨다(욕구의 적절한 통제).
⑥ 현실을 부정하고 회피하는 것은 심리적인 문제를 야기한다.
⑦ 자신의 어려움은 허물이 아니며 주위 사람들에게 솔직하게 도움을 청한다.

☑ 유사질문
가정형편이 어려워 가출하겠다는 내담자에 대해 상담자로서 어떻게 할 것인가?

〈사례 06〉

중학교 1학년인 김 군(13세, 남)은 귀가 크고 입도 커서, 친구들에게 원숭이같이 생겼다고 놀림을 받는다. 또 몸이 약하여 체육시간에 운동장에서 친구들과 같이 축구하는 것도 힘겨워한다. 그렇다고 공부를 썩 잘하는 것도 아니다. 평소 말이 없고 매사에 소극적이어서 남 앞에 잘 나서지도 않는다. 친한 친구도 거의 없다. 수업시간에 발표를 시키면 머뭇거리고 말을 조리 있게 하지 못한다. 그러다 보니 힘이 센 친구들의 놀림감이 되고 괴롭힘의 대상이 되고 있다. 힘센 친구들의 명령을 마지못해 하지만, 돈을 달라는 친구는 없어 다행이라고 생각하고 있다. 김 군은 화가 많이 나지만, 반항하지 않고 묵묵히 견디어 내고 있다.

김 군의 아버지는 마을버스를 운전하시고, 어머니는 봉제공장의 미싱사로 근무하고 있으며, 누나와 남동생이 있다. 가족은 비록 경제적으로 풍족하지는 않지만, 오순도순 대화도 하면서 잘 지내고 있다.

그런데 요즘 김 군이 자기 방의 벽을 주먹으로 치는 것을 보고 놀란 아버지가 꼬치꼬치 그 이유를 물어 학교에서 왕따를 당하고 있는 것을 알았고, 담임선생님에게 이 사실을 이야기하여 괴롭히는 반 친구들을 단속하도록 조치하였다. 그리고 상담실로 김 군을 보냈는데, 상담자에게 김 군은 "친구들에게 당하는 것은 자기가 못나서 그렇다"라고 이야기하였다.

김 군을 관찰한 상담자는 김 군이 말이 없고 눈맞춤이 자연스럽지 않다는 것을 발견하였다. 뭔가 화가 나는 일을 회상하면서 주먹을 꽉 쥐고 다른 애들처럼 잘생기고 축구를 잘하고 싶다는 소원을 이야기하였으며, 참는 이유로는 학교폭력으로 처벌받기 싫다는 점을 들었다.

질문 01

김 군의 문제는 무엇인가?

| 답변 |

① 친구들의 놀림감이 되고 있는데도 이를 참고 있다.
② 친구들의 괴롭힘에 대한 대항이나 도움을 요청하는 행동을 하지 않고 있다.
③ 자신의 감정을 억압하고 있다.
④ 친구로부터 괴롭힘을 당하는 것은 자신이 무능해서 그렇다고 생각한다.
⑤ 허약한 신체조건으로 열등감을 느끼고 있다.
⑥ 친구관계가 원활하지 않다(친구가 없다).
⑦ 성격이 소극적이고 표현능력이 미흡하다.
⑧ 힘센 친구들에게 무시를 받고 그들의 심부름을 하고 있다.

질문 02

상기 사례를 가지고 상담자로서 상담을 어떻게 진행할 것인가?

| 답변 |

① 상담 초기
- 김 군의 처지와 심정을 이해하고 공감한다.
- 해결하고 싶은 사항을 김 군과 함께 열거해 본다.
- 이것을 기초로 상담목표를 세운다.

② 상담 중기
- 자기의 감정을 솔직하고 분명하게 말하는 연습을 한다.
- 용기를 내어 가해학생에게 학교폭력 신고를 경고하게 한다.
- 자신의 신체적 조건을 수용하고, 자신의 다른 강점을 찾아 발휘하게 한다.
- 필요한 경우 친구들의 따돌림을 담임선생님에게 증거를 제시하면서 보고한다.
- 화목한 가정의 행복감을 부각한다.
- 참는 것만이 최선이 아니며, 제도적·법적 도움을 받도록 한다(학교폭력 사안으로 다룸).
- 학교폭력 가해자들에게 자신의 괴로움을 당당히 표현하게 한다.

③ 상담 후기
- 김 군의 변화를 점검하고 상담목표의 달성 정도를 평가한다.
- 추수상담을 안내한다.

제2절 친구 관련 사례

〈사례 01〉

중학교 2학년인 고 양(14세, 여)이 청소년상담복지센터의 상담게시판에 자신의 억울함과 두려움을 호소한 내용을 간추린 것이다.

중학교 1학년 때부터 가깝게 지내던 동성친구(여자) 1명이 있었다. 2학년이 되어서도 같은 반이 되어 친하게 지냈는데, 최근 갑자기 그 친구가 자기를 멀리하고 자신을 소외하는 느낌이 강하게 들었다. 친한 친구에게 배신을 당했다는 기분에 화가 잔뜩 나 있었는데, 다른 친구들에게서 우연히 그 친구가 자신을 피하는 이유를 전해 들었다. 그 친구가 오랫동안 사귀고 있었던 남자친구와 최근 이런저런 이유로 말다툼이 있어 사이가 멀어졌는데, 자신이 그와 친하게 이야기하고 몸장난을 치며 가까운 모습을 보여 그 친구의 자존심을 상하게 하였다는 것이다.

이 사실을 전해 듣고 남자친구와는 별다른 관계도 아닌 것을 괜히 시기하고 오해하고 있다고 반 카톡에 그 친구의 실명을 거론하고 욕을 하면서 비난하였다. '그런 우정이면 개(Dog)에게나 주어라'고 심한 말을 남겼다. 그러면서 학교에서도 그 친구의 흉을 보고 그런 애들과 사귀지 말라고 이야기하게 되었다.

그 애의 부모가 학교에 자신을 학교폭력 가해자라고 신고하여 그 벌로 전학을 갈지도 모른다는 불안감이 생겨 상담게시판에 글을 올렸다고 하면서도 자신은 별다른 책임이 없다고 주장하고 있었다.

질문

이런 경우 당신이 상담자라면 어떻게 답하겠는가?

| 답변 |

① 위로의 말을 건넨다.
  - "친하게 지내던 친구들과 사이가 소원해진 것이 상당히 마음 아프겠군요."
  - "사과를 하였는데도 이를 받아주지 않는 친구들 때문에 더욱 마음이 상했겠습니다."

② 해야 할 일을 알려 준다.
  - 여자친구들에게 진정한 우정은 누구를 편들거나 잘못을 지적하거나 친구를 독점하는 것이 아니라, 서로를 이해하고 위하는 진정한 마음이라는 것을 깨닫게 한다.
  - 자신이 상대방의 남자친구와 특별히 친하거나 상대방과 그를 떼어놓으려는 의도가 전혀 없었음을 강조한다.
  - 단순히 전해 들은 사실을 근거로 반 카톡방에 상대방을 비난하는 글을 올린 것에 대해 사죄한다.

〈사례 02〉

최근 강남으로 전학을 오게 된 고등학교 2학년 김 양(16세, 여)은 새로운 학교 환경에 적응하기 위하여 혼자 무척 노력을 하였다고 생각한다. 그러나 대부분의 아이들은 자신에게 직접적인 말은 하지 않았지만 자신의 특이한 옷차림과 액세서리를 보고 '관종(관심종자)'이라고 놀리고 있는 것 같다. 이런 생각을 하게 되면 수업시간에 집중이 되지 않고 화가 나기도 하여 괜히 선생님한테 대들기도 한다. 이를 걱정한 어머니에 이끌려 상담실을 찾은 김 양은 다음과 같은 이야기를 하였다.

1. 내담자의 가족관계
   - 부 : 대졸. 공부를 잘하며 자수성가한 가장이다. 권위적이어서 내담자인 딸과의 관계는 좋지 않으며, 성적이 나쁘면 집에서 내쫓겠다고 으름장을 놓고 있다.
   - 모 : 대졸. 간호사이며 외향적인 성격으로 흥분하면 말이 많아진다. 딸의 옷차림에 대해 항상 잔소리를 한다.

2. 내담자의 행동과 태도
   - 침울한 편이며, 타인의 평가를 상당히 의식한다.
   - 말을 자신 있게 하지 못하고, 소심한 편이다.
   - 행동을 함에 있어 주저함을 보인다.
   - 미술에는 상당한 소질을 보인다.

3. 내담자의 진로 희망
   자신은 앞으로 패션 디자이너가 되겠다고 이야기하고 있다. 그러면서 쉬는 시간에는 의상의 그림을 그리고 있다.

질문

상기의 사례를 본인이 상담한다고 했을 때, 어떤 부문에 중점을 두고 상담을 하겠는가?

| 답변 |

① 먼저 부모상담을 통해 양육태도나 방식을 개선하도록 한다.
- 부친 : 권위적 태도 개선
- 모친 : 지나친 간섭 개선
- 부모의 내담자에 대한 사랑과 애정, 관심의 표명

② 원만한 친구관계를 형성하도록 한다.
- 본인이 생각하는 바와 같이 친구들이 놀리고 있다는 신념에 대한 증거를 수집하게 하고, 상담자는 이를 반박한다(인지적 왜곡, 잘못된 신념의 수정).
- 친구에게 먼저 다가가기를 시도한다.
  - 친구를 칭찬한다.
  - 친구를 돕는다.
  - 친구들에게 관심을 기울인다.
- 자신의 행동과 옷차림이 다른 사람에게 어떤 인상을 주는지 친구의 피드백을 받는다.

③ 자존감을 향상시킨다.
- 자신의 꿈이 있고 이를 위해 평소 노력하는 것을 칭찬한다.
- 정확한 진로탐색을 위해 진로탐색검사를 실시한다.
- 친구들과 다른 옷차림은 패션 감각이 남보다 뛰어나다는 점을 전달한다.
- 미술시간에 친구에게 그림에 대해 도움을 주도록 한다.

<사례 03>

학교폭력대책심의위원회에 몇 번 회부되어 다른 학교로 강제전학 온 중학교 2학년 김 군의 이야기이다.

김 군은 과거 자신 주먹이 세고 덩치가 커 다른 친구들을 얕잡아 보고 함부로 대하고 놀리며 때리기까지 했던 사실이 현재 학교에 알려지기를 두려워하여, 되도록이면 상냥하게 행동하고 양보를 많이 하였다. 그래서 몇몇 친구들과는 상당히 가깝게 지내게 되었다.

그런데 시간이 조금 지나면서 주위의 친구들이 가끔 김 군을 무시하고 우습게 여기며, 선생님의 질문에 대답을 하지 못한다며 뒷담화를 하는 것 같았다. 김 군에게는 한 주먹도 안 되는 녀석들이어서 욱하는 행동을 하다가도, 이내 이 학교에서도 선생님을 실망시키고 부모님을 슬프게 할 수는 없는 일이라고 참는다. 그러나 친구들이 자신을 우습게 여기는 것 같아 정말 견디기 어렵다. 김 군은 어떻게 하면 그들에게 무시당하지 않고 친하게 지낼 수 있을지 고민을 하고 있다.

그러다가 자신의 행동을 통제하지 못하여 또 문제를 일으킬 수 있다고 생각한 김 군은 학교 Wee Class 상담교사를 만나 상담하게 되었다. 상담교사는 MMPI-A 검사결과에서 김 군이 피해의식을 많이 느끼고 반사회성이 높으며, 남들에게 자신의 강함과 리더의 자질을 뽐내고 싶어 하는 것을 알 수 있었다.

질문 01

상기 사례의 주요 요지는 무엇이며, 상담의 목표와 전략은 무엇인가?

| 답변 |

① 주요 요지
- 부드러움을 가장하여 학교에 잘 적응하려는 학생이 자신이 무시를 당한다고 생각하여 분노를 느끼고 있다.
- 그러나 한편으로는 친구들을 다시 괴롭히고 구타하게 될 것만 같아 두려움을 느끼는 양가감정을 가지고 있다.
- 친구와 잘 지내는 방법을 몰라 어려워하고 고민하고 있다.

② 상담목표와 전략
- 학교적응적 행동을 조성한다.
  - 자신의 분노를 인식하고 이를 통제하는 것을 칭찬하며 인내력을 강화한다.
  - 친구와의 갈등 시 자신의 감정과 의사를 말로 표현한다.
  - 친구에게 양보하고 과도하게 나서는 행동을 하지 않도록 한다.
  - 학교의 규율과 규칙을 철저히 지킨다.
  - 친구와의 갈등해소는 힘의 행사가 아니라 양보하고 상대를 존중하는 것임을 인식한다.
  - 친구의 입장을 이해하고 배려하는 태도를 갖춘다.
- 학교폭력 예방활동을 전개한다.
  - 학교폭력 피해 가능학생을 발견하고 보호한다.
  - 힘으로 자신의 우월함을 보이려는 친구들을 설득하고 그들과 우정을 나눔으로써 선도역할을 수행한다(이로써 내담자의 성취경험과 자존감이 향상된다).

질문 02

어떻게 하면 김 군이 친구들과 친하게 지낼 수 있는가?

| 답변 |

① 자신에게 동정적이고 친근감을 보이는 친구를 발견한다.
② 그로부터 자신의 태도에 대해 조언을 받고 나쁜 습관이나 태도는 수정한다.
③ 친구들로부터 주목받고 환영받는 것은 친구를 돕고, 친구를 칭찬하며, 학교의 규율을 잘 지킬 때 생긴다는 점을 인지한다.
④ 그들의 장점을 보고 진심으로 그들을 이해하고 친해지고 싶다는 감정을 솔직히 고백한다.
⑤ 친구에 대한 배려와 진실성이 우정의 근간임 인식하고 실천한다.
⑥ 가식적인 행동과 태도는 친구관계를 악화한다는 사실을 명심한다.

〈사례 04〉

올해 대학교 2학년에 재학 중인 정 군(20세, 남)은 학교 내 생활연구소에 상담을 신청하였다. 정 군은 아주 소심한 성격의 소유자로서 어려운 일이 있어도 친구에게 이야기하지 않고 속으로만 끙끙대며 고민을 드러내지 않는다. 공부에 대한 열의는 강해서 수업준비를 철저히 하고 있어 대학성적은 상위권에 있다.

대학 친구들이 몇몇 있는데, 그들은 모였다 하면 여자친구들에 대한 이야기를 하며 낄낄대었다. 그들의 거칠고 속된 말이 낯설고 불편하게 여겨지고 차라리 절교를 하고 싶은 심정이다. 대학생활을 하면서 같은 과 여학생들과 어울려 카페나 술집에 갈 기회가 여러 번 있었지만 다른 계획이 있다고 번번이 참여하지 않았다.

정 군은 강의 내용은 잘 알아듣고 이해하지만, 농담은 곧장 이해하지 못해 낭패할 때가 많다. 친구들의 농담을 잘 이해하지 못하여 숙맥이고 멍청하다고 무시당하기도 한다. 그러다 보니 그룹 미팅을 할 때 정 군은 아예 초대되지도 않았다. 정 군은 자신을 놀리고 무시하는 친구에게 언젠가는 반드시 복수하리라 마음먹고 있다. 그래서 학업활동 이외에는 아무것도 하지 않고 집과 대학교 사이를 왔다 갔다 하였을 뿐이다. 그러다 보니 대학생활도 재미가 없어지고 도서관에서 대부분의 시간을 보내고 있다. 그러다 꼬리에 꼬리를 물고 "내가 정상인이 아닌가?" 하는 의구심이 든다.

첫 상담에서 정 군은 이성에 대한 관심이 있으나 거절당할 두려움 때문에 피해왔다고 이야기하였으며, 성적인 대화에서는 친구들이 여성들을 너무 폄하하고 있어 불편하였다고 고백하였다.

질문 01

상담자라면 어떤 사항에 개입할 것인가?

| 답변 |

① 강점에 대한 인정, 칭찬
  - 공부에 대한 열의
  - 철저한 수업준비
② 소심하고 도움을 청하지 못하는 사항
  - 어려운 일이 생길 때 친구에게 도움 청하기 훈련
  - 자신의 불편함을 표현하는 연습
③ 편협된 사고의 수정
  - 농담에 대한 과도한 반응 자제
  - 유머감각의 증진
  - 다양한 친구와의 교제기회 제고
  - 사람은 서로 다르고 취향이 다르다는 점의 인식
  - 배척이나 앙갚음보다는 화해와 자신의 실수를 인정하는 태도 조성
④ 친구관계 개선하기
  - 대학생활에서 이성과의 미팅이나 각종 행사에 적극적으로 참여하기
  - 마음에 드는 이성에게 관심 표명하기
  - 친구를 이해하고 수용하는 태도 조성하기
  - 대인관계의 민감성(친구의 농담에 민감하게 반응한다) 완화하기

질문 02

정 군의 성격적인 특성은 무엇인가?

| 답변 |

① 흥분과 보상을 추구하는 탐색활동이 낮으며, 경직되고 융통성이 결여되어 있다.
② 자신의 욕구를 잘 표현하지 않으며, 감정을 억압한다.
③ 상대방의 정서와 입장에 민감하지 않고, 자신의 자존감을 건드리면 상대방에게 되돌려주려고 한다.
④ 새로운 것에 대한 두려움이 많고 실행을 회피한다.
⑤ 긍정적이기 보다는 부정적인 결과를 상정한다.
⑥ 친구관계가 원활하지 못하고 의사소통 기술이 미흡하다.

〈사례 05〉

고등학교 2학년 김 양(17세, 여)이 학교에서 친구 사귀기에 어려움을 겪고 있다고 상담을 신청한 사례이다.

김 양은 대인관계에서 과도하게 긴장하고 불안해하며 위축되는 경향을 보이고 있다. 김 양은 다른 사람에게 실수할까 봐, 그래서 남들이 자기를 싫어할까 봐 두려워하며 타인의 평가에 대해 매우 민감하다. 이 때문에 친구와의 관계에서도 친구들이 자기를 거부할까 봐 두려운 마음에 점점 친구와 대화하는 기회를 줄여 이제는 친구가 없는 상황이다. 김 양은 위염 증세가 있어 고생하고 있는데, 이것은 김 양의 대인관계 스트레스와 불규칙한 식사습관으로 인한 것으로 추정된다. 김 양은 초등학교 6학년 때 친구들로부터 따돌림을 당한 적이 있다.

김 양의 아버지는 술을 자주 마셨고 술에 취하면 김 양을 자주 때렸다. 아버지 대신 어머니가 가정의 생계를 책임지고 건물미화원으로 일하고 있는데, 근무시간이 길어 항상 힘들어하고 가사일을 할 시간이 없어 김 양이 식사를 준비하는 등 집안일을 도맡아 하고 있다. 김 양은 자신의 모습을 거울에 비춰보면서 자신의 미래는 암울하고 살아가야 할 의미가 없다고 종종 생각한다.

김 양은 이런 특성과 환경으로 우울하고 말수가 현저히 줄었으며, 학교에도 가기 싫어지고 학교에서 친구 만나기도 부담스러워졌다.

질문 01

상담에서 다루어야 할 문제의 핵심은 무엇인가?

| 답변 |

① 부친의 잦은 폭행으로 인한 부정적 자아상 형성
② 대인관계 형성의 어려움(사회적 관계맺음의 기피)
③ 자신의 처지에 대한 비관적인 생각
④ 스트레스와 신체적 증상 연계
⑤ 어려운 가정경제에서 받는 스트레스
⑥ 우울한 정서 및 학교부적응

질문 02

상기 사례에서의 상담목표 및 전략은 무엇인가?

| 답변 |

① 부모상담 시행
   - 부친상담(폭력근절, 알코올 중독 치료)
   - 모친상담(김 양에 대한 관심과 애정표시)
② 대인관계 형성 불안감 해소
   - 타인의 평가에 대한 과도한 민감성 완화
   - 이완훈련, 자기표현, 자기주장 훈련
   - 스트레스 대처법
   - 사회성 훈련, 대화법 훈련
③ 우울감의 해소
   - 인지적 왜곡 수정
   - 자신의 처지와 입장 수용
   - 미래에 대한 긍정적 시각
   - 신체화 증세의 소거

〈사례 06〉

초등학교 6학년 강 군(12세, 남)은 공부를 곧잘 하며 반에서 2~3등을 하는 모범학생이다. 선생님 심부름도 잘하고 발표나 질문에 답하는 것도 남보다 먼저 손을 들고 고함에 가까울 정도로 자신을 시켜달라고 난리를 피운다. 친구들이 수업시간에 떠들거나 쉬는 시간에 담임선생님이 금지한 행동을 한 학생을 보면 금세 선생님에게 달려가서 일러바친다. 선생님이 그 애를 나무라거나 벌을 줄 때 자신이 대단한 일을 하였다는 생각이 든다. 토론수업을 할 때는 자기주장을 강하게 하고, 다른 의견을 내는 학생에게 자신의 논리로 상대방을 공격하며 틀렸다고 지적한다.

그러다 보니 같은 반 친구들은 강 군을 피하기 시작하였고, 강 군은 점점 외톨이가 되었다. 강 군은 축구를 좋아하는데, 축구팀을 이끄는 한 친구가 강 군을 제외하는 바람에 쉬는 시간에 운동장에도 나갈 수 없다. 이제는 아무도 강 군을 좋아하지 않는다. 강 군을 좋아했던 같은 반 여자친구도 다른 아이들의 눈치를 보느라 강 군을 멀리한다. 강 군은 요즘 우울해지고 성적이 점점 하락하며 식욕도 잃었다.

질문 01

상대방과 의견 충돌이 발생할 때 어떻게 대처하는가?

| 답변 |

① 상대방과 나의 의견이 다르다는 사실은 당연한 현상이라고 생각한다.
② 상대방이 내가 생각하지 못하는 면을 볼 수 있고, 상대방의 의견이 나에게 긍정적인 피드백이 된다고 평가하고 이를 수용한다.
③ 통일된 의사결정을 꼭 해야 하는 경우는 상대방의 의견을 존중하여 함께 합의한 결정에 따르거나 이것이 불가능할 때 제3자의 중재나 결정에 따른다.

질문 02

강 군을 상담한다면 어떤 점에 착안하겠는가?

| 답변 |

① 자신의 의견만 내세우고 남을 배려하지 않는 것이 따돌림을 당하는 원인이라는 점을 알게 한다.
② 사람은 각기 다른 점이 있고, 이를 존중하여야 함을 깨우치게 한다.
③ 남을 배려하고 존중하게 되면, 자신도 남에게 존중받는다는 사실을 배우게 한다.
④ 자신의 우월성을 과시하거나 드러내려고 하는 행동은 상대방의 권리를 침해하거나 마음의 상처를 줄 수 있다는 점을 알게 한다.
⑤ 상대방을 무시하면 자신도 무시당한다는 사실을 알게 한다.
⑥ 권위를 빌어 상대방에게 영향력을 행사하는 방법은 친구의 비난을 받는다는 점을 깨닫게 한다.

제3절 인터넷 관련 사례

〈사례 01〉

다음은 중학교 3학년에 재학 중인 공 양(15세, 여)이 상담센터를 방문하여 첫 상담에서 자신에 대해 진술한 내용이다.

저는 인터넷 중독인 것 같아요. 컴퓨터를 켜서 인터넷으로 연예인 기사를 보고, 최신 유행하는 옷, 액세서리, 구두도 살펴보고, 이곳저곳을 기웃거리면서 검색을 하다 보면 12시가 훌쩍 넘곤 해요. 공부도 하지 않고 이렇게 인터넷에만 빠진 지 일 년이 넘은 것 같아요. 아버지는 제가 어릴 때 돌아가셨고 엄마가 저를 키우면서 큰 유명 한식당에서 일을 하고 계세요. 새벽이 돼서야 집에 돌아오시는데, 그때까지 자지 않고 인터넷을 한 적도 있어요. 엄마는 이런 저를 꾸중하지 않아 오히려 엄마가 원망스러울 때가 있어요.

"나는 나를 믿는다. 하느님이 보고 있다"라는 등의 경고문을 만들어 모니터에 써 붙이며 제 자신을 통제해 보려고 무척 노력하였지만 소용이 없었어요. 어떤 때는 밤늦게까지 인터넷을 하다가 책상에 엎드려 잠들곤 해요.

"이러면 안 돼, 이러면 안 돼!" 하면서도 결국 컴퓨터를 켜고 인터넷 서핑에 빠져있는 저를 발견하게 돼요. 진짜 미치겠어요. 누구에게 하소연할 데도 없어 집에서 혼자 막 운 적도 있어요. 시험이 끝나고 다시 인터넷을 하고 싶은 충동이 더 커진 것 같아요. 어떻게 해야 할까요?

> 질문

상기 사례의 상담목표와 구체적인 상담전략을 이야기해 보시오.

| 답변 |

① 자신의 가치와 매력 발견하기
- 진로탐색검사를 통해 미래의 직업 정하기
- 미래직업을 성취하기 위한 진학계획 세우기
- 자신이 뜻하면 이루어진다는 자신감 가지기

② 인터넷을 하는 시간을 줄이고 대안활동하기
- 인터넷 사용 계획표를 작성하고 실천하기
- 대안활동하기
  - 학교 패션 동아리 가입하고 활동하기
  - 패션디자이너 행사에 참석해 보기
  - 패션 디자인 학원에 등록하여 공부하기

③ 어머니와 유대관계 맺기
- 어머니의 노고를 이해하고 감사 표현하기
- 어머니와 주말이나 휴일에 대화하고 활동하는 시간 갖기
- 자신의 문제를 어머니에게 털어놓고 도움 청하기

④ 친구관계 개선하기
- 친구에게 관심을 보이고 대화에 끼어들기
- 자신의 문제를 거론하고 친구에게 도움 청하기

〈사례 02〉

중학교 1학년인 제갈 군(13세, 남)은 컴퓨터 게임을 할 때면 정말 신이 난다. 롤플레잉 게임을 주로 하고, 온라인을 통해서 아이템을 판매하여 용돈도 스스로 벌 정도여서 같은 반 친구들은 제갈 군의 게임실력을 다들 부러워하고 있다. 제갈 군은 이제 공부 잘하는 친구가 부럽지 않다. 친구들이 자신의 게임실력을 인정하고 부러워하기 때문이다.

제갈 군의 아버지는 통신회사의 간부로 제갈 군이 공부를 열심히 하여 외교관이 되기를 바란다. 제갈 군의 아버지는 외교관 행정고시에 몇 번 도전하였지만 실패하였다. 어머니는 주부이며 인간관계가 좋아 친목계와 주부모임, 강좌, 여행 등에 열심히 참여하고 있어 제갈 군에게 신경을 쓸 겨를이 없다. 제갈 군이 초등학교 때 회장도 하고 성적도 반에서 1등을 하였는데 한 번 시험을 망친 일이 있어 제갈 군의 어머니는 몹시 실망하였고 제갈 군을 호되게 나무란 적이 있었다.

제갈 군의 성적은 거의 하위권에 머물고 있고, 집에 와도 아무도 없어 자연히 친구들과 어울려 PC방을 자주 출입한다. 뿐만 아니라 게임을 하다가 중도에 빠져나가는 것은 팀을 이루고 있는 다른 친구들로부터 욕을 먹는 일이기 때문에 끝까지 게임하는 것이 전문가로서 지켜야 하는 예의라고 생각한다. 제갈 군의 아버지는 제갈 군을 수차례 벌을 세우고 게임을 못 하게 하였지만, 제갈 군이 들을 리 만무하다.

질문 01

제갈 군이 과도하게 게임을 하는 것은 무엇 때문인가?

| 답변 |

① 가상세계에서 자신의 존재감을 인정받기 때문이다.
② 친구들이 자신의 게임실력을 부러워하는 것을 보고 우월감과 성취감을 느끼기 때문이다.
③ 온라인으로 다른 친구들과 게임을 하기 때문에 자기가 하고 싶지 않아도 게임상에서 매너(예절)를 지켜야 한다고 생각하여 게임을 오래 하게 되기 때문이다.
④ 가정에서 관심과 사랑을 받지 못하여 애정에 대한 욕구를 게임으로 충족시키고 있기 때문이다.
⑤ 강압적인 아버지에 대한 저항의 방법으로 게임을 선택하여 몰입하기 때문이다.

질문 02

당신이 상담자라면 제갈 군의 상담을 어떤 단계로 수행할 것인가?

| 답변 |

① 상담 초기
- 컴퓨터 게임 실력에 대하여 관심을 보이고 놀라움을 표시한다.
- 게임사용 자가측정(K-척도)을 통하여 자신의 컴퓨터 게임 사용실태를 파악하게 한다.
- 자신이 원하는 것, 자신에게 부족한 것, 또는 자신이 하지 못하는 일들을 살펴본다.

② 상담 중기
- 게임중독의 폐해 이해
  - 신체적 이상
  - 정신적 이상
- 게임으로 잃는 것과 얻는 것의 열거와 비교
  - 게임을 함으로써 얻는 것과 하지 못하고 있거나 희생당하고 있는 것의 열거
  - 잃는 것과 얻는 것의 가치와 중요성 비교
- 사용습관 개선
  - 인터넷의 순기능 활용
  - 인터넷 게임사용 시간표를 만들고 부모와 합의하기
- 대안활동 만들기
  - 취미생활(악기연주, 봉사활동, 스포츠 등)
  - 학습목표 설정
  - 장래 희망직업의 결정과 이를 달성하기 위한 결심사항 만들기
- 가족이 함께하는 기회를 많이 가지게 한다.
  - 장래 희망직업을 정한다.
  - 이들에 대한 관심과 이해를 높인다.
  - 자연스러운 대화를 통해 정서적 유대감을 형성한다.

③ 상담 후기
- 결심사항 실천 확인
- 상담목표 달성 평가
- 추수상담 안내

〈사례 03〉

중학교 1학년에 재학 중인 채 군(13세, 남)은 어머니가 식당에 나가서 일을 하는 동안 친구도 없이 혼자서 찬 방에서 컴퓨터 게임을 하고 있다. 보통 학생들은 카트라이더, 브롤스타즈 정도의 게임을 하는데, 채 군은 배틀그라운드, 오버워치와 같은 전쟁게임이나 포리저와 같은 시뮬레이션 게임을 하고 있다. 친구 없이 집에서 게임만 하고 있으니 실력이 남보다 뛰어난 것은 당연한 결과인지도 모른다. 성적이 낮은 것에 대해서는 이제 신경을 쓰지 않는다. 게임에서는 반 친구들이 자신을 부러워하고 있다는 사실에 의기양양해 있다.

채 군의 어머니는 오후 5시에 채 군의 저녁을 챙겨주고 식당에서 일하다 새벽 2시경에 퇴근한다. 어머니가 피로한 몸을 이끌고 집으로 돌아왔을 때 채 군의 방에 불이 켜진 것을 볼 때가 많다. '아직도 게임을 하는구나' 하고 생각하였지만, 아버지 없이 자라는 채 군이 불쌍하여 간섭을 하지 않으려고 애썼다. 건강하기만 하면 된다고 생각하기 때문이다.

채 군의 아버지는 식당 주방장으로 일하였는데, 채 군이 초등학교 5학년 때 암으로 세상을 떠났다. 평소 채 군은 어머니 말씀을 잘 듣고 슈퍼에 갔을 때도 무거운 짐을 자신이 들 정도로 효자이다.

그러나 수업시간에 매번 조는 채 군을 담임선생님이 추궁한 결과, 게임을 너무 많이 한다는 것을 알고 인근의 청소년상담복지센터에 상담을 의뢰하였다.

질문 01

채 군의 게임몰입 유발요인은 무엇인가?

| 답변 |

① 어머니의 방임적 양육태도
② 방과 후 혼자서 시간관리를 할 수 없는 연령
③ 방과 후 학습지도, 놀이지도 등이 없는 환경
④ 컴퓨터 게임이 가지는 유인효과
⑤ 낮 시간 학원에 다닐 수 없는 경제적 여건
⑥ 타인으로부터 인정받고 싶은 인정욕구
⑦ 자신의 어려운 환경이나 처지를 회피하고 싶은 욕구로 게임에 몰입

질문 02

게임을 많이 하는 학생의 행동수정을 하기 위해 어떻게 하겠는가?

| 답변 |

① 채 군의 경우 게임을 하느라 친구와 사귈 기회를 상실하였기 때문에 친구들과 만나 활동하는 기회를 갖도록 독려한다.
② 채 군에게 친구와 함께 할 수 있는 스포츠(예 탁구와 배드민턴, 축구 등)를 할 것을 추천한다.
③ 학교를 마치고 나면 남아서 운동장에서 노는 친구들과 어울려 놀게 한다.
④ 인정욕구를 다른 대상(예 성적, 취미활동, 봉사활동 등)에서 찾도록 돕는다.
⑤ 어머니의 방임적인 태도가 좋지 않음을 알리고, 채 군과 행동계약서를 맺어 바람직한 습관을 기르도록 한다(예 자는 시간 지키기, 게임하는 시간 정하기 등). 이와 더불어 상과 벌로써 문제행동의 소거, 대체행동의 촉진을 도모한다.
⑥ 지역아동센터에서 학습과 놀이, 저녁을 해결할 수 있도록 한다.

⟨사례 04⟩

올해 고등학교 1학년인 문 군(16세, 남)은 수업시간에 학급 뒷자리에 앉아 수업은 듣지 않고 스마트폰으로 마인크래프트나 스페셜포스를 한다. 방과 후에는 친구들과 PC방에 가서 배틀그라운드나 오버워치를 주로 한다. 문 군은 슈팅게임을 하면서 통쾌함을 느낀다. 레벨도 '골드'까지 올라가서 친구들의 부러움을 사기도 한다. 이렇게 수업에 충실하지 않고 공부를 게을리하며 게임에만 몰두하다 보니 성적이 최하위에 머물러 있는 것은 당연한 결과이다.

문 군의 아버지는 대학교수이며, 어머니는 유명학원의 영어강사이다. 문 군의 형은 서울 명문대 의대에 진학하여 가문의 영광이 되었다. 아버지는 문 군에게 "형의 반만큼만 공부하면 소원이 없겠다"라고 말씀하시고, 어머니 또한 "쟤는 주워온 자식"이라고 푸념을 한다. 아버지는 입버릇처럼 "남자는 세상에 나왔으면 큰 뜻을 품고 의사나 판검사, 정치가가 되어 풍운의 꿈을 펼쳐야 한다"라고 항상 말씀하신다. 문 군은 이런 아버지에게 염증을 느낀다.

중학교에 다닐 때는 중상위권의 성적을 유지하였고, 특히 그림을 잘 그려서 시 미술대회에서 대상을 받기도 하였다. 담임선생님이 장차 유명한 화가가 될 재목이라고 칭찬하였다. 성격도 꽤 쾌활하여 교우관계도 좋았고 부모님의 말씀을 잘 듣는 학생이었으나, 요즘은 부모의 나무람에 막말까지 하면서 극렬히 반항하고 있다. 보다 못한 어머니가 센터에 전화로 상담을 신청하게 되었고, 문 군은 어머니가 눈물로 호소하는 바람에 상담실을 찾았다.

질문 01

문 군이 게임에 몰입하게 된 원인은 무엇인가?

| 답변 |

① 부모가 형을 우대하고 자신을 홀대하는 데 대한 저항
② 부모와의 진로 갈등(화가와 의사, 판검사, 정치가)의 회피
③ 공부를 강요하는 부모의 태도에 대한 불만
④ 게임에서 얻는 재미와 성취감, 친구들의 반응에서 얻는 인정감

질문 02

문 군에 대해 어떻게 개입할 것인가?

| 답변 |

① 문 군에 대한 부모님의 태도를 개선한다.
- 부모상담을 통하여 바람직한 양육태도를 교육한다.
- 문 군을 이해하고 수용하며, 문 군의 욕구를 파악하게 한다.
- 문 군을 진정으로 사랑한다는 것을 문 군에게 표현할 수 있도록 한다.
- 문 군의 소질을 파악하고 평가하여 문 군과 진로를 합의한다.

② 문 군의 성취동기를 높인다.
- 문 군에게 미래의 인생그래프를 그려보게 한다.
- 작은 목표를 세워 이를 달성하게 하여 "할 수 있다"는 경험을 하게 한다.

③ 게임의 폐해(부작용)에 대해 알게 한다.
- 과다사용 시 생기는 신체적 증상
- 심리적 문제(우울, 분노폭발, 가상과 현실세계의 혼돈)
- 내성, 금단, 일상생활 장애
- 친구관계 문제, 외톨이(은둔형), 우울과 분노 등의 정서문제

④ 대안활동을 개발하게 한다.
- 체육, 음악이나 기타 취미활동
- 친구 사귀기
- 다양한 미술관련 활동이나 학습

⑤ 진학 및 진로 결정에 도움을 준다.
- 검사를 통한 직업탐색 및 결정(예 화가)
- 장래 직업을 성취하기 위한 대학진학 목표 세우기

〈사례 05〉

상담 중에 있는 중학교 1학년 학생인 최 군(13세, 남)으로부터 다급한 전화를 받았다. 그 내용은 자기가 오늘 컴퓨터 온라인 게임을 하다가 한 게임 참가자에게 비싼 아이템을 싸게 넘겨준다고 하고서는 돈만 받고 아이템을 넘겨주지 않았다는 것이다. 피해를 본 고등학생이 게임 아이디를 추적하여 최 군의 스마트폰 번호를 알게 되었고, 문자로 돈을 당장 돌려주지 않으면 경찰에 신고하겠다고 위협하고 있다는 것이다. 최 군은 어머니의 노력에도 불구하고 게임을 포기하지 못하고 계속 친구들과 PC방에 가고 틈만 생기면 게임을 하고 있다. 며칠 전에는 어머니에게 각서를 쓰고 다시는 게임을 하지 않겠다고 맹세를 하였으며, 그 상으로 최신 핸드폰까지 선물 받았다.

이제 다시는 게임을 하지 않을 것이라고 맹세를 한 상태에서 이 사실이 어머니에게 알려질까 두려웠고, 받은 돈은 50,000원인데 당장 갚을 돈은 없고, 그렇다고 어머니에게 이야기할 수도 없는 처지임을 알려왔다. 최 군은 다시 어머니가 실망하시는 모습을 보고 싶지 않다고 울먹였다.

질문

이런 전화를 당신이 받았다면 어떻게 하겠는가?

| 답변 |

① 우선 최 군을 진정시킨다.
② 자신의 행한 잘못된 행동에 대해 객관적으로 보게 한다.
- 인터넷상에서 고의로 남을 속여 금전을 편취하는 것은 엄연한 범죄(사기죄) 행동이다.
- 부모와 한 굳은 약속을 가볍게 어기는 것은 부모의 믿음과 신뢰를 저버리는 행동이다.
- 공부하여야 하는 학생의 신분으로 게임에만 몰두하는 것은 잃는 것이 너무 많다.
③ 피해자의 고발에 따르는 결과는 청소년으로서 감당하기 힘든 일이므로 부모의 도움을 받아야 한다.
④ 해결책
- 어머니에게 머리 숙여 사죄하고 어머니가 대신 돈을 갚도록 한다.
- 이 기회를 빌려 새롭게 다짐하는 계기로 삼아 자신이 변해야 함을 알려 준다.
- 이런 일은 자신이 해결할 수 있는 문제가 아님을 알게 하고, 문제가 생기면 부모의 도움을 받아야 함을 일깨워 준다.
- 부모님과 약속한 일은 자신과의 약속임을 깨닫고, 끝까지 지키려는 노력이 필요하다는 것을 알려준다.
- 자신의 욕구 충족을 위하여 남을 속이는 것은 엄연한 범죄행위임을 명확히 인지시킨다.
※ 상담자가 사태를 수습한다고 대신 돈을 갚아주는 것은 바람직한 일이 아니며, 어머니와의 재약속으로 해결할 문제이다.

〈사례 06〉

고등학교 2학년에 다니고 있는 정 군(17세, 남)은 애니메이션에 나오는 캐릭터를 그리는 것이 취미이고 곧잘 따라 그린다. 만화책도 많이 보고, TV 애니메이션, 스마트폰의 웹툰 등을 다양하게 즐겨보고 있으며, 미래의 직업으로 애니메이션 작가를 꿈꾸고 있다. 스스로 서울 소재 미대의 애니메이션과에 충분히 갈 수 있을 것이라고 자신하고 있다.

그러나 교사이신 어머니는 초등학교 수준의 그림솜씨라고 혹평을 하고 계신다. 회사 임원이신 아버지 역시 그림을 못 그리는 주제에 애니메이션 작가를 꿈꾼다는 것은 잘못된 일이라고 생각하고 있으며, 만화를 보면서 공부를 전혀 하지 않는 정 군을 한심한 아들로 평가한다. 서울 소재의 대학교에 다니는 3살 많은 형은 집안의 자랑거리이다. 정 군은 형을 칭찬하는 소리도 듣기 싫고, 자신의 그림을 하찮게 여기는 부모에 대한 분노를 느낀다.

정 군은 자신의 화법을 개발한다고 하면서 미술학원에 다니지도 않고 만화책을 대여하여 쌓아놓고 보거나 마음에 드는 그림이 있으면 따라 그리기도 한다. 그런가 하면 학교 야간 자율학습에도 참여하지 않고, TV 앞에서 어린이 만화영화를 보기도 한다.

한편 정 군의 아버지는 아들이 애니메이션을 전공한다고 하기에 지원을 해주기 위해 학원에 보냈지만 한 달도 못 되어 그만두어 버려 학원비를 날리는 일도 여러 번 있었다. 입시를 위한 그림 그리기는 정 군 자신이 추구하는 바가 아니라는 이유에서다. 이런 정 군을 사람 좀 만들어 달라고 하면서 아버지가 정 군을 상담실로 데려왔다.

질문 01

부모의 손에 이끌려 상담실을 찾는 정 군에게 우선적으로 할 수 있는 개입은 무엇인가?

| 답변 |

① 상담실에 오게 된 억울한 심정을 이해하고 공감해 준다. 그렇게 함으로써 상담자가 부모의 편이 아니라 자신의 편에 서 있음을 느끼게 한다.
② 내담자의 그림에 관심을 기울인다.
③ 자신의 미래목표를 성취하기 위한 행동이나 노력을 열거하여 본다.
④ 필요한 경우 어느 정도 직면을 시킨다.
   • 자신의 취미활동이 과연 바라는 직업으로 연결될 수 있는가?
   • 자신의 그림솜씨에 대한 전문가의 평가는 어떠한가?
   • 애니메이션 작가가 되기 위한 구체적인 방법을 알고 있는가?

질문 02

상기 사례의 경우 어떤 개입을 할 것인가?

| 답변 |

① 자신이 원하는 대학의 입시정보를 조사한다.
  - 원하는 대학에 적합한 자격요건이 무엇인지?
  - 실기시험의 주제는 무엇인지?
  - 현학수능 점수 반영은 얼마나 하는지?
② 현재 자신의 행동을 평가한다.
  - 입시위주의 미술지도 거부가 합당한지 숙고한다.
  - 자신의 그림 실력을 객관적으로 평가받고 미술실기 능력을 고양시킨다.
③ 자신의 목표를 성취하는 실천계획을 세운다.
  - 자신의 판단에만 의존하는 입시준비를 수정한다.
  - 학원등록 등 필요한 조치를 한다(동기를 유발하기 위한 행동계약서를 부모와 합의하여 세운다).
  - 입시전문가의 조언을 듣고, 필기와 실기시험을 준비한다.
④ 부모의 태도를 지지적으로 수정한다.
  - 형과의 비교를 하지 않도록 한다.
  - 격려와 칭찬, 관심을 실천하게 한다.
  - 내담자의 작품을 일방적으로 폄하하지 않는다.

제4절 부적응 및 비행 관련 사례

⟨사례 01⟩

중학교 2학년인 김 양(14세, 여)은 아주 친한 친구가 전화로 연락하여 자기 집에서 놀자고 하여 저녁에 부모님에게 이야기도 하지 않고 그 친구 집에서 저녁을 꼬박 새면서 놀았다. 그 친구의 부모님은 가정형편상 시골에서 일주일간 지내시게 된 상황이었다.

김 양이 친구 집에서 자던 날 김 양의 부모님이 여러 번 전화를 하였는데, 김 양은 귀찮다는 생각으로 핸드폰을 아예 꺼놓았고, 다음 날 친구네 집에서 바로 학교로 등교를 하였지만 지각을 하고 말았다.

학교에서 수업을 마치고 집에 들어갈 생각을 하니 아버지의 무서운 얼굴이 떠올랐고, 어머니의 잔소리 폭탄세례도 지긋지긋하다는 생각이 들었다. 김 양은 평소 수업시간에 산만한 편이며, 친구들과 심한 장난을 하다가 여러 번 지적을 받아 선도위원회에 회부될 뻔하였다. 김 양의 학교 성적은 하위권이고, 부모님이나 담임선생님으로부터 자주 꾸중을 듣는다. 요즘 김 양은 학교를 포기하고 마음에 맞는 친구와 함께 가출을 하고 싶다는 생각이 부쩍 커졌다.

김 양은 수줍음이 많은 편이고, 자신의 생각이나 감정을 남에게 잘 표현하지 못하며, 초등학교 5학년부터 지금까지 친구들로부터 계속적인 무시를 당하면서 지내왔다. 단체 카톡방에서는 친구들로부터 '못생기고, 남자애들만 좋아한다'는 식의 빈정거림과 욕설의 대상이 되고 있지만, 자신을 변호하는 이야기를 한마디도 못 하였다. 김 양은 이런 친구들이 싫어 학교에 다니지 않겠다고 부모님에게 여러 차례 이야기하였지만 소용이 없었다.

김 양은 무엇보다도 공부하는 것을 힘들어하고 있고 과거 왕따를 당한 경험으로 자신에게 잘해주는 친구만 사귀고 있으며, 부모님의 사랑이나 관심을 받기를 원하고 있다. 자기 자신의 외모에 열등감을 느끼고 공부를 못하는 무능한 존재로 인식하고 있다.

질문 01

김 양이 가지고 있는 문제는 무엇인가?

| 답변 |

① 학교생활의 부적응(지각, 결석, 친구관계, 교사의 질책, 학교 가기 싫어함, 공부는 하지 않고 놀기를 좋아함)
② 친구들의 따돌림
③ 외박으로 인한 처벌에 대한 불안감

④ 자기의사표현 능력 부족
⑤ 스트레스원의 해결보다는 회피를 선택(학업중단, 가출)
⑥ 부모에 대한 저항
⑦ 외모와 능력에 대한 열등감

질문 02

김 양과 상담을 한다면 어떻게 개입하겠는가?

| 답변 |

상담의 목표 및 전략은 다음과 같다.
① 부모의 양육태도 및 방식 개선
  - 김 양에 대한 이해와 관심, 애정의 필요성 부각
  - 김 양의 학교 부적응 행동의 원인 전달
  - 김 양이 부모에게 느끼는 정서의 이해
  - 민주적인 양육방식으로의 전환
② 학교 부적응 문제 해결
  - 친구와의 관계 탐색 및 따돌림 보호 조치
  - 수업시간 중 주의 집중력 키우기
  - 자기의사 및 자기주장 훈련
  - 교사의 내담자에 대한 격려와 칭찬 의뢰
③ 자존감의 향상
  - 자기효능감 고취
  - 장래의 꿈과 직업 설정
  - 격려와 기대감 표명, 성공한 사람들의 행동 전달
  - 자신의 현재 하고 있는 행동과 미래의 꿈 사이의 괴리 인지
  - 꿈을 실현하기 위한 행동계획 세우기

〈사례 02〉

중학교 2학년에 재학 중인 김 양(14세, 여)은 수업시간에 수업은 듣지 않고 옆의 친구와 잡담을 하거나 스마트폰으로 아이돌의 연예계 소식을 검색하곤 한다. 수업시간에 선생님의 지적을 여러 번 받았으나 개선되지 않아 가벼운 체벌을 가하자 선생님께 욕을 하고 대들었다. 당황한 선생님은 김 양의 아버지에게 전화를 하여 학교에서 면담을 하였다. 친구와의 관계도 좋지 않고 친구를 야유하고 비난하여 친한 친구도 별로 없다. 남의 수근거림도 아랑곳하지 않고 화장을 짙게 하고 학교에 온다. 최근에는 밤늦게 친구들과 어울려 노는 바람에 학교에 수시로 지각하고 있다.

김 양의 어머니는 몇 년 전에 남편의 구타에 염증을 느껴 김 양과 남동생(11세, 초5)을 내버려 두고 돌연 집을 나간 상태이며, 얼마 후 김 양에게는 새어머니가 생겼다. 김 양은 그 여자와 매일같이 싸운다. 가출한 어머니에 대한 원망이 없지는 않지만, 아무것도 아닌 여자가 난데없이 나타나 엄마 노릇을 하는 것을 인정할 수가 없었다.

그런 다음에는 모든 것이 무의미하고 자기 자신을 망가뜨리고 싶은 생각으로 가득 차게 되었다. 학교마저 그만둔다면 무서운 아버지가 가만두지 않을 것 같아 억지로 다니고 있다. 새어머니와 항상 갈등을 빚고 있는 김 양을 데리고 아버지가 청소년상담지원센터를 찾았다. 센터에서 김 양은 아버지 앞에서 심하게 욕을 하고 반항하였다.

질문

상기의 사례에서 상담자라면 어떤 내용으로 상담을 진행하겠는가?

| 답변 |

① 억울함과 슬픔에 잠긴 내담자에 대한 공감과 이해
  - 김 양의 분한 감정과 분노에 대해 어느 정도 침묵하여 감정의 발산을 돕는다.
  - 내담자가 보이는 저항에 이해와 공감을 한다.
② 바람직하지 않은 행동의 원인 탐색
  - 부친의 권위적인 양육태도와 폭력에 대한 저항
  - 어머니를 가출하게 한 아버지에 대한 원망
  - 새어머니와의 갈등
  - 공격적인 행동(친구와 부친에 대한)과 타인의 관심을 받으려는 지나친 행동
③ 상담목표와 전략
  - 분노에 대한 내성을 기른다.
    – 스트레스 대처 프로그램
    – 분노조절 프로그램

- 부모-내담자의 애착관계 형성(부모상담 병행)
  - 부친의 폭력근절, 애정과 관심 증진
  - 청소년의 특징(신체적·인지적·정서적·행동적)의 이해
  - 청소년 자녀의 이해와 수용
- 친구관계의 개선
  - 친구를 이해하고 비난하지 않기
  - 친구의 조언을 인정하고 조언에 따르기
- 학습목표를 세우고 실천하기
  - 장래의 희망진로 정하기
  - 담임선생님의 관심과 관찰, 칭찬을 받기 위한 행동하기
  - 장래 직업 성취를 위해 필요한 진로계획 세우기(예 학습목표, 진학 목표대학이나 전공 정하기)

〈사례 03〉

고등학교 1학년 장 군(16세, 남)은 고모의 신청으로 상담을 시작하게 되었다. 장 군은 겉으로 보기에도 무기력하게 보였으며, 친구에게 관심을 보이지 않고 의욕도 없고, 미래에 대한 꿈이나 희망도 없는 상태이다.

첫 상담에서 상담자의 질문에 겨우 "예, 아니오"로만 반응했다. 장 군이 초등학교 입학 전에 부모가 이혼하여 아버지는 지방으로 내려가 재혼하였으며, 가끔 장 군의 안부를 고모에게 묻고 장 군의 학비와 생활비를 고모에게 보내주고 있다. 어머니는 이혼 이후로 연락이 끊긴 상태이다.

현재 결혼한 고모 집에서 살고 있는데, 고모와 고모부는 장 군에게 "너네 아버지처럼 돼서는 안 된다"라고 입버릇처럼 말하며 장 군의 일상생활을 간섭하고 나무라고 있어, 장 군은 고모 집을 나갈까 하는 생각을 혼자 하고 있다.

중학교 때에는 지각, 조퇴를 자주 하고 학교 친구와는 거리를 두고 있었으나 방과 후엔 동네 친구들과 어울려 다녔고, 가끔 본드흡입도 하였지만 학교에서 경고를 받거나 처벌된 적이 없어 자신은 괜찮다고 생각하고 있다. 고등학교에 진학하면서 학업을 중도에 포기한 친구와 절도를 하기 시작하였다. 혼자 있을 때는 무력감과 우울감을 느끼고 있다. 그리고 자신이 이상한 짓을 할지 모른다는 두려움을 느끼기도 한다. 고모부는 장 군이 아직 철이 없어 그런 행동을 한다고 생각하며, 대학생이 되면 나아질 것이라고 믿고 있지만 장 군과는 거의 대화를 하지 않고 있다.

질문

상기 사례에 대해 어떻게 상담할 것인가?

| 답변 |

① 장 군의 처지를 이해하고 관련된 심정에 공감한다.
- 부모가 곁에 안 계시는 외로움에 대한 이해와 공감
- 애정과 관심의 욕구에 대한 공감
- 고모의 간섭에 스트레스를 느끼는 심정의 이해와 반영

② 좋은 상담관계를 형성하고, 장 군의 자기노출과 감정의 표출을 돕는다.

③ 상담목표 및 전략
- 우울에 대한 대처
  - 우울한 정도를 테스트하여 심각한 경우 병원과 연계하여 약물치료를 받게 한다.
  - 스트레스 대처훈련, 감정조절 훈련 프로그램, 긍정적 행동 강화훈련을 한다.
  - 빈 의자 기법으로 미해결 감정을 해소한다.
- 고모, 고모부와의 관계개선
  - 현재의 유일한 가족으로서의 역할을 이해시킨다.
  - 봉사활동 전개(지적장애아, 장애인 등)로 자신도 남을 도울 수 있는 존재임을 자각하게 한다(자기가치 인정).
  - 고모와 고모부를 면담하여 바람직한 양육태도와 양육방식을 전달한다.
- 본인의 미래에 대한 계획과 실천
  - 아무도 도와주지 않는 환경에서 자신의 인생에 대한 책임을 각성하도록 돕는다.
  - 어려운 역경을 이기고 성공한 사람들의 사례에 대한 이야기를 들려준다.
  - 미래의 계획을 세우고 이를 실천하도록 한다.

〈사례 04〉

중학교 1학년인 제 군(13세, 남)은 상담하는 내내 아무 말도 하지 않는다. 물어도 대답도 잘하지 않고, 꿈도 없고 하고 싶은 것이 아무것도 없다고 반응한다. 제 군의 가정은 재혼가정으로, 제 군이 6살 때 생모와 이혼하고 제 군이 초등학생일 때 아버지가 현재의 어머니와 재혼하였다. 제 군의 현재 어머니는 사회복지사로 여러 노인과 빈곤한 가정을 돌보고 있다. 현재의 어머니는 제 군에게 관심을 기울이고 대화도 하려고 무척 노력하고 있지만 제 군은 새어머니하고는 대화조차 하지 않으려고 한다. 아버지는 지방이나 해외 출장이 잦아 집을 비우는 일이 많다.

새어머니와 제 군이 함께 외출을 하였는데, 마주 오던 한 친구가 제 군에게 인사를 하면서 말을 걸었지만 제 군이 아무 반응을 보이지 않아, "누구냐?"라고 물었지만 돌아온 대답은 "아무도 아니에요"였다. 제 군은 학교에 가서도 아무하고도 어울리지 않는다. 다른 친구들은 운동장에서 축구를 하면서 어울리는데 혼자만 우두커니 앉아있다. 담임선생님이 "왜 같이 축구를 하지 않느냐?"라고 물으면 제 군은 "전 축구를 못해요. 그리고 배가 아파요."라고 대답한다. 담임선생님은 제 군에 대해서 "그 애의 마음속에 무엇이 들어있는지 정말 궁금하다"라고 하였다. 공부도 전혀 하지 않아 성적은 중하위권에 머물고, 또래 친구들이 다 하는 게임조차도 하지 않는다. 그러면서 자신이 잘하는 것이 없다고 이야기한다.

한번은 제 군의 새어머니가 제 군의 옷을 사준 적이 있는데, 제 군은 그 옷을 입기 싫다고 입지 않고 있다. 제 군의 새어머니는 제 군이 걱정되어 여러 번 남편에게 이야기하였지만, 제 군의 아버지는 "크면 나아지겠지" 하고 대수롭지 않게 여기고 있다.

질문 01

제 군의 무의욕은 어디에서 기인한다고 생각하는가?

| 답변 |

① 어릴 적 생모와의 이별에서 오는 심리적인 충격(어머니로부터 버림을 받았다는 유기불안)
② 새어머니에 대한 저항감
③ 자신의 마음을 이해해 주는 대상이 없다는 외로움
④ 낮은 성취감(성적)이 주는 무기력감
⑤ 미래의 꿈이나 목표의 부재
⑥ 아버지의 무관심과 대화 부족
⑦ 사회적 기술의 부족(친구 사귐의 기술)

질문 02

제 군을 상담한다면 치유대상을 무엇으로 보고, 어떻게 접근하겠는가?

| 답변 |

① 치유대상
- 무의욕, 무기력하고 우울한 상태
- 대인관계 미숙
- 낮은 자존감

② 개입전략
- 새어머니와 정서적으로 가까워지기
  - 부모의 이혼에 대한 상흔 해소하기
  - 생모에 대한 미해결감정 해소하기
  - 새어머니와 친해지기(예 돕기, 대화하기, 반응하기 등)
- 자존감 향상하기
  - 잘하는 것 발견하고 열심히 하기
  - 성적목표를 세우고 학습하기
- 친구 사귀기
  - 친구에게 관심 갖기
  - 친구를 칭찬하고 돕고, 친구를 배려하기, 친구의 대화에 참여하기 등
- 기타 불안과 우울의 요소 탐색하고 이를 해결하기

〈사례 05〉

중학교 3학년인 차 양(15세, 여)은 얼굴이 예쁘다. 같은 학교 남학생들은 차 양의 관심을 끌려고 무척 노력한다. 차 양은 그런 남학생들의 관심이 싫지는 않아, 좀 더 눈에 띄어 보이기 위해 화장을 하고 교복치마도 짧게 잘라서 입고 다니다가 학생부장 선생님에게 불려가 벌을 서기도 하였다. 수업시간에는 공부는 하지 않고, 화장품이나 패션 관련 잡지를 자주 본다. 그리고 학교를 마치면 자기에게 데이트 신청을 하는 남자친구를 만나서 노래방을 가거나 카페에 앉아서 이야기를 하며 시간을 보낸다. 차 양은 남자친구를 바꾸어 가면서 만나는데, 어느 날 남자친구 2명이 차 양과 전적으로 만나는 것을 확보하기 위하여 차 양과 차 양의 여자친구들, 그리고 다른 남학생 몇몇이 보는 가운데 학교 인근 뒷산에서 몸싸움을 하게 되었다.

몸싸움은 끝이 났지만 상처를 입은 피해학생의 부모가 가해학생을 경찰에 고소하고, 차 양을 포함하여 같은 장소에서 싸움을 구경한 학생들도 공모자의 혐의로 학교에 징계요청을 하였다. 학교의 중재 노력으로 차 양은 간신히 징계를 면하였지만, 차 양의 부모는 차 양에게 뭔가 문제가 있다고 판단하여 상담실로 보냈다.

질문 01

차 양에게 발견되는 문제점은 무엇이라고 생각하는가?

| 답변 |

① 자신의 외모를 뽐내며 남학생들의 선망의 대상이 되고 싶어하는 일종의 자기애적 성향을 보인다.
② 미래에 대한 준비나 계획이 없다.
③ 학업에 대한 의욕이 없다.
④ 자신의 외모를 이용해서 남학생 간의 경쟁을 유발한다.

질문 02

차 양의 상담을 당신이 맡는다면 어떻게 상담을 진행할 것인가?

| 답변 |

① 상담 초기
- 사건의 경위 파악과 차 양의 당시 생각과 태도, 행동 탐색
- 심리검사 실시(SCT, MMPI-A, TAT, 로샤검사)
- 상담목표 합의

② 상담 중기
- 현재의 자신에 대한 통찰
  - 30년 후의 모델로 성공한 자신이 현재의 자신에게 보내는 편지 작성
  - 결심과 변화된 행동과 성공수준을 나타내는 자신의 Life 그래프 그리기
- 미래 세우기 작업(예 미래 명함 만들기, 모델이 되기 위한 실천계획 세우기 등)
- 부모와의 관계 탐색(방임적 태도, 가치관 왜곡학습 등)과 부모상담
- 심리검사 결과에 따른 적절한 개입(인정에 대한 과도한 욕구, 상대방을 조종하려는 욕구)

③ 상담 후기
- 변화점검, 목표달성 평가
- 추수상담 안내

참고 차 양 상담 시의 상담목표 및 전략

- 빗나간 자존감 수정
  - 외모보다는 내적가치 존중(인격이나 학력)
  - 외모로 남을 조종하는 시도 중단
- 학교생활 부적응 행동 수정
  - 지나친 화장이나 옷차림 개선
  - 학습활동
  - 친구나 남자친구와의 활동 자제
- 미래설계
  - 장래 목표 대학과 전공과목(모델) 정하기
  - 이를 성취하기 위한 학습목표 세우고 실천하기

〈사례 06〉

박 군(14세, 남)은 중학교 2학년으로 절도혐의로 재판을 받아 2호 처분을 받고 상담기관에 12시간 수강명령이 내려졌다. 어머니는 박 군이 초등학교 1학년 때에 생활고로 가출하였고, 아버지는 건설현장의 일용노동자로 일하고 있지만 요즘은 일거리가 많지 않아 새벽 노동시장에 열심히 나가보아도 헛걸음을 칠 때가 많다. 그러다 보니 집에서 노는 날이 많아지고 그만큼 생활이 어려워졌다.

박 군은 학업에는 흥미가 없고 장래직업에도 무관심하다. 친구의 관심을 거절하고 외톨이로 지낸다. 집이 싫어 바깥으로 돌던 박 군은 인근 불량한 형들과 사귀게 되고, 그들이 강요하는 바람에 어쩔 수 없이 절도를 하다가 경찰에 검거되었다. 생전 처음 대하는 재판관 앞에서 박 군은 얼마나 두려움을 느꼈는지 모른다. 자기가 한 짓을 재판정에서 진술하였을 때는 정말 숨이 막히고 정신이 아득해짐을 느꼈다. 나쁜 일을 시킨 형들의 이름이 생각났지만, 보복이 두려워 차마 이름을 대지 못했다.

상담을 받는 동안에도 그 형들이 다시 절도를 시킬 것 같은 두려움으로 대인기피 증세를 보이며, 학교도 나가지 않고 하루 종일 집에만 있으며 죽고 싶은 심정이다. 아버지는 집안형편도 어렵고 박 군을 돌보기 어렵다고 판단하여 고아원으로 보내야겠다고 넋두리처럼 이야기한다.

질 문

상기 사례에 대해 어떻게 상담할 것인가?

| 답변 |

① 환경개선
- 사회복지사와 협의하여 기초생활수급대상자, 한부모가정의 자녀로 혜택을 받을 수 있도록 조치한다.
- 한국적십자사, 무한돌봄센터 등 사회복지단체와 연계하여 기타 지원을 받을 수 있도록 하며, 아버지의 구직을 주선한다.
- 지역아동센터에서 식사와 학습하기

② 내담자의 상담목표 및 전략
- 대인기피 증세 소거
    - 범죄사주 형들과의 교류 끊기
    - 두려움 유발상황을 다시 이야기하고 대안적 사고를 하기(Storytelling)
    - 반에서 친구들과 사귀고 같이 활동하기

- 자존감 향상
  - 미래목표 정하기
  - 지역아동센터에서 학습하기
  - 목표 성적 정하고 공부하기
- 내담자 환경개선
  - 주소지의 주민센터 사회복지사와 협의해서 지원 가능한 방안 마련하기
  - 기초생활수급자나 한부모가정 자녀혜택 부여하기
  - 아버지의 직업 알선 관련 기관 연계하기

③ 부친상담 실시
- 실직고통 극복
- 가족의 의미와 중요성
- 삶의 기대와 노력
- 자식에 대한 책임과 사랑

제5절 진로 및 기타 사례

〈사례 01〉

정 군은 전문계 고등학교 3학년생으로 컴퓨터 실무를 공부하고 있다. 그런데 정 군은 컴퓨터에 영 취미가 없고 대학에 가서 경영학을 전공하여 조그만 회사를 경영하고 싶었다. 그래서 이미 전자회사에 취직하여 사회에 진출한 선배들의 만류에도 불구하고 대학 진학을 마음먹었다.

여러 대학 수시모집에 원서를 제출하였는데 목표로 하였던 명문대는 불합격하고, 성적에 맞추어 지원한 차상위 레벨의 대학에 합격하였다. 그것도 2차 지망인 컴퓨터과에 합격한 것이다. 합격된 대학에 진학하려고 하니 고등학교에서 그렇게 싫어하던 컴퓨터를 다시 공부하여야 한다는 생각이 정 군을 짓누른다.

목표하였던 대학의 경영학과에 진학하기 위하여 재수를 할까 고민도 해 보았지만, 1년 동안 지겨운 공부를 해야 하고, 합격한 대학에 입학을 하자니 컴퓨터를 다시 공부하여야 한다. 게다가 다음 해의 수시모집에는 여러 가지 변경이 있다고 하여 고민이 더욱 깊어졌다.

> **질 문**

당신이 상기 사례의 상담자라면 어떻게 진로상담을 할 것인가?

| 답변 |

① 먼저 원하였던 대학에 가지 못해 속이 상한 것을 공감한다.
- 목표하였던 대학에 진학하지 못한 것에 대한 감정에 공감한다.
- 그래도 2차 대학에 합격한 것에 대해 칭찬한다.

② 전공과목에 대하여 정확하게 평가한다.
- 우선 자신의 적성, 흥미, 성격을 정확하게 평가한다.
  - 과연 컴퓨터 전공이 전혀 맞지 않는 것인지?
  - 경영학을 경험하지 않고, 그냥 막연히 경영학을 전공하기를 바라는 것인지?
  - 현재 자신의 성격이나 적성이 어느 것에 더 맞는지 확인한다.
- 대학에 다니는 선배들에게 정보를 수집한다.
  - 경영학과 컴퓨터학과의 상호 비교
  - 전공과 관련된 직업의 평가
- 진로탐색검사, 적성검사, 흥미검사 등을 하고 더 적합한 직업을 선정한다.

③ 최종선택이 컴퓨터 전공일 때
- 3년간 배운 지식으로 남들보다 더 잘할 수 있다.
- 컴퓨터에 대한 부정적 시각의 원인을 규명하고 이를 해소한다.
- 전공과 출신 대학의 레벨이 서로 무관함을 강조한다.

④ 최종선택이 경영학일 때
- 과감하게 재수를 선택한다.
- 인생의 성공 여부는 자신이 원하는 것에 정열을 바쳐서 매진하는 데 달려 있다는 것을 부각한다.

〈사례 02〉

음악을 무척 좋아하는 고등학교 1학년 엄 양이 청소년상담복지센터의 채팅방에 들어와서 담당 상담자와 채팅을 한 내용을 요약한 것이다.

엄 양은 초등학교 때부터 록(Rock) 음악을 좋아해서 록 밴드를 형성하여 연주도 하고 작곡도 하고 싶어 하지만, 엄 양의 아버지는 미친 짓이라고 길길이 날뛰신다. "음악을 하여 잘사는 놈 못 보았다"라고 험한 말을 하면서 말리시고, 어머니는 아버지의 기세에 눌려 아무 말도 하지 않고 측은한 표정으로 엄 양을 쳐다보기만 해 엄 양으로서는 반대하는 아버지보다 침묵하는 엄마가 더 밉다. 엄 양은 유명해지면 돈도 잘 벌 수 있다고 아버지를 설득해 보지만 소용이 없다.

엄 양이 학교에 가서도 자기가 좋아하는 록 밴드 이름이나 그 구성원에 대해 이야기해도 다른 친구들은 전혀 관심을 보이지 않아 실망스럽다. 친구에게 자기의 꿈을 이야기할 때 '소 귀에 경읽기'란 생각도 든다. 그러다 보니 친한 친구에게 실망하고, 친구도 자신을 멀리하는 것 같아 소외감을 느끼기 시작하였다. 집에 들어가면 아버지의 성화(사범대학에 가서 교사가 되라)가 기다리고 있어 엄 양은 이래저래 괴롭다. 학교도 다니기 싫고 집에도 들어가기가 싫다.

질문 01

상기 사례로 채팅상담과 내방상담을 하는 경우, 그 상담에는 차이가 발생할 수 있다. 어떤 점들이 다른가?

| 답변 |

구 분	채팅상담	내방(면대면)상담
상담동기	심리적인 부담감 없이 상담에 임한다(익명성).	자발적으로 상담을 신청하기 어렵다(비자발적 상담).
자료의 수집	채팅방에서 내담자가 제공하는 정보에만 의존하게 된다.	정확한 신상파악으로 내담자의 정보파악이 용이하다.
호소문제	상담자의 표정이나 인상을 알 수 없어 호소문제 탐색이 표면적으로 그칠 가능성이 있다.	라포의 형성과 시간적인 여유를 가지고 호소문제에 대한 심층적 접근이 가능하다.
상담시간	단편적, 일회성으로 끝날 가능성이 있다.	상담의 구조화를 통해 일정기간 상담이 지속된다.
상담 비밀보장	비밀보장이 쉽다.	신변상의 정보가 노출된다.
상담자 대응	일회성의 상담과 빠른 결말을 요구하므로 빠른 판단력, 신속하고 명확한 결론을 내릴 줄 알아야 한다.	시간을 가지고 내담자의 정보와 호소문제, 관찰과 심리검사 해석 등을 기초로 하여 적절히 개입할 수 있다.

질문 02

엄 양에게 회신한다면 어떤 사항이 포함되었으면 좋겠는가?

| 답변 |

① 록(Rock) 밴드의 일원으로서 활동하고 있는 점에 대한 감탄과 호기심을 표현한다.
- 록 음악을 연주한다는 것은 보통 사람이 하기 어려운 것임을 강조한다.
- 내담자가 미래의 목표를 분명하게 가지고 있음을 칭찬한다.
- 진로탐색검사에서 나타난 결과가 엄 양이 지향하는 희망직업과 부합한다는 점을 전달한다.

② 아버지와의 진로갈등을 해소한다.
- 자신의 장래 꿈과 구체적인 계획을 알린다.
- 인생의 성공은 자신이 얼마나 열심히 하는가에 달려있음을 확신시킨다.
- 록 음악 연주자의 성공사례를 들려준다.
- 자신의 열정을 쏟을 수 있어 남보다 우위에 설 수 있는 일임을 강조한다.
- 어머니에게 도움을 청한다.

③ 친구관계를 개선한다.
- 친구들은 각자의 가치관과 흥미 분야가 있음을 인정한다.
- 친구에게 자신의 생각을 강요하지 않는다.
- 가능하다면 몇몇 친구들과 록 밴드 공연에 가는 기회를 만들어 본다.

④ 내담자의 용기와 동기를 북돋운다.
- 자신이 좋아하고 열정을 가지고 몰두하는 것이 진정한 행복임을 알려준다.
- 자신을 둘러싸고 있는 대상이 자신과 다름을 이해하고, 열심히 자신을 나타내는 데 최선을 다해야 한다.

〈사례 03〉

다음은 스스로 상담을 신청한 남학생이 털어놓은 이야기이다.

고등학교 2학년생인 박 군(17세, 남)은 중학교 1학년 때부터 친구들과 음란물을 돌려보고 자위에 대한 정보를 얻었다. 처음에는 망설였지만 그래도 한두 번 해 보니 이상하게 매력을 느끼게 되었다. 그러다 보니 자위를 하는 빈도가 점점 늘어나고, 이제는 그것도 성에 차지 않아 도구까지 몰래 구입하여 사용하고 있다.

그러면 그럴수록 공부에 대한 집중력도 떨어지고, 여선생님도 상상 속의 행위 대상자로 보이기도 하여 화들짝 놀라기도 한다. 이제 대학교 진학을 앞두고 열심히 공부하여야 하는데 집중이 안 되니 걱정이다. 특히 자신이 중독이 아닌가 하는 불안감이 급습해 왔다. 박 군은 자신을 위해 열심히 일하시는 아버지와 항상 자신의 건강을 챙겨주시는 어머니에게 죄스러운 마음이 들 때가 많다.

자신의 문제점을 알고 있으면서 음란물이 유혹을 떨칠 수 없어 박 군의 고민은 더욱 깊어진다. 평소 친구관계가 넓고 좋지만 가까운 친구들에게 자신의 고민을 이야기하고 싶었다. 하지만 학교에 소문이 날 것 같아 두려웠고, 학교 Wee Class 상담선생님은 자신을 비난할 것 같아 상담은 아예 포기하고 있다. 미래에 자신에게 닥칠 여러 가지 일들이 꼬일 것 같은 생각이 들어 더욱 불안하다. 장차 자신이 꿈꾸는 애니메이션 작가가 되지 못할 것 같은 예감이 든다.

질문 01

상기 사례의 어머니가 알게 되고 상담자에게 도움을 청한다면 어머니에게 어떤 조언을 할 것인가?

| 답변 |

① 어머니와의 상담제의
- 청소년 자위행위의 보편성을 인식시킴
- 내담자에 대한 민주적 양육태도, 대화시간 증대, 애정과 관심의 표시
- 내담자의 미충족 욕구 탐색의 필요성 전달
- 내담자와 성에 대한 솔직한 대화 기회 마련

② 상담자와 협력하여 자녀의 지나친 자위행위의 자제 방안 강구
- 문 열고 공부하게 하기
- 인터넷 사용시간 계약맺기
- 성인사이트 차단프로그램 설치 의뢰

③ 내담자에 대한 신뢰감 표현과 개선 가능성 기대 표시
- 항상 내담자를 믿고 자랑스럽게 생각하고 있음을 표현하도록 하기
- 바람직하지 않은 행동을 충분히 바로 잡을 수 있는 점을 믿는다는 점을 부각하게 하기.
- 학업목표를 세우게 하고 격려와 위로, 관심을 기울이게 하기

질문 02

박 군의 경우 상담 시 가능한 개입방법은 무엇인가?

| 답변 |

① 자위행위에 대한 감정에 공감 및 수용
  - 자위행위에 대해 이해하고 수용한다.
  - 고2 학생의 위치에서 학업에 열중하지 못함으로써 생기는 스트레스에 공감한다.
  - 자기 스스로 끊지 못하는 것에 대해 보편적 현상임을 인지시킨다.
  - 자신의 행동에 대한 자책감과 수치심을 이해하고 인정한다.

② 자위행위 자체에 대한 이해
  - 자위행위는 신체상으로 해를 끼치는 것이 아니며, 사춘기 남학생이라면 대부분이 하게 되는 것이므로, 자위행위에 대한 죄책감을 심각하게 느낄 필요는 없다.
  - 빈도와 방법, 뒤처리 시 생기는 정서적 문제와 위생적인 문제 가능성을 인지하도록 한다.

③ 자위의 부적정 결과에 대한 경계
  - 기구의 사용은 심각한 정도로 탐닉하는 상태임을 깨닫게 한다.
  - 자위행위 뒤에 수반되는 죄책감으로 부모님, 선생님, 친구들과의 관계를 악화할 수 있다.
  - 성기의 외상에 대한 가능성을 전달한다.
  - 자기비하, 나아가서는 우울증에 빠질 수 있음을 알린다.

④ 스스로 문제해결 노력 촉구
  - 부모님과 대화(솔직히 털어놓는 것도 바람직함)하며 공동 해결책을 마련한다.
  - 당분간 방문을 열어놓고 생활한다.

⑤ 대처방안
  - 넘치는 성적에너지를 건전한 활동으로 대체한다(운동, 동아리 등).
  - 밤늦게까지 도서관, 독서실에서 공부한다.
  - 성인사이트 차단프로그램을 설치한다(검색어 차단기능).
  - PC 사용계획을 부모와 합의한다(정적강화 제공).

질문 03

내담자는 자위중독과 어머니가 알게 될 때의 문제 중 어느 쪽을 더 걱정하는가?

| 답변 |

① 예문으로 보아서는 지나친 자위행위에 대한 우려를 어머니가 알게 될 때 오는 결과보다도 더 심각하게 고민하고 우려하는 것으로 나타나 있다.

② 근 거
- 중독이 아닌가 하는 불안감
- 성인도구를 사용
- 상당한 기간(5년) 동안 자위행위를 함

〈사례 04〉

올해 중학교 3학년에 재학 중인 김 양(15세, 여)은 학교에서 최근 실시한 정서행동특성검사 결과 우울과 자살 가능성이 큰 학생으로 분류되어 인근 청소년상담복지센터로 상담이 의뢰되었다. 상담실에 들어선 김 양은 상담사와 눈맞춤을 어려워하였으며 상담사의 질문에 겨우 '예, 아니오'로 대답하였고, 목소리도 낮아 겨우 알아들을 정도였다.

또한 상담을 하면서 허공을 바라보다가 눈물을 흘리면서 말을 잇지 못하는 경우가 허다하였다. 상담사가 눈물을 흘리는 연유를 묻자 그냥 슬퍼서 그렇다고 대답하였고, 같은 반 친구가 수업 중에 손목을 그어 119 앰뷸런스로 병원에 실려 가는 일도 발생하였다고 이야기하였다. 김 양의 손목 윗부분에 커터 칼로 약하게 그은 자국이 있음을 상담사가 발견하고 자살시도를 걱정하자 그냥 한번 흉내를 내보았고 피도 나지 않았다고 이야기하였다. 또한 부모님도 모르는 사실이라고 말하지 말라고 하였다. 담임교사는 김 양의 친구관계에 문제가 없으며, 성적도 중상위권이라고 하였다. 또한 특별히 유별난 행동은 보이지 않았지만, 수업 중에 자주 눈물을 흘리고 그 이유를 물어도 대답해 주지 않는다고 전하였다.

김 양의 어머니는 결혼 전부터 다니던 회사에 지금도 다니고 있지만, 회사생활에서 오는 스트레스로 술을 즐겨 마시며 눈물을 흘리면서 딸에게 살기 힘들다고 하소연한다. 이를 보는 김 양의 아버지는 화를 내지만, 김 양은 어머니의 고달픈 생활을 생각하면서 같이 눈물을 흘린다. 김 양의 아버지는 에어컨과 공기청정기 등 가전제품의 수리공으로 근무하고 있는데, 지방출장과 야근이 잦아 가족과는 휴일에도 이야기할 겨를이 없다. 김 양을 상담한 상담사는 검사 결과 우울척도가 높지 않아 인지적인 문제가 있는 것이라고 추정하였다.

질문 01

내담자가 우울을 느끼거나 눈물을 흘리는 원인은 무엇이라고 생각하는가?

|답변|

인지적으로 자신이 우울하다고 생각하는 데서 기인한다고 판단된다.
① 자신이 불행하다거나 우울을 유발하는 요소가 전혀 발견되지 않고 있다.
- 부모가 다 살아 계시고 친구관계에서 어려움을 겪고 있지도 않다.
- 학교생활에서 성적도 괜찮으며 왕따 경험도 없다.
- 성적도 중상위층에 있어 과도한 성적 스트레스를 받지 않고 있다.
- 우울척도의 점수가 높지 않다.

② 눈물을 흘림으로써 주위 사람들의 동정과 관심을 유도한다.
- 내가 죽어야 남들이 관심을 줄 것이라고 생각하고 있다.
- 자살의도가 없는 가벼운 자해행동으로 타인의 관심을 유도한다.

③ 자신이 경험하는 사건을 부정적으로 동일하게 인식하여 슬픔을 느낀다.
- 같은 반 학생이 자해한 것을 이야기하며 자신의 경우와 동일시하고 있다.
- 어머니가 울면 같이 따라 운다.

④ 스트레스를 극복하는 수단이다.
  짜증이 나거나 일이 안 풀릴 때 운다.

질문 02

상기 사례의 내담자에 대한 개입방법을 열거해 보시오.

| 답변 |

① 눈물을 보이거나 침묵하는 경우 충분히 기다려 주고 이해, 공감해 준다.
② 내담자가 진술한 상황(친구의 자해, 어머니의 눈물 등)에 대한 내담자의 정서적 반응을 해석해 준다.
③ 눈물을 흘리게 만드는 상황을 평가한다.
- 자신을 슬프게 만드는 확실한 근거가 있는 사항인가?
- 그렇지 않다면 그런 사항이 자신에게도 과연 발생하는가?
- 단순한 동정심이라면 눈물 대신 여러 가지 다른 반응이 있을 수 있다는 생각을 해 보는가?

④ 우울한 기분이 침투하지 못하도록 한다.
- 운동을 정기적으로 하면서 땀을 흘리게 한다.
- 자신의 장래에 대한 계획을 세우고 이를 성취하기 위하여 노력한다(학습 및 학원등록 등).
- 자신의 주위환경을 정리, 정돈하여 정리된 기분을 느끼게 한다.
- 자신이 느끼는 감정을 바로 즉시 말로 표현하도록 한다.
- 주위에서 일어나는 불행하다고 생각되는 상황을 가족이나 친구들과 나눈다.

⑤ 친구관계를 활성화한다.
  친구들과 자주 만나고 같이 활동하게 한다.
⑥ 예기치 못한 자살시도에 대비한다.
  부모, 담임교사와 긴밀한 연락체계를 구축한다.

〈사례 05〉

초등학교 4학년 정 군(10세, 남)은 병원에서 ADHD로 진단을 받았다. 선생님은 정 군이 수업시간에 가만히 앉아 있지 못하고 다른 학생들에게 집적거리면서 수업을 방해하고 있다고 호소하고 있다. 감정의 기복이 심하고 협동작업을 거의 수행하지 못하고 있는 것은 물론이다. 정 군의 어머니는 1년 전에 재산 문제로 남편과 이혼하고 혼자서 정 군을 키우고 있다. 낮 시간에는 소규모 회사의 경리직으로 일하고 있으며, 집에서 정 군을 보살펴 줄 사람은 없다. 그리고 정 군의 여동생은 인근 어린이집에 보내져 어머니가 퇴근할 때 집으로 데리고 온다.

정 군이 혼자 집에 있을 때는 어머니가 준비해 놓고 간 음식을 꺼내 먹고 그냥 그대로 거실에다 어질러 두며, 장난감이 있는 대로 다 꺼내서 가지고 논 다음에 펼쳐놓은 상태로 내버려 둔다. 아파트 단지의 같은 또래 아이들과 싸워 다치기도 다반사이다. 정 군의 교육을 위하여 학원에 보내고 있지만, 학원에도 나가지 않을뿐더러 학원에서는 정 군이 수업을 방해한다고 정 군을 기피하는 것처럼 보인다. 그래도 정 군의 어머니는 뭔가 희망을 놓치지 않고 상담센터에 정 군의 상담을 의뢰하였다.

상담자가 정 군과의 첫 상담에서 관찰한 내용은 다음과 같다.
- 부모와의 애착형성이 불안정하게 형성될 여건에서 애정욕구가 충족되지 않았다.
- 친구들을 괴롭히는 것은 관심을 받기 위한 행동으로 보인다.
- 주의력과 집중력이 떨어지는 모습을 보인다.

질문 01

상담자가 정 군을 위해 할 수 있는 일은 무엇인가?

| 답변 |

① 한부모가정 지원 여부를 확인한다.
② 어머니의 관심을 높이고 함께 하는 시간을 늘리게 한다.
③ 상담센터를 통한 의료비(ADHD 치료)와 학습지를 지원한다.
④ 통원치료 시 담당의사와 면담(상담을 위한 기초자료 확보)한다.
⑤ 지역아동센터와 연계하여 방과 후의 생활과 안정, 학습, 식사제공의 서비스를 받게 한다.
⑥ 행동의 저지보다는 잘하는 행동을 장려하고 다른 또래들을 돕게 하며, 학급을 위한 행동을 연습하거나 실습한다(담임교사, 학원강사의 협조).
⑦ 행동화의 지연, 분노의 인지와 억제훈련, 듣기연습, 감정을 말로 표현하기 등의 행동기법 훈련을 한다.

질문 02

정 군의 상담은 어떻게 진행해야 하는가?

| 답변 |

① 병원에서 ADHD 약물치료를 받게 한다.
② 병원의 약물복용과 병행하여 상담을 통해 정 군의 행동수정을 위해 개입한다.
- 노는 시간과 공부하는 시간 정하기
- 간단한 행동과제 수행 후 상 주기
- 책 읽고 같이 놀기
- 하고 싶은 것 10분간 참기 훈련

③ 애착관계 형성을 위한 조치를 한다.
- 엄마와 함께 대화하기
- 주말에 엄마와 함께 놀기
- 엄마가 피드백과 칭찬으로 관심 보이기

④ 사회성 증진을 위한 훈련을 한다.
- 자신의 일 스스로 하기
- 놀고 난 뒤 장난감 정리하기
- 또래에게 양보하기
- 해야 할 일과 하지 말아야 할 일 교육하기

⟨사례 06⟩

중학교 1학년인 채 양(13세, 여)은 부모님이 긴 부부싸움 끝에 이혼하고 각자 재혼을 하는 바람에 외할머니 집에 옮겨와 외할머니와 함께 살고 있다. 외할머니는 몸이 불편하셔서 손녀를 맡아서 보살피는 것이 영 어렵고 성가신 일이다. 그래서 채 양의 어머니(딸)에게 전화를 걸어 불평을 하시곤 한다. 그렇다 보니 채 양에 대해서는 사사건건 책망하고 홀대하기도 한다. 그러나 외할아버지는 채 양을 귀여워하고 사랑하신다. 채 양은 '부모가 얼마나 못났으면 두 사람이 자식을 버렸을까' 하고 생각하며 부모에 대한 증오심을 느끼며 자신의 미래가 암울하게 느껴진다. 한편으로는 자신이 부모로부터 버림을 받았다는 생각으로 스스로를 학대하기도 한다. 채 양의 얼굴은 항상 어둡고 말이 없으며 입술을 자주 깨물기도 한다. 가끔 몸을 부르르 떨며 허공을 쳐다보기도 한다.

채 양은 또래의 아이들보다 생각하는 것이 어른스럽고 한편으로는 매우 거칠다. 조그만 일에도 쉽게 흥분하고 자기 물건에 집착하며, 남이 자신의 물건(책, 학용품, 인형 등)에 손을 대면 대판 싸움을 벌인다. 자신의 노출을 꺼리며 사귀는 친구 이외에는 말도 걸지 않는다. 그래도 채 양은 어머니와 아버지가 매달 외할머니에게 보내주는 양육비로 피아노 학원에 다녀 피아노를 잘 친다. 외할머니는 채 양이 집에 돌아오면 자기 방문을 걸어 잠그고 생활하며 이야기도 하지 않고, 외할머니와 의견이 맞지 않을 때에는 극도로 화를 내면서 물건을 집어 던진다고 한다. 위협을 느낀 외할머니는 채 양의 상담을 신청하였다.

질문 01

채 양의 분노는 어디에서 오는가?

| 답변 |

① 부모에게서 버림을 받았다는 생각
② 외할머니의 홀대
③ 타인에게 책임을 전가하는 사고
④ 자기 미래가 좋지 않을 것이라는 예견
⑤ 부모의 부부싸움의 학습(공격성)
⑥ 자신의 물건 집착(중간 애착물로서의 애착현상)

질문 02

채 양을 상담한다면 어떤 내용으로 상담을 진행하겠는가?

| 답변 |

① 상담 초기
- 채 양의 감정분출과 이에 대한 이해와 공감
- 채 양의 강점 부각
  - 어른스러움
  - 피아노를 잘 침
- 상담목표 설정
  - 분노의 인식과 자기 통제(명상훈련, 이완법, 심호흡 훈련 등)
  - 건강한 애착관계 형성(외조부와 외조모)
  - 친구 사귀기 훈련(친구에게 관대해지기, 친구 돕기, 친구 이해하기, 대화법 훈련)

② 상담 중기
- 부모에 대한 원망과 분노조절
  - 부모가 자신을 버렸다는 사고의 수정
  - 부모를 이해하고 이혼사실 수용하기
  - 중간 애착물과의 단계적 분리
  - 이혼한 부모를 만나기(2명의 부모에서 4명의 부모를 얻었다는 긍정적 인식 전환 필요)
- 대인관계 개선
  - 분노의 인식과 조절능력 가지기
  - 자신의 감정과 의견을 말로 표현하기
  - 친구 사귀기, 돕고 칭찬하기
  - 봉사활동 참여하기
- 외할머니와의 관계 개선
  - 외할머니의 태도 변화 주문(이해, 관심, 수용, 무조건적 존중, 칭찬, 사랑언어 사용 등)
  - 외할머니의 어려운 처지를 이해하고 고마움을 느끼기, 할머니를 사랑하고 돕기

③ 상담 후기
- 상담목표 달성평가
- 상담종료의 감정정리

합격의 공식 시대에듀 www.sdedu.co.kr

▲ 정오표

PART 04

3급 기출사례 익히기

CHAPTER 01	3급 기출사례 2024년 23회
CHAPTER 02	3급 기출사례 2023년 22회
CHAPTER 03	3급 기출사례 2022년 21회
CHAPTER 04	3급 기출사례 2021년 20회
CHAPTER 05	3급 기출사례 2020년 19회
CHAPTER 06	3급 기출사례 2019년 18회
CHAPTER 07	3급 기출사례 2018년 17회
CHAPTER 08	3급 기출사례 2017년 16회
CHAPTER 09	3급 기출사례 2016년 15회
CHAPTER 10	3급 기출사례 2016년 14회

PART

04 | 3급 기출사례 익히기

> **핵심요약**
>
> 이 파트는 2016~2024년 3급 면접시험에 응시하였던 수험생들의 진술에 따라 사례를 재구성한 것이다. 실제 출제되었던 사례와는 내용상 약간의 차이가 있지만, 전체적인 흐름이나 질문사항은 동일하다고 할 수 있다. 기출문제를 풀어봄으로써 기출문제의 유형이나 방식을 익히게 되고, 면접 장면에서 면접관의 질문에 보다 좋은 답변을 할 수 있을 것이라고 믿는다.
> 각 사례에 대해 제시된 답변은 일반적인 관점에서 보아 무리가 없고, 전형적인 개입방법이라고 저자가 생각하는 것이나, 수험생 여러분이 더 좋다고 생각되는 답변이 있다면 충분히 그것으로 대체될 수 있음을 밝힌다.

제1절 3급 기출사례 - 2024년 23회

1 학교폭력 피해자

다음은 내담자 학생과 상담자와의 1388 전화상담 내용이다.

상1 : 안녕하세요? 청소년상담복지센터 상담사 ○○○입니다.

내1 : 저…….

상2 : 듣고 있습니다. 저에게 뭔가 고민을 이야기하고 도움받고 싶어서 전화하신 것 같은데, 제 주위에는 아무도 없으니 안심하세요.

내2 : 제가 학교에서…….

상3 : 학교에서 좋지 않은 일이 있었던 것 같네요. 계속하세요.

내3 : 저는 현재 중학교 1학년 남학생이고요. 친구들이 다른 친구들이 눈치채지 않게 저를 괴롭히고 있어요. 제가 센터에 전화하여 도움을 청한 것을 알면 그 친구들이 저를 가만두지 않을 텐데.

상4 : <u>음, 계속하세요. 학교폭력과 같은 문제는 친구 간의 일로 그냥 참고 넘어갈 일이 아닐 것 같군요.</u>

내4 : 제가 전화한 것이 기록에 남나요? 그 애들이 가족이나 남에게 고자질하면 저를 죽이겠다고 위협했어요. 매일같이 핸드폰 메시지로 온갖 욕설을 하고 최근에는 돈까지 요구하였어요.

상5 : 가해학생들로부터 받는 고통이 이만저만이 아니었겠군요. 담임선생님에게는 말씀드리지 않았나요? 그리고 부모님에게는?

내5 : 선생님은 이해하지 못하고 저를 믿어 주지 않을 거예요. 그 애들은 선생님에게서 칭찬을 많이 받고 있고 남들 앞에서는 모범생으로 행동하고 있어요. 그리고 어머니는 음식점에서 새벽까지 일하시다 오시는데 그런 이야기를 하여 걱정하시도록 만들고 싶지 않아서요. 아버지는 제가 아주 어렸을 때 돌아가셨어요. 현재 엄마와 저, 둘만 살고 있어요.

상6 : 믿고 이야기할 수 있는 사람이 없으니 더욱 힘들겠군요.

내6 : (약간 울먹이는 어조로) 죽고 싶어요. 제가 이렇게 힘든 것을 어머니는 모르세요. 친구에게도 이야기하지 않았어요. 지금 내가 할 수 있는 일이 아무것도 없다고 생각하니 살기 싫어졌어요. 그래서 지금 무작정 집에서 나왔어요.

상7 : ……………………………?

질문 01

상담 회기마다 화장을 진하게 하고 오는 여자 중학생 내담자에 대해 어떻게 대처할 것인가?

| 답변 |

① 우선 내담자의 화장한 모습에 대해 관심을 보인다. 그리고 다른 학생과는 다른 모습임을 전달한다.
② 화장에 대한 내담자의 생각과 감정을 탐색한다.
- 어떨 때 화장을 하는지?
- 화장을 할 때 무슨 생각을 하고 느낌은 어떤지?
- 화장한 자신의 모습에 대해 어떻게 느끼는지?
- 부모님의 제지나 비난, 참견은 없었는지? 또 그런 관여에 어떻게 대응하였는지?
- 친구의 반응은 어떠하였으며 그 반응에 대한 자신의 감정은 어떠하였는지?

③ 화장하려는 욕구에 따라 개입한다.
- 자신을 드러내고 싶은 욕구, 자신을 차별화하려는 욕구
  - 화장보다 자존감을 높여주는 다른 방식의 선정과 시도 제의(취미활동, 학업에 증진하는 모습, 친구를 이해하고 돕는 활동, 봉사활동, 학업증진 등)
  - 진한 화장으로 인한 타인의 부정적 태도(뒷담화, 편견, 기피 등) 알아보기
- 보모에 대한 저항행동
  - 부모의 입장 경험해 보기, 화장에 대해 의견 나누기
  - 부모에게 이해와 관심을 바라는 자신의 욕구 표현하기

- 화장에 대한 개인적 관심과 취미
  - 자신의 진로와 연결하기, 화장법과 피부관리에 대한 지식 쌓기
  - 진한 화장으로 인한 피부미용 영향 알아보기
  - 자신의 화장보다 타인에게 바른 화장법을 시연해 보기
- 이성친구의 관심 끌기
  - 우정의 가치 바로 알기
  - 건전한 활동을 통한 이성교제

④ 외면적 아름다움과 내면적 아름다움의 차이를 다루어 내적 미의 추구를 유도한다.

질문 02

상기 사례의 '상4'에서 상담자가 한 상담기법은 무엇인가?

| 답변 |

① "음, 계속하세요."는 경청하기와 수용하기이다. 경청은 상담자가 내담자의 말에 집중하고 있다는 점을 나타내며 수용하기는 내담자의 말을 인정하고 이해하고 있음을 나타낸다.
② "학교폭력과 같은 문제는 친구 간의 일로 그냥 참고 넘어갈 일이 아닐 것 같군요."는 해석하기이며 이는 내담자가 자신의 문제를 새로운 각도에서 이해하도록 하기 위해 상황의 성격과 의미를 설명해 주는 기법이다.

질문 03

상기 사례의 상담자라면 '상7'에서 내담자의 위험요소를 파악하거나 회피하기 위하여 어떤 질문이나 대화를 할 것인가?

| 답변 |

① 지금 어디에 있나요? 혼자인가요?
② 다리나 절벽, 아니면 건물 옥상에 있나요?
③ 집에서 나오면서 혹시 어머님이나 아는 친구에게 연락하였나요?
④ 주위에 아는 사람, 도움을 줄 사람의 연락처는 무엇인가요?
⑤ 제가 전화를 받고 있는 청소년상담복지센터의 위치를 알고 있나요? 서로 만나서 좀 더 차분하게 이야기하고 싶어요.
⑥ 자살하려는 생각으로 집을 나온 것인가요?
⑦ 주위에 보이는 큰 건물이나 경찰서나 옥외 광고판 같은 것은 없나요?
⑧ 지금 어떤 기분인가요? 죽지 않으면 안 될 만큼 힘든가요? 모든 사람은 나름의 괴로움이나 절망이 있답니다. 자신이 죽는 것만이 최선의 해결책이 아닙니다.
⑨ 가만히 생각해 보면 나의 괴로움을 들어주거나 위로해 줄 사람이 있기 마련입니다.
⑩ 학교폭력은 주위의 도움을 받으면 얼마든지 해결할 수 있는 문제랍니다.
⑪ 학교폭력 문제는 용감히 맞서야 하는 문제이지 죽음으로 피하는 문제가 아닙니다.

질문 04

상기 사례에서 어떤 상담이론으로 개입하고 싶은가?

| 답변 |

① 합리적 정서행동(REBT) 상담이론
- 비합리적인 신념으로 인하여 생기는 부적응적 정서와 행동을 치유한다.
- 대표적인 기법으로는 ABCDE 기법이 있다.
  - A(Activating Event ; 선행사건) : 친구들이 나를 괴롭히고 있다.
  - B(Belief System ; 신념체계) : 내 주위에는 도와줄 사람이 없다. 내가 할 수 있는 일이 아무것도 없다. 선생님은 나를 믿지 않을 것이다. 어머니에게는 걱정 끼치고 싶지 않다.
  - C(Consequences ; 결과) : 죽고 싶다. 무작정 집에서 나왔다.
  - D(Dispute ; 논박)
    ㉠ 과연 선생님에게 증거를 제시하고 말씀드리면 믿지 않으실까?
    ㉡ 가해자들이 학생의 신분으로 사람을 죽이는 행동을 할 수 있을까?
    ㉢ 어머니가 바쁘시더라도 귀한 아들의 일인데 과연 관심을 기울이지 않으실까?
    ㉣ 친한 친구에게 자신의 사정을 이야기하면 도와주지 않을까?
    ㉤ 왜 믿고 의지할 수 있는 사람이 없다고 생각하는가?
    ㉥ 자살이 이 문제의 유일한 해결책일까?
    ㉦ 왜 자신이 할 수 있는 일이 아무것도 없다고 생각하는가?
  - E(Effect ; 효과) : 합리적인 신념으로 대체하고 적정하게 행동하여 긍정적 감정을 가지게 된다.
    ㉠ 선생님이나 어머님에게 이야기하여 대처하도록 한다.
    ㉡ 117에 신고하여 보호를 받고 가해자들을 처벌할 수 있다.
    ㉢ 학교폭력 가해자에게 당당히 맞서고 자신을 보호한다.

② 현실치료 이론 적용
- WDEP 기법을 사용한다.
- W(Want ; 바람) : 자신의 괴로움을 해결하고 싶다.
- D(Doing ; 행동) : 그런데 집에서 나오고 자살하려고 한다. 주위 사람(선생님, 어머니, 친구 등)에게 도움을 청하지 않는다
- E(Evaluation ; 평가) : 자신이 바라는 사항을 해결하기 위한 행동을 하지 않고 회피하며 자기 파괴적 생각과 행동을 하려고 한다.
- P(Planning ; 계획) : 학교폭력에 대해 가해자들에게 경고하고 담임선생님에게 증거를 제시하면서 말씀드리고 동시에 어머니에게 이야기한다. 필요한 경우 학교폭력을 신고(117번)하여 가해자들을 처벌하도록 하며 자신을 보호하는 조치를 청구할 수 있다.

2 범죄행동

다음은 문제 청소년을 둔 어머니가 청소년상담복지센터에 이메일로 보낸 사연이다.

안녕하세요? 저는 중학교 2학년 아들의 어머니입니다. 남편의 구타로 3년 전에 이혼하고 현재 아들과 같이 살고 있습니다. 제가 돈을 벌어야 해서 오전 일찍 다른 집의 가사를 돌보는 가사도우미로, 오후에는 식당에 나가 새벽에 퇴근하여 아들을 볼 시간이 거의 없습니다.

아침, 저녁 식사는 미리 만들어 냉장고에 넣고 아들에게 꺼내 먹으라는 메모를 남기고 출근하지만 아들은 거의 먹지 않습니다. 알람을 켜고 잔다고는 하지만 알람을 끄고 다시 자는 바람에 지각이나 결석을 밥 먹듯 하고 있습니다. 학교에서는 약한 친구들을 괴롭히고 위협하여 돈을 뜯어내기도 합니다. 교사에게 대들고 방과 후에는 다른 학교 친구들과 어울려 거리를 배회하고 흡연과 음주를 하고 있다고 담임선생님이 제게 귀띔해 주었습니다. 학교폭력 가해자로 처리하지 않는 그분에게 무한한 고마움을 느낍니다.

아들이 길거리에 있는 취객이나 저녁 늦은 시각 지하철에서 잠든 사람의 핸드폰을 훔쳐 장물아비에게 팔아 용돈을 번다는 사실을 최근에 알았습니다. 제가 아들에게 용돈을 주겠다고 하니 필요 없다고 하여 궁금하였는데 초등학교 때부터 친하게 지냈던 아들 친구가 저에게 이 사실을 말해 주었습니다. 주말에는 새벽까지 핸드폰으로 게임을 하고 잠을 자지 않아 야단치면 고래고래 고함을 지르면서 "엄마가 나에게 해준 것이 무엇이 있느냐?"고 반박합니다.

이런 아들을 보면 저의 마음은 찢어질 듯 아픕니다. 아들이 범죄를 거리낌 없이 저지르고 다닌다는 것이 무섭기도 합니다. 아들에게 이제 아무런 말도 할 수 없게 되었습니다.

자식이 이 지경이 되었는데 먹고산다고 아들의 문제에 무관심하였던 저의 책임이 크다는 사실을 뼈저리게 깨닫고 있습니다. 그래서 아들보다 아들을 이렇게 만든 저에게 더욱 큰 문제가 있는 것 같아서 상담을 받고 싶습니다. 청소년 부모도 상담을 받을 수 있다고 들어 상담을 요청드립니다.

질문 01

내담자가 상담자인 당신에게 "행복하려면 어떻게 해야 하나요?"라고 질문한다면 어떻게 대응할 것인가?

| 답변 |

① 대답을 하기 전에 내담자가 그런 문제에 관심을 가지는 점에 놀라고 칭찬한다. 그러면서 먼저 질문한다. "어떤 상태가 행복이라고 생각하나요?"
② 내담자가 행복에 대해 생각하는 바를 설명한다.
- 일단 경청하고 고개를 끄덕이며 수용하는 태도를 보인다.
- 편향되거나 잘못 이해하고 있는 점을 발견한다면 자신의 견해를 전달한다. 이때 옳고 그름을 판단하는 견해나 설명은 삼가야 한다.
③ 내담자가 행복의 의미를 알고 싶어 한다.
- 마음이 편안하고 자신의 환경이나 사정에 대해 만족하며 큰 걱정이 없는 상태
- 조그마한 일에도 항상 감사할 때, 긍정적인 생각을 할 때, 목표를 이루었을 때
- 타인과의 관계에서 사랑과 소속감, 이해받는다는 느낌을 받을 때
- 자신의 일을 자신의 자유의사로 결정할 수 있을 때, 자신의 미래에 대해 희망적일 때
- 가족 구성원이 모두 화목하고 서로를 이해하고 사랑할 때 등등
④ 동시에 행복은 상당히 주관적인 판단임을 강조한다.
- 남이 슬프거나 불행하다고 생각하더라도 자신이 행복하다고 생각하면 행복한 것이다.
- 지금은 불행해도 행복해질 수 있다고 확신하고 노력하면 행복해질 수 있다.
- 행복은 부유한가 가난한가, 공부를 잘하는가 못하는가, 잘생겼는가 못생겼는가 하는 외형적인 문제가 아니라 자신의 주관적인 판단 결과임을 전달한다.
- 그러므로 긍정적인 마음을 가지는 것이 중요하다는 점을 부각한다.

질문 02

다문화 청소년을 지원하는 기관을 알고 있는가?

| 답변 |

① 다문화가족지원센터
- 다문화가족지원법 제12조에 의거하여 설립
- 여성가족부가 총괄 운영하며 지방자치단체가 지역별로 센터 지정 및 운영
- 국내 거주하는 다문화가족의 안정적인 정착과 가족생활 지원
- 가족 및 자녀의 교육 및 상담, 통역과 번역 및 정보제공, 생활역량 강화

② 청소년상담복지센터
- 다문화가정의 청소년 심리·정서상담, 학업 및 진로 지도
- 위기청소년의 요건에 해당할 때 지원

③ 국립국제교육원(NIED)
- 다문화가정을 위한 학습 및 적응 프로그램 운영
- 다문화 청소년 대상 한국어 교육지원

④ 세이브 더 칠드런(Save the Children) 코리아
- 취약계층 청소년 및 다문화 배경 청소년의 지원
- NGO로서 후원금으로 운영

질문 03

상기 사례에서 만약 어머니와 아들을 같이 상담한다면 예상되는 상담사 윤리문제는 무엇이 있는가?

| 답변 |

① 상담에서 내담자의 비밀유지 의무를 위반하게 된다.
  내담자인 어머니와 아들을 같은 시각, 같은 장소에서 상담하면 상담내용을 공유하게 되어 내담자의 비밀유지가 손상된다.
② 상담자의 역전이가 발생할 가능성이 높아진다.
  - 상담자의 어머니에 대한 공감으로 인하여 아들에게 문제가 있다고 판단하고 아들의 행동수정을 위한 개입을 할 가능성이 높아진다.
  - 주된 내담자(어머니)를 이해하고 공감, 수용하는 상담과정에서 아들을 가해자로 인지하기 쉽고 어머니와의 정서적 연대감을 형성하여 상담효과를 저해하게 된다.
③ 가족상담의 형식을 띠게 되는 경우 상담자가 가족상담의 경험이 충분하지 않으면 검증되지 않은 상담기법을 오남용할 수 있다.
④ 사전에 아들과의 라포 형성이 충분히 되어 있지 않으면 상담효과를 저해할 수 있다.
  - 아들이 상담을 거부하는 경우, 모자관계에 악영향을 미칠 수 있다.
  - 청소년이 어머니의 대변자로 상담자를 인식하게 되기 쉬워 상담에 강한 저항을 야기할 수 있다.
  - 상담 중 서로의 관점이나 견해의 차이로 서로를 비난하고 말다툼을 하게 된다면 효과적인 상담진행이 어려울 수 있다.

질문 04

상기 사례에서 상담자는 어머니에게 어떻게 개입할 것인가?

| 답변 |

① 상담을 요청하는 어머니의 심정을 이해하고 공감하며 존중한다.
  - 아들을 걱정하고 문제행동에 안타까워하는 심정을 충분히 청취하고 공감해 준다.
  - 아들을 비난하지 않고 자신에게서 문제를 발견하고 이를 개선하려는 행동을 칭찬한다.

② 아들이 자신에게 부족하다고 하는 사항을 듣고 미안하다고 사과한다.
  - 경제적인 여유가 없어 여러 가지로 불편하게 한 점
  - 아들에게 관심과 애정, 돌봄을 주지 못한 점
  - 이혼으로 아들에게 마음의 상처를 준 점
  - 비행에 대해 부모로서 따끔하게 야단쳐 주지 않은 점

③ 아들에게 관심을 기울이고 응원하게 한다.
  - 휴일 때에 아들과 같이 대화하고 활동하는 시간을 마련한다.
  - 지금까지의 무관심과 무관여에 대해 미안한 마음을 전달한다.

④ 어머니의 양육태도와 방식을 분석하여 조언한다.
  - 무관심, 과도한 관용, 아들 행동에 대한 무반응 개선
  - 학교에서 일어나는 사항에 대해 안타까움과 걱정, 화남의 표현
  - 아들을 사랑한다는 언어적, 행동적 표현

⑤ 사랑의 표현을 아낌없이 하게 한다.
  - 근무로 아들을 볼 수 없는 경우 "사랑한다", "너는 나의 하나밖에 없는 아들이다", "너는 착하고 정직한 아들이 될 것으로 믿는다"라는 쪽지를 남긴다.
  - 방과 후 수시로 전화나 메시지로 어머니의 관심과 사랑, 걱정 등을 전달한다.

③ 가정불화

올해 중학교 2학년인 남궁 군(14세)은 집에 들어가기 싫다. 부모님은 하루를 거르지 않고 말다툼을 하신다. 자신이 생각하기에는 싸울 이유가 없는 하찮은 일로 다투신다. 아버지(43세)는 큰 빌딩 관리인으로 주야 교대 근무를 하고 있고 어머니(42세)는 요양보호사로 인근 노인요양소에서 근무하고 있다. 어머니는 아버지가 가장으로서 하여야 할 일들을 자신에게 미루어 모든 일을 자신이 해야 하는 것에 화가 나고, 시골에 거주하고 있는 시부모의 여러 요구사항(제사나 명절, 그 밖의 가정 대소사에 아들과 며느리를 수시로 연락하여 내려오라는 요구)으로 인한 불만으로 힘들어하고 있다.

남궁 군은 부모님의 잦은 싸움에 짜증이 나고 가출하고 싶은 생각으로 가득 차 있다. 그러다 보니 학교는 꼬박꼬박 나가지만 수업시간에 집중을 하지 않으며, 공부하거나 노력하여 성취하는 게 아무런 의미가 없다고 생각한다. 공부에도 흥미를 잃고 학원을 빼먹는 일도 자주 있다. 이럴 때마다 어머니는 남궁 군에게 분풀이를 하는 것처럼 난리를 친다. 공부를 잘해야 훌륭한 사람이 되며 아버지와 같은 무능한 사람이 안 된다고 말씀하신다. 이런 어머니의 잔소리가 듣기 싫고 짜증난다.

아버지는 외아들인 남궁 군을 무척 사랑한다. 어머니 모르게 용돈도 챙겨 주고 원하는 최신형 핸드폰도 잘 사주고 공부하지 않아도 착한 사람이 되면 성공하는 것이라고 이야기한다. 그러나 종종 남궁 군이 어머니에게 대들거나 바깥에서 사고를 치는 경우 불같이 화를 내고 남궁 군에게 주먹질을 한다.

남궁 군은 학교에서 친구들 사이에 인기가 많다. 학교폭력 피해자인 친구를 위해 가해학생들을 단속하고, 간식을 아낌없이 친구들에게 나누어 주기도 하고, PC방에 갈 때 친구들의 게임비도 대신 내주기도 한다. 간혹 친구들과 어울려 저녁 늦게까지 놀다가 집에 돌아오면 어머니는 남궁 군을 불러 세워 장시간 훈계한다. "공부해라. 일찍 집에 들어와야 한다. 착하고 공부하는 친구를 사귀어야 한다." 등등 어머니의 잔소리는 끝이 없다. 남궁 군은 이럴 때 머리가 돌 것 같은 기분이 든다.

이 집에는 자신을 이해하고 보호하는 사람이 없고 자신이 있을 이유도 없다고 생각하며 가출한 형들이 모여 사는 곳에서 생활하는 계획을 구체적으로 세우고 있다. 한편으로는 자신의 장래가 엉망이 될 것 같은 두려움이 생기기도 한다. 최근 어머니는 남궁 군의 불안정한 태도와 행동을 눈치채고 상담실을 찾게 되었다.

질문 01

요즘 스마트폰을 통한 성매매가 많이 이루어지고 있는데 이에 대한 대책은 무엇이 있는가?

| 답변 |

① 청소년의 성매매는 가정폭력으로 인한 가출, 비행청소년으로 낙인찍힌 청소년, 가정의 경제적 결핍이나 방임, 충동적 성향, 금전적 욕구. 학업이나 가정문제로 인한 스트레스, 또래들의 유혹, SNS의 과도한 의존 등이 유인요소로 작용한다.
② 이를 해결하는 대책은 다음과 같은 사항이 포함되면 좋은 대답이 될 것이다.
  - 청소년이 겪는 심리적, 정서적 문제를 해결하기 위한 전문상담 서비스의 제공
  - 청소년의 긍정적 사고방식과 자기효능감 강화 프로그램 실시
  - 예술, 스포츠, 봉사활동 등 다양한 청소년 활동거리 개발 및 보급
  - 건강하고 안전한 인터넷 사용교육
  - 부모와 자녀 간의 소통교육, 부모양육 방식과 태도교육
  - 위기청소년의 조기발견과 지원강화
  - 성교육 및 인권교육
  - 청소년 보호 네트워크(CYS-Net 등)상의 기관과의 연계

질문 02

상기 사례에서 내담자의 위험요소와 보호요소는 무엇인가?

| 답변 |

① 위험요소
- 부모의 잦은 다툼
- 아버지의 지나친 관용과 체벌
- 자녀와의 대화 부재
- 어머니의 잦은 비난, 간섭과 훈계
- 가출 생각과 가출 계획
- 불량한 친구들의 유혹과 압력
- 학업에 대한 흥미 상실, 학원 결석
- 생활과 성취의 무의미

② 보호요소
- 친구들과 좋은 관계 유지
- 학교폭력 피해자의 보호
- 결석 없이 학교 다니기
- 어머니의 상담요구에 순응
- 자신의 장래에 대한 걱정과 두려움

질문 03

학교폭력을 하게 되는 이유와 어떻게 해결할 것인가를 이야기해 보아라.

| 답변 |

① 학교폭력 가해요인
- 개인적 요인
  - 공격적 성향
  - 낮은 자존감을 보상하려는 타인 지배욕구
  - 스트레스를 폭력적으로 해소하려는 수단
  - 공감적 능력 부족, 책임감 부족
  - 가정 내 체벌 경험과 폭력 학습
  - 가정의 구조적 결함(이혼, 별거, 부부갈등, 방임적 양육태도 등)
- 가정적 요인
  - 부모의 과도한 통제나 과잉보호 혹은 방임, 무관심
  - 가정의 경제적 어려움이나 가족기능 미흡(관리, 통제, 이혼위기 잦은 부모불화 등)
- 학교 및 사회적 요인
  - 경쟁 중심의 학교 분위기
  - 교사의 방관적 태도
- 또래집단의 요소
  - 폭력서클 가입 및 동조 압력
  - 폭력을 통한 인기영합
  - 일탈 또래와 어울림
- 사회적 요인
  - 폭력적 콘텐츠나 게임 영향
  - 사이버 공간에서의 언어폭력, 따돌림, 악플 풍조
  - 폭력행위에 대한 관용적 태도, 느슨한 규제 및 관리

② 학교폭력 대책
- 정기적 학교폭력예방 교육
- 학교 내 감시강화
- 부모교육(민주적인 양육방식, 자녀와의 소통방식, 자녀에 대한 관심, 이해, 수용능력)
- 청소년 보호네크워크의 구축
- 가해학생의 심리상담 및 치료
- 관련 처벌법규 교육, 도덕적·윤리적 행동교육
- 학교폭력 신고 시스템의 개선과 활성화
- 학교폭력 발생 시 즉시 조사와 조처
- 또래상담 프로그램 운영, 어울림 프로그램 운영
- 학교폭력 전담 경찰관(SPO) 배치와 활동

질문 04

남궁 군에 대해 상담사로서 어떻게 개입할 것인가?

| 답변 |

① 어머님과 상담실을 찾은 내담자 칭찬
   - 부모님에 대한 긍정적인 사고에 관심을 기울이고 높이 평가
   - 상담을 받기 싫어하는 심정에 충분히 공감
② 내담자가 현재 느끼고 있는 심정에 대해 언급
   - 어머니의 초기면접에서 얻은 사실에 근거하여 내담자의 장점 부각
     - 결석 없이 등교하고 있는 점
     - 친구들과의 사이가 좋은 점(친구의 인기, 학교폭력 피해학생의 보호)
     - 자신의 미래를 걱정하고 있다는 점
   - 내담자를 괴롭히는 사항과 환경 열거
     - 어머니의 과도한 간섭과 꾸짖음
     - 아버지의 폭력적인 행동
     - 부모님의 잦은 말다툼
③ 내담자의 자기노출 촉진
   - 라포형성
   - 상담자의 자기노출, 상담자와 내담자의 역할 안내
   - 내담자가 현재 경험하고 있는 문제점을 이야기하도록 인도
   - 부모님에 대한 솔직한 정서를 표현하도록 함
   - 자신의 미래가 자신의 마음과 행동에 달려있음을 알게 함
④ 내담자 자신이 가지고 있거나 행하고 있는 사항에 대한 통찰 촉진
   - 가출하고 싶다는 생각과 가출계획
   - 어머니와의 불편한 관계
   - 학교에서 집중을 못 하고 학원수업을 빼먹는 사항
   - 학업의 의미상실
⑤ 상담자의 개입사항
   - 불합리한 신념의 수정
     - 집에는 자신을 이해하고 보호하는 사람이 없어 집에 있을 이유가 없음
     - 자신의 장래가 엉망이 될 것
   - 부모님과의 관계 개선
     - 가능한 중재 역할 수행
     - 부모님에게 두 분이 행복하였으면 좋겠다는 희망 표현

- 행동의 수정과 조성
  - 귀가시간 조정(부모와 합의)
  - 학업에 열중하겠다는 결심과 실천(필요시 강화물 제공)
- 부모상담 실시
  - 부모님에 대한 내담자의 심정 전달
  - 바람직한 양육방식과 태도의 조성
  - 부부간 갈등 해소

4 스마트폰 과다사용

상담실로 어머니와 같이 들어선 정 군(중1, 13세)은 화가 잔뜩 나 있었으며 상담자에게는 눈길도 주지 않고 있다. 내담자의 어머니와 잠깐 면담을 하는 사이에 가만히 앉아 있지 못하고 왔다 갔다 하면서 초조한 모습을 보였다.

상담자와 마주한 정 군은 상담실에 온 것이 부끄러운 일이고 친구가 알면 놀림감이 될 것이라고 상담자에게 이야기하였다. 그러면서 어머니가 하도 극성스럽게 자기가 상담을 받아야 한다고 사정하는 바람에 어쩔 수 없이 상담실로 왔다고 자신을 이해해 달라고 부탁하였다. 그러면서 다음 상담에 안 나와도 나온 것처럼 어머니에게 이야기해 달라는 부탁도 잊지 않았다.

정 군의 아버지(45세)는 택배회사에서 승하차 업무를 하고 있고 주말도 없이 회사에 출근한다. 가정에 대해서는 무관심한 편이며 정 군과 여동생을 무척 귀여워하고 있다. 정 군의 어머니가 자녀를 통제하고 지시하는 것을 못마땅하게 생각하고 있다. 고등학교에 진학하면 자신의 일은 알아서 잘할 것이니 "그만 좀 하라"고 불평하고 있다.

정 군의 어머니(44세)는 보험사 영업직원이다. 근무시간이 유동적이며 주말 없이 일을 할 때가 많다. 성격이 꼼꼼하며 빈틈이 없어 상당한 실적을 올리고 있다. 바쁜 가운데서도 자녀들의 학업 진도, 귀가 시간, 친구 사귐을 일일이 체크하고 있다.

여동생(11세, 초5)은 정 군을 무시하고 함부로 대한다. 부모님의 말씀을 잘 듣고 공부도 열심히 하며 학원에도 빠짐없이 잘 다니고 있다. 부모님의 귀여움을 많이 받고 있다.

어머니도 수시로 스마트폰을 보고, 동생도 게임을 하거나 유튜브를 보는데 아무 꾸중을 하지 않는다. 그런데 왜 유독 자신에게만 어머니가 야단치는지 알 수 없다고 토로하였다. 정 군이 하고 있는 온라인 게임을 부모님이 그만하라고 하여 빠지면 정 군 팀의 전력이 떨어져 게임을 망치는 결과로 끝나, 친구들로부터 '따'를 당하거나 사이버폭력 피해자가 될 수 있다고 호소하였다. 덧붙여 정 군은 친구와의 약속을 중요하게 여기기 때문에 게임을 계속할 수밖에 없다고 힘주어 말하였다.

정 군은 어머니가 외부에서 일하고 있을 때도 수시로 전화하여 무엇을 하는지 체크하고 옆에 친구의 목소리가 들리면 공부하지 않고 놀고 있다고 난리를 친다. 자신에게는 아무런 자유가 없다고 불평하고 있다. 그러면서 어머니는 자신을 너무 무시하고 자신의 입장을 너무 모른다고 하였다.

질문 01

사이버폭력에 대해 아는 대로 이야기해 보시오.

| 답변 |

① 「학교폭력 예방 및 대책에 관한 법률」 제2조
"사이버폭력"이란 정보통신망을 이용하여 특정인을 대상으로 발생한 따돌림과 그 밖에 신체·정신 또는 재산상의 피해를 수반하는 행위를 말한다.

② 사이버폭력(Cyver Bullying)의 유형
- 따돌림 : 사이버 감옥, 사이버 왕따
- 괴롭힘 : 언어폭력, 명예훼손
- 강요·강탈 : 금전 요구, Cyber Money 강탈, Hot Spot 이용요구
- 성폭력 : Image Bullying, 사이버 스토킹
- 비난 : Flaming(사이버상에서 상대방을 격한 말로 비난하고 비판하는 것)

③ 사이버폭력의 위험성
- 빠른 전파력, 시공간이 없는 가해, 은밀한 폭력방식(DM으로 상대방에게 전달), 무한복제 가능
- 게시글 삭제 어려움, 가해자 색출의 어려움

질문 02

상기 사례에서 내담자의 문제라고 생각하는 사항은 무엇인가?

| 답변 |

① 충동성(가만히 있지 못하고 왔다 갔다 함)
② 상담에 대한 선입견과 저항감
③ 게임상 친구의 도리나 예의 강조
④ 스마트폰의 과다사용
⑤ 학교폭력 피해자가 되는 두려움
⑥ 집에서의 무시와 감시, 통제
⑦ 여동생에 대한 미움, 차별대우에 대한 불만
⑧ 부모의 불화
⑨ 상담의 기피

질문 03

내담자의 주호소문제는 무엇인가?

―――――――――――――――――――――――――――――――――――
―――――――――――――――――――――――――――――――――――
―――――――――――――――――――――――――――――――――――
―――――――――――――――――――――――――――――――――――

| 답변 |

① 친구로부터 소외되거나 괴롭힘의 대상이 될 수 있다.
- 상담을 받는다는 사실로 놀림의 대상이 된다.
- 게임 도중에 나가면 사이버폭력의 피해자가 된다.

② 집에서 자유가 없고 무시를 당하고 있다.
- 자기만 비난의 대상이 되고 있다.
- 항시 감시당하고 있고 자유가 없다.
- 어머니는 나를 무시하고 나의 입장을 모른다.

③ 집에서 차별대우를 받고 있다.
- 동생의 핸드폰 사용은 자유스럽다.
- 동생은 부모님의 사랑을 독차지하고 있다.

질문 04

상기 사례의 내담자와 상담할 경우, 어떤 상담목표와 전략을 사용할 것인가?

| 답변 |

① 핸드폰 사용의 자율적 조절
  - 핸드폰 과다사용으로 인하여 잃는 것과 얻는 것을 열거하고 비교해 보기
  - 핸드폰 사용의 욕구를 느낄 때 대안활동을 하거나 주위를 딴 곳으로 돌리기
  - 핸드폰에 있는 게임앱 정리하기
  - 부모와 핸드폰 사용시간을 합의하고 달성 시 강화물(용돈이나 상품 등) 받기
  - 학습목표 세우기, 장래목표(직업 및 진학학교 정하기) 세우기
② 부모님과의 관계개선
  - 어머니의 간섭과 통제의 의미 다시 생각해 보기
  - 부모님의 다툼 시 중재하거나 자신의 부정적 감정 전달하기
  - 가족활동의 바람을 부모님에게 전달하고 실현하기
  - 부모면담을 통해 아버지의 방임적 태도와 어머니의 지나친 간섭과 통제 개선하기
③ 친구관계 변화
  - 게임연계 친구보다는 현실에서 우정을 나누는 친구 사귀기
  - 친구와 바깥에서 활동하는 시간 늘리기
④ 긍정적으로 생각하기
  - 여동생의 장점을 발견하고 배우기
  - 친구로부터 소외당하고 괴롭힘의 대상이 되는 두려움 없애기
  - 부모님의 간섭과 통제는 어느 정도 자신을 위한 조치임을 인정하기

5 학폭위 조치

중학교 2학년 조 군(14세)은 얼마 전 자신을 괴롭히는 친구를 117에 직접 신고하였다. 가해학생은 학교폭력대책심의위원회의 결정으로 전학처분을 받아 전학 가게 되었다. 조 군의 아버지가 적극적으로 나서 학교폭력 가해사실을 입증하는 여러 증거를 모으고 심의위원회에 제시하여 가해학생이 예상보다 무거운 처분을 받게 되었다.

그 사건 이후 조 군은 다른 학교 친구들로부터 은따(은근한 따돌림)와 유령인간 취급을 받게 되었고 졸지에 외톨이 신세가 되었다. 학교 담임선생님 역시 조 군이 사전에 귀띔이나 한마디 의논도 없이 바로 117로 신고하는 바람에 심의위원회에서 담임교사로서 학교폭력 사실을 잘 인지하지 못하였다는 부정적 평가를 받았을 뿐만 아니라 학교장으로부터도 질책을 받았다. 학교 친구들은 그 정도의 사안은 화해나 사과로 충분히 해결할 수 있었던 일이라고 이야기하면서 가해학생을 동정하기까지 하였다. 친구들의 수근거림과 따돌림으로 인해 조 군은 학교 가는 것이 싫고 두려워 결석하는 일이 많아졌다.

조 군의 아버지는 건물 관리인으로 일하다가 아들의 학교폭력 피해사실에 흥분하였고 증인의 물색, 심의위원회 출석이나 발언 등으로 자주 결근을 하게 되어 결국 직장을 잃게 되었다. 조 군의 아버지는 학교 간다고 거짓말을 하고 PC방에서 게임을 하는 조 군이 인간 같지가 않다고 화를 내고 욕을 하고 있다. 조 군의 어머니는 실직한 남편 대신 돈을 벌기 위해 이리저리 일자리를 알아보고 있지만 취업이 잘되지 않아 전전긍긍하며 자신의 신세타령을 하고 있다. 그러면서 조 군이 학교생활을 좀 더 충실히 하고 친구들과 잘 어울렸다면 가해학생이 벌을 받지 않았을 것이고 남편도 실직하지 않았을 것이라고 조 군을 원망하고 있다.

조 군은 학교는 자기편이 한 명도 없는 낯선 곳이 되어 버렸고 집도 불편한 장소로 변해버려 이 세상에서 완전히 소외된 존재가 된 것 같은 외로움을 느꼈으며 혼자 허공을 멍하니 보고 눈물을 흘리는 때가 많이 있다. 이런 사정을 안 고모의 설득으로 조 군은 조심스럽게 상담실을 찾게 되었고 상담사의 따뜻한 말과 태도에 눈물을 쏟았다.

질문 01

상담을 받고 있는 내담자가 욕설과 막말을 하고 있다. 상담자로서 어떻게 대처할 것인가?

| 답변 |

① 욕설과 막말을 하는 내담자를 대하게 되면 당황하고 약간 두려움을 느끼는 것은 당연하다.
② 그러나 그런 말과 행동에 바로 반응하여 화를 내거나 저지하거나 나무라서는 안 된다. 대신 내담자의 말과 행동에 주의를 기울이는 모습을 보인다.
③ 그런 다음 내담자의 현재 기분을 반영하는 이야기를 먼저 꺼낸다.
  - "오늘 기분이 안 좋은 일이 있는가 봐요."
  - "그런 화난 모습을 보니 제가 가슴이 막 떨립니다."
  - "어떤 기분 안 좋은 일이 있었는지 매우 궁금해지네요."
  - "설마 이 상담자에게 화풀이하는 것이 아니겠지요?"
  - "보통 때도 이런 말이나 표현을 사용하는지요?"
  - "그런 말을 하는 것은 아주 좋지 않은 학생들이나 쓰는 말이라는 생각이 드네요. 내가 생각하는 내담자는 그런 학생이 아닌데."
  - "혹시 다른 사람들이 내담자의 말이나 행동에 대해 무슨 이야기를 한 적이 있나요?"
④ 내담자가 상담자에 반응하여 자신의 일에 대해 이야기할 때는 공감을 표현한다.
  - 충분히 이해하고 공감하면서 반영해 준다.
  - 질문이나 재진술을 통해 관련 상황이나 내담자에게 일어난 일을 명료화한다.
  - 내담자가 자기의 문제를 새로운 각도에서 이해하도록 해석해 준다.
  - 필요한 경우 직면을 통하여 자신의 말과 행동이 바르지 못함을 인지하게 한다.
⑤ 거친 말과 행동을 하게 되는 원인이나 동기를 탐색하여 상담목표로 정한다.

질문 02

상기 사례의 내담자의 정서에 대해 이야기해 보시오.

| 답변 |

① 학교폭력 피해자로서의 두려움, 분노, 억울함
② 아버지에 대한 양가감정(고마움과 배신감)
③ 가해자를 감싸는 친구들에 대한 배신감
④ 담임선생 무관심에 대한 원망
⑤ 고립무원(孤立無援)에서 오는 절망감, 슬픔
⑥ 어머니에 대한 실망감과 미움
⑦ 상담자를 통해 느끼는 고마움과 설움
⑧ 옳은 일을 하였음에도 자신에게 생기는 결과에 대한 당황, 실망감. 슬픔
⑨ 가족의 불행한 일이 자신에게서 비롯되었다는 자괴감

질문 03

상담자로서 상담자를 보고 울컥 눈물을 쏟는 내담자에게 어떻게 대하여야 할지 이야기해 보시오.

| 답변 |

① 무척 속상한 일이 많았겠군요.
② 가슴에 맺힌 여러 가지 일이 있었을 거라는 생각이 드네요.
③ 상담자에게는 자신이 느끼고 생각하는 바를 자유롭게 이야기해도 괜찮아요.
④ 남의 말과 행동에 마음의 상처를 많이 받은 것 같군요.
⑤ 상담실을 찾아오기까지 무척 힘들었겠어요.
⑥ 가족이나 주위 친구들이 자신을 이해하지 못하여 속이 상하였군요.
⑦ 자, 무슨 일이 있었는지 이야기해 보실까요? 저는 내담자 편에 서서 듣고 생각하고 느낄 겁니다.

질문 04

조 군을 상담한다면 어떤 단계로 상담을 진행할 것인가?

| 답변 |

① 상담 초기
- 내담자를 따뜻하게 맞이한다.
- 방음이 되고 독립된 공간(개인 상담실)으로 인도한다.
- 상담구조화(주호소문제, 내담자 인적사항·외현적 특징·행동과 정서적 특징, 가족사항, 가정환경, 친구관계, 상담관계 및 상담기간 등)한다.
- 필요한 심리검사를 실시한다.
- 사례개념화를 통해 상담목표 및 상담전략을 수립한다.

② 상담 중기
- 상담 중 내담자의 언어 및 비언어적 표현을 관찰한다.
- 다양한 상담기법을 사용한다.
- 적절한 상담개입(행동, 인지, 정서)을 한다.
- 내담자 자신의 정서·사고·행동의 실체를 이해하게 한다.
- 자율적인 개선의지를 촉진하게 한다.
- 내담자의 저항을 다룬다.

③ 상담 후기
- 내담자의 변화를 평가한다.
- 상담목표 달성 여부를 평가한다.
- 종결예고와 이별감정을 다룬다.
- 추수상담에 대해 논의한다.

제2절 3급 기출사례 - 2023년 22회

1 학교폭력 가해자

최근 강 군(중1, 13세)은 친구가 없어 괴로움에 고민하고 있다. 반 친구들이 자신을 의도적으로 따돌리면서 자기들끼리만 이야기하고 어울리는 것이 서운하고 괴롭기까지 하다. 같은 반 여학생들도 아예 말조차 걸어오지 않고 자신을 경계하는 것 같다. 강 군은 무시당하는 기분에 화가 나지만 친구를 구타하는 어리석음은 다시 저지르고 싶지 않다. 그러다 보니 강 군은 항상 혼자이다. 점심 때 같이 밥을 먹자는 친구가 없어 외롭기까지 하다. 하긴 반 친구가 다가와도 어떻게 친해져야 하는지 잘 모른다. 최근 같은 반의 친구 한 명을 통해 자신이 초등학교 다닐 때 친구들을 괴롭혔다는 소문 때문에 다들 자신을 피하고 있다는 이야기를 들었다.

강 군은 초등학교 6학년 때 친한 친구 4명과 자주 어울리면서 재미 반 장난 반으로 여러 학생을 괴롭혔다. 돈을 뺏기도 하고 학교 내 CCTV가 없는 장소에서 때리기도 하였다. 초등학교에서 강 군의 학교폭력이 문제가 되었으나 강 군 부모의 사과로 학교의 조치를 받거나 학교폭력대책심의위원회에 회부되지는 않았다. 하지만 그 당시로는 큰 사건이었다.

아버지가 현역 군인이었던 까닭에 강 군은 이사를 자주 다녀 어려서부터 친한 친구가 거의 없었다. 공부는 못해도 용감하고 강한 어린이로 자라야 한다는 아버지의 가르침 때문에 강 군은 태권도, 주짓수 등 여러 가지 운동을 배웠다. 잘못을 저질렀을 때는 아버지로부터 강한 체벌을 받기도 하였다. 강 군은 공부에 별로 관심이 없었고 방과 후 친구와 어울려 다녔으며 귀가 시간도 늦은 편이었다. 강 군의 어머니는 이런 강 군을 못마땅하게 생각하고 바람직하지 않은 행동을 지적하고 나무랐지만, 강 군의 아버지는 나이가 들면 저절로 철이 들 것이라고 강 군을 두둔하였다. 강 군은 어머니의 간섭과 나무람이 싫어 친구들과 어울려 늦게까지 놀다가 집에 들어가고 있다.

학교에서 교사가 강 군의 바람직하지 않은 행동을 지적하고 나무라면 강 군이 교사에게 반항하고 교사를 무시하는 태도를 보였기 때문에 강 군은 문제 학생으로 낙인찍혔으며 어느 누구도 강 군을 나무라거나 강 군의 행동을 통제하려고 하지 않는다. 강 군의 아버지는 아들이 학교에서 교사로부터 과도한 통제와 차별대우를 받는다고 여겨 몇몇 교사들을 상대로 아동학대 혐의로 교육청에 신고까지 한 적이 있다.

이런 강 군이 최근 갑자기 자신의 학교 부적응 행동을 후회하면서, 자신에게 마음을 나눌 친구도 없고 '앞으로 어떤 사람이 될 것인가' 하는 목표도 없다는 사실에 위기감을 느끼게 되었다. 이제 와서 친구를 사귀려고 해도 강 군을 받아주는 친구들이 없어 고민이다. 그래서 강 군은 청소년상담복지센터에 이런 자신의 처지를 이메일로 호소하고 상담센터를 방문하였다.

질문 01

사회복지사, 교사 그리고 청소년상담사의 역할의 차이점은?

| 답변 |

구 분	사회복지사	교 사	청소년상담사
대 상	해당지역 아동, 청소년, 노인, 장애인, 기타 사회적 보호가 필요한 사람	당해 학교 재학생	관할구역 거주 청소년
장 소	학교 외	학교 내	학교 외
처리사항	• 직접적·다면적 지원 • 필요한 사회적 서비스 연계 • 정보제공	• 교육, 학습지도 • 생활지도 • 규제 및 통제 • 조언, 진로결정	• 심리상담 • 진학상담 • 청소년보호기관 연계 • CYS-Net 관련 업무상의 기관 연계

질문 02

강 군의 담임교사가 강 군이 상담받는 사실을 알고 상담사인 당신에게 상담 내용을 알려달라고 한다면 어떻게 할 것인가?

| 답변 |

① 담임교사가 내담자를 학교에서 잘 지도하기 위하여 상담 내용에 주의를 기울이고 있다는 사실에 대해 감사를 표현한다.
② 그러나 내담자와의 상담 내용은 청소년상담사 윤리강령에 의해 비밀로 유지해야 함을 담임교사에게 잘 설명한다.
③ 상담 내용을 밝히는 대신 상담을 하고 난 후 내담자에게 일어날 바람직한 변화를 설명해 주고 상담에 대한 개괄적인 소개(예상되는 상담기간, 내담자의 강점과 보유자원, 상담의 방향 등)를 한다.
④ 또한 상담을 진행하면서 교사의 도움이 필요하게 되는 경우 도움을 청할 수 있다는 사실을 전달한다.
⑤ 또한 담임교사와 내담자 간의 애착 형성과 내담자에 대한 담임교사의 관심이 내담자의 올바른 행동을 조성하는 데 중요하다는 점을 강조한다.

질문 03

사례에서 내담자가 호소하는 문제는 어디에서 기인한다고 생각하는가?

| 답변 |

① 부모의 바람직하지 않은 양육방식
- 아버지가 내담자에게 육체적인 힘이 곧 남자다운 것이라는 인식을 심어주어 내담자의 공격성을 부추기고 바람직하지 않은 행동을 방임하였다.
- 아버지의 부당한 개입으로 내담자가 자신의 행동을 반성할 기회를 가지지 못하였다.
- 어머니는 참견과 나무람으로 내담자를 통제하려고 하였다.
- 내담자의 사회적 기술(친구 사귐, 화해 등)에 대한 가정적 교육이 이루어지지 않았다.

② 교사와의 애착 결여
- 교사는 내담자를 문제 학생으로 낙인찍고 내담자에게 무관심하였다.
- 내담자의 저항적인 태도 및 내담자를 지도함으로써 생길 수 있는 민원(부모의 항의)을 회피하기 위하여 내담자의 문제행동을 방치하였다.

③ 친구 사귐의 어려움
- 잦은 이사로 내담자가 친구를 제대로 사귈 수 있는 기회가 미흡하였다.
- 내담자는 가정에서 대인관계기술(대화나 조정, 화해의 기술)을 습득하지 못하였다.
- 내담자는 상대방에게 먼저 다가가거나 친구를 사귀는 시도를 하지 않고 있다.

④ 과거의 공격적이고 폭력적인 행동의 학습
- 아버지의 체벌로 폭력적인 행동을 학습하였다.
- 초등학교 때 친구를 괴롭혔던 과거의 소문이 다른 친구의 접근을 차단하였다.

질문 04

상기 사례의 강 군을 상담한다면 첫 회기에서 어떤 사항을 다룰 것인가?

| 답변 |

① 우선 상담센터를 스스로 찾아온 것에 대해 놀라움과 감탄을 표시한다.
- 많은 청소년들이 부모의 강요나 권유에 못 이겨 상담을 시작하게 되는데 스스로 센터를 방문한 점을 높이 평가한다.
- 자신의 문제를 깨닫고 스스로를 위해 변해야겠다는 결심을 한 점을 칭찬한다.

② 강 군의 현재 심리적 문제를 이해하고 이에 대한 공감을 표현한다.
- 친구가 없다는 점에 대한 고충과 어려움을 충분히 공감한다.
- 초등학교 6학년 때 친구들을 괴롭혔던 일에 대해 강 군이 현재 느끼고 있는 후회의 심정을 이해하고 수용한다.
- 강 군은 선한 마음을 가지고 있고 다른 사람을 위해 활동할 수 있는 가능성을 지니고 있다는 사실을 강조한다.

③ 강 군의 주호소문제를 거론한다.
- 강 군에게 친구관계가 어떻게 되기를 바라는지 물어본다.
- 친구관계의 악화가 강 군에게 어떤 결과를 초래하고 있는지 알아본다.
- 강 군이 자신의 과거 행동의 문제점을 탐색하게 한다.

④ 상담의 구조화를 시도한다.
- 상담 기간 및 상담자와 내담자의 역할과 책임에 대해 설명한다.
- 상담약속을 준수할 것을 약속받고 비밀유지를 약속한다.
- 상담의 기간, 기대되는 효과를 설명하고 상담의 목표를 합의한다.

② 도발적 따돌림 피해자

다음은 어느 여학생(중1)이 상담센터 게시판에 남긴 사연의 내용이다.

저는 4명의 친구들이 원망스러워 정말 잠도 제대로 못 자고 있어요. 그 친구들은 제가 초등학교 때부터 친하게 지냈던 친구들인데 운 좋게도 같은 중학교에 진학하였어요. 그래서 제가 얼마나 기뻤는지 몰라요. 그런데 그 애들이 지금은 저를 투명인간 취급하고 있어요. 학교에서 만날 때 친근하게 말을 붙여 보지만 반응을 해 주지 않아요. 제가 보지 않는 곳에서 저에 대해 뒷담화를 하고 있다는 생각이 들어 죽고 싶은 기분이에요. 그 친구들만 생각하면 머리가 너무 아파 와요.

그런데 그 4명 중 한 명이 제가 먼저 본인을 무시하고 험담하여 화를 자초한 것이고 그 복수로 저를 따돌린다고 이야기해 주었어요. 저는 아무리 기억하려고 해도 그런 행동을 한 적이 없는데 말이에요. 분한 나머지 학교 담임에게 이야기하여 그 애를 학교폭력으로 신고하겠다고 하니 그 애는 그렇게 할 테면 하라고 하면서 본인도 제가 못되게 군 일을 까발려 저를 학교폭력 가해자로 신고할 것이라고 위협하였어요.

엄마에게 이런 상황을 이야기하니 "너는 말이 너무 많고 이기적이고 남을 배려하지 않고 비난부터 먼저 하는 것이 항상 문제다."라고 오히려 저를 나무랐어요. 엄마가 저에게 이렇게 말할 정도이니 이제 저는 믿거나 의지할 만한 사람이 제 주위에는 없다는 생각이 들고 죽고 싶은 마음뿐이에요. 다른 친구들과 새로 사귀면 된다고요? 솔직히 그 애들 4명 이외에는 지금까지 친구를 사귀어 본 적이 없어요.

다른 애들이 저를 보고 약간 거만하다고 이야기하는 것을 들은 적이 있기는 해요. 저는 학교 성적이 상위권에 드는데, 주말에 공부한다고 놀러 가자는 그 친구들의 제의를 거절한 적도 있고, 그 친구들과 같이 놀다가 인강이나 학원 수업을 들을 시간이 되면 그 애들이 붙잡는데도 아랑곳하지 않고 먼저 돌아온 적도 있어요. 그렇다고 하여 그 애들을 무시한 적은 결코 없어요. 오히려 모르는 것을 가르쳐 주기도 하고 학교 과제에 도움을 주거나 실수를 바로잡아 주기도 하였어요. 그럴 때 "너는 이것도 모르니?"라고 이야기하거나 저의 실력을 친구들에게 자랑하는 게 이상한 일은 아니잖아요.

그 애들이 나를 배신하는 것 같아 미워지고 그 애들을 학교에서 만나는 것이 자존심 상해서 하루빨리 전학 가고 싶어요. 그렇지만 그 이전처럼 사이가 좋아지는 것이 전학 가서 새로운 친구를 사귀는 것보다는 더 쉬우니까 그 애들과 관계를 다시 좋게 만들고 싶어요. 그 애들과 이전처럼 잘 지내려면 어떻게 해야 하나요?

질문 01

만약 내담자가 상담 약속을 한 후에 노쇼(No-show)한다면 어떻게 할 것인가?

| 답변 |

① 우선 내담자가 상담에 나타나지 않은 사실이 자신 때문이라는 자책감을 가지지 않는다.
  - 청소년 내담자의 특성상 상담 약속보다 친구들과의 약속을 우선시하는 등 내담자의 숨겨진 욕구로 인해 불참이 일어날 수 있음을 이해하고 수용한다.
  - 자신이 내담자를 잘 돌보지 않았기 때문이라는 생각, 내담자가 자신을 무시한다는 생각, 혹은 내담자가 자신을 배신했다는 생각을 하지 않도록 한다.
② 상담자의 감정을 솔직히 전달한다.
  - 상담에 오지 않은 사실에 대한 아쉬움을 내담자에게 문자로 전달한다.
  - 또한 상담에 나오지 못할 만큼 심각한 일이 있었던 것이 아니기를 바라는 마음을 문자로 전달한다.
③ 상담할 날짜를 다시 잡는다.
  - 약속을 어긴 날 저녁이나 그다음 날 방과 후 시간에 통화를 시도한다.
  - 전화연결이 되었을 때 반가움을 표현하고 내담자의 안부를 먼저 묻는다.
  - 내담자가 내세우는 여러 가지 불참 이유를 판단하고 큰 위기일 경우 이에 대한 적절한 대처를 논의한다.
  - 기타 사소한 이유라면 다음 상담 회기에서 같이 협력하여 해결해 보자고 제의한다.
④ 내담자가 상담에 싫증을 내거나 상담 효과에 대해 실망하는 징후가 감지될 때는 다음과 같이 대처한다.
  - 다음 상담 회기에서 내담자가 그동안 표현하지 않았던 정서나 생각을 파악해 보자고 제의한다.
  - 상담자가 내담자에 대해 놓치고 있는 점이 있을 것이라고 솔직하게 시인하면서 같이 해결해 보자고 한다.
⑤ 내담자의 저항행동이라고 판단되면 자신의 상담과정을 검토하고 내담자의 호소문제 파악과 해결에 누력한다.
  - 상담과정에서 내담자가 보였던 태도나 반응을 되짚어 본다.
  - 내담자의 주호소문제의 해결 정도나 상담목표와 상담전략을 재점검한다.
  - 상담자가 그동안 일방적으로 내담자를 이끌고 갔던 것이 아닌지 반성한다.

질문 02

상기 사례에서 내담자의 문제행동이나 심리적 문제를 명료화해 보시오.

_____
_____
_____

| 답변 |

① 친구관계 유지의 문제점
- 친구들의 바람보다는 본인의 입장만 우선시하고 이에 따라 행동한다.
- 친구들보다 자신이 우월하다고 생각하고 행동한다.
- 주말에 놀러 가자는 친구들의 제의를 일방적으로 묵살한다.
- 친구들에게 자신의 실력을 자랑하고 모른다고 질책한다.
- 이기적이고 남을 배려하지 않고 비난한다(내담자의 어머니가 한 말).

② 친구들을 무시하는 태도의 정당화
- 자신의 학업 능력을 친구들에게 자랑하고 있다.
- 친구들의 실수를 지적하고 나무란다.

③ 사회적 기술의 미흡
- 친구관계를 회복하는 방법을 모르고 있다.
- 친구들의 의견에 귀를 기울이지 않으며 친구들을 배려하지 않는다.

④ 인지적 왜곡현상
- 친구들이 자기 뒤에서 자신의 험담을 하고 있다고 생각한다.
- 친구들의 태도나 행동을 자신에 대한 배신과 무시로 인지한다.
- 문제를 해결하는 방법이 회피뿐이다(전학, 죽고 싶다).
- 심리적 문제가 신체적 증상으로 나타나고 있을 가능성이 있다(두통 증세).

질문 03

상기 사례의 내담자에게 실시하고 싶은 심리검사는 무엇인가?

| 답변 |

심리검사	탐색 대상
SCT	대인관계, 부모와의 관계, 자아개념 파악
MMPI-A	타당도 척도(L-F-K) 점검, 3번 척도(Hy), 6번 척도(Pa), 9번 척도(Ma) 상승 정도
MBTI	성격유형 파악 및 사고와 태도, 행동의 이해(지나친 N직관적 인식방법과 F감정적 의사결정 방식 점검)
PAI	임상척도, 치료척도, 대인관계 척도 파악
TAT	이야기 내용에 대한 왜곡적 반응이나 일탈된 사고 측정
HTP	집(문, 창문, 벽, 부수적 사물), 나무(뿌리, 기둥, 가지, 잎), 사람(머리, 얼굴, 몸통, 팔다리) 그림을 통한 성격, 정서, 자아개념 파악

질문 04

상기 사례의 내담자와 상담하게 된다면, 어떤 문제를 먼저 다룰 것인가?

| 답변 |

① 자살사고 및 계획을 탐색한다.
- 내담자는 스트레스 인내력이 약해 죽고 싶다고 이야기하고 있다.
- 과거에 자살사고 또는 자살계획을 한 적이 있는지 확인한다.
- 내담자의 주위에 도와줄 사람이 많다는 사실을 인지시키고 본인에게 장점이나 강점이 존재한다는 사실을 깨닫게 한다.
- 자살은 결코 해결책이 될 수 없음을 인지시키고 생명존중 서약서를 작성하게 한다.
- 내담자의 문제해결에 대한 동기를 강화하고 내담자가 당면한 문제나 위기에 바르게 대처하는 방법을 찾을 수 있도록 한다.

② 문제행동을 수정한다.
- 내담자의 문제 회피행동을 소거한다.
- 내담자가 대인관계에서 보이는 자기중심적 사고와 행동을 수정한다.
- 내담자가 상대방을 비난하기 전에 배려하고 위하는 행동을 조성하도록 한다.

③ 내담자의 욕구에 맞는 행동을 선택하게 한다.
- 내담자가 친구관계를 개선하고 싶은 자신의 욕구를 스스로 인정하게 한다.
- 친구에게 다가갈 수 있는 여러 가지 사회적 기술을 훈련시킨다.

3 학교폭력 방관자의 고민

다음은 중학교 1학년 남학생과 상담사와의 채팅상담 내용이다.

상1 : 안녕하세요? 상담센터 채팅상담입니다. 무엇을 도와드릴까요?

내1 : 전 중학교 1학년 남학생이구요. 음, 고민이 깊어져서요.

상2 : 네, 그렇군요. 이 공간은 내담자와 상담자만 볼 수 있는 1:1 채팅방이니 마음 놓고 고민을 털어놓으세요.

내2 : (주저하듯 약간 침묵하더니) 저는 학교에 가면 항상 마음이 불편해요. 그러다 보니 학교 가기 싫은 마음이 생겨 아침마다 어머니가 학교 가라고 깨우면 짜증이 나요.

상3 : _____.

내3 : 제가 너무 비겁하다는 생각이 들어서요. 제가 과거에 잘 알고 지내던 착한 친구가 나쁜 애들에게 괴롭힘을 당하는데 제가 아무것도 해주지 못해서….

상4 : 친구의 어려움을 외면하고 있어 마음이 불편하군요.

내4 : 네, 맞아요. 그 애를 두둔하거나 보호하기 위해서 그 애를 괴롭히는 애들 앞에 나서기가 두려워요. 저도 그 애처럼 피해자가 될 수도 있고 영웅 노릇 하지 말라는 소리를 들을 수도 있으니까요.

상5 : 혹시 학교 선생님께 그 사실을 이야기할 수 없는 이유가 있나요?

내5 : (침 묵)

상6 : 학교폭력은 법으로도 금지되어 있고 학교로서도 중대한 사안일 텐데요.

내6 : 그 점은 저도 잘 알고 있어요. 하지만 가해학생 4명 모두 운동도 잘하고 공부도 잘하는 애들이에요. 그 애들은 영리해서 눈에 띄는 데서 남을 괴롭히지 않아요. 그러다 보니 담임선생님도 그 사실을 모르고 계세요.

상7 : 피해학생의 부모님도 그 사실을 모르고 계신가요?

내7 : 워낙 말이 없는 애라 모르고 계시는 것이 확실해요. 그 애는 저에게도 괴롭힘당하는 것을 털어놓지 않아요. 솔직히 저는 학교생활을 조용히 보내고 싶어요. 나서서 문제를 만들고 싶은 생각도 없구요.

상8 : 문제를 만든다는 것은 무슨 의미인가요?

내8 : 저만 참고 모른 척하면 아무 일도 없을 텐데 그 애를 보호한다고 제가 나서게 되면 다른 애들이 저보고 잘난 척한다고 흉을 볼지도 모르고, 가해학생들이 처벌을 받아도 전학을 가지 않는다면 같은 학교에서 마주치기도 두렵고요.

상9 : 솔직하게 자신의 감정을 이야기해 주어서 고마워요. 피해를 당하는 친구를 위해 뭔가 해야 한다는 생각과 그 결과로 생길 수 있는 일에 대한 두려움 사이에서 고민하고 있군요.

내9 : 제가 비겁한가요? 제가 그 친구를 위해 뭔가 할 수 있을까요?

상10 : 피해를 당하는 친구를 위해 당당히 나서는 것은 물론 어려운 일일 거예요. 그러나 용기를 내서 가해학생들에게 친구를 괴롭히는 일을 그만둘 것을 요구하고 학교폭력으로 신고하겠다고 경고해 보세요. 그리고 그 친구를 위로하고 격려하는 것도 좋겠네요.

내10 : 그래도 같은 일이 계속된다면요?

상11 : 그런 경우에는 선생님에게 정식으로 말씀드리고 학교폭력 증거를 수집하여 차후에 있을 학교폭력대책심의위원회에 대비하는 것이 바람직하다고 생각돼요.

내11 : 그렇군요. 제게 용기를 주고 방법을 가르쳐 주셔서 감사합니다.

질문 01

자신이 선호하는 상담이론에 대해 설명해 보시오.

| 답변 |

상담이론	주요 개념 및 기법	상담 적용
정신분석	• 원초아, 자아, 초자아 • 자유연상, 꿈의 분석, 전이, 해석	• 내담자가 통찰과 훈습을 통하여 자신의 문제적 사고와 행동을 수정하게 한다. • 청소년의 정체성, 과업수행, 대상관계적 이론을 통해 새로운 행동을 가능하게 한다.
행동주의	학습, 강화, 처벌, 소거, 모델링, 주장훈련	문제행동을 규명하고 강화와 처벌, 모델링, 행동계약 등을 통해 문제행동을 수정하거나 바람직한 행동을 조성한다.

인간중심	• 이해와 수용, 공감, 무조건적 존중 • 충분히 기능하는 인간	이해와 수용, 공감, 존중, 진실성을 가지고 상담함으로써 내담자가 스스로 문제를 해결할 수 있도록 돕는다.
게슈탈트	• 전경, 배경, 알아차림과 접촉 • 접촉-경계의 혼란, 미해결 과제	욕구, 감정, 신체 및 환경에 대한 자각, 빈 의자 기법, 자기 부분들 간의 대화, 반전기법 등을 통하여 형태의 정상적인 생성과 소멸을 방해하는 요인을 제거한다.
합리적정서행동 (REBT)	• 자기패배적 신념의 논박과 합리적 신념으로의 대체 • ABCDE 상담기법, 역할극, 수치심 깨뜨리기	• 자신과 사회에 대한 관심, 자기지시, 불확실성의 수용, 자기수용, 모험실행 등의 목표에 도달하도록 한다. • 인지적 기법, 정서적 기법(유머 활용, 역할극, 수치심 공격), 행동적 기법(모험활동, 주장훈련, 역할놀이, 행동재연)을 사용한다.
인지치료 (CBT)	• 역기능적 사고, 인지삼제, 자동적 사고, 인지적 왜곡 • 소크라테스식 질문, 역기능 사고 기록지, 대처카드 사용기법	역기능적인 자동적 사고 및 스키마를 수정하여 인지적 재구성을 도모한다.
현실치료, 해결중심	• 기본적 욕구(5가지), 선택이론, 자신의 삶에 대한 책임 강조 • WDEP기법	• 현재의 행동에 초점을 두고 이를 평가하며 활동계획을 수립한다. • 다짐 받아내기, 처벌하지 않기, 변명 받아들이지 않기, 절대 포기하지 않기 등에 유의하여야 한다.
교류분석 (TA)	• 인생각본, 게임, 라켓감정, 스트로크, 기본적 생활자세 • 자아의 구성요소(PAC)	• 구조분석, 상호교류분석, 생활각본 분석 등을 한다. • 심리극 등을 활용하여, 타인긍정과 자기긍정의 인생각본을 세울 수 있도록 돕는다.
실존주의	현재 삶의 의미 부여하기, 역설적 의도, 탈숙고	• 위기의 극복보다는 인간 존재의 순수성 회복에 중점을 둔다. • 자신의 행동의 의미수정과 능동적 삶의 선택을 돕는다.

질문 02

학교 내 학교폭력 관련자들에 대해 설명해 보시오.

| 답변 |

가해자	직접적으로 학교폭력에 가담한 자를 말한다.
피해자	학교폭력을 당하는 자를 말한다.
동조자/강화자	학교폭력 가해자의 편에 서서 피해자를 조롱하거나 피해자가 도망치지 못하도록 막거나 가해자들을 위해 망을 봐주는 자를 말한다.
방관자	학교폭력 사실을 알고서도 무관심하거나 신고하지 않고 침묵하거나 모르는 척하고 묵인하는 자를 말한다.
보호자/옹호자	학교폭력의 가해자에 경고하거나 폭력행위를 저지하거나 피해자를 적극적으로 보호하거나 위로하며, 학교폭력을 신고하는 자를 말한다.

질문 03

상기 사례에서 빈칸에 들어갈 상3의 말을 명료화 기법을 사용해서 답변해 보시오.

| 답변 |

① 학교에 가면 내담자가 불편해하는 사항을 피할 수 없겠군요. 그것이 무엇인지 궁금해지네요.
② 학교에서 내담자를 괴롭히는 일이 있어 학교가 가기 싫다는 의미로 들리는데 그것이 무엇일까요?
③ 학교에 가면 제일 불편한 점이 무엇인지 말할 수 없을까요?
④ 학교에 가기 싫을 정도의 사항이라면 무엇이 있을까요?
⑤ 학생이 학교 가기 싫다고 하는 이야기는 저로서는 아주 심각하게 들리는군요. 문제해결을 위해 한번 이야기해 볼래요?
⑥ 뭔가 괴롭고 힘든 일을 경험하고 있군요. 구체적으로 무슨 일이 있나요?

질문 04

채팅상담 후 상기 사례의 내담자를 대상으로 개인상담을 한다면, 어떤 상담목표를 세울 것인가?

| 답변 |

① 성취경험 경험하기
- 달성 가능한 목표 세우기
- 목표 달성을 위한 계획 세우고 실천하기
- 하면 된다는 성공경험 달성하기

② 자기의사를 표현하고 주장하기
- 자신의 생각과 의견을 상대방에게 표현하기
- 두려운 감정 깨뜨리기
- 원하는 사항 실천하기 연습

③ 학교폭력 바로 알기
- 학교폭력의 특징 이해하기
- 가해자, 피해자의 심리 이해하기
- 학교폭력에 대처하는 순서와 방법 알기
- 학교폭력 지킴이의 역할 익히기

4 게임 과의존과 진로갈등

개인상담실로 들어온 백 군(남, 14세, 중2)은 시무룩하였으며 상담에는 전혀 관심을 보이지 않는 태도를 보였다. 심지어 상담사가 내미는 서류를 본 척도 하지 않고 상담사의 질문에 대답도 하지 않고 바닥만 바라보고 있었다. 그런 상태로 침묵이 한동안 흘렀다.

이런 침묵이 불편했는지 백 군은 부모님 때문에 어쩔 수 없이 상담실에 왔다고 실토하였다. 그러면서 상담사가 자신을 잘 도와주었으면 한다고 부탁하였다. 또한 자신은 학교성적이 중상위권에 있으며 지각이나 결석을 한 적도 없는데 게임을 좀 한다는 이유로 아버지에게 야단맞고 휴대폰을 며칠 동안 압수당하였으며 결국 부모님의 손에 이끌려 상담센터에 왔다고 이야기하였다. 물론 상담을 받으면 용돈을 계속하여 줄 것이라는 약속을 부모님으로부터 받았다고 털어놓았다.

백 군은 유행하는 게임을 잘 알고 같은 게임을 하는 친구들 사이에서 상당히 유명하며 친구들에게 게임에 대한 조언을 하는 데서 보람을 느낀다고 하였다. 백 군은 현재 유튜브로 게임공략도 올리고 있는데 팔로워가 50명이 넘는다고 자랑까지 하였다. 또한 자신은 앞으로 유명한 게임방송 스트리머가 될 것이라는 포부도 상담사에게 숨김없이 이야기하였다.

백 군의 아버지는 현재 변호사로 일하고 있고 어머니는 영어학원 시간강사로 근무하고 있다. 부모님이 백 군의 학업에 적극적이어서 백 군도 한동안 시달리던 때가 있었지만 백 군이 이런저런 핑계를 대면서 부모님이 등록해 준 학원에 가지 않자, 부모님도 이제 포기한 상태이다. 그러다 보니 백 군은 부모님이 근무하는 낮 시간대에는 자신이 하고 싶은 것을 자유롭게 할 수 있게 되었다. 백 군은 게임방송을 진행하는 데는 공부나 성적이 그렇게 중요하지 않다고 믿고 있다.

백 군의 부모님은 외동아들인 백 군이 다른 애들처럼 학원에 열심히 다니고 좋은 성적을 받아 법관이나 의사가 되기를 바라고 있지만 백 군은 자기 나름대로 전술을 개발한다고 게임에 매달리고 있어 속이 터지는 상태이다. 백 군의 부모님은 접수면담에서 상담사에게 '제발 사람 좀 만들어 달라'고 신신당부하였다. 그러면서 요즘 핸드폰의 게임이 청소년의 미래를 망치고 있다고 소리 높여 주장하였다.

상담사가 백 군에게 부모님의 기대에 관해 이야기하니 대뜸 자신은 게임 스트리머(Streamer)가 되고 싶다고 하고 '계속하여 부모님이 자신에게 법관이나 의사가 될 것을 강요한다면 가출할 수밖에 없다'며 강하게 반응하였다.

질문 01

내담자에게서 아동학대의 정황이 보이는 경우 어떻게 대처할 것인가?

| 답변 |

① 「아동학대범죄의 처벌 등에 관한 특례법」 제10조 제2항에 의하면 청소년상담사는 상담 중 '아동학대범죄를 알게 된 경우나 그 의심이 있는 경우에는 시·도, 시·군·구 또는 수사기관에 즉시 신고하여야 한다'고 규정하고 있다.
② 상담사는 해당 상담기관의 장에게 아동학대 정황에 대해 보고하고 조치를 취해 줄 것을 요청한다. 이 경우 상담사는 피해 아동의 상처나 멍든 부위를 촬영해 둔다.
③ 피해아동이 심리적 안정을 확보하도록 돕고 상담을 지속한다.
④ 피해아동의 가정환경이 안전하지 않다면 아동보호전문기관에 아동복지시설로의 연계를 의뢰한다.
⑤ 법원의 요청이 있는 경우 법원에서 피해아동의 심리상태에 대해 증언한다.

질문 02

비행청소년과 어울리면서 문제행동이 심해지는 내담자를 상담할 때 유의할 점은 무엇인가?

| 답변 |

① 내담자가 상담 시 보이는 불량한 언어, 태도, 행동에 대해서는 다음을 유의한다.
- 상담자가 느끼는 부정적인 정서를 표현하지 않도록 한다.
- 내담자의 언어, 태도, 행동에 대해 평가하지 않는다.
- 내담자의 나쁜 점을 부각하거나 지적하지 않는다.
- 내담자가 편안한 마음으로 이야기할 수 있도록 간식을 제공하거나 음악 등을 활용해 부드러운 분위기를 연출한다.

② 내담자가 보이는 긍정적인 면을 부각한다.
- 내담자가 스스로 깨닫지 못하고 있는 자신의 강점이나 장점을 일러준다.
- 내담자의 강점을 기초로 내담자에게 변화의 가능성이 있음을 언급한다.

③ 친근하며 내담자를 위하며 내담자에게 주의를 기울인다는 인상을 준다.
- 내담자의 불만 사항을 경청하며 내담자의 억울한 감정이나 생각에 공감한다.
- 내담자에게 사람은 언제든지 좋은 방향으로 변할 수 있다는 확신을 전달한다.
- 변화의 목표를 세우면 누구든지 변화할 수 있다는 사실을 인지시킨다.

④ 내담자의 양가감정을 탐색하고 공감한다.
- 내담자의 뉘우치는 감정 또는 개선하고자 하는 마음을 읽고 이를 대신 표현해 준다.
- 주위 사람들의 비난에 대해 내담자가 억울함을 느끼는 것을 이해하고 수용한다.

⑤ 자신의 장래직업에 대한 확신이 약하다면, 일단 게임시간을 줄이기 위해 대안활동을 제시한다.
- 내담자에게 게임 대신 할 수 있는 행동이나 활동을 권장한다.
- 게임에 익숙한 점을 활용하여 게임 관련 직업을 찾아보도록 한다.

⑥ 자신의 장래직업(게임 스트리머)에 확고한 신념을 가진다면 부모에게 자신의 결심을 알리고 이를 성취하기 위한 준비를 한다.

질문 03

상기 사례의 부모님과 상담한다면, 상담의 주요 내용은 무엇인가?

| 답변 |

① 부모가 자신들의 욕구대로 자녀의 진로를 결정하고 이를 자녀에게 강요하는 것이 아닌지 탐색한다.
   일방적인 강요에서 발생하는 부작용 설명
② 부모의 양육방식이나 태도의 유형을 알아본다.
   - 권위적인 태도나 지시적이고 통제적인 양육방식, 과도한 성공압박 여부 점검
   - 바람직한 양육태도 전달
     - 민주적이고 권위 있는 양육방식
     - 독립된 인격체로서 대우(자율성 부여, 기대감 표현 등)
③ 부모가 자녀의 욕구나 바람에 대해 들어볼 수 있는 기회를 만든다.
   - 부모와 자녀의 서로 다른 입장이나 생각 확인
   - 바람직한 방식의 합의, 지지
④ 적극적 관심 및 적당한 통제와 관리의 필요성을 강조한다.
   - 가족규칙 또는 계약사항 수립과 준수
   - 가족활동 증진 및 가족 구성원의 적극적 참여 권장

질문 04

상기 사례의 내담자와 초기상담을 한다면, 어떻게 개입할 것인가?

| 답변 |

① 내담자의 방문 동기가 무엇이든 간에 우선 상담실로 온 것에 대해 칭찬한다.
  - 청소년은 일반적으로 상담을 비자발적으로 시작하게 되는 경우가 많다는 점을 전달한다.
  - 청소년의 자발적인 선택이 아니었다고 할지라도 상담실에 온 사실에 대해 칭찬한다.
② 내담자가 부모님과 진로문제로 갈등을 겪고 있는 것을 이해한다.
  - 내담자가 자신의 진로에 대한 확신을 가지기 위해서는 아래 진로탐색의 과정이 필요하다.
    - 진로탐색검사(스트롱 직업흥미검사, 홀랜드 검사, 적성검사 등) 실시하기
    - 내담자가 희망하는 직업에 종사하는 선배나 진로전문교사의 의견 구하기
    - 희망 직업에 대한 정확한 정보와 전망 탐색하기
    - 희망 직업을 잘 수행하기 위한 학문적 기초나 진학학교 선정하기
  - 내담자가 진로에 대한 확신을 얻은 후에는 아래와 같이 부모님의 지지를 얻는 과정이 필요하다.
    - 내담자의 진로에 대한 전망과 계획 설명하기
    - 내담자의 부모님이 원하는 진로가 내담자에게 맞지 않다는 근거 제시하기
③ 게임을 즐기는 것과 게임방송을 진행하는 것은 서로 다를 수 있음을 설명한다.
  - 현재 내담자의 행동이 둘 중 어느 쪽에 더 가까운지 평가한다.
  - 방송의 기본기술을 익히고 관련 전공과목을 선택할 수 있도록 돕는다.
  - 인기 있는 방송 진행을 위한 대학 진학의 필요성을 인식시킨다.

5 비행과 실존위기

중학교 2학년인 탁 군은 마음이 괴롭다. 어머니가 몇 년 전에 아버지와 이혼하신 뒤로 생계를 위해 아침 일찍 공장에 출근해 저녁 늦게 일을 마치고 돌아오는 것에 미안한 마음이 든다. 어머니는 탁 군에게 공부를 열심히 하여 훌륭한 사람이 되는 것이 효도라고 입버릇처럼 말씀하신다. 공부를 잘하여 좋은 대학에 간 사촌 형을 칭찬하면서 '그 형을 본받으면 얼마나 좋겠느냐'고 말씀하실 때는 짜증이 나고 사촌 형과 자신을 비교하는 어머니가 미워지기도 한다. 탁 군은 외동아들에 대한 어머니의 기대를 이해하면서도 항상 그 기대에 못 미치고 노력조차 하지 않는 자기 자신에게 양심의 가책을 느끼고, 자기와 같은 아들을 둔 어머니가 불쌍하다는 생각이 들 때가 있다.

탁 군은 집안 형편이 넉넉하지 않아 학원에도 다니지 못하고 공부에도 별로 흥미를 느끼지 못한다. 초등학교 5~6학년까지는 공부도 잘하고 선생님 말씀도 잘 듣는 모범학생이었으나 지금은 학교 수업시간에 엎드려 잠을 자고 수업이 끝난 뒤 친구들과 저녁 늦게까지 어울려 다니다가 집에 들어가는 생활을 하고 있다. 용돈이 궁하면 때때로 후미진 곳에서 마주치는 초등학생을 위협하여 뺏은 돈을 사용하고 있다.

어머니가 출근하실 때 알람을 맞춰 놓고 나가면서 학교에 늦지 말라고 신신당부하시지만 탁 군은 자기도 모르는 사이에 알람을 꺼 아침 늦게 일어나는 때가 자주 있다. 탁 군은 학교에 지각했을 때 다른 애들의 비웃는 듯한 웃음소리가 듣기 싫어 9시가 넘어 일어나는 날이면 아침도 먹지 않고 근처의 PC방에 가서 게임을 한다. 어머니가 점심시간에 전화하면 PC방인데도 학교라고 속이기도 한다. 탁 군은 이런 자신이 밉고 어머니를 생각하면 죄송한 마음이 들기도 하지만 자신의 일탈행동을 좀처럼 고치지 못하고 있다.

탁 군은 학교에서 교사에게 불손한 태도를 보이고 친구와 시비가 붙어 몸싸움을 벌이기도 하여 문제학생으로 소문이 나면서 학교생활이 불편해지고 학교에 가는 것도 싫어졌다. 공부나 숙제는 거의 하지 않아 성적은 날이 갈수록 떨어졌고 친구들과의 관계도 소원해졌다. 그 대신 아는 비행 선배들과 밤늦게까지 어울리는 일이 많아졌다. 학업을 중도에 포기할까, 하는 생각을 하다가도 어머니를 생각하면 차마 그렇게 할 수 없다. 이런 자신을 생각하면 슬프기도 하고, 미래가 보이지 않는 느낌에 막막하기도 하고, 특히 자신만을 보고 사시는 어머니에게 죄스럽기도 하다.

탁 군은 언제부터인지는 몰라도 자신이 이 세상에서 가장 불행한 것 같고 왜 사는지 그 이유를 모르겠다는 생각에 종종 우울함에 빠지거나 심지어는 자살생각까지 하게 될 때도 있다. 그러다 보니 탁 군은 혼자 있으면 슬프고 눈물을 흘릴 때가 많아졌다. 그러다가 문득 전문가의 도움이 필요하다고 생각되어 1388로 전화를 걸어 상담을 받기로 하였다.

질문 01

상담사에게 중요한 역량은 무엇이라고 생각하는가?

| 답변 |

① 역량은 자질과 동의어로 볼 수 있다. 자질은 전문적인 자질과 인간적인 자질로 구성된다.
② 상기 문제의 출제 의도는 수험생이 중요하게 평가하는 자질(역량)을 물어보는 것이라고 볼 수 있다. 그러므로 면접관에게 어필할 수 있는 역량을 열거하는 것이 바람직하다고 판단된다.
③ "상담사로서 갖추어야 하는 역량은 많지만, 저는 다음과 같은 역량이 중요하다고 생각합니다."
  - 우선 내담자를 존중하고 이해, 수용하는 마음 자세와 인간적인 따뜻함을 갖추어야 한다고 생각합니다.
  - 내담자를 비판하고 평가하는 태도보다 내담자의 입장에서 생각하고 판단하며 내담자를 진심으로 이해하고 위하는 태도를 보임으로써 신뢰관계를 맺는 것이 중요하다고 생각합니다.
  - 사례개념화를 정확히 하고 적절한 개입방법을 결정하기 위하여 상담이론과 기법은 물론 지역사회의 자원과 연계할 수 있는 역량을 갖추어야 한다고 믿습니다.
  - 자신의 능력을 벗어나는 영역(심리검사, 주호소문제 등)에 대해서는 다른 상담전문가에게 인계(Refer)할 수 있어야 하며 자신의 상담영역을 확장하고 심화시키기 위해 자기계발을 게을리하지 않아야 한다고 생각합니다.
  - 상담에서 오는 여러 가지 스트레스를 극복하기 위하여 소진을 예방하고 자신의 미해결된 감정을 해결하도록 최선을 다해야 합니다.

질문 02

상기 사례에서 상담자로서 긴급하게 개입할 사항은 무엇이라고 생각하는가?

| 답변 |

① 비행행동의 소거
- 범죄와 비행행동이 초래할 수 있는 결과(검거, 조사, 법원의 보호처분 등)는 내담자에게 부정적인 영향을 끼친다는 사실을 인지하게 한다.
- 교사에게 대들고 친구들과 몸싸움하는 행동은 바람직하지 않으며 내담자와 친구들의 관계를 단절해 결국 내담자를 고립시킨다는 점을 알게 한다.

② 내담자가 자신의 가치 깨닫게 하기
- 내담자가 문제를 인식하고 있으며 이를 개선하려는 의지를 지니고 있음을 일깨운다.
- 어려운 가정 형편에도 불구하고 성공한 사람들이 많음을 알려주고 그 사례를 들려준다.
- 내담자가 어머니에게 하나밖에 없는 사랑하는 아들임을 재확인시킨다.
- 내담자의 비합리적인 생각, 부정적인 정서를 수정하게 한다.

③ 학습활동 재개
- EBS의 무료 온라인 강의를 수강하면서 공부하도록 동기를 부여한다.
- 수업시간에 졸거나 자지 않는 습관을 기르도록 한다.
- 목표(성적, 장래희망 직업, 대학 등)를 정하고 이를 달성하기 위한 실천계획을 세우고 지키게 한다.

④ 생활습관의 개선
- 학교 등교시간을 잘 지키게 한다.
- 생활계획표를 작성하고 철저하게 이를 지키게 한다.
- 방과 후 비행친구와 만나서 보내는 시간을 줄여나갈 수 있도록 한다.

질문 03

상기 내담자의 주호소문제는 무엇인가?

| 답변 |

① 자신은 불행한 사람이다. 왜 사는지 모르겠다. 우울하고 슬프다.
- 실존에 대한 의미 상실
- 가출하거나 절도, 폭행과 같은 범죄 가담 가능성
- 약한 개선 의지

② 학교에 가기 싫다.
- 낮은 성적, 학습의욕 상실, 교사와의 갈등, 친구와의 몸싸움
- 교사의 방임과 친구의 멸시
- 우범소년이 될 가능성(소년법 제4조 제2항)

③ 어머니에게 죄송스럽다.
- 어머니의 바람 미충족, 비행행동으로 인한 어머니의 실망에 대한 두려움
- 힘들게 생계를 꾸려나가는 어머니에 대한 죄의식과 안타까움

질문 04

상기 사례의 내담자를 상담한다면 어떤 상담목표를 세울 것인가? 그리고 그 이유는 무엇인가?

| 답변 |

① 자신의 가치 깨닫기
- 초등학교 시절의 성공적인 학교생활에서 현재의 개선 가능성 찾기
- 자신이 어머니가 사랑하는 하나밖에 없는 아들임을 깨닫기
- 현재 자신이 처한 상황은 개선하지 못하는 것이 아니라 개선하지 않고 있는 것임을 깨닫기

② 학교 적응행동 갖추기
- 수업시간에 졸거나 자지 않고 집중하기
- 친구에게 자신의 의견을 올바른 방식으로 전달하거나 친구에게 양보하여 친구관계 개선하기
- 학교에 지각이나 결석하지 않기
- 교사에게 질문하고 배우려는 자세 가지기

③ 미래의 꿈을 설정하고 목표 세우기
- 목표는 현재의 삶을 의미 있게 만든다는 믿음 가지기
- 학습목표를 세우고 실천하기
- 비행 선배들과의 교제 피하기

제3절 3급 기출사례 - 2022년 21회

1 부모의 싸움

초등학교 6학년인 문 군(12세, 남)은 하루하루가 힘들다. 아버지가 퇴근하고 집에 오는 시각부터 지옥을 경험하기 때문이다. 아버지는 퇴근하면서 거의 매일 술에 취해 들어와 어머니에게 시비를 걸고 손에 닿는 물건을 집어 던지는 행패를 부리고 있다. 집이 지저분하다든지 아무도 자기를 반갑게 맞이하지 않는다든지 이런저런 핑계를 대면서 가족을 못살게 굴고 있다. 어머니는 오랫동안 아버지의 고약한 술버릇 때문에 참고 지내다 최근 들어서는 아버지에게 고함을 지르면서 지지 않게 대응하고 있다. 이웃사람들이 무슨 불구경이나 하듯이 문 군의 집 앞으로 와서 서로 수군거리는 것을 보는 것은 문 군으로서는 정말 견디기 어려운 일이다.

3년 전만 하더라도 문 군 아버지의 술주정은 그리 심하지 않았다. 아내에게 "술 마셔 미안하오."라고 이야기하였고 아들인 문 군에게는 껴안으면서(문 군은 정말 그런 행동을 싫어하였다) "아이고, 내 새끼"라며 귀여워하였다. 중소기업을 경영하였던 아버지는 바빴지만 문 군이 원하는 것을 무척 잘 사주었던 그런 아버지였다. 그러다가 3년 전에 회사가 부도를 맞고 지금의 달동네로 이사 와서 친구의 슈퍼마켓에서 잡일을 하면서부터 아버지가 술을 과도하게 마시기 시작하였다. 술을 마시기 시작하면서 지금의 나쁜 술버릇이 나타나고 있다. 밤늦게까지 부모님이 싸우는 통에 문 군은 잠을 제대로 잘 수도 없다. 게다가 아버지는 어머니뿐만 아니라 문 군에게까지 폭력을 행사하고 있다. 아버지가 집에 들어오는 시각에 문 군이 TV를 보고 있거나 핸드폰을 만지고 있으면 가차 없이 발로 차고 때리기까지 하여 이제 문 군에게 아버지는 두려운 존재가 되어 버렸다. 문 군은 이런 불행한 일이 앞으로도 계속될 것이라고 믿으며 우울함에 빠져 있다.

문 군은 아침에 밥도 먹지 못하고 학교에 가는 날이 많다. 문 군은 학교에 가서도 잠이 부족하여 졸기도 하고 멍한 눈으로 허공을 쳐다보기도 한다. 그러나 무엇보다도 저녁에 닥쳐올 일을 생각하면 두려워져서 집에 들어가기 싫어진다. 문 군은 친구가 없는 편이고 지난해 친구를 때려 문제를 일으키기도 하였으며, 종종 수업시간에 핸드폰으로 몰래 게임을 하기도 하였다. 문 군의 담임교사가 최근 문 군의 변한 모습이 걱정되어 Wee Class에서 상담하도록 하였고 Wee Class 상담교사는 문 군의 어머니에게 동의를 구하고 관할 청소년상담복지센터에 상담신청을 하게 되었다.

상담실에 들어선 문 군은 센디 상담사의 따뜻한 반김에 눈물을 쏟았다. 그리고 자신은 집에 들어가기 싫다고 이야기하였으며, 부모가 왜 그렇게 심하게 싸우는지 잘 모르겠다고 울먹였다.

질문 01

학교의 Wee Class와 청소년상담복지센터의 상담사가 협력한다면 얻을 수 있는 시너지 효과는 무엇인가?

| 답변 |

① 학교의 Wee Class 상담교사는 학교 수업시간 중에 상담을 하지만 청소년상담복지센터는 방과 후에 상담을 실시한다.
② Wee Class 상담교사는 내담자의 학교생활, 특히 교우관계, 학습수행 능력과 학습태도, 교사와의 관계, 내담자 가정의 정보(생활환경, 소득수준, 부모의 양육방식이나 태도 등)를 잘 알고 있다. 그리고 담임교사를 통해 평상시 내담자의 버릇이나 성격, 언행과 태도에 대한 정보뿐만 아니라 부모를 면담한 정보도 잘 받아낼 수 있다.
③ 청소년상담복지센터의 상담사는 다양한 심리검사, 행동과 태도의 관찰과 대화를 통해 내담자의 내적 정보(심리적 문제, 욕구, 성격, 정서 등)를 많이 알고 있다.
④ 그러므로 상담교사와 상담사가 협업을 한다면 좀 더 구체적이고 광범위한 내담자의 외적 정보 및 다양한 상담기법과 심리검사를 통해 얻은 심층적인 내적 정보를 모두 활용하여 정확하고 효과적인 개입을 할 수 있다.

질문 02

(상담 경험이 있는지의 질문 후에 상담 경험이 있는 수험생에게) 지금까지 인상 깊었던 상담 경험이 있다면 이야기해 보시오.

| 답변 |

상당히 개인적인 질문이어서 일률적으로 대답하기는 곤란하지만 다음 사항이 언급된다면 바람직한 대답이 될 것이다.

① 상담사를 배척하고 상담이 필요 없다고 난리를 치던 내담자가 상담에 적극적으로 임하게 되었다.

처음에는 상담사로서의 능력 부족이나 내담자와 라포 형성의 어려움, 상담사 역할의 어려움을 느꼈으나 내담자에게 상담사의 태도나 말이 자신을 위한 것이라고 깨닫게 하였다. 상담사로서 기뻤지만 교만하지 않았고, 실망하지 않고 항상 겸허한 자세로 노력하여야겠다고 다짐하였다.

② 상담을 마친 학생이 스승의 날이나 상담사의 생일을 기억하고 카드를 보내왔다.

청소년을 대상으로 하는 청소년상담사로서의 보람을 느끼고 자부심을 느꼈다. 청소년들의 순수함과 아름다운 마음을 느낄 수 있었다.

③ 상담 약속 시간보다 먼저 도착하여 상담사를 기다렸다.

상담을 통해 자신이 변해가는 모습을 깨닫고 상담사를 믿고 따르는 모습에서 고마움과 보람을 동시에 느꼈다. 그러나 한편으로는 내담자의 의존성이 걱정되기도 하여 정서적인 유격을 유지하면서 자율적이고 독립적인 행동을 조성해 주었다.

④ 상담 종료 후 기간이 상당히 흐른 다음 다른 문제로 다시 상담사를 찾았다.

내담자에게 자신의 실력이 입증되었으며 자신을 믿고 있다는 사실을 알아차리게 되어 기분이 좋았다.

⑤ 내담자의 어머님이 상담 중이나 종결 후에 문자로 내담자가 많이 변하였고 잘 지낸다는 감사인사를 보내왔다.

상담사로서 자부심을 느꼈고 인정받고 있다는 점을 알게 되어 기뻤다.

⑥ 학교의 문제학생으로 낙인 찍혔던 내담자가 상담을 받고 모범학생이 되어 대학에 진학하여 카톡으로 축하해 달라고 하였다.

상담사로서의 보람을 느낀 사건이고 지금까지 연락을 주고받고 있으며, 전화나 카톡으로 간단히 조언을 주고 있다.

질문 03

상기 사례에서 내담자가 호소하는 문제 이외에도 더 살펴보아야 할 점은 무엇인가?

| 답변 |

① 내담자 부모의 양육태도나 양육방식
② 내담자의 성장환경과 성장과정, 그리고 영양과 위생상태
③ 부모의 갈등이나 싸움에 대한 내담자의 생각과 느낌
④ 내담자가 스트레스에 대응하는 반응(말이나 행동, 공격학습 등)
⑤ 내담자의 인지도식(현재를 판단하고 평가하는 방식)
⑥ 내담자의 학교 내에서의 활동(모둠활동, 쉬는 시간과 점심시간의 친구와의 활동 유무 및 내용)
⑦ 내담자의 스마트폰 사용시간과 사용습관
⑧ 내담자의 기질과 성격 검사, 미충족된 욕구 검사, 다면적 인성검사 등을 통한 내담자의 이해

질문 04

상기 사례에서 당신이 문 군의 상담사라면 어떤 순서로 개입할 것인가?

| 답변 |

① 가정의 화목을 도모하여 내담자의 두려움과 절망감 해소
- 부부 간의 갈등과 싸움은 자녀에게 씻을 수 없는 상처를 준다는 사실을 인지하게 한다.
- 아동학대의 위법성을 아버지에게 알린다.
- 건강한 가정은 자녀의 행복을 위해 필수적인 요소임을 부모에게 전달한다.
- 어머니로 하여금 남편을 위로하고 어려움을 공감하게 하여 남편이 자신의 잘못된 행동을 깨닫게 한다.
- 내담자가 부모에게 자신의 생각과 느낌을 이야기하도록 한다.

② 친구관계 개선
- 스트레스에 대한 인내력을 키운다.
- 일시적인 분노를 억제하고 통제하는 능력을 훈련한다.
- 친구와의 의사소통 방식과 사회적 기술을 익힌다.
- 기분이 나쁠 때 자신의 감정과 주장을 상대방에게 명확하게 전달하도록 한다.
- 친구를 돕고, 친구를 위하며, 친구와 함께 하는 활동을 한다.

③ 건강·위생·복리·학습지원
- 필요한 경우 지역 주민센터를 통해 내담자에게 다양한 지원이 가능하도록 연계한다.
- 방과 후 학습을 위해 지역아동센터의 도움을 받게 한다.
- 기타 주민센터의 도움으로 가정경제에 도움이 되도록 한다.

④ 개인상담과 가족상담 실시
- 부부관계의 개선
- 가족의 구조와 기능의 개선
- 내담자의 심리적인 문제해결과 문제행동의 소거

2 위험한 동영상 노출

어느 여학생(중1)이 상담센터의 게시판에 남긴 사연의 내용이다.

저는 현재 중학교 1학년 여학생입니다. 공부는 잘하지 못해도 성격이 쾌활하고 상냥하여 친구들도 잘 사귀고 있고, 주말에는 친구들과 어울려 놀이동산이나 코인 노래방, 카페 등에서 재미있게 놀고 있습니다. 그러다 보니 공부는 항상 뒷전입니다. 그리고 다른 중학교 남자애들과도 방과 후에 모여 공원에서 함께 이야기도 하고 놀기도 합니다. 그래서 학원을 종종 빼먹기도 하고요. 부모님은 두 분 다 직장에서 일하고 계셔서 집에 가도 아무도 없다 보니 자연스럽게 친구들과 어울리게 되고 노는 것에 재미를 느끼고 있습니다. 제가 외동딸이어서 부모님은 용돈도 충분히 많이 주고 계세요. 그리고 부모님이 퇴근하신 후에 제가 집에 들어가도 가볍게 나무라기만 하세요. 부모님은 저를 믿으신다고 그랬고 제가 부모님에게는 하나밖에 없는 자식으로 큰 보람이고 자랑이라고 말씀하셨어요.

그런데 친구들과 같이 온 남자애들 중 최근 알게 된 중3 오빠와 친하게 지내게 되면서 다른 애들 몰래 주말에 데이트도 하였어요. 하루는 그 오빠가 저에게 컴퓨터로 한 사이트에 한번 접속해 보라고 알려주면서 이상한 미소를 지었습니다. 저는 호기심에 그 사이트에 들어가 보았는데 남녀가 부끄러운 행동을 하는 동영상들이 엄청 많이 있었어요. 깜짝 놀라 바로 빠져나왔지만 얼굴이 화끈거리고 창피하고 부끄러운 한편 무서운 생각이 들었어요. 과거 N번방의 방송기사가 떠오르면서 '내가 이 사이트에 접속해서 그런 나쁜 사람들에게 해를 당하는 건 아닐까' 하는 두려움에 시달리고 있습니다. 그래서 며칠 밤을 제대로 자지 못하고 악몽에 시달리기도 하였습니다.

같이 어울려 놀던 친구들이 왜 나오지 않느냐고 전화하고 있지만 저는 방과 후 학원을 마치면 오후에 곧장 집으로 들어갑니다. 그러나 혼자 집에 있는 시간 동안에는 무서워서 공부도 안 되고 자꾸만 제가 보았던 영상이 머릿속에 맴돌고 있습니다. 부모님이 이 사실을 알면 크게 실망하실 것이 뻔해서 이야기도 못 합니다. 앞으로 저는 어떻게 하여야 할까요?

질문 01

청소년의 유해 사이트 접속을 예방할 수 있는 예방책은 무엇인가?

| 답변 |

① 학교에서 Digital Literacy 교육을 시킨다.
- 인터넷상의 콘텐츠에 대한 현명한 판단을 유도한다.
- 건전한 콘텐츠 이용과 활용 능력을 제고한다.

② 학교에서 유해 사이트에 대한 교육을 강화한다.
- 유해 사이트(도박, 약물, 자살, 음란 사이트)의 나쁜 영향을 알게 한다.
- 학생들의 건전한 콘텐츠 이용을 유도한다.

③ 가정에서 관심을 가지고 유해 사이트 차단을 위해 노력한다.
- 자녀들의 컴퓨터나 스마트폰에 유해 사이트 접속이나 특정 검색어 차단 앱이나 프로그램을 설치하도록 한다.
- 부모의 인터넷 소양과 능력을 향상하며 자녀들의 인터넷 사용에 관심을 기울이고 관리하도록 한다.

④ 법률이나 제도상으로 유해 사이트 검열과 단속을 강화한다.
- 지속적인 단속, 유해 사이트에 대한 신고제도를 활성화한다.
- 네이버, 구글, 다음 등과 같은 포털 사이트 민간업체들의 사이트 관리와 삭제 등 자율규제활동을 강화한다.

질문 02

내담자가 약속한 상담시간이 아닌데 불쑥 찾아와서 상담을 받고 싶다고 한다면 어떻게 반응할 것인가?

| 답변 |

① 예고도 없이 불쑥 찾아온 내담자를 일단 따뜻하게 대한다.
- 어렵다고 생각하는 순간에 상담자를 생각한 것은 상담자로서도 기분이 좋은 일이다.
- 그러나 예고도 없이 찾아와 상담자가 당황스러운 것도 사실이다.
- 다른 내담자와의 상담계획도 있고 다른 할 일도 있는 법인데 불쑥 찾아오는 것은 상담자를 배려하는 마음이 부족하다는 점을 지적한다.

② 상담의 의미를 전달한다.
- 상담과정은 예정되고 의도된 것이며, 내담자와 상담자는 이를 충실히 지키는 것이 중요하다.
- 상담은 스스로 문제를 해결해 가는 과정이다. 상담자에 대한 지나친 의존성은 피해야 한다.
- 예정된 상담일자나 시간 전에 상담자와의 상담이 필요하다고 판단되면 미리 상담자와 상의하여 상담일시를 변경하는 것이 좋다.

③ 자율적인 문제대처의 중요성을 깨닫게 한다.
- 문제에 직면하였을 때 상담자에게 먼저 의존하는 것보다 우선 스스로 문제를 파악하고 이를 어떻게 대처할 것인지 생각하는 노력이 필요하다.
- 발생한 문제와 과거 상담자가 다루었거나 내담자가 하겠다고 한 사항과 연계하여 해결책을 생각해 보도록 한다.

④ 필요한 경우 상담일시를 재조정한다.
- 찾아온 이유를 묻고 상담 때 다루자고 이야기한다.
- 내담자의 충동성에 대한 것도 다음 상담에서 다룬다.
- 다급히 다루어야 할 필요가 있다고 판단되면 예정된 상담일시를 앞당긴다.

질문 03

상기 사례에서 나타난 내담자의 문제는 무엇인가?

| 답변 |

① 음란 사이트에 접속하여 죄책감을 느끼고 있다.
- 부모님의 믿음과 사랑을 배신하는 행동을 하였다고 생각하고 있다.
- 청소년으로서 봐서는 안 되는 내용을 보게 되었다는 당혹감과 부끄러움을 느끼고 있다.

② 성범죄의 대상이 될지 모른다는 두려움을 느낀다.
- 과거 방송에 나온 청소년 성착취 범죄자들의 목표가 될 수 있다고 두려움을 느낀다.
- 그런 두려움으로 인하여 악몽에 시달리고 있다.

③ 부모님의 관리나 통제에서 벗어나 있다.
- 부모님이 모두 일을 하고 있어 낮 시간 동안 내담자를 돌보거나 대화하는 사람이 없다.
- 학원수업을 빼먹고 친구들과 어울려 논다고 학업을 등한시하고 있다.
- 부모의 방임에 가까운 양육태도로 인하여 내담자의 자기통제력이 저하되어 있다.

④ 문제가 발생하였을 때 도움을 청하지 않는다.
친구나 부모님에게 자신의 문제를 이야기하여 도움을 청하지 않고 속으로만 어찌할 바를 몰라 하면서 문제를 더 키워 가고 있다.

질문 04

상기 사례의 내담자를 위해 상담목표 및 전략을 잡는다면 무엇인가?

| 답변 |

상담목표	해결 접근방법(상담전략)
두려움의 해소	• 자신의 문제를 부모님에게 이야기하여 도움을 청한다. • 음란물 사이트를 접속하였다고 해서 성착취범의 범죄대상이 되지는 않는다는 사실을 인지시킨다 (개인정보 노출이 되지 않았기 때문). • 음란 사이트의 접속은 분명히 잘못된 것이며 이를 다시 반복하지 않는다. • 인지적 왜곡(부정적 사고의 확산)을 발견하여 이를 바로잡는다.
친구관계 개선	• 방과 후에 만나는 친구와의 만남 빈도와 시간을 줄인다. • 학업과 관련된 친구와의 교제에 더 치중한다. • 마음을 털어놓을 수 있는 학교 내 친구들을 사귄다.
학업활동 증진	• 학원수업에 더욱 더 착실히 참여한다. • 성적목표를 정하고 달성하기 위하여 공부한다. • 부모의 내담자에 대한 관심과 관여의 폭을 넓힌다.

3 이혼가정의 자녀

다음은 초등학교 6학년 내담자 여학생(12세)과 상담사의 상담 축어록이다.

상1 : 오늘은 기분이 약간 가라앉아 있는 것 같구나. 지난주에 무슨 일이 있었니?

내1 : 그냥 그래요. 약간 일이 있었지만 별로.

상2 : <u>음, 무슨 일이 있었지만 별로 이야기하고 싶은 심정이 아닌 것 같구나.</u> 일어난 일로 기분이 가라앉은 것 같은데 무슨 일인지 이야기해 줄 수 없니?

내2 : (잠시 침묵 후에) 어제 학교 운동회가 있었는데 엄마가 왔었어요. 아빠는 짐 싣는 큰 트럭을 운전하고 있어 지방에 가 있는 바람에 떨어져 살던 엄마가 대신해서 온 거예요.

상3 : 그래? (자세를 내담자에게 바짝 가까이 하면서) 계속해 보아라. 그런데 엄마를 만나고서도 기분이 안 좋았던 것 같구나.

내3 : 저도 잘 모르겠어요. 엄마를 만나서 좋을 것 같았는데.

상4 : 그래? <u>엄마를 만나면 좋을 것으로 생각하였는데 그러지 못하여 당황하기도 하고 이상하기도 하였겠구나.</u>

내4 : 네, 그래요. 엄마와 아빠가 이혼하여 따로 살고 있다는 것을 엄마를 만나니 확실하게 알게 되었어요. 그래서 기분이 안 좋아졌어요. 다른 애들은 엄마, 아빠가 같이 와서 즐겁게 운동시합에 참가하였는데.

상5 : 나도 어릴 적에 엄마와 아빠가 이혼하여 아주 슬펐을 때가 있었단다.

내5 : 괜찮아요. 그래도 엄마는 저를 만나면 늘 잘해주려고 노력해요. 어제 운동회가 끝나고 나서 저에게 피자도 사 주시고 백화점에 가서 예쁜 옷도 사 주셨어요. 그래도 이상해요. 입고 싶었던 옷도 엄마가 사 주었는데 그렇게 즐겁지도 않았으니.

상6 : 음, ○○(이)는 먹을 것이나 옷보다도 엄마의 사랑이 더 필요하였구나. <u>그리고 다른 친구들처럼 엄마, 아빠가 함께 행복하게 살았으면 하고 생각해서 어제 기분이 안 좋았던 것이로구나.</u> 혹시 엄마도 ○○(이)가 기분이 착 가라앉는 것을 보고 서운하게 생각지는 않았니?

내6 : 엄마는 눈치가 빨라 제 마음을 잘 아는 것 같았어요. 엄마가 저에게 아빠랑 같이 살았던 것이 힘들고 고생스러웠다고 이야기하였어요.

상7 : 그렇구나. 그런 얘기는 처음 듣는구나.

내7 : 아빠가 술을 좋아하여 운전하면서 사고도 여러 번 내고 병원에도 입원하였는데 엄마가 해결한다고 무척 힘들어했어요. 그런데도 아빠는…. (눈물을 보임)

상8 : (화장지를 건네주면서 등을 토닥거림)

내8 : 아빠는 술만 먹으면 엄마에게 욕을 하고 물건을 막 던지고 부셨어요. 저는 아빠를 말렸지만 소용이 없었어요. 겁먹은 엄마의 얼굴을 잊을 수가 없었어요.

상9 : 오늘은 ○○(이)가 솔직히 나에게 부모님 이야기를 해주어 고맙구나. 만약 내가 ○○(이)라도 슬프고 어찌해야 할지 몰랐겠구나.
내9 : 선생님, 오늘은 그냥 재미있는 보드게임이나 해요.
상10 : 그러자꾸나.

질문 01

이혼가정의 부모가 자식이 자기를 무시하고 대든다고 호소한다면 어떻게 하겠는가?

| 답변 |

부모가 이혼을 하였다면 부모상담은 자녀와 같이 살고 있는 어머니와의 상담이 보통이다. 이를 기준으로 하여 대답해 보도록 한다.

① 혼자 자녀를 키우는 것의 어려움을 공감하며 놀라움을 전달한다.
- 혼자 자녀를 양육하는 것은 힘들고 어려운 일이다.
- 집안일과 직장 그리고 자녀의 양육을 동시에 한다는 것은 거의 초인적인 노력이 필요하다.
- 그러한 일을 하고 있는 어머니를 대단한 사람이라고 인정한다.

② 자녀가 어머니에게 대들고 무시하는 저항에 화가 나고 속상한 점도 공감한다.
- 자녀가 어머니의 지시를 고분고분하게 잘 따르지 않는 것은 자아발달의 자연스러운 과정이니 너무 조바심을 내거나 억지로 억압하지 않도록 하는 것이 바람직하다.
- 어머니와 거리를 두며 친구를 더 가까이하는 것도 그 단계에서는 당연한 일이다.
- 평면적이고 민주적인 의사소통의 방식으로 자녀의 의견과 결정을 경청하고 존중하는 태도가 필요하다.

③ 자녀를 자신의 욕구를 실현하는 도구로 보지 말고 독립적인 인격체로 존중하여야 한다.
- 자녀가 공부를 잘하고 말도 잘 듣기를 바라는 것은 부모들의 공통된 바람이지만 너무 그런 바람을 자녀에게 주입하여 지시하고 통제하면 자녀의 저항을 유발하게 된다.
- 자율적으로 결정하도록 돕고, 어머니와 합의를 통하여 결정할 수 있도록 유도한다.
- 부정적인 감정을 섣불리 자녀에게 바로 드러내지 말고 시간 간격을 두었다가 대화로 자초지종을 묻고 대책이나 해결책을 제안한다.

④ 이혼한 전(前) 배우자의 도움을 받는다.
- 자녀의 문제는 공통 관심사이기 때문에 필요한 도움을 청한다.
- 부부가 같이 자녀와 만나 자녀의 문제를 서로 다루고 의견을 개진하여 자녀가 자율적으로 개선하도록 유도한다.

질문 02

상기 사례에서 상담자가 사용한 상담기법을 찾아내고 그 효과를 설명해 보시오.

| 답변 |

① 상2 : 공감과 명료화
- 공감 : 내담자의 감정을 상담자가 그대로 같이 느끼는 감정을 표현함으로써 내담자는 자기가 상담자에게 충분히 이해받고 있다고 느끼게 된다.
- 명료화 : 내담자의 말 중에서 모호하거나 불명확한 부분을 명확히 이해하기 위해서 구체적인 사항을 질문한다.

② 상3 : 경청
내담자의 이야기에 주의를 집중하여 잘 들으려고 한다(예 몸을 내담자에게 기울인다).

③ 상4 : 반영
내담자의 상황이나 감정 등을 상담자의 언어로 표현해 줌으로써 내담자가 자신의 감정을 명료화하고 설명할 수 있도록 돕는다.

④ 상5 : 자기개방
내담자와 유사한 상담자의 경험을 이야기해 줌으로써 내담자가 상담자에게 더욱 친밀감을 느끼게 한다.

⑤ 상6 : 재명명
내담자의 사고나 행동을 상담자가 다른 시각에서 다시 이야기해 줌으로써 자신의 문제를 다른 각도에서 바라볼 수 있도록 만든다.

질문 03

청소년 내담자와 친밀한 관계를 형성하는 데 방해가 되는 상담자의 특징은 무엇인가?

| 답변 |

① 비자발적인 내담자의 경우 부모의 입장을 대변하는 상담자
  - 보통 비자발적인 내담자는 상담자를 자신의 부모를 대신하여 자신을 변화시키는 대상으로 생각하기 쉽다.
  - 내담자의 기분이나 입장, 상황을 면밀히 탐색하지 않고 자녀의 바람직한 책임과 도리를 언급한다.
  - '부모가 자녀를 사랑하여 그렇다'고 부모의 편을 드는 듯한 말을 한다.
② 라포가 형성되기 전에 섣불리 변화를 유도하거나 설득하는 상담자
  - 내담자의 문제점을 지적하고 고쳐야 할 사항을 제시한다.
  - 내담자의 현재 행동이 만들어 내는 문제를 열거하고, 이를 해소하기 위하여 해야 하는 행동을 예를 들어 열거한다.
③ 내담자가 무엇을 원하고 있는지, 어떤 심적인 어려움을 겪고 있는지 이해하지 못하는 상담자
  - 내담자의 언어적, 비언어적 의미를 간과하여 알아채지 못한다.
  - 상담이 어느 정도 진전되어도 내담자가 경험하는 핵심적인 정서나 어려움에 접근하지 못하거나 적절한 개입을 하지 못한다.
  - 자신의 말에 공감적인 반응을 하지 않고 상담자 자신이 하고 싶은 말만 전달한다.
  - 상담의 횟수가 늘어남에도 문제해결의 실마리를 내담자가 찾지 못한다고 생각할 만큼 사례개념화나 상담의 목표와 전략이 분명하지 않다.
④ 상담의 진행이 밋밋하고 변화가 없거나 인간적인 따뜻함이 부족한 상담자
  - 상담이 재미가 없고(대화 일변도의 상담진행) 공식적인 입장(상담에서 약속한 사항의 준수, 내담자의 책임 강조, 학생의 원칙적인 책무, 자녀의 효도 등)만 내세운다.
  - 내담자의 말만 귀를 기울일 뿐, 내담자를 해결책으로 접근하도록 인도하지 못한다.

질문 04

상기 사례의 내담자를 상담한다면 어떤 단계로 개입할 것인가?

| 답변 |

① 우선 내담자의 양가감정을 충분히 공감한다.
   어머니를 오랜만에 만나서 느끼는 기쁨과 어머니가 자신 곁에 없어 서운하다는 슬픔에 대한 양가감정을 이해하고 충분히 반영해 준다.
② 내담자가 바라는 점을 명확하게 이야기하게 한다.
   - 어머니와 아버지에게 바라는 점을 구체화시킨다.
   - 이를 솔직하게 어머니와 아버지에게 이야기하도록 한다.
③ 아버지와 어머니 내담자가 다 같이 만나는 계기를 만들어 보도록 동기를 부여한다.
   - 내담자의 생각과 느낌, 바람을 양 부모에게 이야기한다.
   - 재결합은 어른들 각자의 생각과 입장이 있으므로 그것을 목표로 삼는 것은 불가능할 수 있다는 점을 충분히 수용하도록 한다.
   - 재결합이 아니더라도 가족 모두가 즐거운 시간을 보내는 기회를 갖도록 서로 약속하게 한다.
④ 내담자의 부모와 면담한다.
   - 이혼에 따른 상처에 대해 이해하고 공감한다.
   - 내담자가 부모에 대해 느끼는 정서와 바람을 전달한다.
   - 내담자를 위한 앞으로의 행동과 계획 세우기에 협조를 요청한다.

4 억울함

다음은 중학교 2학년 여학생(14세, 김○○)과의 전화상담 내용을 간추린 글이다.

저는 저의 처지만 생각하면 답답하고 억울하고 미래가 깜깜할 것 같아서 미쳐버릴 심정입니다. 아버지는 몇 년 전부터 심장에 이상이 생겨 여러 번 수술을 하고 있고 아직까지도 병원에 입원해 계십니다. 어머니는 아버지의 병원비를 마련하기 위하여 하루 종일 일을 하고 계십니다. 마트에 시간제 근로자로 일을 하며 주말에는 남의 집에 가서 가정부 일을 하고 계십니다. 그러다 보니 집안일을 할 사람이 없어 제가 도맡아 하여야 합니다.

제 바로 위로는 한 살 많은 오빠(15세, 중3)가 있는데 게임만 하고 저를 전혀 도와주지 않고 있습니다. 오히려 저보고 "이것도 치워라, 저것이나 해라"라고 하면서 저를 막 부려 먹습니다. 저보다 두 살 어린 남동생(12세, 초6) 역시 친구들과 어울려 다니다가 집에 들어와서는 밥 달라고 아우성칩니다. 엄마가 집에 들어오시는 시간이면 둘 다 공부하는 척을 합니다. 엄마는 제가 집안일을 잘 못하고 오빠와 남동생을 제대로 보살피지 못한다고 야단치면서 하나밖에 없는 딸을 믿고 돈을 벌어야 하는 자신의 처지를 한탄하세요. 저로서는 최선을 다하였는데 정말 억울합니다. 엄마가 안타까울 때도 있지만 이런 때는 정말 엄마가 야속해요.

그러다 보니 학원은 다니지도 못할뿐더러 학교 과제마저도 제대로 할 시간이 없을 정도입니다. 주말에도 엄마가 나가서 일을 하시기 때문에 저는 친구들과 만나지도 못하고 집에서 오빠와 남동생의 뒤치다꺼리를 해야만 합니다. 제가 오빠와 남동생에게 막 화를 내면서 방을 어지르지 말고 정리정돈을 좀 하라고 해도 들은 척도 하지 않아요.

저는 향기에 무척 관심이 많고 향기를 좋아합니다. 커서 유명한 화장품 회사에서 향수를 개발하는 사람이 되고 싶습니다. 그런데 공부할 시간도 없고 제가 능력이 부족하여 성적도 하위권이어서 공부도 하기 싫습니다. 가끔 제가 알고 있는 중3 이웃집 오빠를 따라 다니며 핸드폰 가게를 털어 돈을 많이 갖고 싶다는 생각도 듭니다. 그 돈으로 친구들처럼 명품 패딩이나 예쁜 액세서리, 화장품을 정말 사고 싶어요. 그 오빠는 제법 오랜 기간 동안 핸드폰을 훔치고 있는데 아직 한 번도 잡힌 적이 없다고 저에게만 비밀로 하라고 하면서 이야기해 주었습니다. 자신도 저와 비슷한 처지라고 이야기하면서요. 또한 자기가 사귀고 있는 친구들과 저녁에 나와 같이 놀자고 하였습니다.

제가 나쁜 생각을 하고 있는 것은 아닌가요? 그리고 이 괴로운 마음을 어떻게 해결하면 좋을까요?

질문 01

현재의 청소년 문화나 놀이에 대해 아는 대로 이야기해 보시오.

| 답변 |

① 화장품이나 패션이 청소년 사이에 중요하게 여겨진다.
   - 8세부터 10대 청소년의 트윈스(Tweens)세대는 남에게 섹시하고 멋있게 보여야 한다고 생각하면서 화장품과 옷을 구매하고 있다.
   - 남자애들은 씩씩하고 용감한 면을 보이기보다 잘생기고 옷을 잘 입어야 여자애들에게 더욱 인기를 얻는다고 생각하고 있다.
② 햄버거, 스파게티, 피자, 컵라면이 중요한 먹거리가 되고 있다.
   간단하고 어디서나 쉽고 빠르게 먹을 수 있는 인스턴트 음식(Instant Food)을 즐겨 먹고 있다.
③ 인터넷 게임을 즐긴다.
   - 거의 모든 청소년이 인터넷으로 연결되어 그룹으로 참여하면서 각자의 역할(Role)을 맡아서 하는 온라인 게임을 즐기고 있다.
   - 청소년들이 즐기는 게임에 사행성 요소가 가미되고 도박을 조장하는 게임이 등장하였다.
④ 유튜브 1인 방송자(BJ, Creator, Streamer 등)가 증가하였다.
   자신이 잘 알거나 잘하는 그리고 경험한 사항을 방송으로 내보내는 방송 청소년이 증가하였고 많은 팔로워(Follower)를 거느리는 경우도 생겨났다.
⑤ 캡슐 노래방 문화가 등장하였다.
   좁은 노래방에서 혼자 노래를 부르거나 2~3명이 비좁게 들어가서 노래 부르기를 즐긴다.
⑥ 기존 세대와 단절된 언어를 사용한다.
   인터넷과 스마트폰상에서 청소년 특유의 언어를 사용하며 주고받는다.
   예 까대기(이성친구 사귀기), 영따(영원한 왕따), 빼깔이(백댄서), 졸라(대단히), 당근(당연하다)
⑦ 팬덤(Fandom) 현상이 등장하였다.
   청소년들이 가수, 배우, 운동선수 등 유명인이나 특정 분야를 지나치게 좋아하고 열광하는 현상이 발생하였다.
⑧ 브이로그(VLOG)를 통해 자신의 사생활이나 일상의 활동을 소개하는 콘텐츠를 만들고 공유한다.
⑨ 동영상도 긴 것보다는 짧은 것(Shorts)을 선호한다.

질문 02

상기 사례의 어머니와 상담한다면 상담의 주요 내용은 무엇인가?

| 답변 |

① 어려운 형편에서 가정을 꾸려나가는 수고스러움과 부담을 이해하고 공감한다.
- 남편의 입원, 자녀의 양육, 가정경제의 유지 등 힘든 역할을 맡고 있음을 이해한다.
- 휴일 없이 일하고 있는 피로함과 고단함에 공감한다.

② 어머니 대신 집안일을 하고 있는 내담자의 어려움을 전달한다.
- 가정일 역할을 오빠와 남동생에게도 분담하게 한다.
- 형제간 차별적 대우나 인식은 내담자에게 여러 가지 문제를 야기할 수 있음을 설명한다.
- 내담자를 격려하고 부탁하면서 가사가 힘든 일임을 인정하고 칭찬하는 등 신뢰감을 표현한다.

③ 내담자의 불만이나 욕구를 경청하고 이를 해결하는 방안을 마련한다.
- 경제적인 궁핍으로 내담자가 물건을 사고 싶은 욕구, 친구와 놀고 싶은 욕구를 인정하고 내담자와 이야기하면서 욕구를 충족시킬 수 있는 방법이나 대체할 수 있는 방법(학업이나 취미생활, 운동, 장래 꿈을 실현하는 활동 등)을 세운다.
- 집안일의 어려움, 오빠와 남동생의 비협조로 인한 불만을 공감하며 위로하고 격려한다.
- 비행행동이나 범행가담의 가능성을 배제하는 건전한 대안활동(Alternative Activities)을 하도록 한다.

④ 내담자의 장래 꿈을 실현하도록 조력한다.
- 조향사가 되도록 격려하고 내담자의 성공에 대한 믿음을 보인다.
- 조향사가 되기 위한 요건과 관련 학교 진학을 살펴보고 이를 성취하도록 동기부여를 한다.

질문 03

상기 사례의 내담자에 대해 더 알고 싶은 사항은 무엇인가?

| 답변 |

① 친구관계의 정보
- 학교생활에서 친구관계를 어떻게 맺고 있는지 탐색한다.
- 자신의 고민을 이야기하고 위로를 받을 수 있는 친구의 유무를 체크한다.

② 인지왜곡이나 잘못된 신념의 유무
혹시 자신의 미래에 대해 너무 부정적으로 생각하거나 자신의 생활이 불행한 것으로 인식하고 있지는 않은지 규명하기 위해 REBT, CBT적 상담접근을 한다.

③ 스트레스 인내력의 정도
- 용돈이 부족하여 돈을 불법적으로 벌기 위한 유혹을 느끼고 있다.
- 명품 패딩, 액세서리, 화장품 구입 욕구가 관찰된다.

④ 내담자의 성격에 영향을 미쳤을 것 같은 아버지의 양육방식이나 태도

⑤ 오빠와 남동생과의 관계
- 오빠와 남동생에 대한 생각과 정서를 탐색한다.
- 오빠와 남동생에 대한 어머니의 생각과 대우에 대한 내담자의 정서를 탐색한다.

⑥ 내담자의 기질과 성격, 성격유형
심리검사를 통하여 이를 알아본다.

질문 04

상기 사례의 학생에게 메일로 답장하는 경우 답장의 핵심적인 내용을 열거해 보시오.

_____
_____
_____
_____

| 답변 |

① 현재 당면하고 있는 상황의 어려움과 억울함에 대한 공감
- 오빠와 남동생의 비협조에서 느끼는 짜증
- 주말에 친구들과 놀지 못하고 집안일을 해야 하는 상황
- 가정형편의 어려움에서 오는 스트레스

② 자신의 미래에 대한 절망감의 이해
- 부친의 입원과 병원비에 대한 압박감
- 쉴 새 없이 일하는 어머니에 대한 안타까움
- 가난에서 도저히 벗어날 수 없다는 절망감
- 자신의 꿈을 성취할 수 없음을 예견하는 두려움

③ 경제적 궁핍을 해결하기 위한 범법 행동의 위험성 경고
- 경제적인 어려움은 가족들이 노력하면서 해결하거나 견딜 수 있는 사실이다.
- 비행또래들과 어울리는 것은 자기 꿈의 걸림돌이 된다.
- 자신의 욕구를 통제하고 관리하는 능력이 필요하다.

④ 꿈을 가지는 것의 좋은 점 전달
- 자신의 미래의 꿈을 가지고 있는 것은 자기발전의 큰 디딤돌이다.
- 목표를 세우고 성취하려는 노력이 필요하다.

5 도박 빚

고등학교 2학년에 재학 중인 공 군(17세, 남)은 최근 말 못 할 고민에 빠졌다. 처음에는 재미로 하였던 인터넷상의 불법 도박 사이트에서 도박으로 진 빚이 어느새 200만 원이 넘었기 때문이다. 올해 초 고등학교 선배가 대학입시 스트레스 회피에도 좋고 용돈 버는 재미도 쏠쏠하다고 '스포츠토토'를 한번 해보라고 권유하였다. 그전부터 공 군은 워낙 야구와 축구경기를 좋아하여 경기 시즌에는 운동장에 여러 번 가서 자기 팀을 응원하기도 하였다. 그래서 스포츠토토 사이트에서 우승팀을 배팅하는 것이 재미있고 스릴이 넘쳤다. 처음에는 1~2만 원을 걸고 배팅하였는데, 그 선배의 말대로 10만 원 넘게 벌 수 있었다. 공 군은 자신이 스포츠토토에서 돈을 벌 수 있다고 확신하기 시작하면서 배팅하는 횟수와 금액이 점점 커져갔다. 사실 공 군은 어릴 적부터 내기 놀이를 즐겨 하였으며 친구들과 뭔가를 할 때는 항상 돈이나 물건을 거는 내기를 제안하기도 하였다. 그리고 공 군은 충동성이 강하고 하고 싶은 일이 있을 때 그것을 잘 참지 못하였다.

공 군이 돈을 잃어 배팅할 돈이 없자 그 선배는 자기가 아는 인터넷 대부업체에서 돈을 쉽게 빌릴 수 있다고 공 군을 부추겼다. 공 군은 청소년을 상대로 하는 대부업체에서 몇 차례 돈을 빌렸지만 얼마 안 가서 그 돈을 스포츠토토에서 다 날려버렸다. 그 선배가 대부업체로부터 대출 건을 성사시키면 얼마의 수수료를 받고 있다는 것을 나중에야 알았다. 공 군은 자신이 의식하지 못하는 사이에 계속해서 돈을 빌리게 되었고, 그 돈들을 모두 날리고 정신을 차렸을 때는 이미 도박 빚이 엄청나게 불어난 뒤였다.

공 군의 아버지는 증권회사 직원으로 근무하고 있고 어머니는 자녀들의 학원비를 번다고 알바로 물류회사의 재고조사원으로 나가고 있다. 공 군의 아래로는 남동생(중2) 1명과 여동생(초6) 1명이 있다. 부모님은 공 군이 새벽녘까지 컴퓨터를 켜고 있는 것을 공부를 열심히 하는 것으로 생각하고 있었다.

매일같이 걸려오는 대출업체의 전화에서 심한 욕설과 장기를 꺼내 팔겠다는 위협에 시달리고 있으며, 학교와 부모에게 알리겠다는 말에 피를 말리는 공포와 위기감을 경험하고 있다. 공 군은 자신이 죽으면 이런 불행이 모두 끝날 것이라고 생각하고 자살 사이트를 검색하면서 자살을 생각하였지만 도저히 죽을 용기가 나지 않았다. 최근 아들의 초조한 모습을 본 부모님은 너무 스트레스받지 말고 쉬어 가며 공부를 하라고 말씀하신다. 부모님을 실망시키지 않고 자기 자신이 해결하여야 한다고 생각하고 있다.

그러다 결국 아버지가 그 사실을 알게 되었고 급히 공 군을 청소년상담실로 데리고 갔다.

질문 01

학교폭력 가해학생이 상담에 의뢰되었는데 상담자와 이야기하면 자신에게 불리할 수 있다고 이야기하면서 침묵을 일관하고 있다. 상담자로서 어떻게 할 것인가?

| 답변 |

① 내담자의 입장을 충분히 이해하고 공감한다.
② 밝혀지면 불리한 점이 무엇인지 질문한다.
- 어떤 사실이 불리한 것인지 규명해 본다.
- 자신이 뭔가 잘못한 일을 하였는지를 물어본다.

③ 내담자의 비밀유지가 상담자의 기본적 책무임을 강조한다.
- 어떤 말을 하더라도 상담자는 이를 외부에 발설할 수 없다.
- 비밀유지의 예외적인 사항이 있지만 학교폭력과 관련된 사항은 예외가 아니다.

④ 상담을 하게 된 목적을 상기시킨다.
- 내담자의 솔직한 행동과 사고, 정서를 알아야만 상담자가 도울 수 있다.
- 학교폭력은 법을 위반한 범죄행동이므로 차후 유사한 일이 내담자에게 발생해선 안 된다.

질문 02

청소년 도박문제에 대해 어떻게 생각하는가?

| 답변 |

① 청소년 도박의 실태
- 최근 청소년의 도박문제는 큰 사회적 문제로 대두되고 있다.
- 도박을 하는 청소년의 연령이 점점 낮아지고 있고 도박금액도 점점 커지고 있으며, 도박 건수도 꾸준히 증가하고 있다.

② 접근의 용이성
- 청소년이 성인인증 없이 핸드폰과 인터넷으로 접속하는 불법 도박 사이트가 급증하였다.
- 소액의 돈걸기 게임(사다리, 홀짝게임, 달팽이, Power Ball) 등이 많고 기존의 게임에서도 사행성이 추가되고 있다(캐릭터 선정, 게임 아이템 구입 등).

③ 도박의 유인
- 접속 초기에 승률을 높여 돈을 딸 수 있다는 환상을 심어준다.
- 청소년 대상 불법 대부업체와 대부를 주선하는 또래들이 도박 빚을 내도록 부추긴다.

④ 도박 빚으로 인한 위험행동 발생
- 가출과 자살로 이어지고 있다.
- 학업중단, 가정경제 파탄의 결과로 이어진다.

질문 03

상기 사례의 내담자의 문제는 무엇인가?

| 답변 |

① 어릴 적부터 내기를 좋아하여 도박에 대해 별다른 저항 없이 시작하였다.
② 부모님에게 이야기하지 않고 자기 혼자서 해결하려고 하였다.
③ 충동성이 강해 선배의 유혹에 쉽게 넘어가 스포츠토토를 시작하게 되었다.
④ 자신이 도박에서 돈을 딸 수 있을 것이라고 생각하여 도박을 멈추지 않았다.
⑤ 도박 빚의 위험성을 무시하였다.
⑥ 자신의 문제를 부모나 친구에게 끝까지 숨겼다.
⑦ 자신이 죽으면 모든 것이 해결될 것이라고 생각하고 있다.

질문 04

상기 사례와 같은 경우 도움을 줄 수 있는 기관을 아는 대로 이야기해 보시오.

| 답변 |

① 사행산업통합감독위원회(www.ngcc.go.kr, 02-3704-0500)
- 불법 온라인 도박 사이트 신고
- 도박 중독 및 문제의 예방・치유를 위한 대책 수립・시행
- 사행산업 주요정책에 대한 홍보・조사・연구・통계 관리 등

② 한국도박문제예방치료원(www.kcgp.or.kr, 국번없이 1336)
- 온라인 상담(24시간 운영) : 전화상담, 온라인상담, 게시판 상담, 챗봇
- 일반상담
- 위기개입 및 연계 : 119, 112, 1393(자살), 정신건강복지센터

③ 각 지역 도박예방치유센터

④ 각 지역 청소년상담복지센터(청소년전화 1388)
- 개인상담, 전화상담, 게시판 상담
- 긴급구조 및 보호기관, 치료기관 연계

제4절 3급 기출사례 - 2021년 20회

1 다문화가정

다음은 청소년상담복지센터의 1388 전화상담을 한 어느 초등학교 4학년 남학생의 사례이다.

상1 : 안녕하세요. 청소년전화 상담자 ○○○입니다. 무엇을 도와드릴까요?

내1 : 실은 제가 고민이 있어서요.

상2 : 네, 잘 듣고 있습니다. 말씀하세요.

내2 : 저의 엄마는 필리핀 사람입니다. 그래서 저는 다른 애들보다 얼굴이 약간 검고 머리도 곱슬곱슬해요. 그래서 친구들이 쉬는 시간에 제가 이상하게 생겼다고 놀리고, 자기들끼리 모여 제 흉을 봐서 기분이 안 좋아요. 엄마는 저를 아예 필리핀에서 낳아 필리핀에서 기르지 왜 한국에서 저를 낳아서 이런 일이 생겼는지! 정말 엄마가 원망스러워요.

상3 : 친구들이 다문화 자녀라고 놀리고 있군요. 음, 지금 기분을 1에서 10으로 점수를 매겨 본다면 몇 점 정도인가요? 1점은 아주 기분이 안 좋은 상태이고 10점은 아주 기분이 좋은 상태예요.

내3 : 3점 정도?

상4 : (반가운 듯이) 그래도 1점은 아니어서 다행이네요.

내4 : 아빠가 저를 귀여워해 주시고 저를 잘 돌봐주고 계세요. 퇴근할 때 먹을 것도 잘 사주시고. 그런데 엄마는 제가 학교에서 어떻게 생활하는지 전혀 몰라요. 엄마는 제가 학교에서 일어난 일들을 설명해 주어도 잘 알아듣지도 못해요. 엄마는 아직도 한국어가 서툴러요. 이런 엄마만 보면 막 화가 나고 짜증이 나요. 베트남 엄마를 둔 같은 반 친구는 자기 엄마는 한국말을 잘하고 학교 선생님과도 자주 만난다고 하는데.

상5 : 그럼 현재의 상황이 나아진다면 몇 점 정도 될 것이라고 기대하나요?

내5 : 5점 정도?

상6 : 그렇다면 3점에서 2점이 더 올라가는 건데, 무엇이 달라지면 그렇게 점수가 올라가나요?

내6 : 음…. (잠시 침묵) 엄마랑 관계가 좋아져야 하겠죠? 엄마가 저에게 좀 더 신경을 써주면.

상7 : 그래도 만족하는 점수가 아직은 낮은데 친구들과의 관계가 나아지면 점수가 더 올라갈까요?

내7 : 아주 많이 올라갈 거예요.

상8 : _____.

질문 01

당신이 청소년기로 돌아간다면 다시 해보고 싶은 것은 무엇인가? 청소년의 발달과업과 연계해서 설명해보시오.

| 답변 |

개인적인 질문이기 때문에 정답은 없지만 다음의 사항이 포함되면 바람직한 대답이라고 생각된다.
① 나의 정체성을 확립하고 싶다.
　고등학교 2학년 때까지 내가 자라서 무엇을 하는 사람이 될 것인지 별로 신경 쓰지 않았다. 그냥 학교 공부를 열심히 하고 높은 성적으로 좋은 대학에 들어가면 나의 미래가 잘될 것이라고 막연히 생각했다. 그러다 원하지 않은 학과로 대학에 들어가 이를 후회하고 내가 진정 원하는 전공을 선택하기 위해서 재수를 한 적이 있다. 성적보다는 진로상담을 통해서 진로를 먼저 결정하는 것이 좋았을 것이라고 생각한다.
② 좀 더 신경을 써 좋은 친구관계를 유지하고 싶다.
　나와 의견이 맞지 않는 친구들을 배척하고 비난했는데, 의견이나 생각이 다르다는 점을 인정하고 남을 배려하는 마음을 갖추었다면 더 나은 친구관계를 형성했을 것으로 판단된다.
③ 나에 대한 부모님의 기대를 거부하기보다 충분히 이해, 수용하고 싶다.
　공부하라는 말이 항상 나를 괴롭혀 의도적으로 공부를 멀리한 경험이 있는데 이것을 후회한다. 부모의 심정을 이해하고 나의 의도와 다르다면 나의 의견이나 주장을 충분히 부모님과 의논했으면 부모와의 갈등시기가 짧았을 것이라고 생각한다.
④ 사회의 권위, 가치, 규율을 잘 지키도록 한다.
　일방적으로 손윗사람에게 저항하고 기존의 가치나 학교규율을 가볍게 여긴 것을 후회한다. 사회적으로 확립된 것을 존중하고 이에 청소년의 새로운 시각이나 가치를 더하고 절충했으면 좋을 것이다.
⑤ 자기중심적인 사고방식에서 탈피해서 나의 행동과 사고를 객관적으로 볼 수 있도록 노력을 기울인다.
　자신을 객관적으로 볼 수 있다면, 청소년기에 쉽게 흥분하고, 절망하고, 수치심을 느끼고, 지나치게 용감해지거나, 위험행동을 하거나, 학교 내에서 금지된 행동(흡연)을 하는 무모함을 줄일 수 있었을 것이다.

질문 02

상기 사례에서 빈칸에 들어갈 상8의 말을 기적질문을 사용해서 답변해 보시오.

| 답변 |

① 만약 기적이 일어나서 내일 친구들이 변한다면 무엇을 보고 모든 문제가 해결되었다고 할 수 있을까요?
② 기적적으로 친구들이 모두 제가 원하는 대로 변화한다면 무엇을 보고 그런 기적이 일어났다고 믿을까요?

> **참고** 해결중심 가족치료(출처 : 가족상담 및 치료, 최규련, 공동체, 2014)
>
> 해결중심 가족치료에서 변화와 해결로 이끄는 질문은 다음과 같다.
> - 상담 전 변화에 관한 질문 : 내담자가 첫 회기에 상담실로 찾아오기 전 이미 긍정적인 변화가 시작된 것을 인지하도록 돕는 질문기법이다.
>   예) 가족이 상담을 예약한 후 현재 이곳에 오기까지 달라진 것이 무엇인가요?
> - 기적질문 : 이 질문은 기적을 현실에서 구체화하기 위해 새로운 행동을 해야 함을 암시한다.
>   예) 오늘밤 당신이 잠자는 동안에 기적이 일어나 모든 문제가 해결되었다고 상상해 보세요. 처음 무엇을 보면 기적이 일어난 것을 알 수 있을까요?
> - 예외발견 질문 : 지금까지 어려움을 극복하거나 행복했던 경험, 잘하고 있거나 잘 지내는 점이 있는데도 이를 의식하지 못하고 있는 것을 일깨운다.
>   예) 최근에 문제가 일어나지 않은 때는 언제였습니까?
> - 척도 질문 : 문제의 심각성, 문제해결의 우선순위, 문제해결 정도를 구체화할 필요가 있을 때 사용한다.
>   예) 1에서 10까지의 점수로 자신의 상태를 나타내 보세요. 가장 심각한 문제의 경우 1, 완전히 문제가 해결된 상태를 10으로 합니다.
> - 대처 질문 : 위기를 잘 견디어 내고 문제해결을 격려하는 목적으로 사용한다.
>   예) 매우 어려운 상황인데 지금까지 어떻게 견딜 수 있었지요?
> - 관계성 질문 : 내담가족과 관련된 다른 중요한 사람들의 생각이나 행동에 대해 묻는 질문이다.
>   예) 아버지가 여기 있다고 가정하고, 제가 자녀의 문제가 해결된다면 무엇이 달라지겠냐고 아버지에게 묻는다면 아버지가 뭐라고 하실까요?

질문 03

제시된 사례에서 추가적으로 파악할 부분이 있다면 무엇을 더 탐색하고 싶은가?

| 답변 |

① 어머니의 양육태도나 양육방식
② 내담자의 친구 사귀는 태도나 대화방법
③ 다문화가정의 자녀인 자신에 대한 자아상, 자신에 대한 생각이나 가치
④ 어머니에 대한 태도와 정서 그리고 어머니와의 의사소통 방법
⑤ 아버지와 어머니의 관계
⑥ 내담자의 성장환경과 성장 과정
⑦ 학교 내에서의 활동(모둠활동, 쉬는 시간과 점심시간의 친구와의 활동 유무 및 내용)
⑧ 내담자의 미충족된 욕구

질문 04

청소년상담사가 된 후의 보람 및 예상되는 문제점과 극복계획은 무엇인가?

| 답변 |

① 보 람
- 오랜 시험준비 기간을 거치고 어려운 면접시험에 합격해서 국가자격인 청소년상담사 자격을 얻었다는 자부심
- 청소년을 전문적으로 상담해서 청소년의 심리적인 문제를 해결할 수 있다는 자부심
- 청소년의 동반자로서 청소년과 같이 생각하고 청소년을 위해서 가치 있는 일을 한다는 자긍심
- 청소년이 스스로 자신의 밝은 미래를 설계하고 자신의 문제를 자율적으로 해결할 수 있는 능력을 배양하게 한다는 기대감
- 청소년의 진로결정과 문제행동 소거를 통해서 건전하고 건강한 미래의 시민으로 성장시킨다는 보람

② 예상되는 문제점과 극복계획
- 청소년상담사로서 충분히 기능을 발휘해서 잘할 수 있을까 하는 의구심 : 열심히 연구하고 공부하며 많은 사례를 경험하기 위해서 사례연구에 참여한다.
- 상담사 이전에 한 조직의 구성원으로서 경험하게 되는 인간관계의 미숙함 : 조직의 일원으로서 상담업무와 일반 행정업무의 균형을 잘 유지하고 자신의 의견을 정중한 방식으로 개진한다.
- 상담을 거부하는 내담자, 중간에 상담을 그만두는 내담자, 저항하는 내담자에 대한 당혹스러움 : 내담자를 존중하고 이해하며 수용하는 마음의 자세를 갖추고 인간적인 자질과 전문가로서의 자질을 잘 겸비하도록 최선을 다한다.
- 상담자로서 경험하게 되는 소진 : 자신의 문제를 잘 탐색하고 이를 해결하며 역전이를 예방하고 힘든 사례는 수퍼비전을 받는다.

2 하기 싫은 가사일

어느 여학생(중1)의 이메일상담 내용이다.

저는 중학교 1학년에 재학 중인 여학생입니다. 저의 아빠는 제가 6살이 되던 때 돌아가셨고 엄마는 현재 보험회사의 보험모집원으로 일하고 있습니다. 그런데 엄마는 정시에 출퇴근하는 직원이 아니어서 토요일도 일요일도 없이 보험 고객을 만나러 다니신다고 정말 바빠요. 평일 저녁에도 고객으로부터 전화가 오면 급히 집에서 나가는 경우도 있어요.

제 밑으로는 남동생이 2명 있는데, 바로 밑에 둘째는 초등학교 1학년이고 막내는 아직 유치원에 다니고 있어요. 저는 학교수업이 끝나면 유치원에 들러 막냇동생을 데리고 집으로 가야만 해요. 집에 가면 학교수업을 마치고 먼저 온 동생이 저를 기다리고 있어요. 둘째는 방과 후 수업을 들어야 하는데 자기는 학교에 남아 공부하는 것이 싫다고 하면서 집으로 바로 와요. 제가 야단을 치면 그만 울어버리고 엄마가 일을 마치고 집에 오면 제가 때렸다고 거짓말을 해서 어머니가 저를 야단쳐요. 그리고 막냇동생은 밥을 먹을 때 밥이나 반찬을 아무 데나 흘려서, 화가 나서 동생을 밀치고 쥐어박기도 하지만 우는 동생을 보면 마음이 아파서 달래주기도 합니다. 그러니 복습이나 예습할 시간이 거의 없어요. 그리고 제가 앞으로 공부해서 무엇으로 성공해야 할지 모르겠어요.

다른 친구들이 학원 다니기가 힘들다고 이야기하면 정말 부러운 생각이 들어요. 우리 집 형편으로는 학원은 엄두도 못 내는 일이니까요. 엄마 대신에 청소하고 빨래하고 동생들 돌보고, 일요일만이라도 친구들과 놀러 나가고 싶은데 그것이 안 돼요. 그러다 보니 이제 집이 지긋지긋하고 들어가기 싫어요. 한번은 엄마가 아직 퇴근하지 않은 날 제가 동생들에게 저녁으로 컵라면을 끓여 먹였다고 막 저를 나무랐어요. 제가 제대로 하는 일이 없다고 하시면서. 그 말을 듣는 순간 눈물이 났어요. 저는 항상 최선을 다해서 동생들을 돌보고 집안일을 하고 있는데 엄마는 그런 것을 몰라줘요. 이럴 때는 확 가출하고 싶은 생각뿐입니다. 학교 마칠 시간이 되면 머리가 아파와요. 집에도 들어가기 싫고요. 그런 생각을 하면 동생들의 얼굴과 엄마의 화난 얼굴이 떠올라요.

우리 집은 정말 가난하고 불행하다고 생각해요. 앞으로 나아질 수 있을 거란 희망도 없어 보입니다. 저는 어떻게 해야 하나요? 계속해서 이렇게 살아야 하나요?

질문 01

상기 사례에서 내담자가 어려움을 느끼는 점과 내담자의 욕구는 무엇인가?

| 답변 |

① 어려움을 느끼는 점
- 집안일에 얽매여 있어 자유가 없다.
- 동생들을 돌보는 일이 힘들다.
- 앞으로 개선될 사항이 없어 절망스럽다.
- 집안일로 공부할 시간이 없다.

② 욕 구
- 어머니로부터 집안일하는 수고를 인정받고 싶다.
- 주말에 친구들과 어울려 놀고 싶다.
- 가사에서 해방되고 싶다.
- 경제적으로 여유가 있는 가정이었으면 좋겠다.
- 다른 애들처럼 학원에 다니고 싶다.

질문 02

상기 사례의 여학생을 상담한다면 상담목표와 상담전략은 무엇인가?

| 답변 |

① 자존감 향상
- 다른 학생이 못 하는 가치 있는 일을 한다는 자부심 가지기
- 내담자의 강점 인지하고 자신의 가치 깨닫기
- 긍정적으로 사고하기(가난은 불행한 일이 아니라 불편한 일이다. 집안일을 하는 것은 어머니를 돕는 것이다. 사랑스러운 동생을 돌보는 것은 가치 있는 일이다.)

② 진로상담
- 자신의 흥미나 적성 알아보기
- 자신의 미래의 전공이나 직업 정하기
- 이를 성취하기 위해서 노력하기(학습계획 세우기)

질문 03

청소년상담사로서 자신이 가장 중요하게 생각하는 윤리는 무엇이라고 생각하는가?

| 답변 |

이는 개인의 가치관에 따라 달라질 수는 있지만 다음의 사항이 포함된다면 좋은 대답이 될 것이다.
① 내담자의 복리와 권리를 보호한다.
  - 상담을 포기할 권리, 상담에 이의를 제기할 권리를 존중한다.
  - 내담자의 복리를 우선하고 개인의 존엄성을 존중한다.
② 사전동의를 철저히 받는다.
  - 수퍼비전을 위해 상담내용의 공개나 녹음, 촬영 등이 필요하다면 내담자와 내담자의 보호자에게서 사전 동의를 받는다.
  - 상담의 목표를 서로 합의한다.
③ 다중관계를 맺지 않는다.
  - 상담 이외의 사적인 관계를 맺지 않는다.
  - 내담자와 금전적, 물질적 관계를 맺지 않는다.
④ 비밀보장의 책임을 다한다.
  비밀보장 예외사항을 제외한 상담의 내용, 진술, 대화 등은 비밀을 유지해야 한다.
⑤ 상담능력 향상의 책임을 다한다.
  전문 수퍼바이저의 수퍼비전, 개인분석, 사례발표회 참석, 피어(Peer) 수퍼비전, 집단상담 운영, 관련 연구회나 학회 참석 및 지속적인 연구활동을 한다.

질문 04

상기 사례에서 어머님과 면담한다면 어떤 사항의 개입이 필요한가?

| 답변 |

① 어머니에게 자녀의 조기부모화에 따른 부정적인 영향 가능성을 설명해 준다.
② 내담자의 어려움을 이해하고 공감, 지지 및 격려해 주도록 한다.
③ 내담자의 집안일 부담에서 경감할 부분을 찾아 경감해 준다.
④ 둘째가 자기 스스로의 일을 하고 누나를 도울 수 있도록 격려하게 한다.
⑤ 어린 학생이 하기 어려운 집안일을 하고 있는 내담자를 칭찬하게 한다.
⑥ 내담자가 하고 있는 일이 어머니에게도 많은 도움이 된다는 사실을 인정하고 고마움을 표현하게 한다.

3 부친의 폭력성과 학교부적응

다음은 고등학교 1학년에 재학 중인 어느 여학생의 상담사례이다.

1. 상담신청 경위
   술주정이 심한 아빠는 가족에게 화를 자주 내고 물건을 마구 던지며 괴성을 질러, 딸이 두려워하며 학교 가기를 거부하고 눈물을 흘리며 괴로워하고 있어 어머니가 상담을 신청했다.

2. 내담자의 외형적 특징
   작은 키에 머리가 제법 길었으며 얼굴은 창백할 정도로 하얗다. 말수가 거의 없고 상담자와 눈맞춤을 제대로 하지 못했다. 호소문제를 묻자 눈물을 흘리며 흐느꼈다.

3. 내담자의 호소문제
   잠을 잘 이룰 수가 없다. 지긋지긋한 집에서 탈출하고 싶다. 학교 가기도 싫고 공부를 하려고 해도 집중이 안 된다. 친구들이 나를 우습게 여기는 느낌이 든다.

4. 가족관계
   - 아버지(47세) : 건설회사 일용노동자. 술을 즐겨 마시며 술을 마시면 가족이나 다른 사람들에게 험한 욕설을 하고 소란을 피워 119가 출동한 적도 있다.
   - 어머니(45세) : 유치원의 조리사. 내성적인 성격에 남편의 구박을 아무 말 없이 받아주고 있다. 내담자에게는 연민과 죄책감을 느낀다고 보고하고 있다.
   - 여동생(14세) : 중학교 2학년 학생. 친구들과 어울려 바깥에서 늦게까지 놀다가 집에 들어오고 아버지의 꾸중이나 폭력에 굴하지 않고 저항하고 있다.

5. 상담자의 내담자에 대한 간략한 언급
   내담자는 내성적인 성격에다 자신의 감정을 잘 표현하지 못하고 현실의 어려움을 회피하고 있으며 자살사고를 하는 것으로 나타난다. 가정 내의 좋지 않은 일들이 다 자신이 못나 그렇다고 자책하고 있다. 집중력이 떨어지고 상담 중 상담자의 질문에 대답 대신 곧잘 눈물을 흘린다. 교우관계에서 마음을 나눌 친구가 없다고 대답했다. 선생님들은 자신에게 전혀 관심을 주지 않는다고 이야기하고 있다.

질문 01

내담자를 상담하면서 그 부모의 상담도 별도로 하고 있을 때 유의해야 할 점은 무엇인가?

| 답변 |

① 부모의 자녀에 대한 심정을 이해하고 공감한다.
- 우선 부모님의 자녀에 대한 답답함과 실망감 그리고 기대를 이해하고 공감한다.
- 자녀가 건강하게 생활하고 자신이 해야 할 일을 잘하기를 바라는 것이 부모의 공통된 심정임을 인정한다.
- 부모에게 문제가 있어 상담을 한다고 오해하지 않도록 한다.

② 부모상담이 자녀의 변화에 도움이 된다는 사실을 전달한다.
- 자녀의 변화는 부모의 변화에서 시작된다.
- 변화를 바라는 사람이 먼저 변화해야 한다는 사실을 강조한다.
- 자녀는 부모를 보고 배운다는 점을 전달한다.

③ 자녀에게 도움이 되는 사항을 전달한다.
- 나쁜 점의 개선보다는 좋게 변하는 사항의 실천을 독려한다.
- 전문가의 의견으로 자녀의 성장을 위해서 부모가 해야 할 바람직한 행동을 제시한다.
- 심리검사 결과에 의거한 자녀의 이해와 지도방안을 제의한다.

④ 바람직한 양육방식이나 태도를 전달한다.
- 현재의 양육태도나 방식에 대해 비판적으로 평가하지 않는다.
- 앞으로 하면 좋을 양육방식과 태도를 전달한다.

질문 02

상기 내담자의 아버지와 면담하게 된다면 어디에 중점을 두겠는가?

| 답변 |

① 술을 마시는 동기와 심정을 자세히 듣고 가정과 직장에서의 어려움과 불만을 이해하고 공감한다.
② 가족부양의 어려움을 공감한다.
③ 부모의 관심이나 이해가 자녀를 건강하게 성장하게 한다는 사실을 전달한다.
④ 술을 마신 후의 행동이 자녀에게 끼치는 부정적인 영향을 설명한다.
⑤ 내담자가 느끼는 심리적인 문제나 위험행동의 가능성을 충분히 인지시킨다.
⑥ 가정의 행복이 자녀의 건강한 성장에 필수적인 요인임을 강조한다.
⑦ 알코올 관련 자조모임의 참여를 권유한다.

질문 03

내담자의 현재 정서와 사고, 행동을 나누어서 이야기해 보아라.

| 답변 |

① 정 서
- 주사를 부리는 아버지가 무섭다.
- 나는 불행한 가정환경에 처해 있어 슬프고 힘들다.
- 나를 이해하고 포용해 주는 사람이 아무도 없어 서운하다.

② 사 고
- 내가 못나서 모든 불행한 일이 발생하고 있다.
- 내가 처한 어려움은 개선이 되지 않는다. 그리고 그 어려움을 피하고 싶다.
- 어려운 상황을 벗어나는 최선의 방법은 자살이다.
- 나의 힘든 처지를 호소할 만한 친구가 없다.
- 내가 생각하고 느끼는 것을 남에게 말로 표현하는 것이 어렵다.
- 아버지의 행패를 참고 사는 어머니가 불쌍하다.
- 친구들이 나를 무시하는 것 같다.

③ 행 동
- 말을 하지 않고 눈물을 흘린다.
- 나를 조금이라도 이해해 주는 사람의 위로에 그동안의 슬픔이 복받쳐 올라 울게 된다.
- 자신을 자책하고 위험행동(가출, 자살)을 하려고 한다.
- 잠을 잘 수가 없다.
- 지긋지긋한 집에서 탈출하려고 한다.
- 학교 가기 싫고 공부에 집중이 안 된다.

질문 04

상기 사례의 내담자를 상담한다면 상담목표와 상담전략은 무엇인가?

| 답변 |

① 자신의 감정과 주장을 말로 표현하기
- 아버지에게 자신이 느끼는 사항을 용감하게 이야기하기
- 친구들에게 사귀고 싶은 심정을 전달하기
- 어머니의 관심과 사랑에 고마움을 말로 표현하기
- 동생을 위로하고 아버지에게 희망사항(금주) 전하기

② 친구관계 개선하기
- 자신의 친구에 대한 태도나 반응에 대해 생각하고 이를 개선하기
- 친구에게 이야기를 먼저 걸고 친구를 돕고 칭찬함으로써 친구 사귀기를 시도하기

③ 도전적 자세 가지기
- 현실을 회피하기보다는 직면하고 도전해서 해결하기
- 자신의 미래를 설계하고 이를 성취하기 위해서 학습계획을 실천하기
- 부정적인 사고를 버리고 긍정적으로 생각하기

④ 가족상담을 병행하기
- 가족 세우기
- 가족 간의 바람직한 의사소통
- 기능적 가족 만들기

4 억울함

다음은 중학교 3학년 학생인 내담자가 상담 중 상담자에게 언급한 사항을 간추린 내용이다.

제가 생각하기에 우리 반 애들은 모두 하찮고 다 비겁하며, 선생님께 자신이 잘 보이려고 없는 사실도 만들어 남을 헐뜯는 애들입니다. 서로 말다툼해서 싸워 놓고 제가 먼저 시비를 걸고 때렸다고 저한테 잘못을 뒤집어씌우고 있습니다. 그런 것을 볼 때 이 세상에는 정의롭고 옳은 사람은 하나도 없는 것 같습니다.

아직도 잊지 못한 사건은 학년 초에 한 친구의 물건이 없어졌던 일입니다. 아무런 증거 없이 반 애들 모두 저를 범인으로 지목하는 눈초리였습니다. 교무실에 불려가서 담임선생님은 물건을 훔친 사실을 실토하라고, 제가 실토하면 이번 일은 없었던 일로 잘 수습할 것이라고 이야기했습니다. 또 자기 말을 듣지 않고 고집을 피우면 선도위원회를 거쳐 전학을 보낼 수도 있다고 위협적으로 이야기했습니다. 자기 수업시간에 제가 엎드려 잔 것을 가지고 괜히 저를 괴롭히는 것 같았습니다. 저는 아무런 죄가 없다고 몇 번이나 담임선생님께 이야기했지만 믿어 주지 않았습니다. 평소 제가 선생님들한테 불손하게 군다고 분실사건과 관계없는 것을 지적하며 꾸짖었습니다.

몇 개월 전에 제가 친구들과 어울려 다니다 저녁에 한 인형뽑기방에 들어가서 인형을 억지로 꺼내려고 하다가 순찰을 도는 경찰에게 적발되어 경찰차에 태워져 경찰서로 잡혀간 적도 있었고, 공원에서 술을 마시고 담배를 피우는 애들과 같이 있었는데 주민이 신고해서 모두 경찰서로 연행된 적도 있었습니다. 경찰의 연락으로 황급히 오신 부모님이 사과해서 그때그때 훈방조치로 풀려났습니다. 그래서 그런지 어머님은 이 사건을 두고 저에게 자신의 양심을 속여서는 안 된다고 이야기하고 있어 더욱 속이 답답합니다.

어떤 고아도 저와 같은 외로운 심정은 아닐 것이라고 생각합니다. 학교에서는 저를 다 범인 취급을 하고 있고 제가 할 수 있는 일은 차라리 죽어버리는 일밖에 없다고 생각합니다. 제가 죽으면 저를 불쌍하게 여기는 친구가 한둘은 있겠죠?

질문 01

최근 청소년 문제에서 가장 심각하다고 생각하는 점은 무엇인가?

| 답변 |

청소년에 대한 각자의 생각에 따라 우선순위가 달라지겠지만 저자의 판단으로 거론한다면 다음과 같다.

① 사이버불링(Cyber Bullying)
- 최근 청소년에게 거의 100% 가깝게 보급된 스마트폰으로 폭력을 행사해서 과거 오프라인으로 행해지던 학교폭력보다 더욱 심각한 피해를 야기하고 있다.
- 사이버폭력은 빠른 전파력과 무한 복제의 가능성, 시공간의 제약이 없는 가해행위 그리고 은밀한 폭력양상을 띠어 더욱 위험하다고 판단된다.
  예 언어폭력, 신상정보 유출, 사이버 따돌림(카톡 감옥), 사이버 갈취(게임머니, 핫스팟을 이용한 데이터 강탈)

② 사이버도박
- 과거 고등학생 사이에서 (휴대폰 앱을 통한) 도박이 유행했으나 이제는 초등학생까지 도박 연령이 점점 낮아지고 있다.
- 청소년을 대상으로 스마트폰으로 접속하는 불법 도박사이트가 급증하여 피해가 늘어나고 있고 도박자금을 마련하기 위해 청소년의 갈취, 인터넷 사기, 대리입금 등의 2차 범죄로 확산되고 있다.

③ 성매매 확산
- 휴대폰의 빠른 보급과 청소년의 돈의 씀씀이가 커짐에 따라 학업에 관심을 두지 않고 방과 후 비행청소년과 어울리는 청소년이 쉽게 돈을 벌 수 있는 방법으로 인식되어 친구의 제안을 쉽게 받아들여 성매매에 관여하게 된다. 더욱이 이를 조직적으로 관리하는 청소년 포주까지 등장해서 사회적인 문제가 되고 있다.
- 성의 상품화 풍조와 청소년의 성에 대한 개방된 개념이 성매매를 더욱 확산하고 있다.
- 성매매는 청소년의 건전한 성장과 성의 바른 이해력과 도덕성을 떨어뜨리며 성범죄의 피해자나 가해자가 되는 나쁜 결과를 초래하고 있다.

질문 02

청소년들의 자기중심적 사고를 고려한다면 어떤 방식으로 상담할 것인가?

| 답변 |

① 내담자의 비합리적인 사고나 정서를 직면시킨다.
  - 직면하는 경우 객관적인 자료나 증거를 제시한다.
  - 내담자의 생각과 다른 사례를 이야기해 준다.
  - 자신의 사고나 정서의 근거에 대한 논박을 하게 한다.
② 내담자가 모든 사람이 자신을 주시하고 있다는 믿음이 허구일 수 있음을 인식하게 한다.
  - 자신의 옷차림, 말이나 행동을 자신보다 더 주의를 기울이는 사람이 없음을 깨닫게 한다.
  - 자신의 존재가 유별하고 독특한 것은 바람직한 것을 추구하고 실천할 때 가능함을 이야기해 준다.
③ 내담자의 실수가 그렇게 심각한 것이 아니라는 사실을 깨닫게 한다.
  - 사람이 생활하다 보면 그런 정도의 실수는 흔하게 발생하며 내담자에게 미치는 영향이 미미하다는 사실을 깨닫게 한다.
  - 죽음에 이르게 하는 일은 이 세상에서는 없다는 사실을 받아들이도록 한다.
④ 권위의 결점을 지적하고 저항하는 것에 대한 대응을 한다.
  - 부모나 교사의 권위를 인정하고 순응하는 것도 순리라는 사실을 알게 한다.
  - 부모나 교사의 비난이 자신이 잘되기 위한 지도의 한 방법임을 받아들인다.

질문 03

상기 사례에서 내담자의 문제는 무엇이라고 생각하는가?

| 답변 |

① 인지적 왜곡현상이 관찰된다.
- 이 세상에는 정의롭고 옳은 사람은 하나도 없다.
- 우리 반애들은 모두 남을 헐뜯는 나쁜 애들이다.
- 모든 사람이 나를 행실이 안 좋은 학생으로 생각한다.
- 나의 처지는 고아보다도 더 불쌍하다.
- 나의 진정성을 밝히는 방법은 자살밖에 없다.
- 비행친구들과 어울려 다녀도 내가 직접 비행행동을 하지 않았으니 결백하다.

② 친구들과 어울려 다니면서 비행에 가담하고 있다(우범소년, 범죄소년).

③ 학교에서 친구와 자주 싸우며 학교 부적응을 경험하고 있다.

질문 04

상기 사례의 내담자를 상담한다면 상담목표와 상담전략은 무엇인가?

| 답변 |

① 학교생활에 적응하기
- 친구관계의 개선
- 수업태도와 교사에 대한 태도의 개선

② 비행친구와의 만남 자제하기
- 방과 후 놀기 위해 친구와 만나는 횟수 줄이기
- 학원의 자습실에 남아 더 공부하기
- 비행행동 가담하지 않기

③ 긍정적으로 생각하기
- 자신의 장점 발견하고 이를 발휘하기
- 스트레스 내성을 기르고 극복하기(자살사고 소거)
- 부정적인 사고와 편협한 사고를 수정하기

5 비행자녀

다음은 초등학생 6학년 남학생 자녀를 둔 어머니의 이메일 사연이다.

저는 초등학교 6학년 아들을 둔 엄마입니다. 제 아들은 학교에서 매일같이 약한 애들을 괴롭히며 욕을 하고 겁을 주고 있습니다. 이를 지적하는 담임선생님에게도 대들고 불손한 태도를 보이고 있다고 합니다. 같은 반 친구들은 우리 애를 꼭 조폭처럼 무서워하고 멀리하고 있습니다. 아들은 어리석게도 그런 애들의 반응에 매우 흡족하며 영웅이나 된 것같이 자랑합니다.

아들이 휴대폰으로 게임을 즐겨 하고 있는데 최근 저에게 지금 사용하고 있는 휴대폰은 느려서 게임을 제대로 할 수 없다고 하면서 최신기종으로 바꾸어 달라고 떼를 쓰고 있습니다. 제가 안 된다고 이야기하고 게임을 적게 하라고 야단치면 저를 잡아먹을 듯이 쨰려보고는 집 안 물건을 집어 제가 보는 앞에서 휙 던져 버리기도 합니다. 저는 정말 아들의 장래가 걱정이 되어 남편과 상의해서 적절한 조치를 취해야 한다고 다그치지만 남편의 생각은 다릅니다. 이제 좀 더 나이가 들면 나아질 것으로 이야기합니다. 그러면서 아들이 학교나 집에서 무엇을 하는지 관심도 전혀 없습니다.

며칠 전에 학교의 Wee Class 상담교사와 상담을 했는데 아들에게서 공격성이 심하게 나타난다고 상담을 받았으면 좋겠다는 이야기를 들었습니다. 아들에게 조심스럽게 상담을 한번 받아보자고 이야기하니 새 휴대폰을 사주면 받겠다고 해서 '어떻게 해야 하나?' 하는 고민이 생깁니다. 새 휴대폰이 생기면 지금보다 더 게임을 할 것은 분명해 보입니다.

공부는 전혀 하지 않고 휴대폰으로 게임을 할 때 제가 그만하라고 야단치면 저를 아예 무시하고 주말에는 새벽 4시까지 게임을 하는 소리가 아들의 방에서 들립니다. 다음 날 아침에 일어나 새벽까지 게임한 사실을 지적하면 자기는 그렇게 늦게까지 하지 않았다고 악을 씁니다. '내가 사기꾼을 키우고 있나' 하는 생각에 무척 당황스럽습니다. 이런 상황에서 남편은 애들의 교육은 엄마가 사랑으로 감싸면서 해야 한다고 나서지도 않습니다.

요즘 다른 부모들도 자녀의 지나친 휴대폰 게임으로 속앓이를 한다는 이야기를 주위에서 많이 듣습니다만, 저의 애는 휴대폰 게임 이외에도 폭력적인 행동과 말을 해서 너무 걱정됩니다. 상담센터나 병원의 청소년과에 데리고 가야 하는 것인가요?

질문 01

상기의 사례에서 어머니를 대상으로 자녀상담에 대해 어떻게 이야기할 것인가?

| 답변 |

① 어머니가 아들에게 느낀 실망, 미움, 걱정에 대한 이해와 공감
② 상담 시 아들의 잠재된 분노와 공격성에 대한 개입
   - 여러 심리검사 실시, 성장 환경 및 부모의 양육방식과 태도 탐색
   - 부모의 공격성 학습 여부 판단
   - 공격성의 원인분석과 적절한 개입
③ 상담 시 아들의 과도한 휴대폰 사용조절에 대한 개입
   - 휴대폰을 놓고 대안활동하기를 결심하게 한다.
   - 가능한 대안활동을 정한다(예 정기적으로 하며 땀을 흘리거나 회비를 납부하여야 하는 운동).
   - 성취경험의 기회를 만든다.
   - 자신의 장래 꿈 작업을 한다.
④ 자녀 변화를 위한 부모상담의 병행
   - 부부관계를 좋게 하고 주말 가족활동을 늘리는 것을 권장한다.
   - 행동계약서 작성을 권유한다(예 휴대폰 사용시간 정하기, 대안활동하기, 상과 벌 내용 및 기간 설정).

질문 02

해당 내담자를 대상으로 집단상담을 하게 된다면 어떤 집단상담 프로그램을 하면 좋은가?

| 답변 |

사례의 내담자는 공격성/분노 조절 능력이 필요하고, 휴대폰을 과도하게 사용하는 것을 조절할 필요가 있다.

① 자존감 향상 프로그램
  자존감을 향상해 자신의 가치를 깨닫고 가치를 추구하는 방향으로 생산적 활동을 유도한다.
② 분노 및 공격성 조절 프로그램
  분노와 공격성의 분출을 자제하고 이를 의식하여 자신과 분리해서 제3자와 대화하듯 분노와 공격성을 바라보게 해서 결국 이를 스스로 통제하게 한다.
③ 의사소통 능력향상 프로그램
  친구 간에 행동화를 하기 전에 의사소통의 능력을 향상해 좋은 관계를 유지하게 함으로써 공격성 행동을 소거한다.
④ 사회성 향상 프로그램
  상대방을 배려하고 존중하며 더불어 생활하는 공동체적 의식을 향상해 대인관계를 향상한다.
⑤ 스마트폰을 스스로 On/Off하는 자율성 프로그램
  자신의 욕구를 지연하고 통제하는 능력을 배양하고 스마트폰을 생산적 방법으로 사용하는 능력을 기르게 한다.
⑥ 자신의 꿈을 만들고 키우는 프로그램
  자신의 장래 희망직업을 정하고 그것을 성취하기 위해서 노력하는 과정을 통해 스마트폰 사용을 어느 정도 기피하고 학습하는 태도를 조성한다.

질문 03

경제적인 어려움 때문에 가출하려는 내담자에 대한 개입은 어떻게 할 것인가?

___

___

___

___

| 답변 |

① 경제적인 어려움에서 경험하는 여러 가지 불편사항을 경청하며 충분히 공감하고 수용한다.
② 가출은 문제해결이 아닌 현실회피 행동이다.
  - 경제적인 어려움을 견디는 것은 쉬운 일이 아니다.
  - 가난은 일시적으로 찾아오는 친구이다. 부정하거나 회피하지 말고 같이 지낸다.
③ 가출하게 되면 지금보다 더 심한 어려움이 닥친다.
  - 자고 머물 곳을 찾아야 하고 먹을 것을 구해야 하는 문제가 발생한다.
  - 용돈을 스스로 벌어야 해서 힘이 든다.
  - 개인위생 관리가 어렵다.
  - 범죄 소년과의 만남과 범행가담 가능성이 있다.
  - 학업중단으로 인해서 자신의 장래가 망가질 수 있다.
  - 부모나 가족이 걱정하거나 슬퍼한다.
④ 경제적인 어려움은 노력하면 해결될 수 있다는 사실을 전달한다.
  - 집안일을 돕거나 고생하시는 부모님을 위로한다.
  - 자신의 욕구를 좀 낮추고 근검절약하면 경제적인 어려움은 부분적으로 해결할 수 있다.
  - 만 15세 이상이라면 가능한 알바 일자리를 구한다.
⑤ 가정의 경제는 학생으로서는 해결할 수 없는 상황임을 받아들이게 한다.
   차라리 공부나 실력을 더 높여 장래를 더 값어치 있게 만드는 것이 학생의 본분이다.

질문 04

상기 사례의 아들을 내담자로 상담한다면 가능한 상담목표와 상담전략은 무엇인가?

| 답변 |

① 공격적인 행동의 소거
- 분노의 인지와 통제연습(예 명상, 숫자세기, 심호흡하기)
- 이완훈련
- 분노를 인지할 때 자신의 감정이나 생각을 말로 표현하기

② 친구관계 개선
- 친구를 돕기, 친구를 배려하기, 봉사활동 하기
- 학교에서 학교폭력 지킴이 역할하기
- 하루에 한 가지씩 착한 일 하기

③ 게임 시간 지키기
- 대안활동하기(예 정기적으로 하며 땀을 흘리거나 회비를 납부하여야 하는 운동)
- 행동계약서 작성하기(예 부모와 내담자가 같이 참여하여 휴대폰 사용시간을 정하고 상과 벌의 내용 명시)
- 부모가 핸드폰 사용에서 모범 보이기

제5절 3급 기출사례 - 2020년 19회

1 자살사고

다음은 청소년상담복지센터의 이메일 상담코너에 실린 어느 여학생의 사연이다.

저는 고등학교 2학년 여학생입니다. 저는 요즘 기분이 항상 침울하고 매사에 의욕이 없습니다. 머릿속에는 죽고 싶은 생각밖에 없어요. 학교에 가는 것도 의미가 없어지고 친구들도 만나기 싫어 아버지가 출근한 다음에 학교에 가지 않고 인근에 있는 PC방에 갑니다. 혼자 게임을 하거나 페이스북 메신저를 통해 다른 사람들과 채팅을 하기도 하고, 또 인터넷상에서 패션이나 유명 연예인 소식을 찾아보면서 시간을 보내고 있습니다. 최근 기말고사를 보기 위해 제 나름대로 열심히 공부하였는데도 성적은 정말 말도 안 되게 떨어졌습니다.

저의 아버지는 인테리어를 하는 중소규모 회사의 사장인데 3년 전에 어머니와 성격 차이로 이혼하시고 지금 저와 같이 살고 있어요. 아버지는 학교에서 공부를 잘해야만 좋은 대학에 가고 졸업 후 성공한 여성이 될 수 있으며, 그래야만 장차 좋은 배우자를 만나 결혼하고 행복한 삶을 살 수 있다고 믿고 있어요. 그런데 저는 아버지가 기대하시는 만큼 공부를 잘하지 못해요. 그래서 공부가 부담스러워 학원에 가기 싫다고 아버지에게 이야기하고 집에서 혼자 공부하였지만, 공부하는 시간보다는 게임이나 인터넷으로 패션이나 연예계 소식을 제 블로그에 올리는 시간이 더 많았던 것 같아요. 그래도 방문자들이 남기는 '좋아요'에 행복한 기분이 들 때가 많았어요.

학교에서 성적이 통보되었는데 이를 알게 된 아버지는 크게 화를 내었으며, "고모 아들(고2)은 전교에서 2등인데 너는 왜 그 모양이냐"고 하면서 저를 몹시 나무랐습니다. 더욱 견디기 힘든 것은 "너만 보고 살고 있는데 성적이 이 모양이면 나는 이제 아무런 희망이 없다"는 아버지의 말이었어요. 아버지는 제 자신이 아니라 제 성적을 더 사랑하는 것 같아요.

저는 이 상황에서 죽는 것만이 유일한 해결책이라고 생각하고 있지만 죽는 것이 그렇게 쉬운 일은 아니라는 이야기를 친구들로부터 듣고 있어 이러지도 저러지도 못하고 있습니다. 저를 도와주세요.

질문 01

당신이 상기 여학생을 상담한다면 어떻게 상담할 것인가?

| 답변 |

① 상담 초기
- 내담자의 생각과 정서에 대해 이해, 공감한다.
  - 인터넷 과다사용에 대한 양가감정
  - 시험결과에 대한 실망감
  - 부에 의해 생기는 갈등과 스트레스
- 주호소문제를 청취한다.
  - 노력에도 불구하고 성적이 떨어져 괴로워요.
  - 그래서 학교도 가기 싫고 친구도 싫어요.
  - 성적만 챙기는 아버지가 원망스러워요.
  - 죽고 싶어도 죽는 게 쉽지 않아요.
- 상담목표를 합의한다.
  - 게임을 블로그 활동으로 대체
  - 학교성적 향상과 자존감 향상
  - 부와의 관계 개선

② 상담 중기
- 학습동기를 높인다.
  - 장래의 꿈 작업(진로탐색검사, 적성검사 등을 통해 장래 희망직업 정하기)
  - 목표 전공 및 대학 설정
  - 목표 대학진학을 위한 준비
- 자존감을 높인다.
  - 인터넷 블로그 활동 지속하기
  - 학습방법의 개선과 성적 올리기
- 부와의 관계를 개선시킨다.
  - 부의 어려움 이해
  - 자신의 장래계획 알리기와 부의 격려와 협조 요청
  - 부와의 상담을 통해 민주적인 양육방식과 태도 조성

③ 상담 후기
- 목표달성 정도를 평가한다.
- 미해결문제 열거 및 해결을 독려한다.
- 상담종결 예고 및 상담을 종결한다.
- 필요 시 추수상담을 실시한다.

질문 02

상기 사례에서 내담자의 인지적 왜곡은 무엇인가?

| 답변 |

① 내가 처한 어려움을 해결하는 유일한 방법은 죽는 일이다.
② 낮은 성적으로는 학교에 다니는 의미가 없다.
③ 성적이 안 좋으면 친구들도 만나기 싫다.
④ 아버지는 나보다도 나의 성적을 더 사랑한다.

질문 03

상담 초기에 내담자와 라포 형성을 하기 위하여 무엇을 하면 좋은가?

| 답변 |

① 내담자의 불평, 불만, 걱정, 괴로움, 욕구좌절 등 심리적 문제에 대한 깊은 이해와 공감을 표시한다. 이를 위해서 경청, 반영, 재진술 등의 상담기법을 사용한다.
② 내담자의 언어적, 비언어적 표현에서 욕구를 탐색하여 조속히 이를 반영해 준다.
③ 상담자의 역할이 내담자를 위하여 자신의 문제를 같이 생각하고 해결하는 입장임을 알게 한다. 부모의 입장을 대변하거나 자신을 가르치고 행동의 수정을 가하려는 존재가 아님을 깨닫게 한다.
④ 내담자가 연대감을 느끼기에 충분한 언어, 행동, 태도를 보인다.
⑤ 상담을 받으면 확실히 자신이 나아질 것이라는 느낌을 가지게 한다.

질문 04

상담자의 질문에 계속하여 "모르겠다"고 대답하는 내담자를 어떻게 상담할 것인가?

| 답변 |

① 보통 내담자가 "모르겠다"고 반응하는 경우
- 상담자가 자신이 언급하거나 회상하기 싫은 사항을 확인하려고 할 때
- 자신의 잘못을 마음속으로 인정은 하지만 이를 겉으로 시인하고 싶지 않을 때
- 상담자가 자신에게 불리하게 결론내릴 것이라는 두려움이 앞설 때
- 실제 기억이 나지 않아 대답을 하지 못할 때

② 의도적인 반응 회피의 경우
- 상담자가 그 일이나 사건에 대한 내담자의 입장을 충분히 이해하고 수용하는 태도를 취한다.
- 유사한 상황에서 내담자처럼 상담자가 과거 겪었던 당혹감과 창피함, 자책감의 경험담을 이야기해 준다.
- 조금 시간적인 여유를 두고 기다렸다가 즐거운 경험을 공유하면서 생각난 듯이 다시 물어본다.
- 감정의 억압이 평소에도 일어나는 경우에는 언어적 상담보다는 그림이나 색채, 감정카드를 활용하거나 같이 활동을 시도해 본다.

③ 실제 기억이 나지 않아 대답을 하지 못하는 경우
- 평소 주의력이 부족하여 지난 일을 잘 기억하지 못하면 단기기억을 향상하는 훈련을 해 본다(예 상담실 내에 있는 물건들 회상해 내기).
- 심리검사를 하여 기억하지 못하는 증세를 규명해 본다(예 해리성 장애 여부).

④ 기타 내담자의 저항을 줄이기 위한 시도
비언어적 도구를 사용하여 라포 형성을 시도한다(예 감정카드, 모래놀이, 인형놀이, 그림 그리기, 보드게임, 공작 등).

② **성적고민**

다음은 어느 여학생(중2)과의 전화상담이다.

상1 : 안녕하세요? 1388 청소년전화입니다. 무엇을 도와드릴까요?

학1 : 저, 저. 상담을 받아주는 전화가 맞나요?

상2 : 아, 네. 맞아요. 뭔가 고민이 있는 것 같네요.

학2 : 저, 다름이 아니고 저희 집안 일로 상담을 받으려고 하는데요.

상3 : 네, 그렇군요. 마음 편하게 말씀해 보세요. 지금 제 곁에는 아무도 없고 우리의 통화를 듣는 사람도 없어요. 그쪽도 곁에 아무도 없지요?

학3 : 그래요. 지금 집에는 아무도 없고 제 핸드폰으로 전화를 하고 있어요.

상4 : 다행이에요. 자, 무슨 일로 이렇게 전화를 하였는지 궁금해지네요.

학4 : 저는 중학교 2학년인데요. 우리 가족은 엄마와 아빠 그리고 오빠와 저, 남동생이 같이 살아요. 엄마는 회사에서 늦게 퇴근하는데, 제가 집안일을 게으르게 한다고 야단만 쳐요. 집안일 때문에 진짜 공부할 시간이 없을 정도예요. 오빠는 게임만 하면서 저에게 냉장고에서 주스를 꺼내 와라, 배가 고프니 라면을 끓여 달라고 심부름을 시키고, 남동생은 아직 어려서 과자를 먹으면서 막 어질러 놓고 밥을 먹을 때도 반찬이랑 국을 식탁 위에 막 흘리고 옷도 버려 놓아요.

상5 : 음, _____.

학5 : (잠시 침묵) 이제는 학교 마치고 집에 들어가고 싶지 않아요.

상6 : 집에 들어가기 싫은 심정을 충분히 이해할 것 같아요.

학6 : 오빠는 엄마 들어오기 전까지 게임만 하다가 엄마가 퇴근하고 들어오면 공부하는 척해요. 엄마는 저만 나무라요. 동생 꼴이 말이 아니고 집안이 엉망이라고 하면서. 집에서 지금까지 뭘 하였냐고 물으면 기가 막혀요.

상7 : 엄마에게 자신의 어려움을 이야기해 보지는 않았나요?

학7 : 제가 힘들다고 이야기하였지만 엄마는 집에서 여자애가 저 혼자라서 집안일을 저밖에 할 사람이 없다면서 "이 엄마는 직장에서 얼마나 고생하는지 아니?"라고 다그쳐요.

상8 : 엄마 힘든 것만 이야기하고 학생의 어려움은 이해하지 않으시네요!

학8 : 집에만 가면 숨이 막혀 들어가기 싫어요. 만약 집에 안 들어가면 아버지가 난리를 칠 텐데 정말 힘들어서 미칠 것 같아요.

질문 01

상기 사례의 내담자라면 어떤 감정을 느끼겠는가?

| 답변 |

① 학생은 공부를 하여야 하는데 엄마 대신 집안일을 하여야 하니 짜증이 나고 힘들다.
② 남동생은 어려서 손이 많이 가서 힘들고, 오빠는 이기적인 행동을 해 화가 난다.
③ 자신의 어려움을 인정해 주지 않는 엄마가 원망스럽다.
④ 집안일을 왜 여자만 하여야 하는지 억울한 생각이 든다.
⑤ 아버지의 고압적이고 몰이해적인 태도가 무섭고 싫다.

질문 02

상기 사례에서 빈칸에 들어갈 상5의 말을 공감 기법을 사용해서 단변해 보시오.

| 답변 |

① 무책임한 오빠의 심부름을 하다 보면 짜증이 나겠네요.
② 자기 일을 자기가 하여야 한다고 오빠에게 말하고 싶겠군요.
③ 엄마가 자신에게 집안일을 게으르게 한다고 나무라니 억울하고 짜증이 날 것 같네요.
④ 어린 남동생이 마구 어지르고 옷을 버려 화가 나고 미울 때가 있겠네요.
⑤ 눈에 잘 드러나지도 않는 집안일을 학생신분으로 하는 것이 정말 힘들고 어려운 일일 것 같아요.
⑥ 집안일로 공부할 시간이 없어 걱정되고 힘들겠어요.
⑦ 가족이 학생을 이해하고 지지하지 않아 외롭고 집이 싫어지는군요.

질문 03

상담사가 되기 위하여 준비하는 동안 힘들었던 점이나 좌절하였던 일과 그런 일들을 극복하였던 경험을 말해보시오.

| 답변 |

상당히 개인적인 경험에 관한 질문이기 때문에 일반화하기는 힘들지만 아래와 같은 사항이 포함되면 무난할 것이다.

① 힘들었던 경험과 좌절 경험
- 상담사 자격을 취득하더라도 상담사 취업이 잘 안된다는 선배들의 이야기를 들었을 때
- 상담사 자격 취득 이후에 취직이 되더라도 임시직이나 계약직으로 한동안 근무하여야 한다는 소리를 들었을 때
- 상담사의 급여수준이 학력과 능력에 비해 상당히 낮아 만족스럽지 못하다는 이야기를 들었을 때
- 상담사 자격시험이 범위도 없고 어렵다고 하여 상담사 자격 취득을 포기하려고 하였을 때
- 상담사 자격시험을 준비하는 도중에 몸이 아파서, 아니면 집안에 일이 생겨 공부를 하지 못하여 힘들었던 경우
- 상담경험이 전혀 없는데 면접시험을 본다는 중압감에 상담사가 되기를 포기하고 싶었을 때

② 극복 경험
- 상담사를 하려고 준비를 시작한 사람들은 나처럼 이 모든 경험과 생각을 하였을 것이라고 생각하고 우선 문제에 부딪쳐 보기로 하였다.
- 상담사의 출발이 고달프더라도 자신이 노력하고 최선을 다하면 나의 궁극적인 꿈을 이룰 수 있을 것이라는 생각을 하였다.
- 청소년과 함께, 청소년과 가까이 생각하고 기쁨을 느끼는 경험이 중요하다고 생각하였고 이런 가치가 무엇보다도 우선한다고 위로하였다.

질문 04

상기 사례의 부모님과 면담한다면 어떤 사항을 이야기하고 싶은가?

| 답변 |

① 부모님의 가사 중압감과 가족부양의 스트레스를 이해하고 공감한다.
② 가사를 여성이 전담하여야 한다는 생각을 수정하게 한다.
③ 평소 딸에게 관심을 기울이고 딸이 가사로 인해 받을 수 있는 스트레스와 어려움을 이해하고 공감하면서 비난보다는 칭찬을 우선하게 한다.
④ 큰아들에게 가사에 대한 역할을 부여하여 딸의 가사분담을 경감해 준다.
⑤ 부와 모의 양육태도와 방식에 대한 개선점을 전달한다.
⑥ 가족규칙이나 가족구성원의 역할을 분명하게 하고 이를 모두가 지키도록 약속하고 노력하게 한다.

③ 가족갈등

중학교 3학년인 정 양(15세, 여)은 매일같이 서로 말다툼을 하는 부모님을 생각하면 창피하기도 하고 걱정되기도 한다. 저러다가 이혼이라도 하게 되면 동생을 돌보는 일이 장차 자신에게 떨어질 것이 뻔하다고 생각한다. 부부싸움을 하고 나면 으레 엄마는 집에서 나가서 몇 시간 동안 바깥에 머물거나 외갓집에 가서 자고 온다. 부모님이 서로 다투는 것이 자신이 못나서 그런 것 같다는 생각을 할 때가 많다. 자신의 공부성적이 반에서 중하위에 머물러 있고 잘하는 것이 없기 때문이다.

최근 들어 반 친구들 몇 명이 정 양을 무시하고 단체채팅방에서 정 양을 욕하다가 이른바 '패드립'까지 이르는 일이 있어 주동자인 한 친구에게 가서 따지고 욕을 한 적이 있다. 그 이후 그 친구는 다른 친구들과 합세하여 공공연히 정 양을 따돌리고 자기들끼리만 모이고 이야기한다. 그런 따돌림에 화가 나서 그 애의 뺨을 때렸는데 그것을 가지고 학교폭력이라고 선생님에게 일러바쳐 곧 학폭위가 열릴 것이라는 소문이 쫙 퍼졌다.

아버지는 평소 정 양이 학교를 다니는지 안 다니는지 모를 정도로 무관심하지만 집에만 오면 정 양보고 이래라 저래라하면서 잔소리만 해대며 무엇이든 간섭을 한다. 어머니는 평소 몸이 약해 누워 있는 시간이 많아 집안일을 정 양에게 많이 시키는 편이다. 정 양이 최근 있었던 일 때문에 자신이 학폭위에 회부될 수 있다고 부모님에게 이야기하니 두 분 다 정 양을 나무랐고, 결국 이 문제로 부부싸움을 하기 시작하였다. 정 양이 그런 상황에 처한 것이 평소 딸을 제대로 교육시키지 못하여 생긴 일이라고 책임을 전가하며 서로의 무관심을 탓하였다.

그러한 부모님을 정 양은 미워하고 원망도 한다. 정 양은 다른 친구들의 가정은 자신의 집과는 판이하다고 생각하다 보니 자신이 이 세상에서 제일 불행하다는 생각이 든다. 자신에게 무관심한 친구들도 미워지고 아무 도움도 주지 않는 가까운 친척들도 미워진다.

질문 01

청소년상담사가 되기로 결심한 계기는 무엇인가?

| 답변 |

이 질문은 3급 면접시험에서 단골로 나오는 질문이다. 그러나 아무런 준비가 되어 있지 않으면 대답하기가 힘든 질문이기도 하다. 하기 사항이 포함되면 좋을 것이다.

① 평소 청소년에 대해 관심이 많다는 점을 부각한다.
- 청소년은 미래의 국가자원이므로 중요하다.
- 청소년은 성인보다 변하기가 용이하고 상담사의 도움으로 자신의 미래가 변화될 수 있다고 믿는다.
- 언뜻 이해하기 어려운 언어, 문화, 행동이나 태도 등을 알고 싶었다.

② 청소년의 비행 뉴스를 보면 부모의 양육태도나 방식의 개선으로 충분히 예방할 수 있는 문제라고 믿었다.
- 청소년을 도울 수 있는 직접적이고 효과적인 방법이 상담이라고 생각한다.
- 청소년발달의 특징 이해, 상담이론 숙지
- 청소년에 대한 이해와 공감, 애정 등

③ 청소년의 건전한 활동과 문화정착에 이바지하고 싶다.

④ 청소년은 너무나 많은 유해물과 약품, 유해환경에 노출되어 있다.
- 청소년의 보호 및 성보호
- 성폭력 피해자의 상담
- 약물상담

⑤ 청소년의 문제 해결을 하고 싶고 적은 힘이나마 보태고 싶다.
- 청소년비행, 가출, 성매매
- 학교 부적응, 학교 밖 청소년, 비정상적인 섭식행동

질문 02

상기 사례에서 내담자의 주호소문제는 무엇인가?

| 답변 |

① 부모가 싸우는 것이 자기 탓인 것 같아서 마음이 괴롭다.
② 반 친구들이 나를 무시하고 왕따를 시킨다. 인신공격(패드립)도 서슴지 않는다.
③ 학교폭력 가해자로 처벌을 받을까 두렵다.
④ 부모님은 자신의 문제에 전혀 신경을 쓰지 않는다.
⑤ 도움을 주지 않는 친구나 친척들이 밉다.

질문 03

정 양을 상담하게 된다면 어떤 순서로 하겠는가?

| 답변 |

① 우선 정 양의 정서에 대해 이해, 공감한다.
② 상담을 통하여 내담자와 상담자가 같이 고민하고 생각하고 행동하여 내담자가 경험하고 있는 여러 가지 문제를 해결할 수 있을 것이라는 사실을 공유한다.
   - 이를 위하여 충분히 라포를 형성한다.
   - 내담자의 언어적, 비언어적 표현에 주의를 기울이며 내담자의 욕구를 파악한다.
③ 주호소문제를 열거한 후에 가장 시급한 순서를 매긴다.
   - 내담자가 가장 불편하거나 당장 해결하고 싶은 문제에 우선순위를 둔다.
   - 상담기간이나 기타 상황을 감안하여 해결 가능한 사항을 선택하고 상담목표로 선정한다.

④ 상담목표를 정하고 이에 합의한다.
⑤ 상담목표를 달성할 구체적인 방안(전략)을 세운다.
⑥ 이에 합당한 개입방법을 정하고 개입한다.
⑦ 개입한 후 내담자의 변화를 점검하고 평가한다.
⑧ 상담목표나 효과를 평가한다.
⑨ 상담종결을 예고하고 내담자의 정서를 다룬다.
⑩ 상담을 종결하고 추수상담을 안내한다.

질문 04

집단상담을 하는데 한 참가자가 다른 참가자를 "돼지"라고 놀리고 괴롭히는 것을 목격하였다면 진행자로서 어떻게 하겠는가?

| 답변 |

① 욕을 하고 남을 놀리는 공격적 행동을 집단에서 다룬다.
   - 다른 구성원의 평가나 피드백을 듣게 한다.
   - 진행자 역시 그런 행동이 가져올 여러 가지 문제를 명확히 설명해 준다.
   - 피해자의 입장 되어 보기 : 피해자의 느낌을 생각해 보는 계기를 마련해 준다.
② 집단상담이 끝나고 나서 그 구성원을 불러 개인상담을 한다.
   - 자신의 행동이 다른 구성원에게 끼치는 부정적인 영향을 인지하게 한다.
   - 언어폭력은 범죄행위라는 사실을 명확히 전달한다.
   - 좌절된 욕구나 공격성 여부를 탐색, 해소한다.
   - 바람직한 대인관계를 형성하도록 한다.
③ 상기 과정을 거쳐도 나아지지 않으면 다음 회기의 집단에서 제외한다.

4 반항적 태도

다음은 초등학생을 자녀로 둔 어머니의 메일상담이다.

저는 초등학교 6학년 남아를 둔 엄마입니다. 며칠 전 학교 담임선생님이 저에게 전화를 하여 학교에서 면담을 하자고 말씀하셔서 학교에 갔습니다. 선생님의 설명에 의하면 아들이 학교 수업시간에 산만할 뿐만 아니라 옆의 친구들과 장난을 치는데, 이를 지적하면 화난 표정을 짓는다고 합니다. 게다가 다른 친구들에게 집적거리고 막말을 하기도 하며, 마음에 안 든다고 다른 친구 다리를 걸어 넘어뜨린 적도 있다고 합니다. 그러면서 담임선생님이 저에게 "그런 아들을 키우시느라 고생이 많으시겠다"고 이야기하여 자존심도 상당히 상하였습니다. 저는 담임선생님에게 아들을 두둔하며 아들의 여러 가지 장점과 착한 점을 부각하였습니다.

사실 제가 아들에게 집에서 공부를 하지 않는다고 야단치면 눈을 내리깔고 아무 말도 하지 않습니다. 요즘은 저를 슬슬 피하는 것 같기도 합니다. 학교나 학원 과제물도 잘 챙기지 않아 제가 일일이 챙겨주고 있습니다. 하라는 공부는 하지 않고 핸드폰으로 게임을 많이 합니다. 온라인 게임인 것 같은데 게임을 하면서 다른 친구들과 시끄럽게 이야기하고 욕을 하기도 합니다. 심지어 식사를 하면서도 핸드폰을 만지고 있어 야단을 치지만 멈추지 않습니다.

간혹 저의 집을 방문하시는 시댁 부모님은 이런 손자의 모습을 보고 호통을 치시는데, 아들은 이에 기분 나쁜 듯이 대꾸도 하지 않고 화난 표정을 지으면서 자신의 방으로 그냥 들어갑니다. 그분들은 아들이 버릇없이 자랐다고 은근히 저를 나무라는 것 같습니다.

뿐만 아니라 지난 토요일 새벽에 잠이 깨어 아들의 방을 지나서 화장실에 가는데 문을 열어 보지는 않았지만 아직도 아들이 자지 않고 게임을 하는 것 같았습니다. 아침에 일어나서 핸드폰으로 게임을 새벽까지 하였느냐고 물으니 큰 소리로 "아니야!"라고 악을 썼습니다.

질문 01

교사, 의사, 그리고 상담사의 개입방법의 차이점은 무엇인가?

| 답변 |

구 분	교 사	의 사	상담사
진 단	• 외부로 드러나는 학생의 행동과 언어, 태도를 관찰한다. • 규범, 규칙위반 여부를 판단한다. • 규범과 규칙을 잘 따르도록 하는 목표를 설정한다.	• 환자의 신체적인 증세를 듣는다. • 환자상태를 관찰한다. • 증세를 기초로 아픈 부위를 지정하고 잠정적인 치료방법을 결정한다.	• 내담자의 말, 태도, 행동을 관찰한다. • 내담자의 불편함, 두려움, 고통을 탐색한다. • 이를 해결하는 개입을 결정한다.
검사수행	• 학력검사 • 가정환경조사, 적성검사, 정서 및 행동검사 등	여러 가지 신경·생리적 검사	여러 가지 심리검사
처치방법	• 학칙에 의한 상벌 • 책임과 의무사항 교육 • 종합적 인성 함양을 위한 지도	• 약물처방 • 수 술	관찰과 심리검사 결과, 내담자의 주호소문제, 상담자의 판단에 기초한 다면적 개입(상담목표/전략, 상담이론과 상담기법 사용)

질문 02

상기 사례의 아동의 반항성이나 비행을 측정하기 위하여 어떤 검사를 하여야 하는가?

| 답변 |

① 아동행동 평가척도(K-CBCL ; Korea-Child Behavior Check List)
② 코너스 평정척도(Conners Rating Scale)
③ 지능검사(K-WISC-IV)의 인지기능 평가(지각추론지표와 이해문제지표 이용)
④ EBS 학교생활적응검사, 정서행동문제검사 등

질문 03

학교폭력 가해자의 부모가 상담을 거부할 때 어떻게 대처할 것인가?

| 답변 |

① 우선 자녀가 학교폭력 가해사실로 받은 충격을 충분히 공감한다.
  • 죄책감, 창피함
  • 분노감, 배신감 등
② 자녀가 학교생활을 하면서 친구 사이에 싸움이 흔히 벌어질 수 있다는 사실을 언급한다.
  • 청소년들은 학교폭력이 범법행위라는 인지가 성인에 비해 부족하다.
  • 청소년들은 사회적 화해수단이 부족하여 흔히 폭력적인 수단을 쉽게 선택한다.
③ 자녀의 폭력이 가정에서 학습한 행동일 수가 있다는 점을 부각한다.
  • 일시적인 현상이라기보다는 패턴화되어 있을 수 있다는 사실에 주목하게 한다.
  • 부모의 관심과 애정이 그런 사건의 재발을 예방할 수 있다는 사실을 전달한다.
  • 학교폭력 가해는 전 가족구성원이 관심을 가지고 풀어가야 할 사안임을 강조한다.
④ 부모의 적절한 개입과 양육방식의 개선이 없으면 문제가 더 악화된다.
  • 그릇된 행동의 방치는 그런 행동을 강화하는 역할을 한다.
  • 부모의 애착형성과 모델링, 권위 있는 양육방식의 필요성을 전달한다.

질문 04

상기 사례에서 어머니의 생각과 감정은 어떤 것인가?

| 답변 |

① 자녀가 집에서 하던 행동과 태도를 학교에서 동일하게 보여 약간의 두려움과 창피함을 느낀다.
② 자녀의 잘못은 자신에게는 책임이 없고 자녀의 문제라고 생각한다.
③ 반항적인 자녀에 대해 당혹감과 약간의 분노감을 느낀다.
④ 저항하는 자녀의 행동에 무력감을 느낀다.
⑤ 자녀가 문제를 일으키더라도 좋은 점이 있다고 변호하고 싶다.
⑥ 자녀를 부정적으로 평가하는 시부모의 태도에 서운함을 느낀다.

5 이혼가정 자녀

다음은 초등학생 5학년 남학생을 상담한 상담사의 상담보고서이다.

1. 내담자의 외형적 특징
   - 약간 마른 편이며 또래와 비슷한 키, 약간 큰 눈을 가졌으며 수줍음을 탐
   - 말을 잘하지 않고 손가락을 쉴 새 없이 꼼지락거렸으며 눈맞춤이 원활하지 않았음
   - 상담자의 질문에 겨우 "예, 아니오"로 대답하였으며 기분을 물으면 모른다고 대답함

2. 가족상황
   - 내담자의 부모는 내담자가 초등학교 3학년 때 이혼하였으며 현재는 아버지와 같이 생활하고 있음. 어머니와는 교류를 여전히 유지하고 있으며, 학교 교문에서 기다리는 어머니를 만나 식사를 같이 하기도 하고 주말에는 종종 남동생과 같이 어머니 집에 감
   - 아버지는 회사에 출퇴근하고 있는데 새벽에 나가서 저녁 7시 경에 들어옴. 내담자는 아침을 먹지 않고 학교로 가고, 저녁은 아버지가 집에 와서 시키는 배달음식을 주로 먹음. 내담자가 뭔가 잘못하면 불같이 화를 내고 내담자는 울음을 터뜨림. 주말에 근무할 경우 어머니에게 연락하여 어쩔 수 없이 내담자를 맡기지만, 평소 내담자가 어머니 집에 가는 것을 싫어하고 만나는 것도 야단을 치고 있음
   - 내담자의 남동생은 같은 초등학교 2학년이며 형을 몹시 따르고 있음. 형과 분리되면 불안감을 느낌. 내담자와 남동생은 같은 지역아동센터에서 생활하다가 아버지가 퇴근하는 시간에 맞추어 같이 집으로 감

3. 학교/지역아동센터 생활
   - 학교나 지역아동센터에서 내담자는 또래와 같이 어울리지 않고 혼자 그림을 그리거나 책을 보고 있음
   - 반 친구들이 마음에 안 들면 주먹을 날리고 아무 일 아닌 것처럼 행동함. 모둠활동에 참여하지 않으며 자기가 무시당한다고 생각하면 분노를 드러내면서 욕을 함
   - 센터에서 다른 친구들의 반찬을 뺏어먹기도 하고 욕을 하기도 함. 담당교사가 이를 나무라면 그냥 울음을 터뜨림

4. 심리검사 결과
   - 집은 작고 귀퉁이에 그렸으며, 굴뚝에서 나오는 연기를 그렸고 창문을 많이 그렸음
   - 어머니와 동생과 같이 식사하는 그림을 그렸지만 아버지는 그리지 않았음
   - 아버지는 무서운 존재로 적었고 어머니는 좋은 사람이라고 표현하였음

질문 01

상기의 사례에서 내담자에게 한 심리검사 명칭은 무엇인가?

| 답변 |

① HTP(집-나무-사람 그림검사)
② KFD(동적가족화)
③ SCT(문장완성검사)

질문 02

유해약물을 복용하고 있는 청소년이 자진하여 상담실을 찾았다. 어떻게 접근할 것인가?

| 답변 |

① 스스로 상담실을 찾아온 용기에 대해 칭찬한다. 또한 자신의 약물복용이 문제가 있다는 사실을 인지한 것에 대해서도 인정하고 칭찬한다.
② 현재 복용하고 있는 약물에 대한 정보를 수집한다.
③ 약물복용 빈도와 복용하고 싶을 때의 시기와 떠오르는 생각을 알아본다.
④ 약물복용 후의 심리적인 문제(괴로움, 두려움, 후회감 등)를 탐색한다.
⑤ 약물복용의 중단이 어려울 경우 관계기관의 도움을 받는다.
  - 상담사 윤리규정에서 자신을 해할 우려가 있는 경우에는 비밀보장 의무가 적용되지 않는다.
  - 부모에게 이 사실을 즉시 알려서 개입하게 한다.
  - 기타 필요한 조치를 취한다.
    - 위기청소년 신청
    - 청소년치료재활센터 안내

※ 마약류 관리에 관한 법률에 의하면 향정신성 약품이나 마약(양귀비, 대마 등)의 사용은 형사처벌 대상이 된다. 자진 신고하게 함으로써 형벌보다는 국가의 치료감호를 받는 것이 바람직하다.

질문 03

일탈행동을 하는 것같이 보이는 중2 남자 내담자에게 어떤 질문을 하면 알아볼 수 있는가?

| 답변 |

① 귀가시간 체크
- 친구들과 놀다가 몇 시에 집에 들어가는지?
- 귀가시간이 집에서 정해져 있는지? 그 시각을 어기면 부모님은 어떻게 하시는지?

② 외부활동 점검
- 친구들과 바깥에서 만나면 무엇을 하면서 시간을 보내는지?
- 공원이나 후미진 곳에서 친구들과 술을 마시거나 담배를 피우는지?

③ 외박 유무 확인
- 친구들과 모텔이나 여관에서 밤을 보내는 경우도 있는지?
- 친구 집에서 자주 잠을 자는지?

④ 어울리는 친구정보 평가
- 만나는 친구 중에 가출한 친구가 있는지?
- 나쁜 일에 가담하라고 요청을 받은 적이 있는지?
- 오토바이나 자전거를 절도한 경험을 자랑 삼아 이야기하는 친구가 있는지?
- 약물복용을 권하는 친구가 있는지?
- 원조교제를 하고 있거나 원조교제를 권유하는 친구가 있는지?

질문 04

상기 사례의 상담 시 가능한 상담목표와 상담전략은 무엇인가?

| 답변 |

① 공격적인 행동의 소거
- 분노의 인지와 통제연습하기
- 이완훈련하기

② 자기주장 및 의사표현
분노표현이나 울음을 터뜨리기 전에 자신의 감정이나 의사를 말로 표현하기

③ 부에 대한 두려움 해소
- 부와 면담하여 부의 분노표출이 내담자에게 주는 나쁜 영향을 인지시키기
- 부의 관심과 이해와 공감능력을 높여주기
- 부로 하여금 자녀와 운동이나 산책 등을 같이 하도록 하기

④ 친구관계 개선
- 행동하기 전에 이야기를 먼저 하기
- 친구 돕기 실천하기
- 하루에 한 가지씩 착한 일 하기

제6절 3급 기출사례 - 2019년 18회

1 소외감

중학교 3학년에 재학 중인 최 군(15세, 남)은 어머니의 손에 끌려 비자발적으로 상담실로 오게 되었다. 상담사를 마주한 최 군은 많은 또래들이 자신을 인정하고 칭찬하고 있어 아무런 문제가 없으며 상담이 필요하지 않다고 힘주어 이야기하였다. 그러면서 학교 반 친구들은 다 거짓말쟁이들이고 이기적이며 나쁜 놈들이라고 이야기하고, 선생님들 또한 공부 잘하는 애들과 자신을 차별하고 있다고 불평하였다.

초등학교 6학년 때 체육시간에 같은 반 친구의 지갑이 없어졌는데 하필 그 체육시간에 약간 배가 아파 먼저 교실로 들어온 최 군을 모두 의심하는 눈치였으며, 담임선생님마저 자신을 교무실로 데리고 가서 솔직히 고백하라고 윽박질렀다. 최 군은 자신의 결백을 강하게 주장하였지만 아무도 믿어 주지 않았다. 최 군의 부모에게도 학교에서 연락을 하였는데, 최 군의 부모 역시 최 군을 의심하였다. 몇 번 용돈이 궁하여 어머니의 지갑에 손을 댄 적이 있었기 때문이다. 잃어버린 지갑은 결국 나오지 않았지만 손버릇이 나쁜 애라는 낙인이 뒤따라 다녔다.

중학교에 진학한 이후에 최 군은 학교 친구와 사귀지 않고 선생님들에게도 말대꾸를 하며 저항하는 태도를 보이고 있어 골치 아픈 학생으로 통하고 있다. 성적은 중하위에 머물러 있고 공부보다는 게임과 SNS에서 청소년들의 관심사에 대해 글을 작성하여 올리고 있다. 최 군은 글재주가 좋아 자신의 블로그에 올리는 글을 읽고 많은 애들이 최 군에게 "좋아요"를 보내고 칭찬하는 댓글을 달아주어 자긍심을 느끼고 있다. 같은 게임을 하면서 무작위로 한 편이 되거나 메신저로 서로 대화하고 있는 애들과 문자를 주고받으면서 시간을 보내고 있다. 최 군의 부모는 공부를 하지 않고 새벽까지 컴퓨터나 스마트폰을 보고 있는 최 군이 무척 걱정스럽다.

최 군은 아버지가 반대하지만, 크면 BJ(일인방송 진행자)가 되어 성공하겠다고 하며 인터넷상에서 만나는 친구가 진정한 친구라고 이야기하고 있다.

질문 01

청소년의 문제 중에서 자신이 잘 상담할 수 있다고 생각하는 분야는 무엇인가?

| 답변 |

수험생 개개인의 관심분야와 관련되어 있는 질문이어서 일률적으로 답하기는 어렵다. 단지 다음과 같은 청소년 문제를 1~2개 정도 선정하여 자신이 아는 바를 이야기하는 것이 좋다.

① 스마트폰과 인터넷의 과다사용
② 학교폭력(따돌림, 폭력, 명예훼손 등) 가해자와 피해자
③ 청소년도박
④ 청소년 가출과 범죄행위 가담
⑤ 학업중단
⑥ 자해 및 자살
⑦ 진로고민과 부모와의 진로갈등
⑧ 청소년 우울과 불안
⑨ 성폭력 가해자와 피해자
⑩ 10대 임신
⑪ 가출, 학업중단
⑫ 학교부적응, 친구관계 등

※ 〈파트 6 면접자료〉를 참고하기 바란다.

질문 02

상기의 사례에서 밑줄 친 내담자의 반응을 재진술해 보아라.

| 답변 |

① 재진술(바꾸어 말하기)은 내담자의 말을 상담자가 자신의 언어로 다시 표현하여 내담자의 자기탐색을 돕는 기법을 말한다.
② 재진술의 내용
  • "인터넷상에서 내담자가 인기가 있고 인정을 받고 있어 자신은 아무런 문제가 없다고 생각하는구나."
  • "상담은 자신의 문제를 해결해 주는 것으로 생각하고 자신에게는 문제가 없어 상담이 필요 없다고 생각하는구나."
  • "남이 인정하고 칭찬해 주면 아무런 문제가 없다고 여기는구나."
  • "상담은 문제 있는 애들이나 받는 것이고 자신은 문제가 없으니 필요가 없다고 생각하는구나."

질문 03

상기의 사례에서 상담의 목표를 잡는다면 무엇인가?

| 답변 |

① 인지적 왜곡 수정하기
  • 수정대상 인지 내용
    - 친구들은 다 거짓말쟁이이고 이기적이다.
    - 선생님들은 공부 잘하는 애들과 못하는 애들을 차별한다.
  • 초등학교와 중학교의 교사와 친구는 같지 않다는 사실을 인지하고 받아들이기
  • 친구들의 실제 자기에 대하는 태도와 자신의 신념을 비교해 보기
② 학교부적응 개선하기
  • 교사들에게 예절을 지키고 교사들의 심부름 적극적으로 하기
  • 학교규칙과 규율을 잘 지키고 자신이 정직한 학생이라는 점을 부각하기
③ 친구관계 개선하기
  • 친구들에게 자신의 블로그를 소개하고 공유하면서 친해지기
  • 인터넷상에서 교류하는 친구는 교류의 특성상 진정한 우정을 나누기는 어렵다는 것을 깨닫게 하기
  • 친구에게 먼저 다가가고 친구를 위한 행동을 자진하도록 하기

질문 04

비자발적인 내담자의 상담에서 부모님의 상담이 필요하다고 상담자가 이야기하자, 부모가 거부한다면 어떻게 하겠는가?

| 답변 |

① 부모가 상담을 거부하는 입장을 충분히 이해하고 공감한다.
② 그러면서 해당 부모가 상담을 어떻게 인식하는지 탐색한다.
   - 부모가 자신들은 문제가 없고 자녀에게 문제가 있다고 생각하여 상담은 자녀가 받아야 한다는 생각
   - 상담은 문제가 있는 사람이 받는다는 생각
   - 상담은 문제를 해결하고 비정상적인 면을 정상적으로 만드는 것이라는 생각
   - 상담은 부모 대신 가르치고 설득하는 것이라는 생각
③ 관찰되고 심리검사로 나타난 내담자의 정서적, 인지적, 행동적 문제가 부모의 양육방식과 태도가 직간접적으로 연관된다는 점을 조심스럽게 전달한다.
④ 내담자의 주호소문제는 자녀-부모가 공동으로 해결하는 것이 더 효과가 크다는 사실과 부모가 변해야 내담자가 변한다는 원리를 전달한다.
⑤ 내담자의 문제와 관계없이 부모 자신의 심리적 불편도 상담을 통해서 해소될 수 있음을 알린다.

2 성적고민

고등학교 2학년이라고 자기를 소개한 여학생이 청소년상담복지센터에 메일로 다음과 같이 자신의 고민을 호소해 왔다.

저는 요새 학교에 간다고 아침에 집에서 나와서는 학교에는 가지 않고 집 근처에 있는 PC방에서 게임과 인터넷을 하면서 시간을 보내는 일이 많습니다. 그러면서 혹시 어머니가 이 사실을 알까 두렵기도 하고 한편으로는 학교에 가는 친구들이 부럽기도 합니다.

아빠가 7년 전에 병으로 돌아가신 이후 가정형편이 어려워지자 엄마는 큰 마켓에서 물건을 진열하거나 재고조사 후 추가 주문하는 일을 지금까지 하고 계십니다. 어머니는 제 남동생과 저를 키우시느라고 제대로 잠도 못 주무시고 힘들게 일하고 계세요. 그러나 어려운 내색을 하지 않으시고 항상 저에게 "세상에서 출세를 하려면 공부를 잘해야 해. 너는 원하는 대학에 진학하여 직장을 갖고 당당히 일해야만 한다"라고 입버릇처럼 말씀하십니다. 결혼 초 시댁으로부터 가난한 집안 출신이라서 혼수도 제대로 못 해왔다고 무시를 많이 당하셨습니다.

이런 어머니를 보는 저는 공부를 열심히 해야 한다고 생각하고 제 나름대로 열심히 하였지만 성적이 제대로 나오지 않아 실망을 했고, 공부해도 소용없다고 생각하게 되었습니다. 저는 중학교 1학년 때까지는 성적이 그런대로 중상위권에 있었습니다. 그런데 중학교 2학년 때 단짝친구가 저를 옷도 제대로 입지 못하는 촌뜨기라고 뒷담화를 한 것을 알게 되어 큰 충격을 받았습니다. 그 이후로는 학교 가기도 싫어지고 공부도 하지 않고 다른 애들도 똑같이 나쁜 애들이라고 생각하게 되었습니다. 이러한 생각은 고등학교에 진학하고서도 계속되었습니다.

제 부진한 성적표를 받아든 어머니는 "내가 누구를 믿고 사는데! 그렇게 공부하려면 당장 집에서 나가버려!"라고 크게 분노하셨습니다. 제가 잘못한 것은 알지만 저를 이해해 주지 않는 어머니가 야속하기도 합니다.

저는 앞으로 어떻게 해야 할까요?

질문 01

내담자 중심상담의 접근방법을 설명해 보아라.

| 답변 |

① 내담자 중심상담은 비지시적 상담으로서, 내담자의 하소연을 상담자가 중립적인 입장에서 진지하게 공감하며 들어 줌으로써 내담자가 스스로가 문제해결을 하도록 하는 상담방법이다. 이 상담방법은 미국의 심리학자 로저스(Carl R. Rogers)의 상담과 심리치료 이론에 근거한 것이다.
② 이 상담에서 상담자의 주요 역할은 내담자가 어떤 내용의 이야기라도 거리낌 없이 모두 이야기할 수 있도록 분위기를 조성하는 일이다(수용적, 비판단적 분위기).
③ 상담자는 내담자의 이야기를 비판하거나 평가하지 않으며, 이유를 캐묻거나 문제해결의 방안도 제시하지 않는다.
④ 개인 안에 존재하는 유능한 능력을 최대한 이끌어 낸다.
⑤ 상담과정에서 상담자 분석이나 해석과 같은 지시적인 요소를 배제한다.
⑥ 무조건적으로 존중하며 이해, 수용, 반영하고 충분히 기능하는 인간이 되도록 돕는다.

질문 02

상기 사례의 내담자의 주호소문제는 무엇인가?

| 답변 |

① 학교에 가지 않고 공부도 하지 않아 걱정되고 힘들다.
- 근거1 : 학교 가는 친구들이 부럽다.
- 근거2 : 엄마가 자신이 학교에 안 가는 것을 알까 두렵다.

② 자신이 못나 보여 괴롭다.
- 근거1 : 친구에게 촌뜨기라고 뒷담화를 당한다는 사실을 알고 충격을 받았다.
- 근거2 : 그런 일로 학교에 가지 않고 공부도 하지 않게 되었다.

③ 나를 진정으로 이해하고 위로하는 사람이 없다.
- 근거1 : 이유도 모르면서 성적저하만 나무라는 어머니가 야속하다.
- 근거2 : 친구 모두가 나를 무시하는 나쁜 애들이다.

④ 공부해도 좋은 성적이 나오지 않는다.
- 근거1 : 열심히 했지만 성적이 제대로 나오지 않았다.
- 근거2 : 공부해도 소용이 없다.

※ 주호소문제란 내담자에게 심리적인 고통을 주고 있는 사항으로, 내담자가 항상 이를 인지하고 어려움을 겪고 있으며 해결하고 싶은 사항을 의미한다.

질문 03

학교폭력 가해자로 학교에 의해 상담이 의뢰된 후 학폭위(학교폭력대책심의위원회) 담당교사가 상담의 구체적인 내용을 알려달라고 할 때 상담자로서 어떻게 대처할 것인가?

| 답변 |

① 우선 상담에 대한 깊은 관심에 대해 감사를 표시한다.
② 청소년상담사 윤리규정에 의거하여 구체적인 상담내용을 알려 줄 수 없다고 이야기한다.
③ 추후 상담이 종료되는 시점에 상담센터에서 학교로 상담확인서를 발급해 줄 예정임을 알린다. 상담확인서에는 상담의 기간, 상담회기 등의 사항이 표시된다는 점을 알린다.
④ 상담센터장에게 이를 보고하여 상담종결 시 상담센터에서 학교로 상담확인서를 발급해 줄 것을 요청한다.
⑤ 학교에서 더 알기를 원할 때는 학교에서 직접적으로 문제 삼은 내담자의 문제행동이 어느 정도 해결·소거·개선되었는지에 대해 상담자의 의견을 전달할 수 있다.

질문 04

상기 사례에서 다루어야 할 문제는 무엇인가?

| 답변 |

① 과도한 게임과 인터넷 사용습관
② 학교 등교거부 및 이와 관련한 양가감정
③ 친구문제(친구에 대한 정서 및 인식)
④ 우울한 기분의 빈도와 정도
⑤ 모의 양육방식과 태도
⑥ 모에 대한 정서 내용
⑦ 내담자의 진로의식과 진로발달사항
⑧ 친구와의 갈등처리 방법

3 가출생각

다음은 중학교 1학년 여학생이라고 밝힌 청소년과 청소년상담복지센터의 채팅상담자와 나눈 대화이다.

내1 : 저, 지금 이 시간에 상담하나요?

상1 : 물론입니다. 저는 청소년상담복지센터 상담사 ○○○입니다. 안녕하세요? 무슨 고민이 있는가 봐요.

내2 : 네, 고민이라기보다도. 제가, 음. 제가 외롭고 마음이 안 좋아서 그래요.

상2 : 괜찮아요. 여기는 우리 둘만의 공간이니 마음 놓고 이야기해도 돼요.

내3 : 정말 아무도 모르나요? 옆에서 저의 메시지를 보는 사람이 없나요?

상3 : 안심해도 됩니다. 그런데 무슨 일로 그렇게 마음이 안 좋은지 궁금하네요.

내4 : 너무 창피한 이야기라서 며칠을 고민하다가. 바로 우리 집 가족 이야기이거든요.

상4 : 네, 듣고 있어요.

내5 : 엄마와 아빠는 거의 매일 서로 싸워요. 제가 보기에는 두 분 다 똑같이 나쁜데, 서로 잘났다고 으르렁거려요. 그렇게 서로 싸움이 있는 날은 저는 밥도 못 챙겨 먹어요. 엄마가 화가 나서 바로 집을 나가버려서 그래요. 초등학교 4학년인 저의 남동생과 집 주위의 편의점에 가서 김밥과 컵라면을 먹고 들어와요.

상5 : 혹시 아버지께서 대신하여 저녁을 챙겨주지 않나요?

내6 : 아빠도 화가 나서 집 앞에 있는 가게에서 술을 마셔요. 동네 사람들이 지나가는데, 정말 창피해서 죽고 싶어요.

상6 : 음.

내7 : 엄마가 며칠 집을 비운 후에 집에 들어오면 싸움이 다시 시작돼요. 저는 '집을 나갔으면 들어오지 말지, 왜 다시 들어와서 속을 썩이지?' 하고 속으로 엄마를 욕하는 저 자신도 짜증스러워져요.

상7 : 정말 엄마 때문에 속상하고 엄마에게 위로도 못 하는 자신이 또한 원망스럽기도 하겠네요.

내8 : 다른 집 부모님들은 자식들을 사랑하고 귀여워해 주고 주말에는 같이 놀러도 가는데. 그런 것을 생각하면 저와 제 동생이 너무 불쌍해요.

상8 : 저런!

내9 : 학교에서는 공부도 손에 잡히지 않고 멍하니 있다 보니 선생님에게 야단맞기도 하고, 친구들이 말을 걸어도 귀찮아서 가만히 있다 보니 친구들과도 이제 서서히 멀어지는 것 같아요. 집에서도 학교에서도 혼자인 것 같아 외로워요. 집에 들어가기도 싫고 가출하고 싶어요. 이럴 때는 제가 어떻게 해야 하나요? 절 도와주세요.

질문 01

사이버 상담의 한계점은 무엇이라고 생각하는가?

| 답변 |

① 면대면 상담과는 달리 얼굴을 보지 않고 대화하기 때문에 내담자의 표정, 행동, 태도(비언어적 요소)를 전혀 관찰할 수 없다.
② 내담자의 정보를 충분히 알 수 없다(부모, 학교, 상담하게 된 경위 등).
- 내담자가 제시하는 문제만 취급하게 된다.
- 글로 표현되어 정보의 교류가 제한적이다.
- 상담자가 시간적인 여유를 가지고 여러 각도로 질문할 수 없다.

③ 상담진행 속도가 느리다.
- 내담자나 상담자가 상대방이 타자 치는 동안에 기다리고 있어야 한다.
- 상담자의 타자가 느린 경우 내담자가 퇴장할 수 있다.

④ 대부분 1회 상담으로 끝나는 경우가 많다.
⑤ 내담자의 주호소문제를 심층적으로 다룰 수가 없다.
- 반응속도가 빨라야 하기 때문이다.
- 글로 나타나는 사항만 접하기 때문이다.
- 접수면접과 같은 사전지식이 없기 때문이다.

질문 02

상기 사례의 경우 부모상담을 한다면 어떤 점을 인지하도록 할 것인가?

| 답변 |

① 자녀를 키우고 양육하는 어려움을 이해, 공감한다.
② 자녀상담의 진행과정을 개략적으로 설명한다.
   - 자녀상담과 관련하여 부모에게 협조할 사항이 있음을 밝힌다.
   - 구체적인 설명을 요구하는 경우 자녀의 문제를 설명해 준다. 이 경우 내담자와의 상담내용이 그대로 전달되어서는 안 되며 상담사의 비밀유지 의무를 이행하여야 한다.
③ 우선 부모에서 기인되는 자녀의 문제, 즉 심리적 고통, 외로움, 자살생각, 영양의 불균형 등을 알린다.
④ 부모의 화합된 관계가 자녀가 건강하게 자라는 토양임을 강조한다(부부싸움이 나쁘다는 인상을 주거나 부부싸움을 하지 말라는 식의 언급은 피해야 한다).
⑤ 자녀가 성장하게 되면 부모에게서 배운 대로 행동하게 된다는 점을 강조한다.
⑥ 바람직한 부모의 역할을 전달한다.
   - 이해와 공감, 관심을 기울이는 태도
   - 칭찬하고 격려, 지지하는 태도
   - 부모가 자신의 문제를 솔직히 인정하고 이를 자녀에게 사과하는 태도 등

질문 03

내담자가 상담자에게 배가 고프니 떡볶이를 사달라고 할 때 어떻게 하겠는가?

| 답변 |

① 청소년상담사 윤리강령에서 청소년상담사는 내담자와 상담 비용을 제외한 어떠한 금전적·물질적 거래관계를 맺지 않는다고 되어 있어 내담자가 상담자에게 저녁이나 간식 등을 요구할 경우 이에 응하는 것은 바람직하지 않다고 할 수 있다.
② 그러나 상담관계를 잘 유지하기 위해서 상담현장에서는 종종 내담자에게 음식을 제공하는 일은 드물지 않다.
③ 그러나 금액의 한도나 빈도에 제한이 따라야 함은 당연한 일이다.
   • 내담자의 요구에 응하는 경우에도 더 이상 상담자에게 요구하지 말기를 진지하게 요청한다.
   • 내담자가 빈번하게 이런 요구를 한다면 단호히 거절한다. 동시에 내담자의 이런 문제행동의 원인을 탐색하여 개선하도록 한다.
   • 내담자가 경제적인 이유로 상담자를 이용하거나 편의를 제공받는 것이 당연하다고 여길 가능성이 있기에 상담자는 항상 경계하여야 한다.
④ 다음 상담 때에 상담관계를 더 좋게 하기 위하여 음식을 먹는 장소에서 상담할 것을 제의해 보는 것도 좋을 것이다.

질문 04

비자발적 내담자의 동기강화상담을 어떻게 하겠는가?

| 답변 |

① 내담자의 양가감정을 잘 이해하고 공감해 준다.

　자신의 문제를 해결하고 싶은 욕구와 상담이 귀찮고 다른 친구들이 상담을 받는다고 하면 부정적으로 생각할까 봐 두려움을 느끼거나 자신은 문제가 없다는 회피욕구 사이의 갈등과 주저함을 잘 이해하고 공감해 준다.

② 이 양가감정을 구체화해주고 잘 인지하도록 돕는다.
- 상반된 양가감정의 긴장상태와 변화 동기를 잘 알게 한다.
- 변화에 대한 내용을 구체화하도록 돕는다.
- 이때 내담자와 상담자가 위계적인 관계가 아니라 협동적 관계(Working Alliance)를 형성한다(내담자에 대한 지시, 평가, 조언을 하지 않는다).

③ 상담자는 내담자의 자율성을 존중해 준다.
- 내담자가 스스로 할 수 있는 일, 진정 원하는 일, 과거 행하여 도움이 되었던 일들을 선택하게 격려하고 지지해 주며, 스스로 세우는 계획이나 다짐을 존중해 준다.
- 내담자의 내재적인 변화 동기를 자극한다.
- 내담자의 열망과 목표를 이해하고 이를 실행할 긍정적인 환경을 조성해 준다.

④ 동기강화상담에서 상담자가 행하는 상담기법
- 열린 질문하기
- 인정하기
- 반영하기
- 요약하기
- 변화대화하기

> **참고** 동기강화상담
> - 알코올중독이나 행동중독 등 건강 관련 행동의 개선을 위하여 밀러(William Miller, 1982)가 창안하였다.
> - 중독치료의 목표가 행동변화이고 행동변화의 핵심은 변화동기이다.
> - 변화가 필요한 상황에 처하면 양가감정을 느낀다.
> - 내담자가 자신의 바람직한 가치관에 맞는 행동을 선택하여 이를 지속하도록 도움으로써 행동의 변화를 가져오게 한다.
> - 상담기법
>   - 공감표현하기
>   - 불일치감 만들기
>   - 저항과 함께 구르기
>   - 자기효능감 키우기

4 인지왜곡

초등학교 5학년인 김 양(11세, 여)은 학교에 가기가 싫다. 친구들이 자신을 이상한 눈으로 쳐다보는 것 같아서 여간 불편한 것이 아니다. 같은 반 또래들이 서로 이야기를 하다가 김 양이 다가가면 아무 이야기도 하지 않았던 것처럼 시치미를 떼면서 흩어지는 것이 느껴져서 그 애들이 원망스럽다. 그렇다 보니 모둠활동에서 같은 모둠원들과 함께 작업하지 않으면서 뒷짐만 지고 있는 경우가 많다.

김 양은 5학년이 되면서 현재의 학교로 전학 왔는데, 자기소개 시간에 자신이 다문화가정의 자녀임을 밝혔더니 친구들이 다들 놀란 표정을 짓는 것 같았다. 그 이후 친구들이 점차 자기에게서 멀어지는 것을 느꼈다. 지난 1학기 동안에 그나마 자신을 이해해 주고 같이 식당에 점심을 먹으러 가 준 단짝 친구가 있었지만 지난 달 다른 학교로 전학 가버렸다. 김 양은 쉬는 시간이나 점심시간에 책을 읽거나 그림을 그리며 혼자 시간을 보내고 있다. 방과 후나 학원에서 만나는 같은 반 애들이 핸드폰을 잡고 웃으면 단톡방에서 자신의 외모를 두고 뒷담화를 할 것이라는 생각이 들어 집에 가면 잠을 이룰 수가 없다.

김 양의 피부는 진한 갈색으로 키가 또래보다 상당히 크고 호리호리한 편이며 머리카락은 곱슬머리이다. 김 양의 아버지는 자동차 정비소를 운영하고 있으며 평일에는 일이 늦게 끝나 저녁 늦게 퇴근하는 바람에 김 양과는 대화하지 못하고 있다. 그리고 성격이 불같아서 화를 자주 내고 김 양의 어머니와 김 양을 질책하는 일이 잦다. 어머니는 필리핀 여성으로 한국 내에 거주하고 있는 필리핀 여성들의 권익과 노동환경을 개선하는 일을 하고 있으며, 평일이나 주말 할 것 없이 바쁘게 필리핀 노동자들이 근무하고 있는 공장, 건설현장 등을 찾아다니고 있어 저녁 늦게 들어온다. 아버지는 이런 어머니에 대해 항상 불평하며 그 일을 그만두라고 하고 있다. 김 양의 아버지는 "외국인과는 결혼하는 것이 아니다"라고 김 양에게 넋두리처럼 이야기한다. 김 양은 자신이 혼자이고 외롭다고 생각한다.

김 양이 친구관계로 어려움을 겪으면서 집에 와서 눈물을 흘리는 것을 보고 김 양의 어머니는 김 양의 초등학교에 방문하여 담임교사와 교장선생님에게 소외되고 있다는 점을 강하게 지적하고 대책을 요구하였다. 하지만 친구들에 의해 김 양이 왕따나 따돌림을 당하고 있는 확실한 증거가 없고, 김 양의 소극적인 태도나 친구를 기피하는 태도가 소외감의 원인이라는 이야기만 듣고 돌아올 수밖에 없었다. 김 양의 어머니는 김 양을 청소년상담복지센터로 데리고 왔다.

질문 01

청소년 내담자가 상담자인 당신에게 "상담하는 일은 돈을 많이 버나요?", "돈 받고 상담하지만 아무도 지켜보지 않아서 대충 하는 것이 아닌가요?"라고 질문한다면 어떻게 대답할 것인가?

| 답변 |

① 우선 내담자의 질문 중 수입에 대한 사항을 솔직하게 이야기한다.
- 돈은 많이 벌지 못한다(금액을 굳이 이야기할 필요는 없다).
- 상담자는 돈보다는 청소년의 동반자로서 청소년이 건강하고 행복하며 바르게 성장할 수 있도록 돕고 청소년이 느끼는 여러 가지 슬픔, 괴로움, 절망 등을 해결해 주기 위해서 노력하며 그것을 가치 있고 행복한 일이라고 생각하는 사람임을 강조한다.
- 가치 있는 일은 꼭 수입과 연관되는 일이 아님을 이야기한다.

② 아무도 지켜보지 않아야 한다는 사실에 대해 다음과 같이 답변한다.
- 상담자-내담자 간의 관계에서는 비밀이 지켜져야 한다.
- 내담자의 부족한 점이나 개선하여야 하는 사항을 다른 누구도 알아서는 안 되며, 내담자가 스스로 판단하고 결정하며 실천하는 일에 관여하거나 감독할 사안이 아니기 때문에 상담자 이외의 다른 사람이 지켜볼 수 없고, 지켜보아서도 안 되는 일이다.

③ 나아가 내담자에게 다음의 질문을 통해 내담자가 무엇을 생각하는지 탐색한다.
- 자신의 진로결정에서 상담사라는 직업을 택하고 싶은지?
- 수입 정도에 따라 자신의 장래직업을 선정하려고 하는지?
- 상담자가 아무도 안 보니 상담을 성의 없이 한다고 느끼고 있는지?
- 상담은 돈만 받고 형식적으로 하는 일이라고 생각하는지?

④ 탐색한 결과에 의거하여 적절히 개입한다.
- 상담사는 돈을 보고 결정하는 직업이 아니다.
- 상담사의 책임과 윤리사항을 전달한다.
- 자신의 상담 진행방법, 내담자와의 라포 형성, 사례개념화의 정확성, 상담구조화 여부, 상담목표 재설정 등을 면밀히 평가하여 개선한다.
- 내담자의 생각에 변화가 없는 경우 다른 상담사에게 사례를 의뢰한다.

질문 02

상기 사례의 내담자를 상담한다면 어떤 상담이론을 적용하고 싶은가? 그리고 그 이유는 무엇인가?

| 답변 |

① 아론 벡(Aron Beck)의 인지치료를 적용한다.
  - 임의적 추론 : 자신의 외양에 대해 친구들이 뒷담화하고 있다. 그리고 자신을 놀리고 기피하고 있다.
  - 과도한 일반화 : 대부분의 애들은 다문화가정의 자녀를 이상한 애라고 생각하고 있다.
  - 선택적 추상화 : 모둠활동에서 자신을 제외하고 역할을 주지 않는다.
② 대상관계 상담이론을 적용한다.
  - 내담자의 자기표상 : 항상 사랑받지 못하고 자신을 무관심과 비난을 받는 대상으로 인식한다.
  - 내담자의 대상표상 : 아버지의 아내에 대한 느낌을 내담자인 딸에게 투사하는데, 이를 내담자가 내면화하여 외적 대상(친구들)과의 관계를 비난하는 친구, 자신을 무시하고 놀리는 친구로 생각한다.
  - 분열 : 내담자가 친구들의 좋은 점(친구로서 관심을 보이려는 태도)과 좋지 않은 점(이질적인 대상으로 생각하여 말붙이기를 어려워하는 점)을 통합하지 못하고 있다.
③ 그 이외에 인지적·정서적 상담이론(엘리스)이나 인간중심 상담이론(로저스)을 적용해 볼 수 있다.
  - 인지적·정서적 상담이론 : ABCDE기법을 통해 비합리적인 신념을 수정하고, 합리적으로 사고하도록 돕는다.
  - 인간중심 상담이론 : 이해와 공감, 무조건적인 존중으로 자아실현(건강한 친구 사귐)하도록 돕는다.

질문 03

상기 사례의 내담자의 주호소문제는 무엇인가?

| 답변 |

① 자신이 남들과 다르다고 놀리고 뒷담화하고 있어 학교에 가기 싫다.
② 자신을 욕하면서 그렇지 않은 듯 행동하는 친구들이 밉다.
③ 자신을 유일하게 이해하고 친하던 친구가 전학 가서 외롭다.
④ 서로 싸우고 자신에게 무관심한 부모가 싫다.

질문 04

학교폭력 예방을 위한 방안이 있다면 이야기해 보시오.

| 답변 |

① 정기적으로 교사, 학생, 부모들을 교육한다.
- 학교폭력과 범죄
- 학교폭력의 유형
- 학교폭력 가해자의 처벌내용

② 학교에서 성적 위주의 관리 형태를 개선한다(모든 학생이 관심받고 자신의 장점에 대해 칭찬받는 학교 분위기를 조성한다).

③ 학교환경을 안전하게 만든다.
- 관할경찰이 제복을 입고 수업시간 내에 학교를 정기적으로 순시한다.
- 학교 건물 내외에 CCTV를 설치하여 학교폭력이 일어날 가능성을 줄인다.
- 학생들의 건전한 놀이공간을 확충한다(예 암벽타기, 공연장, 학교꾸미기 대회, 학교폭력 근절을 위한 연극대회 개최 등).
- 사이버 공간을 이용한 건전한 친구-교사의 대화, 이벤트를 진행한다.

④ 학교폭력을 건설적으로 처리한다.
문제행동을 보이는 학생들을 처벌보다는 좋은 일을 하도록 하는 제도를 만든다(가해자 학생이 잘하는 것을 자랑하도록 하는 활동 권장, 사과하고 화해하는 장을 만들어 준다).

⑤ 여러 가지 프로그램을 운영한다.
- 학생대상 : 의사소통, 자기존중감, 갈등해소 능력, 감정조절 등 학교폭력이 일어나지 않도록 하는 프로그램
- 부모대상 : 학교폭력 시 발생하는 부모 간의 분쟁, 고소 등을 완화하기 위한 프로그램 운영(예 바람직한 양육태도와 방식, 자녀와 대화하기, 민주적인 가정 만들기, 부모들의 건전한 모임과 놀이 등)

제7절 3급 기출사례 - 2018년 17회

1 게임중독

올해 중학교 2학년인 강 군(14세, 남)은 PC 게임에 빠져 있어 새벽 2~3시까지 게임을 하는 것이 일상이다. 어머니의 강한 제지에도 불구하고 게임을 계속하고 있다. 주말에는 친구들과 PC방에 가서 끼니까지 거르며 많은 시간을 할애하여 게임을 하고 있다. 강 군은 게임 속에서 힐러(지원역할을 하는 캐릭터)로서, 죽거나 부상당한 다른 캐릭터를 치료하고 살려내는 역할이 너무나 좋다. 강 군은 자신의 역할에 책임감을 느끼며, 게임 속 같은 팀의 동료들이 자신을 칭찬해 줄 때 기분이 좋다.

강 군의 아버지와 어머니는 현재 공무원으로 재직 중이다. 강 군의 어머니는 이렇게 게임에만 몰두하는 강 군과 열심히 공부하는 같은 아파트의 또래들이 비교가 되어 걱정이 태산이다. 강 군의 용돈을 줄여보고 달래보기도 하고, 화를 내면서 야단을 치는 등 여러 가지 방법을 다 사용해 봤지만 별 효과가 없었다. 이를 보다 못한 어머니가 강 군을 데리고 상담센터로 왔다.

상담사와 마주한 강 군은 자신은 다른 친구들보다 그렇게 게임을 많이 하는 것도 아니고, 심지어 공부를 잘하는 친구들도 자기보다 더 그 게임에 열중한다고 말했다. 또 "상담을 받아봤지만 도움을 전혀 못 받았다"는 다른 친구의 이야기를 하면서, 자신 역시 상담을 받을 필요가 없다고 하였다. 강 군은 게임 때문에 학교에 지각하거나 성적이 많이 내려갔지만 개의치 않는다고 이야기하며, 게임을 그만둘 생각은 전혀 없다고 하였다. 그러면서 자신의 게임 속 역할이나 공헌에 대해 어머니는 전혀 모르고 있다고 답답해하였으며, 어머니의 잔소리가 이제는 지겹고 짜증이 난다고 호소하였다.

질문 01

상기 내담자를 상담할 때 우선적으로 다루어야 할 사항은 무엇이라고 생각하는가?

| 답변 |

① 어머니가 강제적으로 상담을 받게 한 것에 대한 저항감 해소
② 어머니의 게임 몰이해에 대한 내담자의 답답함과 어머니에 대한 부정적 정서
③ 게임 속에서 인정받음으로 인해 내담자가 느낀 만족감 돌아보기
④ 다른 친구들도 다 게임을 하므로 자신도 괜찮다는 생각 확인하기
⑤ 학교부적응 결과를 시인한 사실
⑥ 상담센터에 오게 된 경위
⑦ 상담효과에 대한 부정적인 생각
⑧ 기타 답변 가능한 사항
  - 게임의 종류, 빈도, 게임하는 시간 및 장소
  - 게임을 하기 때문에 하지 못하는 것 인지시키기
  - 친구관계 확인하기
  - 부모의 양육방식과 태도 등 확인하기

질문 02

내담자가 게임을 계속하려는 이유는 무엇인가?

| 답변 |

① 게임을 통해 얻는 자기효능감(친구들의 칭찬과 인정)
② 어머니의 지시적이고 성취압력적 양육태도에 대한 저항
③ 게임 자체가 가지고 있는 매력(화려하고 박진감 넘치는 화면과 자신의 역할)
④ 효율적인 시간관리 능력의 부재
⑤ 친구와 어울리고 싶고 소속감을 느끼고 싶은 욕구
⑥ 문제해결능력 부족이나 스트레스 회피 욕구
⑦ 학업성적 문제, 학교 및 학원에서 경험하는 문제 등을 회피하기 위한 수단

질문 03

게임중독을 상담하기 위하여 사례에서 언급되지 않는 사항으로 어떤 것들을 알아보아야 하는가?

| 답변 |

① 부모의 양육방식이나 양육태도(성적강조, 학습강요, 지시적이고 비난하는 태도)
② 부모와의 안정적 애착형성 여부
③ 학교 부적응 요인(성적, 지각이나 조퇴, 결석 여부, 교사에 대한 태도, 수강태도 등)
④ 가족활동의 유무, 가족 간 의사소통 방식
⑤ 친구관계
⑥ 좌절되었거나 충족되지 않은 욕구
⑦ 충동성, 주의력 결핍, 학업에 대한 스트레스

질문 04

인터넷 중독의 대안활동은 어떤 것들이 있는가?

| 답변 |

실내와 실외활동 그리고 혼자 하는 활동과 친구 및 가족과 하는 활동으로 나누어 볼 수 있으며, 대표적인 활동은 다음과 같다.

구 분	실내활동	실외활동
혼자 하는 것	독서, 악기 연주(드럼, 기타, 우쿨렐레, 바이올린, 피아노 등), 영화 보기, 수영, 레고, 큐브놀이, 음악 감상 등	산책, 조깅, 달리기 등
친구와 하는 것	젠가, 부루마블, 카드놀이, 공기놀이, 할리갈리, 알까기, 체스, 장기 등	축구, 농구, 야구, 배구, 피구, 탁구, 술래잡기, 자전거 타기, 춤추기 등
가족과 하는 것	보드게임, 케이크 만들기, 요리하기, 집안일 돕기 등	가족여행, 캠핑, 자전거, 등산, 인라인스케이트, 래프팅, 야구경기관람 등

2 따돌림

다음은 중학교 1학년 여학생이 상담센터에 이메일(e-mail)로 보내온 사연이다.

안녕하세요? 저는 중학교 1학년인 여학생입니다. 요즘 저는 학교 가기가 정말 싫어요. 반 친구들이 왠지 모르게 저를 멀리하는 것 같고, 말을 걸어도 대꾸도 하지 않을 것 같은 표정들이에요. 심지어는 자기들끼리 모여서 이야기하며 저를 비웃고 있는 것 같아서 학교에 있는 시간이 지옥 같아요. 점심시간에는 같이 밥 먹을 친구도 없고, 매순간 제 자신이 소외되고 있는 것 같아 너무 힘들어요.

제가 초등학교 6학년일 때 지금과 비슷한 경험을 한 적이 있어요. 그 당시 조금 까칠한 친구가 저랑 다투고 난 다음에 서로 말도 하지 않았어요. 그 후로 그 친구가 제 친구들을 빼앗아 가서 기분이 안 좋았지만, 2개월 정도 참으면 곧 졸업이라서 그냥 참고 지나갔어요. 그런데 그 친구가 지금 중학교의 같은 반이 되어 있어요.

하루는 같은 반 친구들이 이야기하는 것을 지나가며 얼핏 들었는데, 제가 친한 애들 사이에 끼어들어 이간질한다는 내용이었어요. 그 순간 '그 애구나' 하는 생각이 들었어요. 그래서 그 애에게 가서 따졌고, 제 친구들에게 그 애의 결점을 이야기하여 주었어요. 그래도 정말 분하고 억울해서 담임선생님에게 친구들이 저를 흉본다는 사실에 대해 이야기하였지만 "친구들 사이의 오해는 자신이 먼저 풀어야 한다. 그러니 노력해 보아라"라고만 말씀하셨어요. 집에 와서 어머니에게도 이야기하였지만 어머니는 "너에게도 문제가 있는 것이 아니니?" 하고 물어보시는데 정말 어이가 없었고, 이 세상에 저 혼자만 있다는 생각마저 들었어요.

아무에게도 저의 억울한 마음을 이야기할 수가 없어 고민이 되고 이러지도 저러지도 못하고 있어요. 정말 계속 외톨이가 될 것 같아 무섭고 죽고 싶은 심정이에요. 학교에 가고 싶지 않다는 생각이 들지만, 학교에 가지 않으면 부모님에게 크게 혼날 것 같아서 고민이에요. 저의 이 같은 고민을 어떻게 해야 할지 좀 가르쳐 주세요.

질문 01

상기 사례에서 '명료화' 기법을 사용한다면, 내담자에게 어떻게 이야기하고 질문하겠는가?

| 답변 |

① 인지적 명료화 작업
- "친구들이 내담자에게 어떻게 하였을 때 '친구들이 날 소외하고 있구나' 하는 생각이 들었나요?"
- "친구들의 어떤 행동을 보고 자신을 비웃는 것 같다고 생각하였나요?"
- "친구들의 어떤 행동에서 내담자를 멀리한다고 생각하였나요?"

② 행동적 명료화 작업
- "자신이 친구들의 비웃음을 살 행동을 한 적이 있었나요? 있다면 어떤 행동이었나요?"
- "점심시간에 혼자 밥을 먹을 때의 전후 상황을 설명해 보세요."
- "혹시 누군가 미워서 그 친구의 나쁜 점을 친구들에게 이야기한 적이 있나요?"

③ 정서적 명료화 작업
- "자신이 느끼는 감정이 옳은지 친한 친구에게 한번 확인해 보았나요?"
- "학교에 있을 때 어떤 느낌이 들었는지 구체적으로 이야기해 보세요."

질문 02

상기 사례에서 내담자가 담임선생님이나 친구, 심지어 어머니에게 도움을 받지 못한 이유는 무엇이라고 생각하는가?

| 답변 |

실질적인 도움의 여부보다는 내담자 자신이 교사나 어머니로부터 도움을 받지 못하였다고 느끼는 이유를 열거해 보는 것이 좋을 것이다.

① 내담자가 상황의 정확한 설명보다는 자신의 억울함만 강조하고 남을 비난하는 태도를 보이고 있고, 따돌림의 객관적 증거를 제시하지 못하였기 때문이다.

② 또한 친구들 사이에서 얼핏 들은 이야기를 근거로 삼는다면, 평소 내담자가 남을 헐뜯고 이를 다른 친구들에게 이야기하고 다녔기 때문에, 교사나 어머니도 잘못이 내담자에게 더 있을 수 있다고 추측했고 내담자가 먼저 사과하고 수습하기를 바랐기 때문이다.

③ 내담자가 평소 내담자의 독선적이고 이기적인 태도로 친구와의 문제를 해결하지 못하고 갈등을 회피하며 자신이 먼저 그 친구들을 소외하는 행동양상에 문제가 있어서, 문제의 원인이 다른 친구들보다는 내담자에게 있다고 담당교사나 어머니가 판단하였기 때문이다.

질문 03

자신만의 특별한 라포 형성 방법이 있다면 이야기해 보시오.

| 답변 |

다분히 개인적인 질문이지만 내담자와의 라포 형성을 위한 대표적인 방법은 다음과 같다.
① 내담자의 처지(기분, 말, 태도, 상황, 이유설명 등)에 이해와 공감을 표시한다.
② 내담자의 외양(옷, 신발, 모자, 장신구, 머리염색 등)의 변화에 민감하게 반응해 주고 관련된 사건의 유무를 확인해 본다.
③ 내담자의 정서변화를 알아채고 이를 상담에서 다루어 준다.
④ 대화의 이면에 깔린 욕구를 잘 파악하여 이를 공감하는 식으로 물어본다.
　예 "그런 말을 하는 것을 보니 내담자는 이런 마음이겠구나."
⑤ 내담자에 항상 관심을 기울이고, 평소에 문자나 카톡으로 대화를 나눈다.
⑥ 내담자가 이야기할 때는 다른 행동을 하지 않고 오직 경청하는 태도를 보인다.
⑦ 내담자와 유사한 상담자 자신의 경험을 이야기해 준다(상담자의 자기노출).
⑧ 내담자의 양가감정을 잘 파악하여 이를 반영해 준다.

질문 04

최근 청소년 이슈가 많은데, 그 중에 관심이 있는 분야는 무엇인가?

| 답변 |

이 질문 또한 개인적인 자질이나 능력에 관한 사항이지만, 대체적으로 다음 내용 중 수험생이 한두 가지 선정하여 구체적인 내용과 개입방법을 준비하는 것이 좋다.

① 청소년의 문제행동
- 성인을 모방하는 행동(음주, 흡연, 잘못된 성행동 등)
- 비행행동(절도, 폭행, 명예훼손, 도박, 기타 반사회적 행동)
- 학교폭력, 특히 사이버불링(Cyber Bullying)
- 청소년 가출
- 사이버범죄(도박, 사기 등)

② 청소년 정서(우울, 자살생각과 행동, 분노폭발)

③ 인터넷 중독(게임중독, SNS 과다사용)

④ 청소년 성문제(이성교제, 성적 위험행동, 원조교제 등)

⑤ 물질 중독(흡연, 음주, 약물사용)

⑥ 청소년 문화이해(언어, 아이돌 문화, 기성세대에 대한 인식)

⑦ 청소년의 장애(언어, 지능장애 등)

⑧ 기타 사항
- 청소년의 진로결정
- 부모와의 갈등(의사소통의 문제, 양육방식의 문제)
- 동성애적인 성향
- 친구와의 갈등, 소외, 집단따돌림

⑨ 긍정적이고 생산적인 이슈
- 친구관계 개선
- 부모와의 바람직한 의사소통
- 자기주장 훈련
- 자신의 정체성 확립 등

③ 자살생각

다음은 한 중학교 3학년 여학생과 상담사 간의 채팅상담 내용이다.

상1 : 안녕하세요? 상담센터 채팅상담실입니다. 무엇을 도와드릴까요?

내1 : …….

상2 : 너무 긴장하지 말고 천천히 입력하세요. 마음에 있는 이야기가 무엇인지요?

내2 : 저는 현재 중3 여학생입니다. 최근 같은 영어학원에 다니는 후배가 SNS상에서 선배들을 깔보는 글을 적었어요. 화가 나서 댓글로 심하게 욕설을 했어요.

상3 : 엄청 화가 났나 보네요. 그래서 어떻게 되었나요?

내3 : 친구들에게도 알렸죠. 친구들도 화가 나서 막 안 좋은 말로 댓글을 달았어요.

상4 : 음, 댓글 내용이 궁금하네요.

내4 : 뭐, 너나 잘해라. 선배가 그렇게 우습냐? 다음에 만나면 패주겠다 등.

상5 : 그래서 어떻게 되었나요?

내5 : 아마 그 애가 자기 엄마한테 이야기했나 봐요. 그 애 엄마가 학교 담임선생님에게 와서 학교폭력이라고! 아… 일이 생각보다… 커진 것 같아요.

상6 : 계속 얘기해 주세요.

내6 : 별것도 아닌데, 욕을 하기는 했지만 그 애가 먼저 잘못한 거잖아요? 근데 학폭위까지 열리다니…. 저 이제 어떡하죠?

상7 : _____.

내7 : 네. 엄마에게 걱정되어 이야기하였는데, 엄마가 "이제 중학생처럼 행동했어야지. 언니면 언니답게 굴었어야지!" 하고 저를 나무랐어요.

상8 : 혼자 된 기분이겠네요.

내8 : 같이 욕을 한 친구들도 제가 먼저 해서 책임이 있다고 이야기하고. 정말 죽고 싶어요. 아무도 절 이해하거나 도와주지 않아요.

질문 01

상기 사례에서 빈칸에 들어갈 상7의 말을 공감 기법을 사용해서 답변해 보시오.

| 답변 |

① 일이 커져서 당황스럽고 학폭위에 회부될까 걱정을 하고 있군요.
② 별 생각 없이 댓글로 자신의 감정을 표현하였는데, 학폭위까지 열린다는 소식을 접하게 되어 겁이 났군요.
③ 학생들 사이에 흔히 있는 일인데, 어른들이 그것을 너무 심각하게 취급하고 있어 당황스럽고 크게 놀랐군요.
④ 잘못을 저지른 후배보다 자신이 더 비난을 받는 것 같아 약간은 억울한 심정이겠어요.

질문 02

상기 사례에서 상담사가 가장 먼저 개입할 부분은 무엇인가?

| 답변 |

① 우선 일이 잘못되어 자신에게 큰일이 발생할지도 모른다는 두려움에 공감하고 내담자를 진정시킨다.
② 주위에는 항상 도울 수 있는 사람이 존재함을 인지하게 하고, 조만간 부모님이 개입되어 해결할 사안임을 이야기한다. 나아가 내담자가 자살이나 가출, 기타 위험행동을 하지 않도록 설득하고 다짐받는다.
③ 피해학생에게 내일이라도 가서 사과하여야 함을 이야기한다.
④ 담임교사에게 그때의 상황을 설명하고 자신이 한 행동에 대해 깊게 반성하고 있음을 알리라고 한다. 같이 악성댓글을 단 친구들과 같이 가서 사죄하고 반성하는 태도를 보이는 것이 좋다는 점을 강조한다.
⑤ 내담자 부모에게 학교폭력에 해당되는 사안임을 설명하고, 피해자 부모에게 사과하고 학교를 방문하는 등 수습조치를 권유한다.

질문 03

상담자로서 살펴봐야 할 청소년의 자살 징후는 무엇인가?

| 답변 |

① 자살 징후
- 친구들에게 자살하고 싶다고 반복하여 이야기한다.
- 자살에 대한 정보를 빈번하게 찾아본다(인터넷의 자살사이트 방문, 자살기사 검색).
- 말수가 급격히 줄고 친구와의 교류가 없어진다.
- 아끼는 물건을 남에게 쉽게 줘버린다.
- 일기장이나 낙서 등을 통해 자살이라는 단어를 자주 적는다.
- 자신은 세상에서 무가치한 존재라는 말을 한다.
- 개인위생을 소홀히 한다.
- 잠을 자지 못하거나 너무 잔다.
- 사소한 일로 심한 죄책감을 느끼거나 후회하는 태도를 보인다.
- 학교성적이 급격히 떨어지거나 지각이나 결석, 조퇴를 한다.
- 주말에 친구를 만나지 않는다.
- 책상에 앉아 있을 때 멍한 행동을 보이고, 불러도 대답을 잘 하지 않는다.
- 좋아하는 활동을 아무런 이유 없이 중단한다.

② 자살 예비행동 징후
- 손목을 그은 흔적이 있거나 그은 적이 있다.
- 옥상에 올라가 제법 오랜 시간을 보낸다.
- 아무런 이유 없이 울거나, 집에서 뛰쳐나가 몇 시간 동안 연락이 두절된다.

질문 04

내담자가 시험에서 부정행위를 하였다고 고백하며 비밀을 지켜달라고 부탁하는데, 상담사로서 어떻게 대처해야 하는가?

| 답변 |

① 이는 내담자의 사생활에 속하는 사항으로 비밀보장의 요건에 해당된다. 그러므로 상담사가 당연히 비밀보장을 한다고 이야기해 준다.
② 부정행위로 인한 내담자의 정서를 파악하고 이를 이해하고 공감해 준다.
③ 부정행위를 하게 된 원인과 내담자의 욕구나 두려움의 실체를 파악하여 이를 상담에서 다룬다.
④ 부정행위가 잘못되었을 뿐만 아니라 내담자 스스로의 심리적 문제를 야기한다는 사실을 깨닫게 하고, 부정행위를 통해 취하려고 한 결과를 만드는 다른 긍정적 방법을 사용하게 한다.
　예 주의집중력 향상, 학습방법의 개선, 학습시간의 증가, 학습방해 요소 제거, 과목별 성적 목표점수 정하기, 학습계획 세우고 실천하기
⑤ 시험에 대한 심리안정을 도모한다.
- 스트레스 대처능력 증강, 두려움 극복 훈련
- 성적에 대한 과도한 부담감 해소

4 스마트폰 과다사용

다음은 초등학교 6학년 여학생을 자녀로 둔 어머니가 상담센터의 게시판에 올린 글이다.

안녕하세요? 저는 초등학교 6학년 여자애를 키우는 엄마입니다. 딸아이가 너무 걱정되어서 이렇게 글을 적어서 조언을 구해봅니다. 제 딸은 하루 종일 스마트폰을 손에서 놓지 않습니다. 학교와 학원에서 공부하는 시간을 제외하고는 스마트폰만 보고 있는 것 같습니다. 가족끼리 식사를 할 때도, 걸어 다닐 때도 항상 스마트폰을 보고 있습니다. 또 밤늦게까지 유튜브를 보거나 친구와 대화를 하느라 잠도 안 자서 아침에 늦게 일어나게 되고, 요즘엔 지각도 많이 합니다. 그런 이유에서인지 학원에서는 아이의 성적이 점점 떨어진다고 전화가 오고, 아이도 공부에 흥미를 점점 잃어가는 것 같습니다.

저 혼자 너무 스트레스를 받아서 남편에게도 말해봤지만, 그 사람은 성품이 워낙 순하고 자기 딸을 끔찍이 여기는 사람이라 껄껄 웃으면서 "우리 따님 엄마 말 좀 잘 들어주세요" 하고 말아서 아무런 도움이 되질 않아요.

한번은 제가 스마트폰을 압수해 보려고 했는데, 애가 대들면서 스마트폰 없이는 못 산다고 화를 내더라고요. 다른 엄마들이랑 만나서 대화도 해봤는데, 어떤 엄마는 그냥 내버려 둬야 한다고 하고 어떤 엄마는 아예 스마트폰을 해지하라고 하는데, 누구 말을 들어야 하는지도 모르겠고, 더 복잡해졌어요. 이 문제를 정말 어떻게 해야 할지 모르겠습니다.

스마트폰 중독인 제 딸, 어떻게 지도해야 하나요?

질문 01

상담사가 성인보다 청소년에 대해 더 신경을 써야 하는 이유는 무엇인가?

| 답변 |

① 청소년은 상담에 대한 지식이 없으며, 상담효과에 대해서 부정적인 시각을 가지고 있기 때문이다(비자발적인 내담자).
② 청소년의 발달적 특징을 생각하면 정서적인 변화가 심하여 상담사의 지적이나 해석, 직면에 저항하거나 서운함으로 느끼게 되어 상담의 지속이 어려워진다.
③ 청소년은 성인에 비해 책임감이 적어 상담약속을 잘 지키지 않고 불참하기 쉬우며, 약속된 상담시간에 늦게 오는 경우가 많아 상담사의 소진을 불러오기 쉽기 때문이다.
④ 친구, 동료집단의 영향을 많이 받고 시간을 더 많이 할애하고 있어 상담사보다는 친구와 놀며 시간을 보내는 것을 더 중시하기 때문이다.
⑤ 부모의 지나친 관여나 개입, 학습활동 중시로 인하여 상담이 중단되거나 민원을 넣기도 하여서 지속적인 상담이 어려울 때가 많기 때문이다.
⑥ 내담자의 변화와 더불어 부모의 변화(양육방식이나 태도, 자녀에 대한 인식이나 훈육방식 등)가 동반되어야 하는데, 부모의 변화가 실질적으로 어렵기 때문이다.

질문 02

상기 사례에 답하는 내용에는 어떤 사항이 포함되어야 하는가?

| 답변 |

① 스마트폰을 과다사용하는 딸에 대한 걱정하는 마음을 공감한다.
② 딸에 대한 어머니의 관심과 스마트폰의 과다사용을 개선하려는 노력을 인정한다.
③ 딸의 스마트폰 사용 습관만을 개선하려는 시도는 효과가 없을 수도 있다는 가능성을 언급한다.
④ 스마트폰 과다사용에는 여러 가지 원인이 있을 수 있다는 가능성을 제시한다.
⑤ 스마트폰 사용에 대한 정확한 개입을 위하여 개인상담을 권유한다.

질문 03

내담자가 가지고 있는 문제의 결정적인 원인이 부모에게 있다고 한다면, 부모에게 어떻게 이야기하겠는가?

| 답변 |

① 우선 자녀의 문제행동에 대한 염려나 걱정, 화냄과 같은 정서를 이해하고 공감하는 이야기를 한다.
② 부모와 자녀 간의 여러 가지 갈등이 자녀의 행동에 많은 영향을 미친다는 사실을 이야기한다.
③ 자녀의 문제행동이나 심리적인 문제를 여러 가지 심리검사의 결과를 기초하여 설명하고, 그 원인이 되는 요소들도 같이 설명한다.
④ 원인이 되는 요소 중에서 현재 부모가 자녀에 대해 보이는 행동, 정서, 의사소통 방식, 양육방법이나 양육태도에서 부정적인 영향을 주고 있는 사항을 언급한다.
⑤ 부적절한 부모의 모습이 자녀에게 어떤 부정적인 영향을 미치는지 설명해 준다.
⑥ 부모가 변하면 자녀도 자연스럽게 변한다는 믿음을 준다.

질문 04

상기 사례의 내담자를 상담하게 된다면 어떻게 상담할 것인가?

| 답변 |

① 상담 초기
- 어머니에 의하여 상담센터에 오게 되었을 때의 느낌을 묻고 이를 이해하고 공감한다.
- 라포 형성을 위하여 내담자가 스마트폰을 사용하면서 얻는 즐거움이나 사용 당시의 느낌들을 탐색한다.
- 스마트폰의 사용으로 인해 자신이 못 하고 있는 사항을 열거해 보도록 한다.

② 상담 중기
- 자신의 스마트폰 사용 패턴을 알아보도록 한다.
- 스마트폰 과다사용으로 잃는 것과 얻는 것을 열거해 보도록 한다.
- 잃는 것과 얻는 것을 서로 비교하고 평가해 보도록 한다.
- 친구와의 교류방식의 변경을 시도(오프라인에서의 활동 중요성 부각)한다.
- 스마트폰 사용패턴의 변화를 유도한다.
  - 스마트폰을 학습이나 취미 목적으로 사용하기
  - 미래의 꿈 만들기
  - 스마트폰 과다사용에 따른 여러 가지 정신적·정서적·신체적 증상을 알려주기
  - 스마트폰 사용 최대시간, 사용시간대 정하고 실천하기
  - 대안활동 정하고 정기적으로 하기
  - 스마트폰을 학습용으로 사용할 때 보상해 주기(칭찬, 상품 등)

③ 상담 후기
- 내담자가 보인 노력, 관심, 변화의 정도를 평가한다.
- 내담자의 성공적인 실행을 칭찬한다.
- 부모에게 자녀에 대한 관심과 이해를 높일 수 있도록 가족활동의 증진을 권유한다.

제8절 3급 기출사례 - 2017년 16회

1 학교부적응

다음은 어머니와 같이 상담센터에 온 중학교 3학년 남자 내담자와 처음 대화하는 장면이다.

상1 : 어서 오너라. 만나서 반갑구나.

내1 : 엄마가 오늘 상담센터로 가지 않으면 아빠한테 혼난다고 해서 할 수 없이 왔어요.

상2 : 아빠가 겁이 나는가 보구나.

내2 : 그래요. 아빠는 화를 내면 물불을 가리지 않아요. 솔직히 말해서 저는 아무런 이상이 없으니 상담을 받을 필요도 없어요.

상3 : 그럼에도 불구하고 일단 상담센터에 온 것은 훌륭한 일이다. 근데 무엇 때문에 엄마가 상담을 받으라고 말씀하셨는지 궁금하구나.

내3 : 학교에서 친구들과 자주 싸우고 수업태도도 좋지 않다고 하면서 담임선생님이 엄마에게 전화로 상담을 권유하였고, 엄마는 "남자는 친구와 잘 사귀어야 한다"며 "일단 상담을 받아보자"라고 이야기하였어요.

상4 : 음, 학교에서 친구와 사이가 좋지 않은가 보다.

내4 : 학교 다니는 애들 중에는 질이 안 좋은 놈들이 많고, 그놈들은 다 비겁하고 쓸모없는 인간들이에요.

상5 : 비겁하다는 말은 무슨 의미일까?

내5 : 힘없는 착한 애들을 괴롭히고 때려요. 그럴 때는 제가 나서서 막아주기도 해요. 그런데 친구들은 제가 하는 이야기에는 신경쓰지 않고 비웃어요. 제가 공부를 못한다고 우습게 보는 것 같아 화가 나서 그런 애들에게 주먹을 먼저 날리게 돼요.

상6 : 음, 무시당한다니 화가 나서 싸울 만도 하겠구나.

내6 : 선생님들도 다 그래요. 공부를 잘하는 애들만 신경을 쓰고, 저처럼 성적이 떨어지는 애들에게는 무조건 제가 잘못하였다고 벌을 줘요. 수업이 재미없어서 자는데 그런 것만 지적해요. 중2 때는 친구의 물건을 훔치지 않았는데 아무도 믿어주지 않았고, 다들 제가 가져갔다고 이야기했고요. 집에 와서 그 일을 이야기하였더니 엄마와 아빠조차도 저를 믿어주지 않으니 억울해요.

상7 : 그때는 엄청 힘들었겠구나. 학교에서나 집에서 다 믿어주지 않았으니 말이다.

내7 : 학교에서는 별 볼일 없다고 다들 생각하지만, 인터넷게임에서는 제가 겁나게 잘해 비록 모르는 사이이지만 모두들 저를 인정하고 칭찬하고 있어요. 저는 커서 게임디자이너가 될 거예요.

질문 01

상담자가 보다 전문적인 상담을 위한 수퍼비전(Supervision)을 위해 사례를 소개하겠다고 하니 내담자가 이를 거부하였다. 이런 경우 어떻게 대처하겠는가?

| 답변 |

① 청소년상담사의 윤리강령에 의하면, 자신의 사례에 대해 보다 나은 전문적인 상담을 위해 수퍼비전을 받아야 하는 경우에는 내담자의 동의를 구한 다음에 가능하다.
② 이 사항에 대해 내담자가 자신의 상담내용이 공개되는 것을 거부할 때 다음의 사항을 부각하여 최대한 설득한다.
   - 비밀보장이 되도록 최소한의 범위에서 상담내용이 공개되며, 이름이나 가족사항 등은 모두 가명을 사용하게 된다.
   - 상담의 효과를 개선하려면 상담자보다 좀 더 나은 전문가의 도움이 필요하다.
   - 상담자가 상담 중에 모르고 있거나 의문을 가지고 있는 점을 해결하려고 한다.
③ 그럼에도 불구하고 내담자가 끝까지 거부할 때는 다른 사례를 사용하여야 한다.
④ 내담자의 동의를 받았어도 내담자가 14세 미만인 경우 보호자의 동의도 받아야 한다.

질문 02

상담을 공부하면서 상담의 기법 중에 어떤 것이 가장 어려웠는가? 그리고 어떻게 극복하였는가?

| 답변 |

이 질문은 실제 상담을 해본 상담자에게 질문하는 것이 좋을 법한 질문으로, 3급에서는 조금 어려운 질문이라고 할 수 있다.

① 상담에서 가장 흔히 쓰이는 상담기법을 정리해 보면 다음과 같다.
- 경청 : 내담자의 이야기에 간간히 고개를 끄덕이거나 적절한 질문을 하면서 이야기를 열심히 듣고 있다는 점을 내담자에게 전달하는 기법이다. 이 경우 언급되는 단어의 뜻보다는 내담자의 잠재적인 감정에 주목한다.
- 반영 : 내담자의 말 이면의 정서적인 요소를 상담자가 표현하여 자신의 감정이 이해받고 있다는 점을 돕는 기술이다.
  예 "당신은 ○○을 느끼고 있다는 말씀이군요."
- 수용 : 상담자가 내담자의 말에 주의를 집중시키고 있음을 나타내는 반응이다.
  예 "아 그렇군요. 음, 계속하시지요."
- 명료화 : 내담자의 말 중에서 모호한 점이나 모순된 점을 발견할 때 그 의미를 명백하게 하는 기술이다.
  예 "○○라고 이야기하였는데, 그것이 무슨 의미인가요?"
- 해석 : 내담자로 하여금 자신의 문제를 새로운 각도에서 이해하도록 상담자가 설명해 주는 기법이다.
  예 "어머니가 화를 내는 것은 내담자가 잘하였으면 하는 바람이 아닐까요?"
- 직면 : 내담자의 말과 행동 사이의 불일치나 모순을 직접적으로 지적하는 방법이다.
  예 "당신은 친구와 항상 놀면서 성적이 오르기를 바라고 있군요."
- 재명명 : 내담자가 다른 시각에서 보거나 다른 방법으로 이해하도록 돕는 방법이다.
  예 "내담자의 말에 의하면, 부모님이 항상 자신을 통제한다고만 한다는데 그것은 부모로서 자식을 잘 보호해야 한다고 생각해서서 그렇게 행동하는 것일 겁니다."
- 요약 : 매 상담의 말에 내담자의 생각과 감정을 하나로 묶어 정리하는 기법이다.
  예 "지금까지 내담자가 말한 것을 정리해 보면…"

② 상기에서 언급한 상담의 기법 중에서 1~2개를 골라서 어려웠던 이유를 설명하고 극복한 방법을 이야기한다.
  예 재명명 기법이 상당히 어려웠다. 왜냐하면 다른 시각에서 내담자의 통찰이 일어나게 하여야 하는데, 아직 상담경험이 부족하여 내담자의 감정에만 몰입하다 보니, 다른 시각에서 바라보게 되는 계기가 잘 마련되지 않았다. 그래서 내담자의 이야기를 들으면서 정서적으로 어느 정도의 거리를 유지하여 냉정함을 유지하려고 노력하였다. 그렇게 됨으로써 객관적으로 내담자의 말을 이해하고 평가하게 되어 재명명을 어느 정도 잘하게 되었다.
  예 공감이 가장 힘들었다. 내담자의 말에 깔린 정서나 욕구를 완전히 이해하지 못하여, 그냥 형식적이고 짧은 말, 즉 "아하, 그렇구나. 무척 힘들었겠다."라는 식으로만 반응하였고, 내담자의 깊은 고뇌나 슬픔, 괴로움 등을 상담자가 가슴으로 받아들이는 느낌을 내담자에게 전달하지 못하였다. 그래서 내담자들은 상담자가 자신을 깊게 이해하지 못한다고 생각하기 일쑤였다. 그래서 내담자의 말을 경청하고 그 밑에 깔려있는 정서나 좌절된 욕구들을 파악하였으며, 나의 생각을 합하여 그것을 온전하게 내담자에게 돌려줌으로써 공감의 기술을 어느 정도 습득할 수 있었다.

질문 03

상기 사례에서 내담자의 강점은 무엇인가?

| 답변 |

① 친구의 불의를 보고 참지 못하고 나선다(피해자를 보호하는 조처).
② 장래의 희망직업을 분명하게 정해놓고 있다.
③ 교사와 어머니의 상담권유에 일단 응하였다.

질문 04

상기 사례에서 내담자의 문제점은 무엇인가?

| 답변 |

① 학교에서 친구관계가 좋지 않다.
  - 친구를 힘으로 제압하고 통제하려고 한다(잦은 싸움).
  - 친구들에게 신뢰감을 잃었다(절도의심).
  - 비호의적인 친구에 대해 적대감을 표현하고 있다.
② 자아존중감이 낮다.
  - 학업성취도가 낮다.
  - 공부를 못해 남이 우습게 본다고 생각한다.
③ 부모 또는 교사와 갈등을 유발하고 있다.
  - 수업시간에 잠을 자고 있어 지적을 받고 있다.
  - 부모가 내담자를 믿지 않는다.
  - 아버지의 구타가 발생한다.
④ 남의 탓을 한다.
  - 선생님이 공부 잘하는 친구들에게만 신경을 쓴다.
  - 친구들이 질이 좋지 않다든가 쓸모없다고 언급한다.

② 인터넷/스마트폰 중독

다음은 고등학교 1학년 여학생이 상담센터 상담원과 채팅상담한 내용이다.

상1 : 1388 청소년전화 상담입니다.

내1 : 저… 고등학교 1학년 학생인데요.

상2 : 그래, 무엇을 도와줄까? 무슨 걱정거리라도 있니?

내2 : 핸드폰요. 전 핸드폰 때문에 지각을 많이 해요.

상3 : 지각? 일주일에 몇 번 정도 하지?

내3 : 지난주에 아마 2번? 학생부 선생님이 경고했어요. 더 지각하면 선도위원회라고요.

상4 : 음, 힘들겠다. 핸드폰 때문에 지각을 한다니 구체적으로 이야기해 주겠니?

내4 : 아침에 일어나면 핸드폰을 만지기 시작해서 밥 먹을 때도 핸드폰을 하고 하루 종일 손에서 놓지 않아요. 심지어 수업시간에도 선생님 몰래 옷, 음식, 화장품도 보고, 카톡으로 친구들과 이야기를 나누고, 유튜브로 내가 좋아하는 연예인 방송도 보고, 할 게 너무 많아요. 새벽까지 핸드폰을 만지다 보니 늦게 일어나서 할머니가 아침에 깨워주세요.

상5 : 부모님은 안 깨우시나?

내5 : 벌써 출근하셨어요.

상6 : 언제부터 핸드폰을 많이 사용하게 되었지?

내6 : 잘 모르겠어요. 중학교 2학년 때부터인가?

상7 : 음, 그렇구나.

내7 : 근데 요즘 학기 초부터 같이 매일 어울려 다니던 친구 2명이 최근 저 몰래 만나고 둘이서만 서로 카톡도 하고.

상8 : 저런! 무슨 이유로?

내8 : 모르겠어요. 그 친구들과 더 이상 안 만나니 교실에 혼자 있는 것 같아요.

상9 : 다른 친구들과 사귀면?

내9 : 다들 짝이 있어서. 근데 핸드폰 채팅 앱에서 대화하는 친구들은 다 친절하고 저에게 신경을 많이 써 줘요. 현실에선 저를 이해해 주고 챙겨주는 사람은 없어요.

상10 : _____.

내10 : (침 묵)

내11 : 제일 걱정되는 것은 아빠가 알면 핸드폰을 압수당하는 거예요.

상11 : 핸드폰을 적게 하고 싶은 생각은?

내12 : 지각하지 않으려면 핸드폰을 좀 적게 사용해야하는데, 잘 안돼요.

질문 01

청소년 시기에 겪은 어려움을 해결한 경험이 상담에서 어떻게 도움이 되는지 말해 보시오.

| 답변 |

개인적인 사항이라 여기서 구체적으로 기술하기는 어렵지만, 다음의 예처럼 답변한다면 무난한 답변이 될 수 있을 것이다.

① 친구관계 회복의 예
- 몇 년 동안 친하게 지내던 친구와 심하게 다투었다. 그러면서 그 친구 보기가 불편하여 전학을 가려고도 하였다.
- 자존심이 상하여 화해를 위한 행동을 하지 못하였다.
- 그러다가 친구의 중재로 겨우 말을 하게 되었는데, 그 친구도 나처럼 가슴앓이를 하였다고 고백하였다.
- 상담적용
  - 친구와의 갈등에서 어려움을 겪는 여학생이 먼저 다가가기를 적극 활용한다.
  - 먼저 사과하는 것이 자존심이 상하는 일이 아니라는 점을 내담자에게 인지시킨다.
  - 사람 사이에는 많은 오해와 다툼이 다반사로 일어나게 되어 있는데, 이를 현명하게 극복하는 것이 중요함을 전달한다.

② 부모와의 갈등 예
- 항상 공부만 하라는 어머니의 잔소리가 싫어 가출을 하려고도 마음먹었다.
- 다른 부모님들은 우리집과는 달리 자녀에게 격려하고 칭찬한다고 믿었다.
- 대학교에 입학하면서 부모의 마음을 어느 정도 알게 되었다.
- 상담적용
  - 청소년의 타인조망능력이 부족한 것을 이해하고, 직면이나 해석 등을 통하여 부모의 입장을 간접적으로 이해하도록 유도하고 있다.
  - 야단치고 원망하는 것이 싫기는 해도 모두 나 자신을 위한 부모의 바람이라는 것을 본인의 경험을 통해 내담자에게 이야기한다.

질문 02

상기 사례에서 내담자의 욕구는 무엇인가?

| 답변 |

① 학교에 지각하지 않으려는 욕구
② 친구와 잘 지내고 소외당하지 않으려는 욕구
③ 가상세계를 통해 세상을 보고 이해하려는 욕구
④ 인터넷(SNS)을 통한 친구와의 교류욕구
⑤ 핸드폰 사용을 줄이려는 욕구와 계속 사용하려는 상충된 욕구

질문 03

상기 사례에서 빈칸에 들어갈 상10의 말을 답변해 보시오. 그리고 그 답변에서 어떤 상담기법을 사용했는지 설명해 보시오.

| 답변 |

① 공 감
  예 상10 : "채팅앱에서 만나는 친구들이 있어도 그 2명에게서 소외되어 서운한 게로구나."
         "너를 이해해 주고 챙겨주는 사람이 필요하구나."
         "현실에서 참다운 친구가 없어 외로움을 느끼고 있구나."
② 직 면
  예 상10 : "채팅앱에서 친구가 많다고 하면서도 외롭다고 하는구나."
③ 해 석
  예 상10 : "사이버보다 현실에서 너를 이해해 주고 챙겨주는 사람이 필요하구나."

질문 04

최근 들어 청소년들에게 인터넷 중독보다는 스마트폰 중독이 더 많아지는 이유는 무엇인가?

| 답변 |

① 컴퓨터는 집이나 PC방, 사무실에서 사용하여야 하는 장소의 제한이 있지만, 스마트폰은 언제, 어디서든 인터넷에 바로 연결이 되어 사용이 가능하다.
② 컴퓨터와는 달리 스마트폰은 휴대하고 다니면서 사용하기 편리하다.
③ 스마트폰에는 여러 가지 유용한 앱이 있어 청소년의 흥미와 관심을 강하게 끌며, 장시간의 사용을 유도하고 있다.
④ 컴퓨터를 사용할 때는 부모의 눈에 쉽게 띄게 되어 제지를 받지만, 스마트폰은 은밀하게 사용하기가 가능하다. 특히 자기 전 몇 시간 동안 부모의 통제를 받지 않고 자유롭게 사용할 수 있다.
⑤ 최근 증강현실기술이 접목되면서 스마트폰으로 위치를 옮겨가면서 게임을 할 수가 있다.
⑥ 컴퓨터에서 구동되는 거의 대부분의 게임을 스마트폰에서도 쉽게 즐길 수 있게 되었다.
⑦ 컴퓨터의 보급률보다는 스마트폰의 보급률이 훨씬 더 가파르게 증가되었고, 보급률에서 컴퓨터를 앞질렀다.

3 이혼가정

초등학교 5학년인 채 양(11세, 여)은 2년 전에 부모가 이혼한 이후 아빠와 같이 살고 있다. 채 양은 엄마가 집에 없는 것이 항상 허전하다고 느낀다. 엄마가 옛날 자신에게 잘해주었던 생각에 사로잡혀 수업시간에도 창밖을 바라보면서 깊은 생각에 잠기다가 담임선생님에게 몇 차례 주의를 받았지만, 잘 고쳐지지 않고 있다. 채 양은 같이 마트에 가서 물건을 고르고, 피자를 먹고, 옷가게에서 자신의 옷을 골라주었던 엄마가 항상 생각나고 그립다. 또 작년 운동회에서 엄마가 도시락을 만들어 가지고 온 것이 너무 행복하였다. 아빠는 회사일이 바빠서 못 온다고 하고 고모에게 가보라고 부탁하였지만, 고모 역시 직장에서 시간제로 근무하고 있어 시간 내기가 여의치 않아 결국 오지 못하였다.

채 양의 어머니는 현재 직장생활로 인해 채 양과 자주 만날 수 없고, 채 양의 친권과 양육권 모두 채 양의 아버지가 가지고 있어서 법에서 정한 면담권만 사용할 권한이 있고 마음대로 채 양에게 접근하지 못하는 처지이다. 채 양은 오랜만에 엄마를 만나면 울기만 하고 말을 제대로 하지 못할 때가 많다.

최근 눈에 띄게 우울해하고, 쉬는 시간에 친구와 잘 놀지도 않고 혼자 우두커니 있는 채 양을 본 담임선생님이 채 양의 아버지에게 전화하여 상담을 권유하였고, 채 양의 아버지는 센터에 채 양을 데리고 왔다. 처음 상담시간에는 아무 말도 하지 않고 바닥만 바라보고 상담자와 눈맞춤을 하지 않았다. 그리고 자신의 감정표현을 제대로 하지 못하였다. 그러다가 '엄마'라는 단어만 나와도 상담시간에 눈물을 흘렸다. 상담자가 채 양의 정서를 파악하기 위하여 이리저리 이야기를 붙여 보았지만 말을 하려고 하지 않았다. 그러다가 채 양은 상담실에 있는 크레파스와 종이를 보더니 그것들을 이용하여 색칠을 하기 시작하였다.

채 양의 SCT 주요 내용은 다음과 같다.
- 나의 소원은 <u>엄마와 아빠가 같이 사는 것</u>이다.
- 나에게 가장 좋았던 일은 <u>엄마와 아빠와 같이 놀이공원에 갔었을 때</u>이다.
- 우리 아빠는 <u>말이 없고 무뚝뚝</u>하다.
- 우리 엄마는 <u>친절하고 나에게 잘해준다</u>.

질문 01

자신이 속한 기관의 행사와 상담의 약속이 중첩된다면 어떻게 할 것인가?

| 답변 |

면접관의 의도는 상담자와 기관소속원이라는 각기 다른 성격에서 오는 충돌을 처리하는 균형감각을 측정하고자 하는 것이다. 그러므로 어느 한쪽에만 치우치는 답변을 하게 되면 면접관에게 부자연스러운 인상을 주거나 사고가 유연하지 못하다는 인상을 주게 된다. 따라서 양면을 잘 조화하고 균형을 취하는 대답이 좋다. 대처하는 방식의 예는 다음과 같다.

① 상담시간은 내담자와 약속하여 정해진 시간이지만 변경이 가능하다. 그러나 기관의 행사계획은 취소나 변경이 상당히 불가능하다. 그래서 먼저 내담자에게 전화하여 상담일자나 시간을 변경해 본다.

② 내담자가 그 시간 이외에는 불가능하다고 대답하면 일주일 연기를 한 번 더 권유해 본다. 이 경우 내담자에게 충분히 납득할 만한 이유를 들어 설명하고, 상담시간의 연기나 변경 이유에 대해 충분히 설명하고 미안하다고 이야기한다.

③ 그러나 내담자의 사안의 위급성이나 내담자의 상담자에 대한 불신야기 등의 상황이 초래된다면, 이를 기관장에게 보고하고 그 상담수행의 긴급성을 공론화한다. 이렇게 함으로써 상담자의 행사불참이 기관장의 허락의 형식을 빌려 이루어지게 하는 것이 바람직하다.

질문 02

요즘 청소년 문제 중 관심이 있는 것은 무엇인가?

| 답변 |

이 질문은 상당히 개인적인 사항이기 때문에 객관적인 답변을 하기는 어렵다. 그러나 다음의 사항들을 언급하면 좋은 답변이 될 것이다.

① 사이버 불링(Cyber Bullying) 문제
- 사이버상에서 친구를 따돌리고 괴롭히는 것을 말하는데, 핸드폰이 청소년 사이에서 보편화됨에 따라 그 심각성이 해마다 증가하고 있다.
- 오프라인에서 행해지는 종래의 따돌림보다 더 심각하고(시간과 장소에 관계없이 24시간 이루어지고 있다), 피해자가 더욱 큰 심리적인 고통을 받는다.
- 이를 해소하기 위해서는 상담 이외에도 학교에서 부단한 교육으로 예방하여야 한다.

② 청소년 도박문제
- 청소년들이 스마트폰이나 컴퓨터를 통해 도박을 하는 일이 급속도로 증가하고 있다.
- 청소년의 사행심을 조장하기도 하지만, 청소년을 범죄의 현장으로 내모는 계기가 되기도 한다.
- 반도박집단을 운영하여 도박중독의 피해자가 되지 않도록 하고 싶다.

③ 핸드폰 과다사용 문제
- 청소년들에게 핸드폰이 보급되어 대부분의 학생들이 핸드폰을 보유하고 있으며, 특히 남학생들은 게임, 여학생들은 SNS에 몰입하는 경우가 많다. 사용시간 역시 하루 평균 4시간을 초과하고 있어 금단, 내성, 일상생활 장애를 유발하고 있다.
- 청소년의 과업을 성취하는 데 걸림돌이 되고 있는데, 핸드폰 중독 치유 프로그램을 운영하고 싶다.

질문 03

상기 사례의 상담자라면 다음 회기에서는 무엇을 하고 싶은가?

| 답변 |

① 상담자의 언어적인 접근이 아직은 불가능할 것으로 여겨지므로, 다음 회기에서는 내담자가 보인 행동과 연관하여 다음과 같이 상담을 진행해 본다.
② 회화적 도구를 사용해 본다.
- 내담자로 하여금 색연필이나 크레파스, 물감을 이용하여 그림을 그리거나 색칠을 하도록 한다.
- 그런 다음에 내담자가 칠한 색깔이나 그림의 형태에 대해서 여러 가지 질문을 해 본다.
  예 "이 부분을 빨갛게 칠하였는데, 왜 빨갛게 칠하였지?"
  "회색과 검은 색을 많이 사용하였는데, 지금 기분이 안 좋은가 보다."
  "이 사람은 누구니?"
- 아니면 HTP검사를 시도해 본다.
③ 놀이치료/모래놀이치료를 시도해 본다.
  인형과 이야기하고 움직이는 형태나 모래 위에 피규어들을 배열, 배치하는 과정에서 내담자가 표현하는 동작, 언어, 소리, 묘사하는 세계를 보고 물어봄으로써, 내담자가 가지고 있는 내면의 세계를 이해하거나 정서의 상태를 알아본다.
④ 어머니와의 좋은 기억을 활용하여 상담실 바깥에서 활동을 하거나, 놀이를 하여 내담자와 라포를 형성하면서 어머니에 대한 정서를 탐색해 본다.

질문 04

상기 사례의 아버지를 면담한다면, 어떻게 개입할 것인가?

| 답변 |

① 먼저 이혼의 아픔에 대해 공감한다. 그리고 딸 양육의 어려움을 이해한다.
② 내담자의 현재 심리상태에 대해 설명한다.
  - 어머니에 대한 그리움으로 일상생활을 잘하지 못하고 있다.
  - 이혼으로 어머니와 만나지 못함으로써 깊은 우울에 빠질 수 있다는 점에 대해 경각심을 높인다.
③ 가능한 대처방식으로 다음과 같은 사항을 시도한다.
  - 우선 어머니의 면접권의 범위를 넓혀(어머니와 내담자가 만나는 회수와 시간 증가 등) 내담자의 심리적 안정을 추구하도록 권유한다.
  - 내담자의 소망처럼 부부의 재결합 가능성을 조심스럽게 타진해 본다.
  - 내담자에게 부드럽고 다정하게 같이 놀아주는 아빠의 모습을 보여주기를 요청한다.

4 진로상담

중학교 3학년인 강 군(15세, 남)은 평소 애니메이션 영화를 즐겨 보고 애니메이션에 관심이 많다. 그림 솜씨도 어느 정도 있어 주인공 캐릭터도 곧잘 따라 그린다. 그런데 곧 고등학교 진학을 앞두고 어떤 진로를 택해야 할지 몰라 고민이 생겼다. 특성화 고등학교로 진학하여 애니메이션 작가가 되고 싶지만, 부모님은 애니메이션 공부를 하면 장차 벌어먹기 고달프다고 이야기하고 계신다. 또 일반 인문계 고등학교에 진학하여 공무원 시험을 보아 안정적인 직업인 공무원이 되어야 한다고 강하게 말씀하신다.

졸업시기가 다가오자 효심이 깊은 강 군은 아버지의 요구를 뿌리치고 애니메이션 고등학교에 진학하는 것이 점점 마음에 걸렸다. 그렇다고 공무원 시험은 '낙타가 바늘구멍을 통과하는 일'만큼 어려운 것을 알고 있기 때문에 공부할 엄두도 나지 않는다. 이런저런 생각에 요즘은 밥맛도 없고, 수업시간에 선생님의 강의도 머리에 들어오지 않는다. 학교의 진로상담교사도 강 군의 이런 딱한 입장을 이해하지만, 별다른 결론을 내주지 못하였다.

그러다가 친구들로부터 청소년상담복지센터에 가면 진로상담을 받을 수 있다는 말을 듣고 센터를 방문하여 상담을 신청하였다. 강 군은 상담자와 대면하자마자 대뜸 자신은 상담자가 정해주는 대로 따르겠다고 하면서, 상담자가 알아서 자신의 진로를 결정해 달라고 부탁하였다. 또한 상담자의 결정을 자신의 아버지에게 이야기해 달라고도 부탁하였다. 이런 강 군에게 상담자는 "그런 너의 고민을 아버지에게 털어놓아 보았느냐?"라고 질문하였다.

질문 01

아동학대에 대해 이야기해 보시오.

| 답변 |

① 전통 유교사회에서는 자녀는 체벌하며 가르쳐야 한다는 인식이 팽배하여 집에서나 공공장소에서 말을 듣지 않는다고 자녀를 구타하는 일이 사회적으로 용인되었다.
② 아동학대범죄의 처벌 등에 관한 특례법에 의하면 아동학대는 명백한 범죄행위이다.
③ '아동학대'란 보호자를 포함한 성인이 아동의 건강 또는 복지를 해치거나 정상적 발달을 저해할 수 있는 신체적·정신적·성적 폭력이나 가혹행위를 하는 것과 아동의 보호자가 아동을 유기하거나 방임하는 것을 말한다(아동복지법 제3조 제7호).
④ 국가와 지방자치단체는 아동의 안전, 건강 및 복지를 위하여 아동과 그 보호자 및 가정을 지원하기 위한 정책을 수립·시행하여야 한다(아동복지법 제4조 제1항).
⑤ 누구든지 아동학대 범죄를 알게 된 경우나 그 의심이 있는 경우에는 아동보호전문기관 또는 수사기관에 신고할 수 있다(아동학대범죄의 처벌 등에 관한 특례법 제10조 제1항).
⑥ 형법에서는 존속에 대한 유기와 학대에 대해 처벌하는 것을 규정하고 있다(제271조, 제273조).
⑦ 아동에 대한 성범죄는 처벌되며 신상공개, 취업제한 등의 조치가 행해진다(아동·청소년의 성보호에 관한 법률).

질문 02

상기 사례의 내담자에 대해 어떤 검사를 할 것인가?

| 답변 |

진로상담을 하기 위해 필요한 검사는 다음과 같다.
① Holland 진로탐색검사
② Strong 직업흥미검사 Ⅱ
③ 직업적성검사
④ 직업흥미검사
⑤ 진로성숙도검사

질문 03

수험생이 요즘 청소년을 바라보는 시각과 한계점에 대해 이야기해 보시오.

| 답변 |

각 개인의 청소년에 대한 시각을 묻는 질문이기 때문에 한 가지로 대답하기가 힘들다. 그러므로 청소년을 이해하는 시각을 여러 가지 각도에서 정리해 제시하였는데, 그중에서 수험생 본인의 것으로 변경하여 답변을 준비하는 것이 좋다.

① 청소년 발달과정의 불안정성을 수용하는 시각
- 청소년들은 불안한 심리적 구조를 가지고 있어 열등감, 정체감의 혼동에 휩쓸리기 쉬우며 사회의 유해환경으로부터 비행이나 폭력, 따돌림의 가해, 피해자가 되기 쉽다. 이런 청소년을 대상으로 개별적으로 선도, 지도, 상담하는 것 외에도 사회제도적 측면에서 안전, 보호 장치의 마련이 필요하다고 생각한다.
- (한계점) 청소년 중심의 사회 제도적 장치의 마련이나 교육부의 입시제도 개선, 예산의 확보 등에서 다른 사안이나 연령층보다 후순위로 다루어지고 있다.
- (한계점) 청소년의 선도, 지도 등이 개개인의 상황을 고려하고 개별적으로 이루어지기보다는 전체적인 관점에서 무차별적인 통제, 처벌, 교육으로 행해진다.
- (한계점) 청소년을 하나의 독립된 문화를 형성하는 계층으로 인식하기보다는 성인에 준하거나 성인에 종속되는 계층으로 다루어지고 있다.

② 청소년의 변화가능성을 신뢰하는 시각
- 청소년은 급격한 신체적 · 생리적 · 인지적인 변화를 겪는 시기에 있으며, 성인으로 발달해 가는 과정에서 여러 가지 시행착오를 겪으면서 성숙, 성장해 가는 세대이다. 그러므로 약간의 일탈이 있지만 코칭이나 상담을 통해서 바른 길로 나아갈 수 있는 변화가능성을 무한히 지니고 있는 세대이다.
- (한계점) 인간의 보편적인 감정으로 인하여 인내하고 사랑하는 마음이 부족하다.

③ 성인으로 행세하려는 비행세대라는 부정적인 시각
- 청소년의 특수성을 감안하여 여러 가지 법적인 보호(청소년보호법, 청소년기본법) 제도하에서 이를 이용하여 범죄(살인, 성매매 알선, 폭행 등)를 저지르는 청소년들이 늘어나고 있다. 그래서 최근 청와대에 촉법소년 제도를 폐지하거나 적용 연령을 낮추자는 청원이 쇄도하고 있다.
- (한계점) 일부 죄질이 나쁜 청소년이 있다고 하여 제도적인 보호장치를 없앤다는 것은 무리가 있다. 극소수의 비행 청소년들을 보고 모든 청소년들이 그렇다고 생각하는 모순을 범하기 쉽다.

④ 성인세대와는 영원히 차별될 수밖에 없는 세대라고 보는 시각
- 청소년들이 좋아하는 음악, 무용, 거칠고 생소한 신조어나 패션 등을 보면서 반사회적인 성향으로 인식하고 곱지 않은 시선을 보내며 약간 혐오하는 눈으로 보는 경우가 많다.
- (한계점) 그들만이 가지고 있는 독립된 문화가 있음을 이해하고 사회구성원으로 받아들이는 자세가 필요하다는 인식을 갖게 하는 사회적인 교류기회나 세대를 아우르는 문화적인 환경 조성이 되어있지 않다.

질문 04

내담자에게 "아버지에게 고민을 이야기해 보았느냐?"라고 묻는 상담자에 대해 어떻게 생각하는가?

| 답변 |

① 진로갈등을 겪고 있는 내담자가 자신의 고민을 아버지에게 털어놓았는지를 물어본 상담자에게는 2가지 의도가 있었다고 생각한다.
- 첫째, '자신의 생각과 결정에 어느 정도 소신을 가지고 있는가' 하는 것을 알아보기 위함이다.
- 둘째, '결정과정이 얼마만큼 객관적인 근거나 기준이 있는가' 하는 것을 타진해 보기 위함이다.

② 그러나 그런 질문에 앞서 상담자는 객관적인 진로 관련 검사를 먼저 해보는 것이 더 바람직하였다고 생각한다.

③ 그런 다음에 검사결과와 내담자가 선정한 직업이나 진로분야와 관련한 내담자의 소질이나 능력 정도, 내담자의 결심 정도와 열의 여부, 부모의 기대, 해당 직업에 대한 정확한 정보 보유 여부, 내담자의 장래포부(계획) 등을 종합적으로 고려하여 진로상담을 하여야 한다고 생각한다.

④ 사례에 등장하는 내담자는 소신이 강하지 않고 의존성이 강하여 자신이 좋아하고 시간을 많이 보낸 분야에 대해 무작정 자신의 장래희망 직업이라고 결정하였을 가능성도 있어 보인다. 이런 내담자의 경우는 ③의 과정과 각 요소의 평가가 무엇보다도 중요하다.

5 친구관계

다음은 중학교 2학년 여학생이 보낸 메일내용이다.

안녕하세요? 저는 지금 중학교 2학년입니다. 이번 2학기 때 학교 회장선출이 있었는데 저하고 저와 친한 친구가 출마를 하여 제가 당선이 되었습니다. 처음에 저는 출마할 생각이 없었는데 친구들이 저를 추천하여 출마하게 되었습니다. 저와 경쟁한 친구는 우리 학교에서 공부도 잘하고 친구들에게 인기가 많은 친구였습니다. 선생님들도 그 친구를 아주 귀여워해 주셨습니다. 그 친구에 비해서 저는 평범한 학생이었습니다. 제가 평소에 학교에서 봉사활동을 열심히 하고, 학교에 요구할 것을 학생들을 대표하여 몇 번 요구하여 관철된 것을 계기로 다른 친구들이 저를 좋게 보았던 모양입니다.

그런데 당선의 기쁨도 잠시, 저와 경쟁하였던 친한 친구가 다른 친구들과 어울려 다니면서 카톡으로 저를 왕따하고 뒷담화까지 하고 다닌다고 합니다. 얼마 전에는 한 친구의 생일파티가 있었는데, 저만 빼고 다 초대받았다는 소문도 있습니다. 저는 정말 억울합니다. 제가 회장이 되고 싶어 출마한 것도 아니고, 지금까지 그 친구에게만 매달리면서 다른 친구들과는 사귀지도 못한 저인데, 그 친구가 저를 그렇게 대하다니 너무 억울합니다. 그런데 더욱 답답한 것은 그 친구에게 당당히 왜 그런 짓을 하고 다니느냐고 따지지도 못하고 속앓이를 하고 있는 자신입니다. 그러다가 담임선생님께 하소연하려고 교무실로 갔다가 그 선생님을 보고도 아무 말도 못하고 눈물만 흘리다 그냥 교실로 돌아왔습니다.

부모님에게 그런 상황을 말씀드릴까 하고 생각하였지만 두 분 다 항상 일이 바쁘시고 저녁 늦게 들어오시는데, 부모님에게까지 마음의 상처를 드릴 수가 없었습니다. 이제 학교에도 가기 싫고 학교가 두렵기까지 합니다. 얼마 전 죽으려고 아파트 옥상 위에 올라갔다가 부모님의 얼굴이 앞에 아른거려 못 뛰어내렸습니다. 저는 어떻게 해야 할까요?

질문 01

상담경험이 있다면, 상담하는 데 어떤 점이 어려웠는가?

| 답변 |

파트 2의 〈상담 관련 질문사항〉을 참고하여 한 가지 답변을 골라 준비하는 것이 좋겠다.

질문 02

상기 사례에서 내담자의 강점과 약점은 무엇인가?

| 답변 |

① 강 점
- 학교에서 봉사활동을 하고 있다. 남을 배려하고 도우려는 마음을 가지고 있다.
- 남 앞에 나서서 이야기하고, 남을 위한 일을 한다.
- 부모님을 이해하고 열심히 사시는 모습을 안타깝게 생각하고, 걱정을 끼치지 않으려고 생각한다(이 점 또한 단점으로 작용할 수가 있다).
- 교사에게 도움을 청하려고 시도하였다(결과는 실패하였지만).

② 약 점
- 자신의 생각과 감정, 주장을 잘 나타내지 못한다.
- 모든 친구들이 다 자신을 홀대하고 따돌린다고 생각한다(인지적 왜곡 가능성).
- 자신의 친구 사귐 방식에 대한 통찰이 부족할지도 모른다(한 친구만 집중적으로 사귀었고, 그 친구와 사이가 멀어지면 자신이 배신당하였다고 비관하는 태도).
- 문제해결의 노력보다는 이를 회피하고 자살을 하려고 생각한다.

질문 03

상기 사례의 학생의 주호소문제를 3가지 이상 이야기해 보시오.

| 답변 |

① 친하던 친구가 나를 따돌리고 뒷담화를 하고 있어 마음이 괴롭다.
② 억울하고 슬픈 일로 인하여 자살하고 싶다.
③ 남에게 나의 사정을 잘 표현하고 전달하는 데 어려움을 겪고 도움도 못 받는다.
④ 친구관계로 학교에 가기가 싫다.
⑤ 친한 친구가 다른 친구들까지 규합하여 나를 따돌린다.
⑥ 경쟁에서 패배하였다고 나를 모함하는 것이 억울하다.

질문 04

실패의 결과, 타인의 행동 원인을 자신의 내적 요소나 외적 요소로 귀인하는 내담자의 예를 들고, 상담자로서 할 수 있는 이야기를 말해 보시오.

| 답변 |

① 내부귀인 – 기질
- 내 : "이번 성적을 보면 난 공부체질이 아니야."
- 상 : "공부를 한 시간이 다른 친구들과 비교하여 적은 것이 아닐까?"
  "이번 시험이 어렵게 출제되어 다들 성적이 낮아진 것은 아닌지 확인해 보자."

② 내부귀인 – 능력
- 내 : "나의 능력으로는 그 일을 절대 할 수 없어."
- 상 : "자신의 능력을 제한하면 아무 일도 할 수 없어."
  "'나는 할 수 있다!'라고 긍정적으로 생각하면 대부분의 일에서 성공할 수 있단다."

③ 내부귀인 – 태도
- 내 : "친구들은 나에게 항상 적대적이야."
- 상 : "혹시 네가 먼저 친구에게 쌀쌀맞게 대한 적은 없니?"
  "네가 먼저 다정하게 다가가면 안 되겠니?"

④ 외부귀인 – 사회적 규범
- 내 : "학생은 항상 선생님들의 지시를 따라야 해."
- 상 : "선생님들도 실수하여 잘못된 지시를 할 수 있단다."
  "좋은 학생은 선생님의 잘못을 지적하는 용기도 필요하단다."

⑤ 외부귀인 – 우연한 기회
- 내 : "나는 항상 운이 따라주지 않아 뭐든지 실패해."
- 상 : "운은 모든 사람에게 동등해. 최선을 다해 노력하는 것이 중요하단다."

⑥ 외부귀인 – 외부압력
- 내 : "공부에 집중하지 못하는 것은 엄마의 지나친 기대 때문이야."
- 상 : "공부로 인해 스트레스가 심하구나."

제9절 3급 기출사례 – 2016년 15회

1 친구관계

> 다음은 중학교 2학년 어느 여학생이 이메일(e-mail)로 상담을 신청한 사연이다.
>
> 저와 친하게 지내고 있는 친구 6명 중에서 리더역할을 하는 친구 A가 어떤 이유에서인지는 모르지만 6명 중의 한 친구 B를 갑자기 괴롭히기 시작하였고, 저와 다른 친구들에게 B와 대화를 해서는 안 되며, 그 친구를 철저히 무시하라고 압박하였습니다. 그리고 B에게 심부름을 시키고, 돈을 갈취하여 나머지 친구들과 군것질을 하는 데 사용하였습니다.
>
> 알고 보니 리더역할을 하는 친구 A는 행실이 좋지 않은 친구였고, 이 학교로 전학을 오기 전 학교에서도 반 친구들을 괴롭혔다는 사실을 알게 되었습니다. 저도 그 애처럼 리더의 희생양이 될 것 같아 걱정이 됩니다.
>
> 나머지 친구들은 그렇게 죄책감을 느끼지 않고 즐기는 것 같았습니다. 저는 그 피해자에게 미안한 마음이 들었고, B를 위하여 제가 뭔가를 해야 하는데 하지 못하고 있다는 죄책감과 무능함을 느낍니다. 제가 만약 그 리더 A에게 그런 행동을 하지 말라고 이야기한다면, 그 리더와 다른 친구들이 저를 그 애처럼 괴롭히고 왕따를 시킬까 겁이 나고 학교에도 못 다닐 것 같은 생각이 듭니다. 그러나 피해자를 생각하면 마음이 괴롭습니다. 그래서 학교에 가기가 싫어지고 다른 학교로 전학을 가고 싶습니다. 전학을 간다면 이런 괴로운 마음에서 해방될 수 있을 것이고, 새로운 학교에서 친구들과 아무런 문제 없이 즐겁게 지낼 수 있을 것 같습니다.

질문 01

상기 사례에서 상담을 신청한 학생의 '인지적 왜곡'이 있다면 어떤 것인가?

| 답변 |

① 다른 학교로 전학을 가면 친구관계의 문제가 해결될 것이라고 생각하는 점
② 옳은 일을 하면 자신도 왕따의 피해자가 될 것이라고 믿는 것
③ 현실을 회피하는 것이 최선의 해결책이라고 생각하는 점
④ 옳은 일을 하면 피해를 본다는 생각

☑ 유사질문

상기 사례에서 내담자가 보이는 방어기제는?
• 회피 : 미안한 감정이 들어도 뭔가 행동으로 옮기지 못하고 있음
   '전학 가고 싶다'고 생각하고 있음
• 억압 : 자신도 왕따 대상이 될까 봐 자신의 감정표현이나 사고를 억압하고 있음

질문 02

상기 사례를 '현실주의 상담이론'으로 개입한다면 어떻게 상담할 것인가?

| 답변 |

① 먼저 자신이 행한 행동의 결과에 대해 책임을 인지시킨다.
② 자신의 욕구가 무엇인지 확인한다(죄책감에서 벗어나기 위하여 리더의 행동을 중단시키거나 피해자를 보호한다).
③ 자신의 욕구를 달성하기 위하여 현재 어떤 행동을 하고 있는지 알아본다(현실을 회피하려고 전학 가기를 원하고 아무것도 하지 않고 있다).
④ 자신이 현재 하고 있는 행동이 자신의 욕구를 충족하는 데 도움이 되는지 또는 방해가 되는지를 평가하도록 돕는다(상기 사례에서는 전혀 도움이 되지 않는다).
⑤ 현재의 행동 중 부정적인 것을 찾아 긍정적인 것으로 고치기 위하여 행동계획을 수립한다(친구를 보호하고 리더의 행동을 제지하거나 교사에게 그 사실을 알린다. 그리고 나머지 친구들의 동조행위를 지적하고, 자신의 행동에 협조하도록 설득한다 등).

질문 03

이메일의 주인공으로서 자기 메시지(I-Message)로 가해자인 리더에게 이야기해 보시오.

| 답변 |

① 나는 네가 그 피해자를 괴롭힐 때 마음이 너무 아프다.
② 네가 피해자에게 돈을 갈취하여 먹을 것을 사먹을 때 분노가 느껴지고, 내가 도움이 되는 행동을 하지 못하여 죄책감에 사로잡힌다.
③ 난 네가 나에게도 그런 나쁜 짓을 할까 봐 겁이 난다.
④ 난 네가 좋은 마음을 가지고 올바른 행동을 하기를 바란다.
⑤ 네가 나에게 하듯이 그 피해자를 보호하고 잘 대해줬으면 좋겠다.

질문 04

상담자로서 어려움을 느끼는 내담자의 유형은 무엇인가?

| 답변 |

① 심리적인 문제를 지녔음에도 무감각하게 이를 인지하지 못하고 변화를 거부하는 내담자
② 자기노출을 잘하지 않고, 침묵으로 일관하는 내담자
③ 상담 약속을 잘 지키지 않고, 충동적인 행동을 하는 내담자
④ 상담자에게 적대적인 행동을 하거나 분노를 참지 못하는 내담자
⑤ 상담자의 전문성을 인정하지 않고 냉소적인 내담자
⑥ 거짓말을 잘하고, 상담자의 말을 잘 듣는 척하면서 실제는 변화하지 않으려는 내담자
⑦ 상담자에게 예의 없이 행동하고 비속어를 많이 사용하는 내담자
⑧ 상담자의 제의나 과제, 약속 등을 무시하고 실천하지 않는 내담자

질문 05

이 학생을 상담한다면 어떻게 접근하겠는가?

| 답변 |

① 내담자의 정서(두려움, 죄책감, 무능감)를 공감한다.
② 충분히 라포가 형성되었다고 판단되면, 다음의 사항을 한번 생각하게 한다.
  • 다른 학교로 전학을 가는 것이 최선의 해결책인가?
  • 다른 학교로 전학을 간다고 해서 유사한 일이 일어나지 않겠는가?
  • 죄책감만 느끼고 아무것도 하지 않는 것이 그 친구에게 도움이 되는 것인가?
  • 자신이 그 일에 대해 아무것도 할 수 없다고 생각하는 것이 옳은 판단인가?
  • 자신의 진심이 명하는 대로 행동하는 것이 진정 두려운 것이어서 하지 말아야 하는가?
③ 자신의 선택과 행동결과에 대한 책임감을 가지도록 한다.
④ 자신의 욕구(양심)를 탐색하고, 그 욕구를 바른 방법으로 실행하는 용기를 가지도록 격려한다.
  • 회피, 부정은 심리적 문제를 야기하는 원인이다.
  • 차후 같은 행동을 반복하는 원인을 제공한다.

2 핸드폰 과다사용

다음은 초등학교 6학년 김 군의 사례이다.

김 군은 핸드폰을 손에서 절대 내려놓지 않는다. 아침에 일어나자마자 핸드폰을 켜고 카톡을 확인하고 유튜브를 보는 등 엄마로부터 항상 주의를 받지만 잘 고쳐지지 않는다. 아침식사를 할 때에도 핸드폰 게임을 하다 보니 식사시간이 길어져 학교에도 자주 지각을 한다. 학교에서 핸드폰을 걷어 담임교사가 보관하지만, 핸드폰을 가지고 오지 않았다고 거짓말을 하고, 급히 점심을 먹고 난 후 화장실 좌변기에 앉아 게임을 한다. 친구들 사이에서는 '모두의 마블'의 달인으로 통하고, 친구들의 칭찬과 부러움을 받을 때는 희열을 느낀다. 공부에 지장이 있는 줄 알지만 게임을 하지 않을 수 없다고 이야기한다.

학원 수업시간 중에도 몰래 게임을 하다 여러 번 지적을 받았고, 엄마가 핸드폰을 압수하여 사용하지 못하게도 해봤지만, 김 군은 자신의 핸드폰 사용이 그렇게 심하다고 생각하지 않으며, 오히려 다른 친구들보다는 적게 사용한다고 이야기한다.

이런 김 군이 걱정되어 엄마가 상담을 받자고 제의하였을 때, 김 군은 게임아이템을 사주면 상담을 받겠다고 이야기하였다. 김 군은 상담센터에 와서는 상담자에게 대뜸 "엄마 때문에 어쩔 수 없이 왔다"고 이야기하고 핸드폰이 없으면 달리 할 게 없다고 말한다.

아버지는 일찍 돌아가셨고, 엄마는 회사 일이 바빠서 항상 저녁 늦게 들어오신다. 주말에는 집안일과 외출로 김 군은 엄마 얼굴 보기가 힘들다고 불평한다. 자기는 집에서는 그야말로 '투명인간'이라고 하였다. 그리고 엄마는 자신에게 한 번도 따뜻하게 이야기하거나 관심을 기울여 주지 않는다고 이야기한다. 그리고 엄마는 내가 학원만 가면 만사가 오케이라고 이야기하였다고 전했다.

질문 01

상담자로서 자신이 보완하여야 할 점은 무엇인가?

| 답변 |

다음과 같은 사항을 솔직히 인정한다면 면접관에게 좋은 인상을 줄 수 있을 것이다.
① 평소 공감능력이 부족하여 내담자의 정서적인 면을 그냥 넘겨 버린다.
② 상담이론은 알지만 구체적인 상담기법에 대해서는 아직 완전하게 숙지하고 있지 않아 이를 보완하고 싶다.
③ 역전이가 자주 일어나 나 자신의 문제를 철저히 분석하고 이를 우선적으로 해결하고 싶다.
④ 내담자의 사례개념화를 정확히 하지 못하여 상담의 효과를 내지 못하는 경우가 있다.
⑤ 상담을 너무 주도적으로 이끌어 가면서 내담자의 행동을 변화시키려고 한다.
⑥ 상담목표를 합의하지도 않고 잘 세우지도 않아 상담이 어떻게 흘러가고 있는지 나 자신도 모를 때가 있다.

질문 02

내담자의 핸드폰 과다사용의 강화요인은 무엇인가?

| 답변 |

① 학원만 다니면 그 이외의 시간에 자기 마음대로 핸드폰을 사용해도 된다는 생각
② 어머니의 '핸드폰 게임 이용시간'의 관리와 통제의 부재
③ 방치되어 있는 내담자의 방과 후 생활
④ 핸드폰 게임의 매력
⑤ 친구의 칭찬과 부러움

질문 03

핸드폰이 없다면 친구를 사귈 수 없다는 내담자의 말에 대한 직면을 해보시오.

| 답변 |

① 친구와 사귈 때는 핸드폰으로 교신하는 것보다 직접 만나서 이야기하고 운동을 같이 하고 좋은 일을 하는 것이 더욱 좋다.
② 온라인으로 게임을 같이 하는 친구와 실제로 만나서 사귀고 있는가?
③ 친구와 만나 이야기하고 같이 운동을 함으로써 더욱 더 친구와 돈독하게 지낼 수 있다.
④ 게임에서 만나는 친구와 게임에 관한 이야기만 하는데, 진정한 친구의 요건으로서는 부족한 점이 많다.
⑤ 핸드폰을 너무 사용하여 친구와 사귀는 시간이 준 것은 아닌가?

질문 04

상기 사례의 어머니를 상담한다면 그 내용을 어떻게 구성할 것인가?

| 답변 |

① 어머니가 내담자에게 필요한 관심과 인정을 주지 않아 내담자는 게임에서 인정을 받으려고 하며, 이러한 욕구로 인하여 게임에 집착하고 있다.
② 내담자의 핸드폰 사용에 대한 적절한 규제와 통제가 없거나 임의적이어서, 이것이 내담자의 핸드폰 과다사용을 더욱 조장하고 있다.
③ 회사근무로 인하여 귀가가 늦더라도 내담자가 집에 혼자 있을 시간에 사랑의 메시지를 보내고, 내담자에게 항상 관심을 가지고 있음을 표현한다.
④ 주말에 내담자와 같이 활동하고 대화하는 계기를 더욱 자주 만들어야 한다.
⑤ 대안활동(핸드폰을 놓고 대신에 하는 활동)을 내담자와 함께하면 더욱 좋다.
⑥ 교내외 여러 가지 활동에 참여하게 하여 정서적 외연을 넓혀주고, 친구 사귐의 기회를 늘려야 한다.

③ 인터넷 과다사용

중학교 2학년에 재학 중인 채 양은 스마트폰에서 한시도 눈을 떼지 못한다. 학교에서는 스마트폰을 걷기 때문에 방과 후면 스마트폰을 가지고 카톡, 웹툰, 유튜브, 페이스북을 즐기고, 반 또래 여학생들이 좋아할 만한 정보를 어디에서 퍼와 자기의 블로그에 올리면서 보다 많은 사람들이 방문·열람하게 하는 데 보람과 자신의 가치를 느끼고 있다. 또한 패션에 대한 정보는 물론 연예계 아이돌(Idol)의 사생활이라고 할 수 있는 개인적 취향, 옷, 음식 등의 정보와 관련 사진을 모아 게시하면서 친구들의 인정과 부러움을 받고 있다.

그러다 보니 공부는 뒷전이고 온종일 인터넷을 뒤지면서 정보가 될 만한 사항을 찾아다니면서 시간을 다 보내고 있다. 부모님은 이런 채 양을 보고 공부를 잘하지도 못하면서 이상한 짓만 하고 다닌다고 야단을 치고, 커서 무엇이 될지 걱정이 된다며 입버릇처럼 이야기한다. 채 양은 처음에는 그런 소리가 듣기 싫었지만, 이제는 친구들 사이에서 자기가 가장 인기 있는 존재임을 알지 못하는 부모님이 오히려 원망스럽다.

채 양은 앞으로 고등학교 진학에 대해서 부모님의 압박이 세어질 것이라고 예상하지만, 당장은 공부하기 싫고 막연하게 '잘되겠지' 하는 생각을 하고 있다. 스마트폰만 만지고 공부도 하지 않는 채 양이 걱정되어 어머니는 채 양을 억지로 끌고 상담실을 찾았다.

질문 01

지금껏 살아오면서 어려웠던 일을 상담과 연결해서 이야기해 보시오.

| 답변 |

이 질문은 상당히 개인적인 질문이라서 답변이라고 제시하기는 어려운 일이지만, 다음의 사항이 포함되어 이야기하면 좋을 것이다.

① 초등학교 시절 친구와 싸웠을 때 선생님이 나만 나무랐다고 생각해서 학교에 가기 싫었다.
- 자신을 이해하고 억울한 심정을 들어주는 사람이 필요할 것이라고 생각한다.
- 싸움은 친구가 먼저 걸어왔고 친구가 잘못한 것이고, '나의 잘못은 없다'라고 생각한 것이 진실이 아님을 깨닫게 만드는 것이 상담인 것 같다. 그때는 나를 상담해 주는 사람들이 거의 없었다. 어른들은 나를 보며 그냥 양보하고 참으라고만 하였다.

② 부모님이 심하게 싸웠을 때 그것이 다 내 잘못으로 생각되었다.
  어른의 세계에서는 '충분히 그럴 수 있다'는 깨달음이 내담자에게는 없다는 사실을 상담을 통해서 알게 된 것 같다.

③ 어머니의 간섭이 짜증나고 힘들어서 집에서 가출하고 싶었던 적이 많았다.
  청소년이 겪을 수 있는 보편적인 경험이라는 점을 깨닫게 되고, 가출은 현실도피의 바람직하지 못한 방법이라는 것을 상담을 통해 지금의 청소년에게 알리고 싶다.

④ 어머니의 말씀이 그냥 다 잔소리로 들렸고, 귀를 막고 듣지 않으면서 '나는 외롭다'고 느낀 적이 많이 있었다.
  상대방에 대한 깊은 이해와 공감 없이는 옳은 이야기도 잔소리로 들린다는 진실을 깨달았다.

질문 02

청소년의 발달특징과 상담 시 고려해야 할 점은 무엇인지 이야기해 보시오.

| 답변 |

① 청소년의 발달특징
- 호르몬의 변화와 성장폭발로 정서적으로 강도 높은 경험을 한다.
- 방어기제를 많이 사용한다.
- 정체감 형성의 위기를 맞는다.
- 부모로부터 개별화되려고 애쓰고 친구관계를 중시한다.
- 자기중심적 사고를 한다.

② 상담 시 고려하여야 할 사항
- 상담동기가 부족하고 자신이 문제가 있다는 점을 인정하지 않으려고 한다. 그러므로 상담 초기의 라포 형성에 최대한 공을 들여야 한다.
- 부정과 부인 등의 방어기제 사용 시 공감하고 해석과 직면을 적절히 한다.
- 정체감 형성을 위하여 자신을 정의해 보고, 미래를 설계하는 작업도 필요하다.
- 부모의 편을 들거나 부모의 입장에서 내담자를 바라보아서는 안 된다.
- 친구의 질을 따져서 교우관계를 끊거나 만나지 말라는 충고는 금물이다.
- 생각하는 범위를 넓게 하고 남의 입장에서 자신을 생각하는 계기를 마련해 주며 행동의 객관화 작업을 해 본다.

질문 03

부모상담을 할 때 보편적으로 접근하는 방식은 무엇인가?

| 답변 |

① 자녀를 키우는 고충에 대해 우선 깊게 공감한다.
② 이해가 안 된다고 하는 점은 청소년의 발달적인 측면을 소개한다.
③ 자녀를 자신의 욕구를 성취하는 대상으로 생각하지 말고 독립적인 인격체로 대우한다.
④ 지시하고 관리하고 통제하기보다는, 이해하고 수용하고 존중하는 태도를 견지한다.
⑤ 항상 관심의 끈을 놓지 않고 감정의 변화를 살피며 공감하는 태도를 기른다.
⑥ I-Message 기법을 철저히 사용하여 자녀가 자신을 객관적으로 볼 수 있게 한다.
⑦ 조급한 마음에 학업에 전념할 것을 강요하면 자녀가 저항하여 위험한 행동을 할지도 모른다는 점을 부각한다.

질문 04

상기 사례에서 자신이 상담자라면 어떻게 할 것인가?

| 답변 |

① 상담센터에 일단 엄마와 같이 오게 된 것을 칭찬한다.
② 내담자가 인터넷상에서 하는 활동과 업적에 대해 관심을 보이며, 놀라움을 표시하고 칭찬을 한다.
③ 그런 활동에 열중함으로써 '얻는 것'과 '잃는 것'을 한번 정리해 보게 한다.
④ 친구들에게 인정을 받는 다른 가능한 방법에 대해 생각해 보도록 한다.
⑤ 자신의 능력을 발휘하고 열정을 쏟을 수 있는 직업을 찾고 정해 본다.
⑥ 이런 직업을 가지기 위한 대학과 관련 전공학과를 조사해 본다.
⑦ 동시에 어머니의 상담을 병행하여 다음의 사항을 인지하도록 한다.
 • 내담자에게 관심과 공감, 이해를 가지도록 한다.
 • 애착의 중요성과 자녀의 성격형성에 대한 설명을 한다.
 • 주말에 가능하면 내담자와 시간을 같이 보내고, 함께 체험할 수 있는 기회를 많이 갖는다.
 • 인터넷 사용시간과 목적에 대한 합의를 하고 자녀와 계약서를 작성하며 실천을 독려한다.

4 가족갈등

고등학교 2학년 남궁 양은 집에 들어가기가 싫고, 머릿속은 가출을 하고 싶다는 생각으로 가득 차 있다. 남궁 양은 학업에도 흥미를 느끼지 못하고, 수업시간에 멍하니 하늘만 쳐다보기도 하며, 사는 것이 힘들고 무의미하다는 생각을 가끔 한다. 뭔가 하고 싶은 생각도 없고, 자신의 미래에 대해 아무런 생각도 하지 않는다.

부동산 중개업을 하는 아버지는 요즘 부동산 경기가 좋지 않아 수입이 줄어 그런지 매일같이 술을 마시고 귀가하시고, 술을 마신 날은 집에서 행패를 부린다. 어제도 남궁 양이 책을 보다가 잠깐 쉬면서 거실에서 TV를 보고 있었는데, 마침 아버지가 집에 들어오셔서는 대뜸, "너는 고등학생인데 공부는 하지 않고 TV만 보고 있냐?"라고 야단을 쳤다. 남궁 양은 리모컨을 소파에 힘껏 던지고 방으로 휙 들어갔는데, 아버지가 따라 들어오시며 버릇없이 군다고 야단을 쳤다. 남궁 양은 대꾸할 필요가 없다고 느껴 쳐다보지도 않았다. 아버지는 자신을 무시하는 딸의 태도에 더욱 화가 나서 물건을 손에 잡히는 대로 마구 던지면서 고래고래 고함을 질렀다. 그때 부엌에서 저녁을 하던 어머니는 아버지의 그런 행동을 참지 못하여 달려왔고, 두 분은 큰 소리로 부부싸움을 하기 시작하였다. 어머니는 가장 구실을 하지 못하는 남편이 최근 들어 미워지기 시작하였다. 딸을 나무라는 남편이 자기를 비난하는 것 같아 항상 불편하였다.

남궁 양은 이런 가족 분위기가 싫었고, 독립하여 집을 빨리 떠나고 싶다. 자기 방에서 공부를 하려고 해도 주의집중이 되지 않았다. 아버지와 어머니가 고함을 지르며 서로를 비난하고 힐뜯는 소리가 듣기 싫어 손가락으로 귀를 막았다. 오늘 학교에 왔지만 수업시간에 강의내용이 귀에 들어오지 않는다. 뭔가 불행한 일이 자신이나 가족에게 일어날지도 모른다는 불안감에 휩싸이기도 한다.

질문 01

상담(Counseling)과 컨설팅(Consulting)의 차이점은 무엇인가?

| 답변 |

① 컨설팅은 어떤 분야에 전문적인 지식을 가진 전문가가 고객이 결정을 하지 못하는 문제에 대해서 여러 가지 방안의 내용과 장단점의 정보를 주어 고객이 그중에서 자신이 원하는 것을 선정하도록 돕는 것을 말한다.
 예 금융컨설팅, 투자컨설팅, 교육컨설팅, 기업경영컨설팅 등
② 상담은 전문적인 지식과 경험을 지닌 상담자가 내담자에게 아무런 답을 제시하지 않고, 내담자가 처한 환경이나 제기된 문제에 대한 이해를 증진시켜 문제해결을 위한 결정, 해결행동 등을 스스로 하도록 돕는 것을 말한다.

> **참고**
> 카운슬러(Counselor)나 컨설턴트(Consultant)의 공통점은 그 방면에서 전문적인 지식과 기술을 가진 자이며, 고객(내담자)이 자유의사로 자신이 어려움을 느끼는 사항을 결정하게 한다는 점이다.

질문 02

남궁 양이 상담을 신청하여 상담을 받는다면 어떤 심리검사를 할 것인가?

| 답변 |

① 객관적 심리검사
- 홀랜드(Holland) 진로탐색검사
- 직업흥미, 적성검사
- 다면적 인성검사(MMPI-A)
- BDI(우울검사)

② 투사적 검사
- HTP
- 로샤검사
- TAT
- SCT

질문 03

상기 사례의 상담자라면 어떻게 접근하겠는가?

| 답변 |

① 가족상담(전략적 가족상담 모델 적용 시)
- 우선 가족 상호 간에 부정적 자극과 반응의 의사소통의 피드백고리를 개선한다.
- 긍정적 피드백 고리를 만들어 서로를 지지하고 협력 및 통제하도록 한다.
- 가족규칙을 만들어 기능적 가족으로 만든다.
- 가족 구성원의 힘겨루기, 통제 의도, 위계구조를 파악하여 이를 개선한다.

② 개인상담(남궁 양을 내담자로 하여)
- 우선 공감·이해·존중을 통하여 남궁 양과 라포를 형성한다.
- 진로상담을 하여 자신의 진로를 탐색하고 결정하여 자신의 정체성을 확립하게 하고, 상실된 자존감을 높여 준다.
- MMPI-A 검사를 통하여 내담자의 성격특성을 파악하여 주호소문제와 관련된 내담자의 행동, 태도, 생각 등을 스스로 인지하게 하고 이를 수정하도록 돕는다.
- 기타 가족의 중요성, 가족구성원의 역할 등을 인지하고, 자신의 역할과 책임을 가지도록 하며, 가족구성원을 배려하고 존중하는 태도를 조성한다.

참고 사티어(Satir)의 경험적 가족상담 모델 적용 시
- 역기능적인 의사소통 유형을 파악하여 일치형으로 바꾼다.
- 가족조각이나 가족 세우기 등 가족구성원 간의 상호작용을 체험하게 하여 가족관계를 개선한다.
- 역할극을 통해 새로운 시각의 경험을 하도록 한다.

5 대인관계

다음은 중학교 2학년 여학생과 채팅상담사례의 요약이다.

공 양은 SNS에서 학교의 한 후배(중1)가 친한 선배들(중3)을 무시하고 깔보는 글을 게시한 것을 보았다. 이를 본 공 양은 학년의 위계질서를 지켜야겠다고 생각하여 자신이 책임지고 지도하기로 마음먹고 개인적으로 그 여학생을 불러내어 호통을 치고 머리를 가볍게 몇 차례 쥐어박았는데, 그 피해 여학생이 자기 부모에게 이를 알렸고, 그 부모는 학교 담임선생님과 만나 학폭위를 열어 공 양을 처벌하여야 한다고 강력하게 주장하였다. 학교폭력이라고 생각할 수 없는 상황이라고 판단한 담임선생님은 양쪽 어머니를 학교로 불러 서로 화해시키고 공 양의 어머니가 피해 여학생의 어머니에게 정중히 사죄하는 선에서 마무리가 되었다.

공 양의 부모는 공 양을 심하게 야단쳤으며, 그다음 날 선배들은 공 양에게 '그렇게밖에 못 하였느냐'는 질책과 비난을 하여 공 양은 어이가 없었다. 다른 반 친구들도 자신을 힐끗힐끗 보면서 수근거리고 자신을 나쁘게 이야기하는 것 같아 괴로웠다. 또한 공 양은 수업에 들어오는 선생님들도 자신을 꼭 문제학생인 양 취급하는 것 같아 마음이 불편하였고, 고자질한 그 피해 여학생이 원망스러웠다.

이런 사건이 있은 후 공 양은 식욕도 떨어지고, 부모와 친구들을 비롯한 모든 주변 사람들이 다 싫어지고 배신감을 느끼게 되었으며, 죽고 싶다는 생각을 종종하게 되었다.

질문 01

청소년상담사에 지원하게 된 동기는 무엇인가?

| 답변 |

면접현장에서 상당히 많이 받는 질문 내용이다. 자신의 지원동기나 계기를 분명하게 정리하여 막힘없이 이야기할 수 있도록 한다. 개인적인 질문이지만 다음 사항이 포함되면 좋을 것이다.
① 평소 청소년에 관심이 많다. 청소년을 위해서 뭔가 하고 싶고 청소년상담사 역할이 좋아 보였다.
② 심리적인 문제를 안고 힘겹게 생활하는 청소년이 많다는 것을 우연한 기회에 알고, 이를 해결해 주고 싶은 생각이 들었다.
③ 청소년의 범죄, 가출, 자살, 친구관계의 어려움, 진로의 어려움, 부모와의 갈등 등 많은 청소년문제가 있는데, 이를 근거리에서 제도적으로 돕는 방법이 없어 안타까움을 많이 느꼈다.
④ 본인이 자랄 때 작은 도움의 손길을 받았다면, 그 당시 그렇게 어렵지 않았을 것이라는 경험으로 청소년상담사를 지원하였다.
⑤ 자녀의 성장과 발달에 따른 지도의 어려움과 당혹감을 풀어 보려고 지원하였다.

질문 02

공 양의 '인지적 오류'의 내용은 무엇인가?

| 답변 |

① 내가 선배들을 위해 나서서 무언가 해야 한다.
② 그 애는 맞을 짓을 하였는데 부모에게 이야기하고 선생님을 통해 학교폭력으로 다루는 것은 어이가 없는 행동이다.
③ 당연한 일을 하였음에도 불구하고, 다른 반 친구들이 자신을 비난하고 흉을 본다.
④ 수혜자인 선배들이 자신을 질책하고 비난하는 것이 어이가 없다.
⑤ 교사들이 자신을 문제학생으로 취급한다.
⑥ 자신의 문제를 해결하기 위하여 죽는 것이 좋겠다.
⑦ 자신과 다르게 생각하고 행동하는 것은 배신하는 행동이다.

질문 03

공 양이 자신의 심리적 문제를 해소하기 위하여 해야 할 행동이 있다면 무엇인가?

| 답변 |

① 피해학생을 직접 만나 나쁜 의도가 없었음을 이야기한다.
② 당사자도 아니면서 피해학생을 지도하려고 하였던 자신의 행동에 미안하다고 이야기한다.
③ 담임선생님에게 곤란한 상황에 처하게 된 것에 대해 사죄한다.
④ 친구들을 위하고 배려하는 행동을 하려는 결심을 하고 이를 실천한다.
⑤ 일정기간 동안 자진하여 학교 내 봉사활동을 경험해 본다.
⑥ 상담을 신청하여 자신의 사고, 행동, 감정패턴을 수정하고 심리적 문제를 해결한다.

제10절 3급 기출사례 - 2016년 14회

1 친구관계

다음은 중학교 2학년 여학생이 게시판에 올린 이메일(e-mail) 상담내용이다.

고민이 있어 사연을 올립니다. 저는 중학교 2학년 여학생입니다. 우리 반에 '은따'를 당하는 반 친구가 있는데, 얼마 전부터 그 친구가 저에게 관심을 보내며 말을 걸어오기도 하여 부담이 됩니다. 얼마 전에 그 애가 저에게 말을 걸어 무시하기가 곤란하여 미소를 띠우며 듣는 척을 하였는데, 그 이후 그 친구는 방과 후에도 카톡으로 말을 걸어오고 심지어 제 생일을 어떻게 알았는지 카톡으로 생일선물을 보내주기도 하였습니다. 그 친구가 저에게 친한 행동을 하여 다른 애들에게 들킬까 걱정도 되고 부담이 됩니다.

저는 이미 친한 친구가 반에서 4~5명 정도 있고 그들과 잘 지내고 있습니다. 그 친구들은 그 애를 쳐다보지도 않고 무시하며 흉보는 이야기를 거리낌 없이 하고 있어, 그 애와 친하게 지내면 다른 친구들이 저를 비난할까 두렵기도 하고 창피하기도 합니다. 또한 그 애와 친하다고 저마저 왕따를 당하지 않을까 걱정이 되기도 합니다. 물론 저는 그 친구에게 나쁜 감정을 가지고 있지는 않습니다. 솔직히 이야기하면 측은한 마음이 들기도 합니다.

그 친구에 대한 저의 이런 태도를 보고 담임선생님은 "너는 참 착한 애다"라고 말씀하셨습니다. 얼마 후에 그 친구의 생일이라고 합니다. 제가 생일선물을 받은 입장에서 뭔가 보답을 하여야 하는데, 어떻게 하여야 할지 고민입니다. 저 좀 도와주세요.

질문 01

부모가 상담 중에 상담자가 행한 지능검사와 성격검사의 결과를 알려달라고 하였다. 이 경우 상담자라면 비밀유지를 할 것인가?

| 답변 |

① 지능검사와 성격검사를 상담 중에 행하였다면, 그런 검사들의 결과는 상담한 내용으로 보아 원칙적으로 비밀유지 사항에 속한다고 할 수 있다.
② 먼저 내담자에게 동의를 구한다. 그 결과를 공개하기 전에 내담자에게 부모님이 검사결과를 알고 싶어 한다는 것을 알리고 사전에 동의를 구한다.
③ 내담자가 동의하는 경우는 검사결과와 상담자의 진단에 대한 사항을 개괄적으로 알리고, 부모의 자녀에 대한 충분한 이해를 도와 바람직한 양육을 위한 협조사항을 요청한다.
④ 내담자가 이를 거부하는 경우는 부모님에게 검사의 결과나 진단에 대한 사항의 직접적인 전달은 피하고 검사와 관련하여 상담자가 내담자의 성장과 복지에 필요하다고 생각되는 면에서 협조를 구한다.

질문 02

상기의 사례에서 내담자의 욕구는 무엇인가?

| 답변 |

① 은따를 당하는 친구를 동정하여 자신은 다른 친구들처럼 왕따를 시키고 싶지 않은 욕구
② 은따를 당하는 친구와 가까이함으로써 생기는 불이익을 회피하고 싶은 욕구
③ 왕따를 당하는 친구를 멀리하여 자신의 안전을 구하려고 하는 욕구
④ 친구들에게 소외당하지 않으려고 동조하려는 욕구
⑤ 왕따를 당하는 친구에 대한 선의의 행동욕구
  • 생일선물에 대한 보답
  • 그 친구에 대한 관심

질문 03

내담자가 지나치게 상담자의 개인정보(예 최종학교 및 전공, 종교, 가족관계, 자격사항 등)를 알려달라고 한다. 이런 경우 상담자는 어떻게 해야 하는가?

| 답변 |

① 먼저 상담자에 대한 관심이 큰 것에 대해 감사하다고 이야기한다.
② 그러나 상담에서 내담자의 역할과 상담자의 역할을 상기시키면서 지나치게 개인적인 관심은 상담의 진행을 방해할지도 모른다는 점을 전달한다.
③ 상대방에 대한 지나친 집착과 관심은 상대방으로 하여금 부정적인 감정을 초래할 뿐 아니라 내담자로 하여금 상담자에 대한 의존성이나 배타성을 가지게 된다는 점을 인지시킨다.
④ 내담자의 호기심을 긍정적이고 생산적인 다른 방향으로 유도한다(예 영화나 미술, 음악과 같은 주제로 전환하기).
⑤ 이 같은 노력에도 내담자의 행동에 변화가 없다면 사례를 다른 상담자에게 인계(Refer)한다.

질문 04

상기 사례에서 내담자가 생일선물을 보내야 할지에 대해서 간단히 응답해 보시오.

| 답변 |

① 은따를 당하는 친구에 대한 동정심과 받았으면 뭔가 보답을 하여야 한다는 생각이 정말 착한 마음을 가졌습니다. 반 친구들에게 아무런 이유 없이 왕따를 당하는 친구와 사귐으로 해서 다른 친구들로부터 소외당할지도 모른다는 두려움은 당연합니다.
② 옳은 일을 하는 데는 항상 용기가 필요합니다. 귀하가 생일선물에 보답하여야 한다고 생각되면 과감하게 행동으로 옮기시길 바랍니다. 그 친구는 귀하에게 자신을 도와달라는 구조요청을 보내는 것 같습니다. 구조의 손길을 뻗어 그 친구가 용기를 얻고, 나아가 다른 친구들과 잘 지낼 수 있는 계기를 마련해 주세요.
③ 다른 친구들과의 관계는 귀하가 어떻게 대하느냐에 달려있지, 결코 왕따 당하는 친구와 사귄다고 나빠지지는 않습니다. 따돌림을 당하는 친구를 도와주는 행동을 비난하는 친구는 진정한 친구가 아니겠죠?
④ 자신을 괴롭히고 왕따시키는 친구들에게 당당히 맞서 줄 것을 부탁하고 필요하면 돕겠다는 의사를 전달해 보세요.

2 외모문제

중학교 1학년인 김 양은 뚱뚱한 편이며 식사를 다른 친구들보다 많이 하고 군것질도 자주 하는 편이다. 과자를 먹다가 수업시간에 선생님께 몇 번 발각되어 벌을 서기도 하였다. 그러면서 자신은 물만 먹어도 체중이 는다고 불평을 하고 있다. 시험공부를 할 때도 과자봉지를 책상 위에 놓고 먹으면서 공부하기도 한다. 부모님으로부터 야단을 맞은 후에는 화가 나서 뭔가를 먹지 않으면 화가 풀리지 않는다.

초등학교 5학년 때부터 체중이 급격히 늘기 시작하여 반 친구들이 다들 김 양을 놀렸고, 김 양은 그런 친구들이 미웠다. 중학교 1학년이 되면서 체중은 더 늘었고, 주말에는 밖에 나가지 않는 대신 집에서 보내는 시간이 많아졌으며, 음악이나 유튜브를 볼 때에는 항상 과자봉지를 손에 들고 있다. 학원은 남보기에 창피하여 안 다니지만, 그래도 공부는 집에서 나름대로 열심히 하고 있다.

학교에서 친구들은 김 양을 '뚱뚱녀'라고 놀리기도 하고, 대화할 때도 김 양을 의도적으로 제외하기도 한다. 근처에서 친구들이 웃을 때는 김 양은 자신을 놀리고 그것을 재미있어 하는 것 같아 마음이 점점 더 위축되어, 이제는 학교 가기가 싫어지고 친구 만나기도 두려워진다.

김 양에게는 초등학교 4학년 여동생이 있고, 고등학생인 오빠는 일진이라는 소문이 있는데 학교규율을 어겨 정학 처분을 받기도 하고, 가출을 하여 며칠 만에 들어오기도 한다. 김 양의 어머니는 몸이 약하여 누워있는 시간이 많다. 김 양이 학교를 마치고 집에 돌아오면 집안일을 도맡아서 하고 있지만, 어머니에게서 칭찬을 듣지 못하고 있다. 아버지는 부동산중개업을 하시는데, 최근 일이 잘 안되시는지 귀가시간도 늦고 술에 취해 들어와서는 누워 있는 어머니에게 폭언을 하고, 김 양과 오빠에게 욕을 하기도 한다.

질문 01

상담사와 사회복지사의 차이를 이야기해 보시오.

| 답변 |

구 분	상담사	사회복지사
목 표	내담자의 심리적인 문제를 해결한다.	내담자의 복지와 복리향상을 도모한다.
하는 일	심리검사와 면담을 통해 내담자의 문제행동이나 정서, 태도를 스스로 통찰하게 하여 자율적으로 이를 개선할 수 있도록 돕는다.	주거환경 개선, 방과 후 안전한 생활여건 조성, 학습환경 만들기, 식사제공 등 전문적이고 체계적인 복지 서비스를 제공한다.
역 할	촉진자, 동반자, 협력자	해결자, 추진자, 보호자
효 과	내담자가 발달과업을 충실히 수행하며, 앞으로 건강한 성인으로 성장할 수 있는 능력을 길러, 스스로 결정하고 행동하며 책임지는 인격체로 성장한다.	내담자의 경제적인 상황이 개선되며, 복지제도의 도움으로 숙식해결, 방과 후의 돌봄과 학습으로 건강하고 안전한 환경에서 생활한다.

질문 02

상기 사례에서 상담자라면 어떻게 하겠는가?

| 답변 |

① 내담자가 친구들로부터 놀림을 당할 때의 괴로운 마음에 충분히 공감해 준다.
② 집에서 어머니를 대신하여 동생을 돌보고 집안일을 하는 내담자를 칭찬하며, 동시에 집안일을 할 때의 어려움을 공감해 준다.
③ 상담목표
- 친구관계 개선
  - 놀리는 친구에게 자신의 기분이나 감정을 솔직히 이야기하고 그만둘 것을 부탁한다.
  - 자신의 의사나 표현을 정확하게 상대방에게 전달한다.
- 학교생활 적응
  - 수업시간에 수업에만 집중한다.
  - 학습계획을 세우고 실천하여 성적을 향상한다.
  - 친구를 돕고 학교에서 봉사활동을 한다.
- 체중감량
  - 과자를 먹는 습관을 없앤다.
  - 건강에 도움이 되는 식사습관을 가진다.
  - 정기적으로 운동을 한다(헬스장 다니기, 구기운동 동호회 가입 등).
- 가족관계 개선
  - 아픈 어머니를 도와 집안일을 즐겁게 한다.
  - 집안일에 오빠의 도움을 청한다.
  - 아버지를 이해하고 위로하고 격려한다.

질문 03

집단 프로그램을 운영할 때, 한 구성원이 다른 구성원과의 관계를 맺는 것에 대해 어려움을 느껴 개인적으로 상담을 청해왔을 때, 상담자로서 어떻게 할 것인가?

| 답변 |

① 먼저 집단상담에서 느끼는 다른 구성원에게서 느끼는 소외감을 이해, 공감한다.
② 집단상담 과정
  - 내담자의 친구를 대하는 말과 태도를 잘 관찰한다.
  - 다른 참가자로 하여금 내담자를 지원하는 역할을 부여한다.
    - 친구들과의 화제 가르쳐 주기
    - 친구에게 소개해 주기
    - 친구에게 먼저 말 건네도록 해보기
    - 친구의 언어적 공격 시 보호해 주기 등
③ 개인상담 과정
  - 자신의 생각과 느낌을 솔직히 이야기하게 훈련한다.
  - 친구를 이해하고 공감, 배려하는 태도를 조성한다.
  - 발언을 원할 때 하는 몸짓과 말을 익힌다.
  - 자신이 말을 많이 하는 것, 남의 말을 끊는 것을 자제한다.
  - 남의 말에 귀 기울이는 태도를 만들도록 한다.

질문 04

청소년상담은 왜 중요한가?

| 답변 |

① 청소년기는 심리적 이유기로서 정신적 독립과 자아정체감 형성을 추구하는 중요한 시기이며, 급격한 신체적 변화에서 오는 심리적인 혼란이 야기되기도 한다. 또한 사고의 미성숙이나 경직성으로 인하여 부적응 행동을 쉽게 할 수 있는 시기이다.
② 이런 청소년기의 특징을 생각해 봤을 때 비행예방, 교육, 스트레스 대응, 심리적 문제 해소, 인지 재구조, 행동변화를 도모하는 청소년상담은 청소년의 건전한 발달과 성장을 돕는 중대한 역할을 한다는 점에서 중요하다.
③ 청소년상담은 청소년의 건강하고 바른 성장을 조력함에 있어 개인적 차원의 문제해결과 함께 사회지원체계의 연계·활용을 가능하게 하기 때문이다.

☑ 유사질문
○ 청소년상담사는 창의력과 순발력이 요구된다. 왜 그런가?
○ 청소년상담의 특징은 무엇인가?

3 가출문제

다음은 남자 중학생이 사이버 상담란에 올린 글이다.

저는 중학교 3학년 남학생입니다. 어제 어머니와 아버지가 제가 보는 앞에서 심하게 다투었습니다. 저는 이런 집이 싫어서 가출하였는데, 이번이 2번째 가출입니다. 집을 나와서 어디 갈 데가 없어 친구 집에서 겨우 하룻밤을 보냈습니다. 그러다 보니 그런 날은 학교에도 가지 못하였습니다. 할 수 없이 집에 들어가면 어머니는 "집을 나갈 것 같으면 왜 다시 기어들어왔느냐? 너 같은 애를 도저히 이해할 수가 없다"라고 핀잔과 비난을 하십니다. 저 역시 이런 제 자신이 싫습니다. 그리고 그렇게 이야기하는 어머니도 싫습니다.

아파트 경비일을 하고 있는 아버지는 어머니의 잔소리를 참고 계시다가, 큰 소리를 내면서 화를 참지 못하고 어머니와 싸우십니다. 제가 알기로 싸움의 원인은 거의 다 집안 경제적인 사항입니다. 어머니의 불만은 아버지의 급여가 동생을 포함한 4식구가 살기에는 항상 부족하다는 데 있는 것 같습니다. 아버지는 제가 보아도 조금 무기력하고 잔소리만 하십니다. 저에게 관심을 가지지도 않으면서 항상 저만 보면 공부하라고 다그치기만 합니다.

학교 친구들은 다 학원에 다니고, 부모님들이 다 훌륭한 분들 같아 보였습니다. 친구들은 제가 가난하다고 우습게 여기고 은근히 무시하는 것 같아 마음이 더욱 아픕니다. 저는 그런 친구들을 대할 때마다 비참함을 느끼며, 고등학교 진학을 포기하고 아르바이트를 하여 제 용돈을 벌고 어머니에게 생활비를 지원하고 싶습니다.

그런 생각을 하다 보니 공부에는 흥미가 없고, 학교에 다니는 것도 중도에서 포기하고, 빨리 바리스타 자격증을 따서 취업하고 싶은 생각도 들지만 맞는 생각인지 모르겠습니다. 제가 어떻게 해야 하나요?

질문 01

청소년상담사로서 자신의 강점 3가지를 이야기해 보시오.

| 답변 |

개인적인 질문이어서 정답은 없지만 다음 사항이 포함되면 좋을 듯하다.
① 청소년을 이해하고 사랑하는 마음이 깊다.
- 청소년과 접할 기회가 많은 수험생은 청소년과 생활하고 잘 이해한 사례를 간단히 언급한다.
- 사랑하고 인내하며 청소년의 변화를 격려하고 지켜봐 줄 마음의 여유가 있다.

② 청소년의 문제를 잘 알고 해결한다.
- 청소년의 고민사항을 많이 접해 보고 같이 머리를 맞대고 해결해 본 경험을 이야기한다.
- 상대방의 이야기를 잘 경청하고, 이를 같이 해결하려는 적극성과 협조성을 지녔다.

③ 상대방의 이야기를 경청하고 공감을 잘한다.
④ 상담이론(현실주의 개입방법, 인지 및 행동적 개입방법, 게슈탈트 개입방법 등)에 정통하다.
⑤ 인생경험이 많아 청소년의 급격한 행동이나 정서에 적응을 잘 한다.
- 상담자로서 상담에서 생기는 좌절이나 정체감 상실을 쉽게 극복한다.
- 청소년과의 라포 형성이 빠르다.
- 내담자의 부모와 협조관계를 잘 형성한다.

⑥ 기타 자기계발에 충실한 것이나 친밀성이 높은 성격적 측면 등 긍정적인 성격의 일면을 강조한다.

질문 02

상기 사례의 내담자의 주호소문제는 무엇인가?

| 답변 |

① 부부싸움을 자주 하는 부모님이 싫어 가출하고 싶다.
② 집에서 아무도 나에게 관심을 보이지 않는다.
③ 앞으로의 진로에 대해 고민이다.
④ 가난하여 학교 친구들이 나를 무시해 마음이 아프다.
⑤ 다른 집 부모에 비해 우리 부모님은 못나서 비참한 생각이 든다.
⑥ 공부에도 흥미가 없고 학교 다니기도 싫다.

질문 03

상담자로서 이런 내담자를 어떻게 상담할 것인가?

| 답변 |

① 내담자의 욕구를 이해하고 공감한다.
 - 사이가 좋지 않은 부모님에 대한 실망감과 이를 회피하고 싶은 심정
 - 친구의 가정처럼 평안하고 부유하고 싶은 욕구
 - 친구와 잘 지내고 싶은 욕구
 - 자신이 집안 경제형편에 도움이 되지 못하는 점에 대한 죄책감
② 부모님의 내담자에 대한 입장을 긍정적으로 해석한다.
 - 어머니 : 집으로 돌아온 아들을 반기는 마음이 왜곡되어 표현되었다.
 - 아버지 : 아들이 공부를 잘하여 성공하기를 원한다.
③ 청소년 시기의 과업에 대해 생각하게 한다.
 - 중학생에게 근로할 수 있는 기회(만 15세 이상)가 거의 없음을 깨닫게 한다.
 - 자신의 장래를 위하여 최선을 다한다(공부하기, 진로상담 받기).
 - 집안의 경제적인 상황을 돕기 위해 '위기청소년'의 지원을 받을 수 있는지 점검해 본다.
④ 스트레스에 대한 인내력을 기르게 한다.
 - 그 정도의 집안 어려움은 보통의 가정에서도 있는 일이다.
 - 부모의 문제를 자신의 문제로 개인화하는 인식을 개선한다.
 - 어려움을 겪은 후에 얻는 성공이 의미가 있음을 느끼게 한다.
 - 모든 일을 긍정적인 관점에서 생각하고 행동하게 한다.

질문 04

현재 청소년들이 좋아하는 것을 아는 대로 이야기해 보시오.

| 답변 |

① 연예계 : EXO, 방탄소년단(BTS), 아이브, 트와이스, 아이유, 블랙핑크 등
② 게임 : LOL, Overwatch, FIFA, GTA, Battle Ground, Brawl Stars, Roblox, Among Us 등
③ 언어 : 존맛탱(매우 맛있다, JMT), 갑분싸(갑자기 분위기 싸해짐), 애빼시(애교를 빼면 시체), 엄근진(엄격, 근엄, 진지), 관종(관심 종자), 커엽다('귀엽다'를 보이는 대로 읽은 것) 등
④ 음식 : 컵라면, 치킨, 피자, 햄버거, 떡볶이 등
⑤ 놀이 : 보드게임, 방탈출 게임, 댄스 커버, 놀이공원, 코인노래방 등

4 현실 불만족

다음은 중학교 2학년 남학생 내담자와의 상담 축어록의 일부이다.

상1 : 어떻게 상담에 오게 되었니?

내1 : 모르겠어요, 저는 상담을 받아야 할 이유가 없어요. 별 문제 없이 잘 지내고 있고요. 그냥 엄마가 상담을 받으라고 해서 왔어요. 여기 오는 것도 싫었고 상담을 받아야 할 이유도 모르겠고.

상2 : 그래도 어머니가 상담을 받게 하는 이유가 있지 않을까?

내2 : 정말 모르겠어요. 그냥 엄마가 하고 싶어 하는 대로만 하려고 해요. 말도 통하지 않고. 아빠도 자기 하고 싶은 것들만 제게 강요하고, 답답하고 짜증만 나요. 반 친구들도 이기적이고 자기밖에 모르는 것 같아서 상대하고 싶지 않아요.

상3 : 부모님도 반 친구들도 다 이기적인 것 같구나.

내3 : 세상 자체가 나쁜 것들만 있는 것 같아요. 선생님들도 믿지 못하겠어요. 초등학교 때 반 애가 먼저 시비를 걸어 때렸어요. 나를 욕하고 놀려서 때린 거예요. 선생님은 저만 혼냈어요. 그 애가 잘못한 건데. 선생님은 상황도 알지 못하면서….

상4 : <u>그런 일이 있었구나.</u>

내4 : <u>주위 사람들을 상대하고 싶지 않아요. 그래도 전 SNS로 재미있는 동영상을 올려 인기도 많고, 인터넷상으로 얘기하는 사람도 많아요. 그 사람들이 절 좋아하기도 하고요. 전 제가 잘 지낸다고 생각해요. 저는 앞으로 웹디자이너(Web Designer)가 될 거예요.</u>

상5 : _____.

질문 01

상기 사례에서 상4의 말을 공감 기법을 사용해서 재진술해 보시오.

| 답변 |

① 부모님의 일방적 요구를 따라야 하니 정말 힘들고 짜증이 나겠구나.
② 선생님에게 차별대우를 받은 것 같아서 서운했겠구나.
③ 친구들이 이기적이어서 미운 마음이 들었구나.
④ 필요 없는 상담을 받으라고 강요해서 답답하고 짜증이 나겠구나.
⑤ 자기편을 들어주는 사람이 없어 억울하기도 하고 외롭기도 하겠구나.

질문 02

상기 사례의 내담자의 문제는 무엇인가?

| 답변 |

① 부모가 자신을 인정하지 않고 항상 강요하며 말이 안 통한다고 생각하고 있다.
② 교우관계를 적절히 맺지 못하고 있다(친구에게 그 원인이 있다고 생각한다).
③ 친구와의 갈등이 생기는 것은 친구의 잘못 때문이라고 생각한다.
④ 인터넷 과다사용으로 가상세계에서의 인간관계를 현실적인 인간관계보다도 더 중시하고 있다. 그리고 가상세계에서 만족하면서 현실을 회피하고 있다.
⑤ 비합리적인 신념이 관찰된다(모두 이기적이다, 세상 자체가 나쁜 것들만 있는 것 같다).

질문 03

이 내담자의 강점은 무엇인가?

| 답변 |

① 인터넷 기능을 잘 활용하고 있다.
- 자신의 SNS에 동영상을 올리는 등 인터넷상에서 활발한 활동을 한다.
- 온라인상에서 친교관계를 잘 맺으며, 가상세계에서지만 사람들에게서 인기가 많다.

② 앞으로의 자신의 꿈(직업)을 가지고 있고, 이를 달성하기 위한 욕구를 가지고 있다.

질문 04

상기 사례에서 내4의 말에 상담자로서 어떻게 반응할 것인가? 빈칸에 들어갈 상5의 말을 답변해 보시오.

| 답변 |

상5 : 내담자는 인터넷상에서 동영상도 올리고 인기도 많고 친구관계를 잘 맺고 있구나. 또한 앞으로의 자신의 꿈을 가지고 있고, 이를 달성하기 위한 명확한 욕구도 느껴지는구나. 그러나 실제 친구와 관계를 잘 맺지 못하는 이유는 무엇일까? 그 문제에 대하여 이번 상담에서 한번 다루어 보기로 하자.

합격의 공식 시대에듀 www.sdedu.co.kr

▲ 정오표

PART 05

실전 모의면접

CHAPTER 01	경계선 지능
CHAPTER 02	학교폭력
CHAPTER 03	시험불안
CHAPTER 04	컴퓨터 게임몰두
CHAPTER 05	절 도
CHAPTER 06	폭력성과 게임몰두
CHAPTER 07	부모의 희생양
CHAPTER 08	범죄행동
CHAPTER 09	폭주족
CHAPTER 10	에이즈 감염공포
CHAPTER 11	신체훼손
CHAPTER 12	학교 부적응
CHAPTER 13	집단 따돌림
CHAPTER 14	학교폭력 가해자
CHAPTER 15	자기중심적 사고
CHAPTER 16	진로문제로 인한 부모와의 갈등
CHAPTER 17	명예훼손
CHAPTER 18	친구집착
CHAPTER 19	대인관계의 어려움
CHAPTER 20	자살생각

PART 05 실전 모의면접

> **핵심요약**
>
> 이 파트는 면접시험에서 제시되는 사례의 주요 5가지 주제(친구관계, 부정적 정서, 인터넷/스마트폰 중독, 학교 부적응, 진로)와 수험생이 주의를 기울여 다루어야 할 다른 주제(학교폭력, 온라인 게임 시 명예훼손, 자기중심적 사고, 위험행동 등)를 망라하여 총 20가지 사례를 담았다.
>
> 면접현장에서 어떤 사례가 주어지더라도 수험생들이 당황하지 않고 자신 있게 대답할 수 있도록 사례경험의 폭을 확장하도록 하였다. 이 파트에 실린 질문 중 제시사례와 관계없이 던져지는 질문은 과년도 실제 면접관들이 질문한 것을 최대한 많이 인용하였고, 사례와 관련된 질문들은 실제 면접현장에서 면접관이 질문할 가능성이 큰 것으로 실었다.
>
> 많은 청소년의 사례를 접해 보고 다양한 질문에 답해 보는 것이 면접시험에서 좋은 점수를 받는 중요한 요소이다.

제1절 경계선 지능

> **제시된 사례**
>
> 중학교 3학년인 정 군(15세, 남)은 친구를 무척 사귀고 싶지만 잘 사귀지 못하며, 친구들도 정 군을 피하고 있다. 정 군은 초등학교 5학년부터 수업내용을 잘 이해하지 못했고 교사의 질문에 답을 못 하며, 시험성적은 전 과목에서 50점 넘기가 힘들었다. 말도 약간 어눌하게 하여 친구들의 놀림 대상이 되기도 하였다. 정 군의 어머니는 정 군의 이런 학습부진과 따돌림 상태를 걱정하여 청소년병원에서 진단을 받게 했고, 그 결과 정 군의 지능이 정상 학생보다 낮고 약간의 운동지체가 있다는 사실을 알게 되었다.
>
> 정 군이 중학교에 진학한 후 정 군의 어머니는 학교 담임선생님과의 면담을 통해 반 친구들로부터 괴롭힘을 당하지 않도록 신경을 썼고, 덕분에 학교폭력 피해자가 되지 않고 있지만 친구들을 사귀고 어울리는 데에는 한계가 있었다. 정 군의 어머니는 아들을 일반학교보다는 특수학교에 보내는 것이 어떨지 고민하였는데, 아들의 상태가 더욱 나빠질 것을 염려하여 그냥 일반학교로 보내기로 하였던 것이다. 정 군은 모둠활동에서 제대로 역할을 하지 못하여 친구들로부터 활동에서 제외되는 경우가 많았다. 정 군은 자신을 은근히 무시하는 친구들에게 욕을 하거나 주먹을 날리기도 하였다.

정 군의 가족은 아버지(회사원)와 어머니(가정주부), 여동생이 있으며, 모두 정 군에게 주의를 기울이고 배려하여 정 군은 가정생활에서 행복감을 느끼고 있다. 학교에서는 친구들이 자신을 무시하고 따돌리는 것이 불만족스럽지만, 운동도 잘 못하고 공부도 잘 못하는 자신의 처지를 잘 이해하고 적응하려고 노력하고 있다. 그러다 보니 학교에서 항상 외톨이로 지내고 있으며, 방과 후에는 집으로 와서 TV를 보거나 핸드폰으로 게임을 하고 있다. 주말에는 혼자 코인노래방에 가거나 PC방에서 게임을 하다가 집에 들어온다. 어머니는 친구들과 연락해서 놀러 나가라고 이야기하지만, 정 군은 친구들과의 교류를 두려워하여 그렇게 하지 못하고 있다.

면접관 질문

❶ 학교폭력 가해자인 학생이 상담 중에 자신은 아무런 죄가 없으며, 피해학생이 맞을 짓을 하였다고 이야기할 때 어떻게 할 것인가?

❷ 내담자가 친구와 잘 사귀지 못하는 이유를 이야기해 보시오.

❸ 자신이 성상담을 의뢰받았는데, 성상담에 대한 지식이나 경험이 전혀 없을 경우는 어떻게 할 것인가?

❹ 상기 사례의 내담자를 상담한다면 어떻게 할 것인가?

―――――――――――――――――――――――――――――――――――
―――――――――――――――――――――――――――――――――――
―――――――――――――――――――――――――――――――――――

| 답변 |

To. 면접관 ❶

① 우선 가해 내담자의 억울한 심정을 이해해 주며 그 주장을 경청한다.
② 학교폭력의 의미를 전달한다.
- 학교폭력은 엄연한 범죄행위이며 처벌대상
- 피해학생의 고통 생각하기
③ 폭력적인 행동의 원인을 규명해 본다.
- 가해자 부모의 폭력 관용적인 양육방식이나 태도 유무 확인
- 소외당하였을 때의 부정적인 감정 발현 여부 확인
- 충동적이거나 공격적 성향 유무 점검
④ 분노를 인식하고 이를 통제하는 훈련을 한다.
- 분노에 제3자의 명칭 붙이기, 분노와 이야기하기
- 심호흡하고 숫자 세기, 그 자리 피하기
- 자신의 폭행이 처벌을 초래함을 생각하기
⑤ 분노를 유발하는 환경을 개선한다.
- 담임교사의 관심과 지도
- 내담자를 배려하는 분위기 조성
- 학교적응적 행동 조성

To. 면접관 ❷

① 운동지체를 가지고 있어서 친구들과 같이 어울려 운동하는 것이 힘들고, 자연적으로 어울릴 기회가 없었을 것이다.
② 친구들에 의하여 소외당하거나 무시당한다고 생각되면 공격적인 행동을 보였다.
③ 말이 어눌하고 공부를 잘하지 못하여 친구들로부터 무시를 당하였다.
④ 지능이 정상보다 낮아 친구의 말을 잘 이해하지 못하여 대화에서 자연히 제외되었다.

To. 면접관 ❸

① 청소년상담사의 윤리강령에 의하면, 청소년상담사는 훈련받지 않은 상담기법의 오·남용을 삼가야 하며, 자기의 능력 및 기법의 한계를 인식하고 전문적 기법에 위배되는 활동을 하지 말아야 한다.
② 성상담에 대해 전문적인 기법이나 훈련을 받지 않았기 때문에, 자격이 있는 다른 상담사에게 의뢰하여야 한다.

To. 면접관 ❹

① 내담자가 친구와 사귀기를 원하지만 사귀지 못하고 있음을 이해하고 공감한다.
② 내담자가 친구에게 소외당하였을 때 느끼는 분노감을 통제하는 능력을 기르게 한다.
- 분노를 인식하는 연습
- 분노 발생을 제지하는 연습
- 분노를 회피하는 연습

③ 친구의 주의를 끌고 관심을 받을 수 있는 행동을 하게 한다.
- 반 친구를 돕는다.
- 대화하는 반 친구들 곁에서 주의를 기울이거나 놀라는 표정을 짓거나 고개를 끄덕인다.
- 친근함을 표시하는 친구에게 먼저 다가간다.
- 친구를 칭찬하고 실력을 인정하는 말을 건네며, 호의적인 태도를 보인다.
- 재미있는 행동과 도구(카드마술 등) 사용을 익힌다.

제2절 학교폭력

제시된 사례

올해 초등학교 6학년인 김 군(12세, 남)은 학교에서 친구들과 자주 싸우고, 친구들에게 상처를 입혀서 피해학생의 부모들이 학교에 찾아와 학폭위 소집을 요구하여 학교의 징계를 몇 차례 받았지만, 친구들과 몸싸움을 하고 친구들에게 욕을 하는 행동이 좀처럼 없어지지 않고 있다. 김 군이 초등학교 4학년 때, 김 군의 어머니는 남편이 경제적 능력이 없이 매일 술을 마시고, 만취한 상태에서 아내를 때리고 소란을 피워 재판을 통하여 이혼을 하였다. 그러나 김 군의 아버지는 김 군을 끔찍이 귀여워하였다. 김 군의 아버지는 현재까지 어머니 몰래 김 군을 불러서 점심이나 저녁식사를 같이 하기도 하고, 선물을 사주기도 한다. 이 사실을 알게 된 어머니는 김 군에게 다시 아버지를 만나면 집에서 쫓아내겠다고 이야기하였다.

최근 김 군은 어머니가 바깥에서 저녁식사를 하자고 하여 남동생(초2)과 함께 따라 나섰는데, 처음 보는 남자를 소개하면서 이제 '아빠'라고 부르라고 이야기하였다. 김 군은 낯선 상황이 당황스러웠고, 어떻게 대처해야 할지 모르겠다고 느꼈다. 그 이후에 그 남자는 김 군의 집에서 살기 시작하였다. 그 남자가 퇴근하여 돌아올 때 김 군은 방에서 나오지 않고 목소리를 높여 인사만 하고 있어 어머니에게 야단을 맞고 있지만, 김 군은 그 남자에게 아빠라고 부르고 싶은 생각이 없다. 동생이 맛있는 것을 사주는 그 남자에게 "아빠, 아빠" 하고 가까이하는 것을 보면 화가 나기도 하고, 자신이 이상한 것인가 의문이 들기도 한다.

어머니는 오후에 식당에 나가 일을 하고 있는데, 새벽이 되어서야 집에 들어오고 있다. 김 군은 방과 후에 친구들과 어울려 PC방에서 게임을 하면서 시간을 보내고 있다가, 저녁 10시경에 들어와서 냉장고를 뒤져 저녁을 혼자 먹기도 하는데, 이때 그 남자가 나와 아무 말 없이 식사를 챙겨 주기도 하여 미안하기도 해서 마음이 불편하다. 그래도 자신을 낳아 준 아버지를 생각하면 새아버지에게 친절하게 대해서는 안 된다는 생각이 강하게 들어 머리를 흔들고 있다.

면접관 질문

❶ 청소년을 대상으로 하는 상담이 다른 상담보다 어렵다고 하는데, 그 이유가 무엇이라고 생각하는가?

❷ 다양한 청소년문제 중 어떤 문제에 관심이 있고 문제의 원인이 무엇이라고 생각하는가?

❸ 상기 사례에서 내담자의 새아버지에 대한 정서를 유추하여 설명해 보시오.

❹ 상기 사례의 내담자를 상담한다면 어떻게 할 것인가?

| 답변 |

To. 면접관 ❶

① 청소년의 문제와 접근방법이 다양하기 때문이다.
② 청소년은 비자발적으로 상담에 임하기 때문에 좋은 상담관계를 맺기가 어렵다.
③ 청소년의 문화와 언어, 놀이, 행동패턴이 성인의 상담자로서는 경험하기가 힘든 면이 있어, 공감하며 같이 나눌 수 있는 영역을 확보하기가 힘들다.
④ 청소년의 특성상 상담의 효과를 인정하지 않거나 약속의 중요성을 무시하는 등 감정의 기복이 심하여 쉽게 상담을 중단하는 경우가 많다.
⑤ 현재 자신의 상태가 문제라는 것은 인지하고 있지만, 미래 조망능력이 성인보다 부족하여 현재의 상태가 미래에 어떤 영향을 미치고, 그 영향이 얼마나 심각한지를 잘 깨닫지 못한다. 즉, 자신의 통찰력이 충분히 발휘되지는 않는다.

To. 면접관 ❷

청소년문제는 다양하며 여기서 다 열거할 수는 없는 일이다. 그러나 최근 사회적 이슈가 되고 있는 청소년문제를 다음과 같이 열거하고 그 원인을 적어보면 다음과 같다.

① 스마트폰 과다사용문제
   - 스마트폰의 앱이나 콘텐츠(게임, 동영상)의 매력과 재미, 보상체계
   - 개인적인 성향(충동조절 문제, 낮은 스트레스 인내력, 학업에 대한 스트레스)
   - 친구들과의 소통과 대화의 주제
② 사이버 불링(Cyber Bullying)
   - 핸드폰의 높은 보급률로 인하여 핸드폰이 소통의 도구가 되고 이를 통한 폭력행위(언어폭력, 명예훼손, 개인정보유출, 성폭력, 사이버스토킹 등)가 이루어지고 있다.
   - 처벌하는 법률이 존재하지만 친구들 사이의 흔히 있을 수 있는 행동(심한 장난)으로 인식되어 합의로 무마하려는 경우가 많다.
③ 사이버 도박
   - 청소년들이 즐겨 하는 게임이 사행성을 조장하여 아이템을 사거나 캐릭터를 선정, 강화, 합성하는 수단으로 돈을 결제하거나 구입하게 하고 있다.
   - 이와는 별도로 스마트폰의 앱으로 손쉽게 도박에 접할 수 있게 되었다(스포츠토토, 달팽이, 로하이, 바카라 등).
   - 돈을 쉽게 빌릴 수 있는 사이트가 많아 도박을 하기 위해 돈을 빌리는 경우가 많다(부족한 경제개념).
④ 음주 및 흡연
   - 친구들의 권유, 소속감의 표현, 건전한 청소년 놀이문화의 부족, 느슨한 부모의 통제, 청소년의 흡연과 음주에 대한 성인들의 관대한 태도
   - 향락문화의 성업, 학교의 묵인 등

To. 면접관 ❸

① 생부와 만나면서 아버지의 존재를 느끼고 있는데, 갑자기 어머니가 새아버지를 아빠로 부르기를 강요해서 엄청난 혼란과 함께 강한 저항감을 느낀다.
② 생부를 만나지 못하게 하는 어머니로 인하여 새아버지에게 더욱 반감을 느낀다.

③ 자신을 챙겨주는 새아버지에 대해 고맙게 생각하고, 동시에 생부의 경쟁자로 의식하여 멀리하여야겠다는 양가감정(충성심 갈등)을 가지고 있다.
④ 자신과 같은 집에서 살고 아버지의 역할을 하고 있어 불편감을 느끼고 있다.
⑤ 아무것도 모르는 남동생과 새아버지의 관계를 보면서 자신도 그 남자를 새아버지로 대우하여야 하지 않겠는가 하는 의구심을 가진다.

To. 면접관 ❹
① 상담 초기
- 내담자가 처한 당황스럽고 힘든 상황에 대해 이해하고 공감한다.
- 내담자와 상관없이 벌어지는 어른들의 만남과 헤어짐에 대해 이야기한다.
- 내담자의 생부와 새아버지에 대한 정서를 탐색한다.
- 부모상담을 통하여 양가감정으로 혼란스러운 내담자의 마음을 이해하고 수용하도록 권유한다.
  - 시간을 더 두고 내담자가 자연스럽게 새아버지에 적응하도록 한다.
  - 자연스럽게 가족활동을 증가시키고 대화의 기회를 많게 한다.
  - 생부와의 만남을 어느 정도 허락한다.

② 상담 중기
- 새아버지와의 친밀한 관계유지를 위한 행동과제 부여
  - 얼굴보고 인사하기
  - 주말에 새아버지와 활동하기(자전거 타기, 마트에 같이 가기 등)
  - 학교에서 일어난 일을 저녁식사를 같이 하면서 이야기하기
- 생부와도 같이 만나는 기회를 가지기
  - 어머니와 이를 상의하여 횟수와 시간 등을 허락받기
  - 부모의 이혼을 현실로 받아들이기
- 공격성을 인지하고 행동수정 하기
  - 분노를 인식하고 이를 의식하기
  - 분노를 지연시키는 연습하기
  - 친구들을 돕고 봉사활동 하기

③ 상담 후기
- 자신의 처지가 이상하지 않다는 사실을 인정하기
- 두 아버지(생부, 새아버지)의 존재를 받아들이기

제3절 시험불안

제시된 사례

중학교 2학년에 재학 중인 윤 양(14세, 여)은 중간고사 때 성적이 눈에 띄게 떨어져 큰 고민에 빠졌다. 중학교 1학년 때는 반에서 항상 1~2등을 하여 친구들의 부러움을 받았다. 자신이 생각해도 왜 성적이 떨어졌는지 이해가 되지 않는다. 공부를 중학교 1학년 때보다 더 하고 있다고 생각하기 때문이다. 그리고 앞으로 다가올 기말고사를 생각하면 마음이 불안하고 주의가 집중되지 않아 몇 시간을 앉아 있으면서 공부하였지만 공부한 내용이 전혀 머리에 남아 있지 않아 당황하기도 한다. 최근에는 책을 보는데 활자가 움직이는 것 같더니만 아예 없어지는 기이한 현상을 경험하기도 하여 이루 말할 수 없는 당혹감과 절망감을 느낀다.

윤 양의 아버지는 몇 년 전에 사고로 돌아가시고, 어머니는 학원에서 야간에 영어강사로 근무하고 있다. 윤 양의 어머니는 철두철미한 성격으로 오후에 출근하면서 윤 양이 공부하여야 할 분량을 정해주고 학습계획표에 의하여 공부하도록 지시하고 있다. 학원의 쉬는 시간에 집으로 전화하여 윤 양이 밖에서 친구와 만나는지 점검하고, 심지어 TV 소리가 나도 공부를 하지 않고 쓸데없는 짓을 한다고 야단을 친다. 특히 영어에서 100점을 받지 않으면 어머니는 호통을 치면서 딸을 나무란다.

윤 양은 중학교 2학년 중간고사 때 수학 첫 문제를 풀지 못해 그 문제에 집착하다가 시간안배에 실패하였다. 그리고 그다음 과목도 전 시간에 풀지 못한 수학문제에 대한 걱정 때문에 망치게 되어 성적이 낮게 나와 11등까지 떨어졌다. 이에 화가 난 어머니는 더욱 윤 양의 학습태도와 시간을 체크하기 시작하였다. 어머니와 공부하는 동안에 친구가 윤 양에게 전화를 하면 어머니가 대신 받아 휴대폰에 대고 "전화질하지 말고 공부나 해!"라고 야단을 치는데, 그때마다 윤 양은 미칠 지경이고 어머니의 관여에 숨이 막힌다.

면접관 질문

❶ 내담자가 일탈행동을 하고 있는데 이를 체크하기 위하여 어떤 질문을 할 것인가?

❷ 대학교 때 심리학을 전공하였는데, 상담에는 얼마나 도움이 된다고 생각하는가?

❸ 윤 양의 심리상태에 대하여 말하고, 기말고사 성적에 대한 예측과 이유를 설명하시오.

| 답변 |

To. 면접관 ❶

① 현재 사귀고 있는 친구가 같은 학교나 반 친구인지, 아니면 다른 학교 친구이거나 학교 밖 청소년인지 질문한다.
  - 학교 내의 친구와의 사귐은 비교적 비행의 가능성이 낮다고 보아야 한다.
  - 학교 외의 친구들은 방과 후의 활동을 같이 하게 되며, 거리를 배회하거나 공원 등에서 흡연이나 음주 등의 일탈행위를 할 가능성이 높다.
② 학교 수업 이후의 활동을 물어본다.
③ 귀가시간을 체크해 본다.
  - 학원 종료시간 이후 귀가까지 2시간 이상의 공백이 있으면 비행청소년과 어울릴 가능성이 있다.
  - 저녁 10시 이후이거나 귀가시각이 일정하지 않으면 비행친구들과 어울릴 가능성이 높다.
④ 음주와 흡연의 흔적을 찾아본다.
  음주와 흡연은 청소년 비행의 관문이라고 할 수 있다.
⑤ 기타 질문사항이나 관찰사항
  - 장신구 착용이나 짙은 화장 여부
  - 부모와의 갈등이나 잦은 다툼

To. 면접관 ❷

① 심리학과 상담장면의 연관성을 이야기한다.
  - 청소년의 이해 : 발달심리학, 성격심리학, 교육심리학
  - 부적응 행동의 수정 : 이상심리학, 정신분석학, 학습심리학, 범죄심리학
  - 가족과 학교 내의 행동 : 사회심리학
  - 진로상담 : 학습심리학
② 타 전공의 경우
  - 사람을 위한 학문은 공통적으로 맥을 같이한다고 생각한다.
  - 사람이 근원적으로 착하고 변화가능하며, 선한 방향으로 방향을 잡고 나아간다고 믿으면 상담을 하는 데 어려움은 없을 것이다.
  - 대학 때 무엇을 전공하였는가가 중요한 것이 아니라, 청소년을 보는 관점과 인간관 및 철학이 중요함을 부각한다.
  - 부족한 상담의 지식은 상담하면서 보완할 예정이다.

To. 면접관 ❸

① 윤 양의 심리상태
- 다가오는 시험을 또 망칠 것 같은 불안감
- 어머니의 과도한 간섭과 관여에 대한 저항감
- 다른 친구들처럼 재미있게 놀고, 쉬고 싶다는 생각
- 공부할 때 집중할 수 없고 책의 활자가 사라지는 것 같은 환시에서 오는 두려움

② 기말고사 성적 예측
- 과도한 불안상태가 학습을 방해하기 때문에 중간고사보다 성적이 더 안 나올 가능성이 크다.
- 어머니의 지나친 간섭에 대한 저항으로 공부를 의도적으로 하지 않을 가능성도 있다.
- 해결하지 못한 과제에 대한 강박적인 심리상태 때문에 집중할 수 없어 시험성적이 하락할 수 있다.

제4절 컴퓨터 게임몰두

제시된 사례

중학교 3학년인 김 군(15세, 남)은 부모가 기업체의 전산실에서 근무하여 초등학교 때부터 컴퓨터에 대한 지식이 많고 간단한 게임 프로그램도 만들 수 있을 정도로 남다른 재능을 보였다. 지능도 뛰어나 지능점수가 145이며 게임을 열심히 하고 있어도 성적은 반에서 상위권에 들고 있다.

김 군이 외삼촌이 가르쳐 준 인터넷 게임에 몰두하기 시작한 것이 중학교 1학년 때부터였고, 이제는 그 게임세계에서 내로라하는 순위에 올라있다. 김 군이 자신의 인터넷 블로그에 올린 게임의 각 스테이지에서 적을 물리치는 공략법은 댓글이 수백 개가 넘을 정도로 인기가 있다.

이런 인기에 김 군은 자신의 존재감을 느끼고 있다. 그러다 보니 공부를 소홀히 하게 되고 게임에 몰두하면서 게임 캐릭터의 특징, 사용하는 무기의 성능 등 게임에 대한 것을 분석하고 이를 자신의 블로그에 게시하여 다른 게이머들의 인기를 끌고 있다. 김 군의 게임사랑에 대해 부모는 김 군에게 게임은 대학교에 진학한 후에 해도 늦지 않다며 이야기도 해보고 지금은 전산이나 인터넷 게임계통 대학에 진학하기 위하여 열심히 공부하여야 한다고 타일러 보았지만 김 군이 말을 듣지 않아 아버지가 체벌을 하기에 이르렀다.

김 군은 막연히 공부를 못해도 앞으로 유명한 게임의 세계대회에 참여하고 우승하는 목표를 세우고 돈도 많이 벌 수 있다고 생각하고 있다. 이와 같이 김 군은 컴퓨터 프로게이머를 꿈꾸고 있어 부모님의 조언이나 야단을 대수롭지 않게 생각하고 있다. 그러나 최근 김 군은 주말에 7시간 넘게 게임을 하는 바람에 손목과 목이 아프며 시력이 급격히 나빠지는 것을 깨닫고 불안을 느끼다가 부모님의 설득에 상담실을 찾게 되었다.

면접관 질문

❶ 선호하는 상담이론과 그 주요기법에 대해 말해 보시오.

❷ 제시된 사례는 상담이론 중 어떤 기법을 사용하여 상담할 수 있는가?

❸ 김 군을 상담한다면 어떻게 개입할 것인가?

| 답변 |

To. 면접관 ❶

수험생이 개인적으로 선호하는 상담이론과 기법을 요약하여 이야기할 수 있지만, 여기서는 기법이 용이하고 필기시험을 거치면서 어느 정도 익숙한 상담이론과 기법을 적어 보았다.

① 인간중심 상담이론
- 긍정적 자기존중
- 진실성
- 수용 공감적 이해
- 무조건적 존중
- 충분히 기능하는 인간

② 행동주의 상담이론
- 자기효능감 고양
- 처벌과 상(정적/부적 강화, 정적/부적 처벌)
- 행동수정
- 소거, 토큰경제, 혐오요법

③ 인지·정서적 상담이론
- 비합리적인 신념 제거(ABCDE)
- 왜곡된 인지 유형(임의적 추론, 선택적 추상화, 과도한 일반화, 개인화 등)

④ 현실주의 상담이론
- 선택이론(통제이론)
- 인간의 기본 5가지 욕구
- WDEP 기법

To. 면접관 ❷

김 군의 컴퓨터 재능은 부모의 직업활동을 보고 학습한 결과라고 볼 수 있다. 또한 다른 게이머들로부터 인정을 받는 것이 게임에 열중하는 행동의 강화요인이라고 할 수 있다. 그러므로 김 군의 사례에서 개입할 수 있는 이론은 다음과 같이 정리해 볼 수 있다.

① 행동주의 이론
- 스키너(Skinner)의 강화이론 적용으로 강화와 처벌을 통한 바람직한 행동을 조성한다.
- 반두라(Bandura)의 자기효능감을 이용한 생산적 컴퓨터 지식, 경험으로 유도한다.

② 현실주의 상담이론
- 자신의 행동은 자신의 선택에 의한 것이며, 이에 책임을 져야 함을 강조한다.
- 자신의 욕구(W)와 현재하고 있는 행동(D)의 차이를 평가하여(E), 바람직한 행동을 할 수 있도록 계획(P) 하도록 한다.

③ 인간중심 상담이론

물론 개입하는 기저에는 라포 형성, 수용, 공감적 이해(신체증상과 시력저하의 불안, 부모와의 갈등에서 오는 괴로움)를 통해 '충분히 기능하는 사람'으로 성장하도록 유도한다.

To. 면접관 ❸

① 게임 실력과 관련지식이 뛰어난 것을 인정하고 칭찬한다.
② 프로게이머에 대한 정확한 정보를 전달한다(과도한 게임으로 인한 신체적 증세, 빠른 퇴출 등).
③ 컴퓨터 게임을 계속하면 잃게 되는 것을 상기시킨다.
- 신체건강(VDT 증후군)
- 가상과 현실을 구분하지 못하게 되는 중독 상태로 빠질 가능성
- 정신건강(게임중독, Popcorn Brain, 가상과 현실의 혼동 등)
- 부모와 부딪치게 되는 갈등상황
- 시간과 돈의 낭비

④ 컴퓨터 실력을 살리는 다른 직업을 권유한다.
- 컴퓨터 그래픽 디자이너
- 컴퓨터 해킹보안(Firewall) 전문직
- 게임 프로그래머(Game Programmer) 등

⑤ 인생설계 모형을 제시한다.
- 상기의 목표를 달성하기 위한 준비
- 학습계획과 컴퓨터나 게임 관련 대학의 진학목표 설정

제5절 절 도

제시된 사례

중학교 1학년인 내담자(13세, 여)는 최근 법원에서 남자친구와 같이 편의점에서 맥주와 도시락을 훔친 혐의로 재판을 통해 12시간 수강명령(개인상담)을 받고, 관할 청소년상담복지센터에서 상담을 받게 되었다. 내담자는 남자친구가 맥주를 마시면 기분이 좋다고 하기에 호기심으로 편의점에 들어갔고, 단지 그가 시키는 대로 편의점 주인에게 말을 시키면서 주의를 딴 데로 돌린 죄밖에 없다고 판사에게 진술하였다.

내담자를 처음 상담한 상담자는 내담자에 대해 다음과 같이 기술하였다.

1. 외형적 특징
   - 키는 또래보다 약간 작은 편이며, 얼굴에는 화장을 한 상태이다.
   - 복장은 단정한 편이었으며, 개인위생 상태는 좋은 편이다.
   - 성격이 밝고 명랑한 것처럼 보였고, 처음부터 눈맞춤과 이야기를 잘한다.
   - 공부가 싫고 방과 후 거리에서 친구와 놀면서 저녁 늦게까지 시간을 보내는 것이 좋다고 이야기한다.
   - 지각을 자주 하고 아프다는 핑계로 결석을 종종 하기도 한다.

2. 부모의 정보
   - 부(41세) : 회사원. 가사를 전혀 도와주지 않고 있다. 자신이 좋아하는 악기연주(밴드활동 중)에 많은 시간을 할애하고 있으며, 주말에는 거의 매주 밴드활동을 하고 지방에서 공연하는 일도 많다. 그러나 딸에게 친절하고, 화장하고 저녁 늦게 귀가하는 것을 그다지 나무라지 않으며 딸이 원하는 것을 아낌없이 사주고 있다. 주말 가족활동을 전혀 하지 않고 있다.
   - 모(41세) : 어린이집 보육교사. 어린이들을 돌보고 보호하는 일로 신경을 무척 많이 쓰고 있어 집에 돌아오면 힘들다고 남편에게 푸념을 늘어놓는다. 딸이 화장하는 것을 싫어하고 지각과 무단결석, 친구와 어울려 놀다 저녁 늦게 집에 들어오는 것을 나무라고 체벌도 가한다. 사사건건 딸의 옷차림, 화장, 남자애들과 어울리는 것에 대해 지적하고 야단치고 있다.

3. 상담을 한 상담사의 사례보고 내용
   - 내담자는 공부하기 싫고 친구들과 어울려 놀다 보면 시간 가는 줄 모른다고 한다. 그래도 귀가하였을 때 어머니가 나무라기만 하고 자신의 마음을 전혀 몰라주어 짜증나고 서운함을 느낀다고 하였다. 친구들에게서 그런 공허한 마음을 메운다고 실토하였다. 그리고 항상 같이 어울려 다니는 애들이 자신을 무리에서 제외할 것 같아 자신이 하기 싫은 일이라도 해야 한다고 실토하였다. 남자애들이 자신을 예쁘고 매력이 있다고 칭찬할 때 기분이 좋다고 보고하였다.
   - 가족과의 관계 : 어머니의 잔소리가 싫고 아버지는 자신이 무엇을 하는지 전혀 관심을 두지 않는다고 하면서 돈을 빨리 벌어 집을 떠나고 싶다고 이야기하고 있다. 가족 이야기를 할 때는 눈물이 글썽이기도 하였다. 미래에 대해서는 별로 걱정하지 않고 장래 희망 직업에도 관심이 없다고 하였다.

면접관 질문

❶ 당신은 어떤 인간관을 가지고 있는가?

❷ 중·고등학교에서 혹시 본인이 적용하고 싶은 유익한 집단프로그램이 있는가?

❸ 상기 사례의 내담자를 상담한다면 어떤 사항에 개입하고 싶은가?

| 답변 |

To. 면접관 ❶

① 인간은 선하게 태어났으며, 개인마다 존재가치와 존엄성이 있다.
② 청소년은 특별한 경우를 제외하고는 모두 성장·발전할 수 있는 가능성과 잠재력을 가지고 있다.
③ 스스로를 이해하고 행동하면 비행청소년도 정상적인 청소년으로 충분히 변할 수 있다고 믿는다.
④ 인간의 선함은, 환경의 영향을 받아 악해지기도 하지만, 결국 자신의 노력과 통찰을 통해 선함을 회복할 수 있다.

To. 면접관 ❷

다음의 집단프로그램을 언급한다면 좋은 답변이 될 수 있을 것이다.
① 대인관계 개선, 친구 사귀기 프로그램
② 분노조절, 스트레스 대처 훈련 프로그램
③ 인터넷 중독 치료 프로그램

④ 자존감을 향상하는 프로그램
⑤ 학교폭력 가해자, 피해자 프로그램
⑥ 학교폭력 가해/피해 학생 부모 교육 프로그램

To. 면접관 ❸
① 부모의 양육태도 개선
    부의 무관심과 모의 지나친 간섭 개선(부모상담 병행)
② 학교 부적응 해소
    지각, 결석과 같은 부적응 행동의 수정
③ 낮은 자존감 향상
    미래의 꿈(직업)을 정하고, 이를 성취하기 위한 Life Plan 세우기(상급학교 진학과 전공포함)
④ 가족관계 개선
    부모와 대화하고 서로의 입장을 이해하고 수용하기, 내담자의 문제행동 개선하기, 가족행사 자주 가지기
⑤ 욕구의 지연 및 통제
    방과 후 친구와 만나 노는 시간과 빈도 줄이기, 학원 등록과 공부 시작하기

> **참고** 자존감을 향상시키는 프로그램의 종류
> - 사회성 개발 : 부끄러움 극복을 위한 집단상담, 대인관계 향상을 위한 집단상담, 친구 사귀기 프로그램
> - 정서문제 해결 : 대인불안 극복을 위한 집단상담, 분노조절을 위한 집단상담, 비행청소년을 위한 집단상담, 약물남용 청소년을 위한 집단상담
> - 부적응 해소 : 우울과 자살관념 학생을 위한 집단상담
> - 성장 도모 : 자아성장 프로그램, 성취동기 육성을 위한 집단상담

제6절 폭력성과 게임몰두

제시된 사례

중학교 2학년인 최 군(14세, 남)은 학교폭력대책심의위원회에 3번이나 회부되고, 이제 한 번만 더 그런 일이 있을 경우에는 다른 학교로 전학을 갈 수밖에 없는 처지가 되었다. 또한 학폭위 결정에서 상담을 12회 받을 것을 명령하여 상담을 받게 되었다.

최 군은 유치원 다닐 때부터 또래들을 못살게 굴고 때렸다. 다른 애들이 자신을 무서워하고 피해 다니는 것을 볼 때 기분이 좋았고 자신이 대단한 존재라는 생각을 하게 되었다. 심지어 최 군은 아파트에 잠금장치를 하지 않은 자전거를 몰래 훔쳐 타다가 이웃주민의 신고로 경찰서에 갔다가 훈방으로 풀려난 적도 있다.

최 군의 아버지는 목수였고 현장을 옮겨 다니며 일을 하다 보니 집에 있을 기회가 거의 없었고, 최근에는 현장 근처의 여자와 살림을 차려 이제 연락도 끊긴 지 제법 오래되었다. 최 군의 아버지는 최 군이 동네 애들을 때릴 때마다 가혹하게 체벌을 가하였다. 혼자가 된 어머니는 제조공장에서 일하고 있는데, 아침 일찍 나가서 저녁 늦게 퇴근한다. 어머니는 최 군이 불쌍하여 어떤 잘못을 저질러도 최 군을 나무라지 않고 좋은 말로 타이르고 있다.

외아들인 최 군은 방과 후에 아무도 없는 집에서 혼자 집에 머물러 있어야 하는 시간이 많다 보니 자연히 핸드폰으로 게임에 몰두하게 되었다. 최 군이 주로 하는 게임은 전쟁게임이며 게임을 시작하면 주말에는 밤을 새는 경우가 허다하였다. 그래도 다행스러운 일은 학교는 꼬박꼬박 나가고 있다는 점이다. 공부를 전혀 하지 않아 성적은 바닥권이다. 요즘에는 자신에게 스마트폰을 너무 많이 한다고 지적하는 어머니에게 "보기 싫고 재수가 없는 년"이라고 폭언을 하기도 한다. 주말에는 어머니가 보기 싫어 자기 방에서 나오지도 않고, 식사도 라면을 끓여 먹거나 과자나 빵, 배달음식으로 해결하기도 한다.

최 군의 난폭성과 공격성이 중학교에 들어가면서부터 심해져 어머니가 공부하라고 하면 잔소리한다고 욕을 하면서 문을 발로 차기도 한다. 이를 보다 못한 이모가 상담을 신청하게 되었고, 최 군은 억지로 상담실에 오게 되었다.

면접관 질문

❶ 자신이 상담할 때의 장점과 단점은 무엇인가?

❷ 상담사의 자질 중 자신이 가졌다고 생각하는 것과 가지지 못하였다고 생각하는 것을 말해보시오.

❸ 최 군을 상담한다면, 어떤 상담목표와 전략을 사용할 것인가?

| 답변 |

To. 면접관 ❶

자신의 장단점을 표현하는 것은 극히 개인적인 사항이지만 다음과 같이 분류하여 이야기하면 좋을 것이다.

① 장 점
- 분석적인 사고방식을 지녔다.
    - 어떤 문제에 대해 '왜?'를 반복하여 핵심적인 원인에 도달한다.
    - 청소년상담에서 사례개념화를 확실하게 할 수 있다.
    - 상담에서 내담자의 문제에 기초한 상담의 목표나 전략을 잘 세운다.
- 과학적인 접근을 한다.
    - 과학적 방법의 순서
        ⓐ 분명한 목표 설정
        ⓑ 정확한 상황 판단
        ⓒ 탐색과 분석
        ⓓ 구체적·현실적 계획 수립
        ⓔ 철저한 실행

- 상담의 목표수립에서 구체적이고 실현 가능한 목표를 세우는 능력
- 상담의 효과나 내담자의 변화를 평가하는 능력
- 즉시적인 반응을 한다.
  - 내담자의 숨겨진 욕구나 의도를 잘 파악하여 이를 반영한다.
  - 언어적·비언어적 메시지에 민감하게 반응해 준다.

② 단 점
- 너무 논리적인 측면을 강조한다. 공감이 형식적이다.
- 무엇이든 구조화를 시행하는 점도 상담에서 불리할 수도 있다.
- 내담자의 정서를 무시하여 행동의 원인 파악에 실패한다.
- 상담에서 너무 내담자를 이끌고 간다.
- 행동수정을 너무 성급하게 시도한다. 개선행동을 권유하기도 한다.
- 내담자의 정서에 너무 의존하게 되어 정서적 거리를 두는 것이 어렵다.
- 내담자의 침묵을 지켜보지 못하여 내담자의 통찰을 방해하기도 한다.

To. 면접관 ❷

상담사로서의 자질에 대한 답변 역시 개인적인 사항이지만 다음과 같이 대표적인 상담사 자질에 대한 답변은 충분할 것으로 판단한다.

① 보유한 자질
- 인간의 존엄성과 가치를 존중한다.
- 발달잠재력과 자기결정능력을 믿는다.
- 어려움을 극복하는 참을성이 있으며, 좌절하지 않고 끈기 있게 노력한다.
- 다양한 상담기술이나 상담기법을 구사한다.
- 사례를 개념화하는 능력이 좋다.
- 상담목표를 세우고 이를 실천해 나가는 능력이 뛰어나다.
- 항상 개선하려고 노력하고 교육과 훈련에 열심히 참가한다.

② 아직 보유하지 못한 자질
- 상담의 실무적인 지식과 경험이 부족하다.
- 청소년을 이해하는 데 경험적 깊이가 없다.
- 청소년의 문화나 언어에 대한 이해가 미흡하다.
- 상담의 기법을 완전하게 이해·활용하지 못하고 있다.
- 저항하고 반항하는 내담자에 대해 적절하게 대응하지 못한다.
- 상담목표를 수행하기 위한 구체적인 전략을 수립하지 못하여 상담이 마냥 길어지기도 한다.
- 상담 중에 종종 역전이가 발생하여 상담진행에 지장을 주고 있다.

To. 면접관 ❸

① 상담목표
- 공격성 완화
- 문제행동 소거(절도, 욕하기)
- 게임사용 절제
- 어머니 사랑하기

② 상담전략
- 공격성 완화 : 분노 인식하기, 명상훈련, 이완훈련, 심호흡 훈련, 자존감 향상(내담자의 강점 부각하고 인정해 주기, 학습목표 세우기 등)
- 문제행동 소거 : 도덕적 결정하기, 욕설하지 않기, 남의 물건 탐하지 않기, 좋은 행동에 대해 보상해 주기 (모와의 합의)
- 게임사용 절제 : 대안활동 정하기(기타, 드럼학원 등록하기), 게임시간 정하고 실천하기, 실천에 따른 강화물 제공(칭찬, 용돈 등)
- 어머니 사랑하기 : 어머니의 태도와 생각 이해하기, 집안일 돕기, 어머니와 스킨십 하기, 어머니에 대한 자신의 행동 반성하고 개선하기

제7절 부모의 희생양

제시된 사례

초등학교 4학년에 다니고 있는 장 군(11세, 남)은 집에 돌아와도 기운이 없어 보인다. 장 군은 학교에서 일어난 일을 어머니가 물어도 대답도 하지 않고 자기 방으로 바로 들어가고 아예 문을 잠그기까지 한다. 어머니가 조바심이 나서 이야기 좀 하자고 문을 두드려도 좀체 열어주지 않는다.

어머니는 현재 집에서 중학생 영어를 가르치고 있고, 아버지는 중학교 체육선생님이다. 그런데 장 군의 부모는 서로에게 불만이 많아 거의 매일 부부싸움을 한다. 장 군의 어머니는 학생들을 늦게까지 가르치고 있기 때문에 피로함을 느끼며 집안일을 제대로 할 수 없어 아버지에게 집안일을 공평하게 분담하여 하자고 제의하였지만, 아버지는 권위적인 가정에서 자란 탓인지 집안일은 여자가 하여야 한다고 주장하면서 하지 않고 있다. 이런 사소한 일로 장 군의 부모는 장 군이 보는 앞에서 서로 큰 소리로 말다툼을 하고, 홧김에 이혼하자고 소리치기도 한다. 부부싸움이 시작되면 장 군은 자기 방문을 꽝 하고 닫고 들어가 나올 생각을 하지 않는다.

장 군의 아버지는 장 군의 느린 동작과 더딘 운동 반응성에 화를 내고 나무라고 있고, 장 군의 어머니는 장 군에게 주의를 항상 기울이고 관심을 가지려고 노력하고 있지만 학습의욕이 떨어진 장 군이 문제풀이에서 실수를 하거나 문제를 푸는 진도가 늦어질 때는 화가 나서 장 군을 때리기도 한다. 어머니는 초등학교 3학년까지는 수재라고 불릴 만큼 똑똑하고 공부를 잘하던 장 군이 왜 이렇게 멍청해졌는지 이해할 수가 없다. 그래서 연일 장 군을 닦달하고 나무라고 체벌하는 횟수가 증가하였다. 때마침 퇴근한 장 군의 아버지는 이런 상황을 보고 애를 너무 가혹하게 대한다고 화를 내면서 말다툼을 시작한다. 부부가 싸울 때 장 군은 간혹 두 주먹을 쥐고 눈물을 흘리기도 한다.

하루는 담임선생님이 장 군이 수업시간 중에 옆의 친구에게 갑자기 소리를 지르면서 미친 듯이 화를 내어 당혹감을 감추지 못하였다고 어머니에게 전화로 연락을 하였다. 거기에다 체육시간에 다른 애들과 같이 운동을 하지 않고 멍하니 혼자 앉아 있기도 하고 수업시간에 질문을 해도 자신이 무슨 질문을 받았는지 모르는 경우가 많다고 덧붙였다. 전화를 받은 장 군의 어머니는 장 군이 최근 들어 보이고 있는 행동이나 태도에 걱정이 커 상담을 받기 위하여 장 군을 데리고 청소년상담복지센터에 방문하였다.

면접관 질문

❶ 청소년상담사가 되려고 하는 이유는 무엇인가?

❷ CYS-Net이란 용어를 알고 있는가?

❸ 상기 사례의 상담자라면 어떻게 하겠는가?

| 답변 |

To. 면접관 ❶

① 청소년의 문제가 점점 심각해지고 있다. 상담을 받아야 하는 학생의 수가 늘어나고 있지만 상담할 수 있는 곳은 한정된 상태이다.
② 청소년을 사랑한다. 청소년 시기에는 조금만 도와주면 바른길로 성장할 수 있다. 청소년이 건강한 학생으로 변화할 수 있도록 도와주는 것이 상담사의 중요한 역할이라 생각한다.
③ 전공이 상담학과라서 상담에 대한 관심이 많고 개인적인 지식이 풍부하다.
④ 청소년은 위험행동을 할 가능성도 크고 부모나 친구들에게서 쉽게 부정적인 영향을 받을 수 있어 상담으로 치유한다면 바른길로 나아갈 수 있다고 확신한다.
⑤ 미래 사회의 주인공이 상처를 치유하고 건강하게 성장할 수 있도록 돕는 사명감을 가지고 있다.
⑥ 부모상담을 통해 부모의 양육방식이나 태도를 개선하여 청소년들이 건강한 가정에서 생활하게 하고 싶다.

To. 면접관 ❷

① CYS-Net(Community Youth Safety-Network) : 지역사회 청소년 통합지원체계
② 위기청소년의 보호지원을 위한 프로그램으로서 지역사회 시민 및 청소년 관련 기관, 단체들이 위기상황에 빠진 청소년을 발견·구조·치료하는 데 참여하여 건강한 민주시민으로 성장하도록 지원하기 위해 협력하는 연계망을 말한다.
③ 국가는 통합지원체계의 구축, 운영을 지원하여야 한다.
④ 필수연계기관으로서는 청소년상담복지센터, 청소년복지시설, 청소년지원시설, 청소년단체, 각 급 학교, 지방경찰청 및 경찰서, 보건소, 보호관찰소 등이 있다.

To. 면접관 ❸

① 장 군을 상담하기 전에 부부상담을 권한다(건강가정지원센터나 다른 사설상담기관 소개).
   - 부부의 화합과 서로 사랑하는 마음
   - 장 군을 자신의 화풀이 대상물로 만들지 않기
   - 장 군에 대해 관심을 가지고 같이 놀아주기, 대화하고 격려하며 칭찬하기
② 장 군의 상담
   - 건강한 가족 만들기
     – 주말에 엄마와 아빠에게 함께 놀러 가자고 제의하게 한다.
     – 부모가 싸울 때 자신의 감정을 솔직하게 이야기하게 한다.
   - 명랑해지기
     – 학교에서 일어난 일을 엄마에게 이야기하기
     – 친구 돕기
     – 수업시간에 질문 많이 하기
     – 친구와 이야기하는 시간 갖기
     – 체육시간에 다른 친구들과 운동하기
   - 잠재된 공격성 해소
     – 자신의 기분, 의사를 언어로 표현하기
     – 분노를 인식하고 분노를 상대로 하여 대화하기
     – 화를 인지할 때 기분 좋은 일 먼저 생각하기

제8절 범죄행동

제시된 사례

중학교 1학년에 다니고 있는 팽 군(13세, 남)은 지난달에 친구와 PC방에 갔다가 옆자리에서 게임을 하는 초등학교 6학년 여학생과 친해져서 게임을 가르쳐 주게 되었다. 그 여학생은 고맙다며 게임비를 대신 내주기도 하고 팽 군에게 먹을 것을 사주기도 하였다. 여학생의 예상 밖의 친절한 행동과 태도에 약간 욕심이 생긴 팽 군이 레벨을 올리기 위한 아이템을 사기 위해 돈을 요구하니 여학생이 순순히 돈을 주어 아이템을 구입하기도 하였다.

팽 군의 성적은 중하위권이며, 부모가 맞벌이를 하고 있어 집에 아무도 없기 때문에 무료한 시간을 보내기 위해 집근처의 PC방을 혼자 자주 출입하고 있다. 처음에는 게임비 정도에 그쳤지만 보통 초등학생보다 많은 용돈을 가지고 다니던 그 여학생에게 게임비뿐만 아니라 게임아이템을 사기 위해 돈을 달라고 요구하였고 그 여학생은 순순히 팽 군에게 원하는 돈을 주곤 했다.

문제가 된 것은 그 여학생의 아버지가 지갑에서 자꾸만 돈이 없어지는 것을 발견하고, 이를 추궁하였더니 팽 군이 돈을 가지고 나오라고 위협하여 어쩔 수 없었다고 말한 것이다. 자신이 아버지로부터 받을 벌이 두려워 팽 군이 돈을 억지로 달라고 하여 주었다고 이야기한 것이다. 그래서 그 여학생의 부모는 경찰에 팽 군을 고소하게 되었고, 팽 군은 소년부 재판을 받게 되어 상담 12시간을 의무적으로 받아야 하는 처지에 놓였다. 상담사와 마주한 팽 군은 억울하다고 호소하였다. 그 여학생이 자신에게 돈을 주어서 사용하였을 뿐이며 절대 강요한 적이 없다고 주장하였다. 팽 군의 아버지 또한 애들 간에 합의하에 이루어진 사건이라고 팽 군을 두둔하고 있다.

면접관 질문

❶ 청소년전화 1388에 대해 아는 대로 이야기해 보시오.

❷ 방어기제에 대해 설명해 보시오.

❸ 당신이 이 사례의 상담자라면 어떻게 하겠는가?

___

| 답변 |

To. 면접관 ❶

청소년전화 1388
청소년의 일상적인 고민 상담부터 가출, 학업중단, 인터넷 중독 등 위기에 이르기까지 1388로 전화하면 상담을 제공하는 서비스이다. 청소년상담사, 청소년지도사, 사회복지사 등 국가자격을 소지하거나 일정 기간 청소년상담복지 관련 실무경력을 갖춘 전문상담 선생님이 전국 241개 청소년상담복지센터에서 근무하고 있다.

To. 면접관 ❷

① 방어기제
　개인이 불안을 극복하고 통제하여 자아를 보호하기 위하여 사용되는 사고 및 행동수단이다.
② 중요한 방어기제 종류
- 억압 : 가장 흔하게 사용되는 것으로서 위협적인 충동·감정·소원·기억들을 무의식으로 추방해 의식화되는 것을 막는다.
- 반동형성 : 용납할 수 없는 욕구나 충동, 감정을 그와는 정반대의 욕구나 감정으로 대체해 표현하는 무의식적 기제이다.
- 퇴행 : 실제 가능성이 있거나 불안한 상황에 대한 해결책으로 초기의 발달단계나 행동양식으로 후퇴하는 것을 말한다.
- 동일시 : 다른 사람의 성격이나 역할을 자기의 일부로 삼는 과정이다.
- 전치 : 무의식적으로 어떤 대상에게 주었던 감정을 덜 위협적인 대상에게 옮기는 것이다.
- 투사 : 자신의 바람직하지 못한 생각이나 충동을 다른 사람 때문이라고 남에게 책임을 전가함으로써 자신의 열등감을 극복하는 기제이다.
- 부정 : 의식적으로 참을 수 없는 생각이나 욕구를 무의식적으로 부정하는 것으로 현실적인 사실을 인정하지 않는 것이다.
- 전환 : 심리적 갈등이 신체적 증상으로 바뀌어 나타나는 것이다.
- 해리 : 마음을 불편하게 하는 근원적인 성격의 일부가 마치 하나의 다른 독립된 성격인 것처럼 행동하는 것이다.

To. 면접관 ❸

① 재판을 받을 때의 당혹감과 억울함에 대해 공감하고, 동시에 팽 군의 행위가 합당하지 않았음을 인식하게 한다.
② 도덕심의 고양
   - 여러 가지 도덕심을 체크하는 상황을 설정하여 내담자로 하여금 가상의 행동을 하게 한 후 피드백을 한다.
   - 추가적인 봉사활동 참여를 독려한다.
③ 학습목표 설정
   - 성공한 사람들의 사례를 들려준다.
   - 장래 인생설계를 작업한다.
   - 다가오는 시험에 대한 목표를 설정하고 도전한다(이 경우의 목표는 현재의 성적에서 15~20% 정도 상승하여 책정).
④ 게임시간의 조정
   - 대안활동(운동, 취미활동, 동아리 참여)을 한다.
   - 게임하는 시간을 정하고 이를 실천한다.
   - 부모의 관심과 모니터링이 가능하도록 한다.
   - 가족활동을 늘린다(주말활동, 공원 가기, 전람회 참석 등).

제9절 폭주족

제시된 사례

중학교 3학년에 재학 중인 정 양(14세, 여)은 중학교 1학년 말까지는 중간 정도의 성적이었지만, 중학교 2학년에 올라가면서 고등학생인 남학생 오빠를 우연히 만나 그와 다른 오빠 친구들과 같이 저녁 늦은 시각에 오토바이를 타고 굉음을 내면서 도로를 빠르게 질주하는 재미에 빠져들게 되어 공부와 점점 멀어졌다. 성적도 급격히 떨어졌을 뿐만 아니라 고등학생과 노는 아이라고 친구들이 수근거리고 그 소문이 학교에 쫙 퍼져 문제학생으로 낙인이 찍혔지만, 정 양을 나무라거나 조언을 해주는 선생님은 아무도 없었다.

아버지와 어머니의 철저한 관리와 통제 때문에 정 양은 지각이나 결석, 조퇴를 할 수 없었고, 부모님은 그것만 되면 어느 정도 자유를 주겠다고 하기도 하였다. 오빠 오토바이 뒤에 앉아 밤거리를 질주하는 쾌감은 정말 천국 그 자체였다. 다른 아이들과 함께 오토바이를 타고 달리는 재미와 경찰을 아슬아슬하게 피해 다니는 묘미 또한 절대적이었다. 그러다 보니 12시가 넘어 집에 들어가는 일이 잦아지고, 아버지와 어머니의 고함과 지루한 훈육은 정 양을 더욱 가족과 멀어지게 만들었다.

정 양의 아버지는 현재 공무원으로서, 딸이 학교에서 문제를 일으키지 않기를 간절히 바라고 있으며, 대학강사인 어머니는 딸아이의 장래가 걱정이 된다. 짙은 화장도 그렇고 번쩍이는 장식물이 달린 바지도 어머니의 신경을 곤두서게 만든다. 중학교 2학년 때부터 Wee Center, 학교상담실 등에서 상담을 수차례 받았지만 개선이 없었다. 정 양은 상담사들이 자신을 어떻게 변화시키려는지 그 사실도 잘 알고 있었다. 어머니는 정 양에게 사정하다시피 하여 다시 청소년상담복지센터에 왔다.

정 양은 상담 중간에 상담사에게 자기와 같은 불량학생들을 상담하는 요령을 이야기해 주면서 여러 가지 정보와 조언을 해 주고 있다. 그러면서도 자신이 부모의 간섭과 자신의 진정한 마음에 무관심한 것이 서운하다고 눈물을 보였다.

면접관 질문

❶ 평소에 청소년을 대할 기회가 많이 있는가?

❷ 정 양과 같이 여러 상담기관을 전전한 경우는 상담자가 무엇을 이야기할지 이미 알고 있는 경우가 많다. 상담경험이 많은 내담자를 어떻게 대할 것인가?

❸ 정 양의 근본적인 문제행동은 어디에서 오며, 이를 어떻게 해결할 생각인가?

| 답변 |

To. 면접관 ❶

① 평소에 청소년을 대할 기회가 많지 않은 수험생의 경우
- 청소년을 대할 기회가 많은 것은 아니다. 그러나 초등학생 또는 중학생인 조카들이 많이 있다. 그들과 소통하고 같이 놀아주고 있다.
- 그들의 언어가 생소하지만, 금세 그것을 이해하고 따라하면 가까워짐을 느낀다.
- 기회보다는 청소년을 대하는 질이 더 중요하다고 생각한다.
  - 청소년 문화와 언어의 이해
  - 청소년과 같이 놀 수 있는 마음과 능력
  - 청소년의 핸드폰 게임과 컴퓨터 게임의 내용 파악

② 평소에 청소년을 대할 기회가 많은 수험생의 경우
- 정상과 좀 다르거나 좀 이상하게 여겨지는 청소년과의 교류경험
- 폭력적이거나 어른에게 저항하는 청소년의 행동 개선경험
- 소외되거나 말이 없고, 풀이 죽어 있는 청소년의 지도 및 보호경험
- 친구를 때리거나, 욕하거나, 장난을 심하게 하는 청소년의 지도경험

To. 면접관 ❷

① 상담에 대한 정 양의 지식에 대해 놀라움과 칭찬을 보낸다.
② 정 양과 유사한 학생의 경우를 이야기하여 정 양으로부터 조언을 받고, 현명한 생각임을 인정한다.
③ ②와 같은 의견이나 지식이 현재 정 양 자신의 문제로 연계하는 계기를 만들어주어 통찰할 수 있도록 한다.
④ 자신의 변화를 거북하게 하는 요인이 무엇인지 찾아내어 개입한다.

To. 면접관 ❸

① 문제행동의 원인
- 부모의 인정과 사랑을 받지 못함
- 학교선생님이나 친구들이 문제학생이라고 도외시함
- 노는 즐거움에 대한 욕구 통제력의 부족

② 해결을 위한 상담목표
- 학습목표 세우기
  - 성적목표를 정하고 학습하기
  - 놀고 싶은 욕구 자제하기
  - 성공경험을 통한 자존감 향상

- 방과 후 남학생과의 만남 자제하기
  - 성적 위험행동에 대한 인지
  - 오토바이 폭주의 사고 위험성과 처벌 가능성
- 학교 학습활동 충실히 하기
  - 수업시간 집중하기
  - 모르는 것 교사에게 질문하기
  - 학급 내 친구 만들고 사귀기
  - 방과 후 학원 다니기
- 부모관계 개선
  - 부모의 입장 이해하기
  - 부모에게 원하는 사항 이야기하기
  - 부모가 원하는 바람직한 행동 정하고 실천하기
  - 가족 구성원의 책임과 행동지침 정하기

제10절 에이즈 감염공포

제시된 사례

중학교 2학년에 다니는 최 양(14세, 여)은 최근 인근 청소년회관 수영장에서 수영을 마치고 샤워실에서 샤워를 하고 있는데 옆에서 샤워를 하던 어느 아주머니가 자기 등에 비누칠을 좀 해달라고 하였다. 딱 잘라 거절하기가 미안하여 비누칠이 된 수건을 받아서 마지못해 등에 비누칠을 해 주었다. 그런데 그 아주머니의 등에 검붉은 뾰루지와 돌기가 있어 이상한 기분이 들었다. 그리고 다리에 크고 짙은 반점도 보았다. 그뿐만 아니라 머리카락도 보통 사람보다 숱이 더 적은 것 같았다. 대충 등에 비누칠을 해 주었는데 그 아주머니가 보답으로 최 양의 등에 비누칠을 해주겠다고 하였지만 사양하고 급히 샤워실을 빠져나왔다.

최 양은 갑자기 그녀가 에이즈 환자가 아닐까 하는 의구심이 들었다. 그래서 급히 집으로 와서 인터넷으로 에이즈를 일으키는 HIV에 대해 알아보고 에이즈에 걸렸을 때 나타나는 신체증세나 특징, 잠복기 등을 찾아보았지만 그 아주머니의 신체적 증세와는 특별히 일치하는 것을 발견하지 못하였다. 하지만 자신이 에이즈에 감염되었다는 불안감을 떨칠 수가 없었다. 잠복기가 3~6주 정도 된다고 하여 그 기간 동안 현재는 안 나타나지만 자신이 에이즈에 걸려 죽는다는 확신이 자리 잡기 시작하였다. 그날 저녁 잠을 자다가 에이즈에 걸려 이상하게 변한 모습으로 병원 침대에 누워 있는 악몽을 꾸어 소스라치게 꿈에서 깨어났다. 다음 날 아침 언니에게 어제 있었던 일을 이야기하고 에이즈 감염 여부를 물어보았지만 그 정도의 접촉으로는 감염 가능성이 거의 없다고 대수롭지 않게 이야기하였다. 언니의 무관심한 반응에 더욱 자신이 에이즈에 감염되었을지도 모른다는 불안감이 엄습해 왔다.

그날 이후 최 양은 공부하는 데 집중도 안 되고 말수도 적어졌다. 최 양의 급격한 행동변화에 걱정이 된 어머니가 그 이유를 물어도 대답을 하지 않고 울기만 하였다. 그다음 날은 아예 학교도 가지 않게 되었다. 공황상태에 빠져 있는 딸을 데리고 급히 상담실 문을 두드렸다. 상담사를 만난 최 양은 자신은 에이즈 환자이며 남에게 전염할 수 있고 곧 죽을 것이라고 이야기하면서 눈물을 흘렸다.

면접관 질문

❶ 비자발적 내담자를 자발적인 내담자로 만들기 위한 상담자로서의 방안은 무엇인가?

❷ 청소년동반자(YC ; Youth Companion)에 대해 아는 대로 이야기해 보시오.

❸ 최 양의 불안을 제거하기 위해서는 어떻게 접근하여야 하는가?

| 답변 |

To. 면접관 ❶

① 우선 상담을 받게 된 경위에 귀를 기울이고 공감해 준다.
- 자신은 문제가 없고 부모가 문제가 있는데 자신에게 책임을 돌린다.
- 자신이 하기 싫은 일(공부, 게임중단 등)을 상담사가 부모를 대신하여 시키게 한다.
- 상담의 부정적인 생각에 공감해 준다.
- 말하는 것보다 먼저 듣고 이해와 공감을 표시한다.
- 자신은 상담이 필요 없다는 의견을 존중해 준다.
- 상담실에 앉은 내담자의 감정을 충분히 이해하고 이를 반영해 준다.

② 상담실에 온 것을 칭찬한다.
- 자의든 타의든 간에 부모님을 생각하여 상담실에 오게 된 것은 용기 있는 행동이다.
- 상담사는 내담자 편이며 내담자를 위하여 생각하고 행동하는 사람이다.
- 상담실의 분위기를 좋게 한다(음료수와 간식제공, 보드게임 전시 등).
- 변화에 대한 두려움을 경감해 준다.

③ 자신이 이야기하지 않는 고민이나 부족한 점을 슬며시 추론하여 이야기한다.
- 첫 상담 이전에 활용할 수 있는 인적자료, 주호소문제, 내담자의 외형적 특성이나 관찰된 행동이나 태도에 근거한 내담자 문제를 추론하여 이야기한다.
- 자신이 부족하고 고치고 싶은 사항에 대한 진술을 유도한다.
- 기대되는 상담의 효과를 제시해 준다.

④ 기타 내담자의 잠재적인 장점이나 강점을 솔직하게 이야기해 준다.
- 문제가 있는 현재의 내담자보다는 해결된 상태의 내담자를 묘사한다.
- 개선이나 발전 가능성을 예시로 든다.

To. 면접관 ❷

① 2005년 후반, 국가청소년위원회(그 당시의 명칭)는 위기청소년의 입장을 이해하는 노력의 일환으로서, 현장중심 지역사회 자원개발 및 연계에 힘쓰고 유기적인 관계형성을 바탕으로 청소년들의 삶을 지원할 수 있는 청소년동반자(Youth Companion) 프로그램을 시범적으로 도입하였다.
② 청소년동반자들은 위기청소년에게 각종 상담, 심리·정서적 지지, 자활지원, 학습·진로 지도, 문화체험 등을 제공하는 역할을 하고 있다.
③ 청소년동반자는 시·도, 시·군·구의 청소년상담복지센터에 소속되어 관할지역의 청소년을 대상으로 주로 찾아가는 서비스를 제공한다.

To. 면접관 ❸

① 병원에서의 진단 권유
- 에이즈 감염 여부 검사를 시행한다.
- 미감염 사실을 의사로부터 듣게 한다.

② 병원 진단에도 불안이 사라지지 않을 경우
- 단기적인 약물치료(불안감소 약물처방) : 불안의 근원을 제거한다.
- 상담을 병행 : 인지행동치료(복식호흡, 긴장이완, 심상법, 명상훈련, 인지상의 왜곡 수정, 지속적 노출치료 등)

제11절 신체훼손

제시된 사례

중학교 1학년 최 양(13세, 여)은 최근 자신도 모르게 양옆의 머리카락을 뽑기 시작하였다. 학교에서는 친구들이 혹시 머리가 많이 빠진 부분을 볼까 봐 앞머리를 뒤로 해서 고무줄로 단단히 묶고 있어서 본인도 여간 불편한 것이 아니다. 방과 후 머리를 풀고 다닐 때는 꼭 모자를 쓰고 다닌다.

최 양은 학원에 가기 싫지만 무서운 아버지와 잔소리가 심한 어머니를 생각하면 감히 가기 싫다고 이야기할 수 없다. 학원은 학교에서 꽤 떨어져 있어 방과 후에 학원에 급히 간다고 학교 친구들과 놀 시간이 거의 없다. 그러다 보니 친하게 지내던 친구들과는 소원해지고 혼자 지내는 시간이 많아졌다. 주말에는 별도로 어머니가 지정한 학원에서 특별수업을 받고 있어 놀 틈이 거의 없는 상황이다. 그렇게 주말 없이 공부에만 매달리고 학원에서 내주는 과제를 처리하다 보니 어느새 성격이 침울해지고 친구 만나는 것도 싫어졌을 뿐만 아니라 공부에 대한 스트레스가 심각해지면서 공부도, 학원에 다니는 것 모두 다 하기 싫어졌다. 그러다 보니 형식적으로 학원에 부지런히 다니고 있지만 공부에는 집중하지 않다 보니 성적도 점점 떨어지기 시작하였다.

효자로 소문난 아버지는 마트 운영을 위해 새벽에 나가서 저녁 늦게 들어온다. 일요일에는 부모님 집으로 꼭 가서 시간을 보내고 온다. 최 양의 어머니는 그런 남편이 싫고 부담스럽다. 최 양의 아버지는 성격이 급하고 화가 많아 최 양이 머리카락을 뽑는다고 어머니가 이야기하면, 최 양의 뺨을 때리고 발길질을 하기도 한다. 어머니는 남편과 시댁과의 갈등으로 2년 전부터 우울증을 앓고 있으며, 최 양에 대해 매사에 관여하고 성적이 떨어지면 나무라거나 아버지에게 이야기하여 최 양에게 벌을 주기도 한다. 또한, 최 양의 공부시각과 귀가시각까지 체크하여 계획보다 조금만 틀어지면 장황하게 훈계를 시작한다. 최 양을 훌륭하게 키워내기 위하여 자신이 학원을 직접 선정하고 최 양을 현재 3개 학원에 다니게 하고 있다.

최 양은 자신의 학교성적을 알아도 아직 결과가 나오지 않았다고 어머니에게 거짓말을 하기도 하고, 수업 중에 갑자기 고함을 지르기도 한다. 그리고 최 양은 자신의 감정을 거스르는 친구들에게 심한 욕설을 하고 있어 친구들과 점점 멀어지고 혼자 학교식당에서 점심을 먹는 처지가 되었다. 학원 수업시간에도 혼자 떨어져 멍하니 공상에 빠질 때가 많다. 최근 최 양의 이런 모습을 지켜보던 담임교사가 어머니에게 최 양의 상담을 권유하게 되었고 어머니가 가기 싫다는 최 양을 대동하고 상담실을 찾았다.

면접관 질문

❶ 최 양 부모의 양육방식에 대하여 이야기해 보시오.

❷ 최 양의 신체훼손(발모)의 원인은 어디에 있다고 생각하는가?

❸ 당신이 상담자라면 어떤 개입을 할 것인가?

| 답변 |

To. 면접관 ❶
아버지는 가부장적인 가장으로서 지시적이고 폭력적이며, 가족구성원과의 대화 대신 힘으로 가족을 통제하려 하고 있다. 또한 최 양을 구타하면서 최 양의 자존감을 와해하고 있다. 한편 어머니는 아버지에게서 받는 불만이나 스트레스를 최 양에게 고스란히 투사하고 있다. 아버지에 대한 불만을 내담자를 통제하고 나무라고, 벌을 세우는 것으로 해소하고 있다.
① 가족규칙이나 가족 간의 경계도 없다.
② 최 양에게 조금의 자율성도 주지 않고 부모가 원하는 방식대로 끌고 가고 있다.
③ 최 양의 마음이나 욕구를 이해하고 수용하며 대화하는 기회가 전혀 없다.

To. 면접관 ❷
최 양은 타율적으로 부모의 강요에 의해 수동적·비자발적으로 행동함으로써 '가치의 조건화'가 형성되어 착한 어린이로서 지내왔다. 그러나 자아가 강해지면서 자율성을 확보하려는 욕구가 생겼으나 아버지의 공격성과 어머니의 강한 통제로 좌절됨으로써 욕구불만이 자신의 머리카락을 뽑는 행동으로 나타나고 있다. 최 양이 머리카락을 뽑는 행동은 부모가 타율적으로 요구하는 학습에 대한 저항반응으로도 볼 수 있다.

To. 면접관 ❸

① 자신의 생각과 감정을 부모에게 솔직하게 표현하는 훈련을 시킨다.
② 자율성을 키워 준다.
- 스스로 공부하도록 자신의 학습계획표를 만들게 한다.
- 자신이 하고 싶은 것을 적게 하고, 이를 부모에게 당당히 요구하도록 한다.

③ 행동적 습관을 소거한다.
- 손가락에 반창고를 붙여 머리카락을 뽑는 행동을 제지한다.
- 머리카락을 뽑고 싶어 손이 갈 때 그 정황과 마음속에 일어난 변화를 기록한다.

④ 부모상담을 한다.
- 머리카락을 뽑는 이유(타율적인 통제와 지나친 간섭에 대한 저항, 스트레스를 회피하기 위한 무의식적 행동)를 설명하고, 자율적인 행동이나 자기통제(Self Control)의 중요성을 부각한다.
- 아버지의 수고스러움(마트 운영의 어려움과 고단함)을 이해하고 수용한다.
- 부모에게 나무람과 체벌 대신에 관심과 사랑의 감정을 내담자에게 표현하게 한다.
- 내담자가 자신이 하고 싶은 일을 할 수 있도록 허용적인 분위기를 만들어 준다.
- 부부관계를 개선한다(서로의 존중과 관심의 표명).

제12절 학교 부적응

제시된 사례

중학교 2학년인 서 군(14세, 남)은 학교 선도위원회에서 사회봉사 20시간과 10회기 상담을 받으라는 명령을 받은 것에 대해 불만이 크다. 지각과 조퇴, 결석을 자주 하고 방과 후에 선배들과 어울려 다니면서 담배를 피우고 술을 마시거나 친구 형의 집에서 학업을 중단한 남녀 선배들과 어울려 자기도 한다. 친구들이 훔친 오토바이인 줄 알면서도 빌려 타다가 경찰에 발각되었지만, 직접 오토바이를 훔친 것이 아니어서 경찰에서 훈방된 적도 있다.

학교 선생님들은 서 군을 아예 내놓은 학생으로 취급하며, 교내에서 담배를 피우다 적발되어도 그 누구도 나무라거나 벌주려고 하지 않는다. 서 군은 이런 학교가 서운하기도 하고 외로움을 느끼기도 한다.

서 군은 부모님이 9세 때 이혼을 하여 누나(고1)와 함께 외할머니 집(외할아버지는 사망)에서 생활하고 있다. 외할머니는 폐지를 주워 생계를 이어가고 있으며, 기초생활수급자로 생활비를 국가에서 지원받고 있다. 외할머니는 서 군이 학교를 자주 결석하고 친구들과 어울려 다니다 밤늦게 들어오고 금요일에 가출하여 일요일 저녁에 들어오는 것을 보고 속으로는 화가 났지만, 부모가 버린 자식이라는 생각에 측은한 생각이 들기도 해서 방관하고 있다.

서 군의 아버지는 현재 건설 노동자로 공사현장 식당에서 만난 조선족 여자와 결혼하여 지방에 살고 있고, 어머니는 미싱사로 일하면서 옥탑방에 혼자 살고 있다. 서 군은 부모에 대해 이야기하는 것을 극도로 회피하며, 문장완성검사에서 부모님과 같이 살고 있고 행복하다고 표현했다. 서 군은 공부를 하지 않아도 성공할 수 있다고 믿고 있으며, 앞으로 한식조리사가 되겠다고 생각하고 있다. 그러나 조리사가 되기 위한 훈련을 받거나 조리에 취미를 두어 실습을 하고 있지는 않다. 필요한 용돈은 그때그때 음식점에서 주말 아르바이트를 하면서 벌고 있고, 현재 같은 학년의 여학생을 주말마다 만나고 있다.

면접관 질문

❶ 서 군이 가지고 있는 긍정적 자원은 무엇인가?

❷ 서 군이 이 상태를 계속 유지한다면 앞으로 어떤 문제가 발생할 수 있는가?

❸ 당신이 서 군을 상담하게 된다면 어떤 상담목표와 전략을 세우겠는가?

| 답변 |

To. 면접관 ❶
① 아직 절도나 기타 범죄행위를 저지르지 않고 있다.
② 자신의 미래 희망직업을 정해 놓고 있다.
③ 학교에서 낙인이 찍힌 사실에 대해 서운함과 외로움을 느끼는 것은 개선에 대한 가능성을 보여 준다.
④ 용돈을 스스로 벌고 있어 자신의 처지를 잘 알고 있고 자립심이 강하다.
⑤ 여자친구가 있어 자신의 행동을 좋게 만들려고 하는 조언이 가능하다.

To. 면접관 ❷
① 지각이나 결석을 계속한다면 수업일수 부족으로 졸업을 하지 못하거나 유급을 할 가능성이 있다.
② 비행친구와 사귀면서 그들과 함께 범죄를 저지를 가능성이 있다.
③ 가출이 잦아지면 장기간 가출할 가능성이 있으며, 가출한 친구들과 같이 지내다 보면 성관계, 약물중독, 범죄가담 등과 같은 문제행동을 할 가능성이 있다.

To. 면접관 ❸
① 바른 학교 생활하기
- 자신의 가치 깨닫기
- 부적응 행동(금연, 지각, 조퇴, 결석 등) 하지 않기
- 자기통제력 배양하기
- 학교규율과 사회법규를 존중하고 지키기

② 자신의 꿈 실현하기
- 한식조리사가 되기 위한 계획을 세우고 실천하기
- 특성화 고등학교(조리과) 진학을 위한 학습계획을 수립하고 실천하기
- 성공한 사람들의 노력한 사례 들려주기

③ 부모의 이혼에 대한 정서 다루기
- 부모의 이혼은 어른들의 흔히 있는 문제로 내담자에게는 전혀 책임이 없다는 사실을 받아들이기
- 외할머니와 가까워지기(외할머니의 입장 이해하고 감사하기, 외할머니 희생의 의미 깨닫기)

제13절 집단 따돌림

제시된 사례

초등학교 3학년인 왕 군(9세, 남)은 같은 학급의 친구들로부터 왕따를 당하고 있다. 같은 반의 한 친구가 주동이 되어 왕 군을 괴롭혔다. 다른 학급 3~4명이 주동 학생과 같이 재미로 왕 군의 주위를 에워싸고 괴롭혔으며, 쉬는 시간에 왕 군의 책이나 필통을 숨기기도 하고, 걸상을 엎어놓기도 하였다. 또한 왕 군의 발을 걸어 넘어지게 하거나 심지어 쓰레기통에서 누가 먹다 버린 빵을 주워 먹으라고 강요하기도 하였다.

담임선생님은 다른 학생들이 이런 사실을 이야기해도 주동 학생을 불러 나무라기만 하고, 학교책임자에게 보고하지 않고 넘어갔다.

왕 군의 이머니는 이 사실을 같은 아파트 단지에 살고 있는 나른 어머니로부터 선해 듣고, 왕 군에게 확인한 후에 학교를 방문하여 가해학생에게 벌을 줄 것과 또 이런 일이 재발하지 않도록 요구하였지만, 좀처럼 근절되지 않았다. 왕 군의 어머니는 교감선생님에게 직접 찾아가서 왕 군이 왕따를 당하고 있다고 이야기하고 학교차원의 대책을 강구해달라고 하였으나, 왕따 주동 학생의 부모가 찾아와 사과하는 선에서 마무리되었다.

왕 군은 말을 약간 더듬고 조용한 성격이라 친구가 없다. 수업시간에 발표를 할 때 평소와는 달리 말을 거의 못 하고 기침을 하거나 머리가 아프다고 호소하기도 한다. 급히 말하는 경우 말을 더듬는 경향이 있긴 하지만, 평소에 책을 많이 읽어 조리 있게 자신의 의사를 표현하는 편이다.

왕 군의 부모님은 양쪽 다 공무원으로 근무하고 있는데, 친척이나 가족 중 왕 군을 돌보아줄 사람이 없어 아주 어릴 적부터 왕 군은 어린이집과 유치원, 공부방에 다녔다. 어린 시절 왕 군은 어린이집에서 2일 동안 울음을 멈추지 않은 적도 있었고, 어린이집 교실에서 변을 보았다고 교사가 호되게 엉덩이를 때린 적도 있었다. 왕 군의 부모는 왕 군을 위하여 다른 학교로 전학보내는 것을 생각해 보았지만, 현재 살고 있는 아파트로 이사 온 지 2년도 채 되지 않아 다른 곳으로 옮기는 것도 사실상 힘든 상황이다.

면접관 질문

❶ 왕 군이 가지고 있는 문제는 무엇인가?

❷ 왕 군의 문제는 어디에서 비롯되었다고 생각하는가?

❸ 왕 군을 상담하게 된다면 어떤 상담목표와 전략을 세울 것인가?

| 답변 |

To. 면접관 ❶

① 자기를 괴롭히는 친구에게 자신의 주장이나 싫은 의사표현을 하지 않는다.
② 급히 말을 할 때는 말을 더듬는다.
③ 또래관계가 제대로 형성되지 못하였다.
④ 발표를 잘하지 못한다.
⑤ 남 앞에 나서기를 두려워한다.
⑥ 친구들로부터 괴롭힘을 당하고 있다.
⑦ 스트레스의 회피가 신체적 증상(기침, 두통)으로 드러난다.

To. 면접관 ❷

성장 시 부모와의 애착형성이 완전히 되지 않고 남의 손에 자라고 어릴 때 어린이집이나 유치원에서 여러 가지 규율에 통제되다 보니 자신의 욕구가 적절하게 충족되지 않거나 차단되고, 벌을 서게 됨으로써 자신감이 없고 남 앞에 나서기를 두려워하며 말을 더듬는다. 또한 부모로부터 사회적인 기술, 또래와 사귀는 방법이나 노는 방법을 정상적으로 배우지 못하여 또래관계에서 자신의 의사를 당당히 나타내고 주장을 하지 못한다. 뿐만 아니라 학교 교육환경에서 왕 군에 대한 교사의 배려가 없었고, 올바른 또래관계 형성을 위한 지도도 없었다.

To. 면접관 ❸

① 자기의사 표현 훈련
- 싫은 의사 표현하기 훈련(따돌림 가해자에 대한 경고, 학교폭력 신고의사 표시)
- 책 읽고 발표하기 연습(말더듬 증세 개선)

② 내담자와 놀기
- 재미있게 내담자와 놀고 잘할 때 칭찬해 주기
- 수시로 자신의 감정을 묻고 이에 답하기
- 자신의 욕구나 태도, 행동에 대한 피드백 주기

③ 부모상담 병행
- 내담자의 감정을 읽고 반영해 주기
- 내담자의 학교생활에 대한 대화와 의견주기
- 수시로 내담자에게 문자를 보내거나 통화하여 안부 묻기
- 주말 가족활동하기

제14절 학교폭력 가해자

제시된 사례

초등학교 6학년인 황 군(12세, 남)은 같은 반 친구들을 종종 때리는 바람에 피해자 학생들의 학부모들이 황 군을 다른 학교로 전학시켜 달라고 요구하고 있다. 그러나 다른 학교로 전학하기 힘든 가정형편이어서 피해자 학생들의 부모에게 황 군의 어머니가 사죄하는 선에서 마무리되곤 하였다. 사실 황 군이 친구들을 재미 삼아 폭행하는 것이 아니어서 친구들 간에 기피대상이 되는 것은 아니다. 오히려 황 군이 키가 작고 약간 뚱뚱하고 달리기를 잘하지 못해 놀림감이 되는 일이 많다. 황 군은 친구들이 '꿀돼지'라고 놀리면 그것을 참지 못하여 놀리는 친구들의 얼굴을 갑자기 주먹으로 때린다. 쉬는 시간에 다른 친구들과 장난을 심하게 치는 편이며, 장난치는 중에 시비가 붙게 되면 황 군이 느닷없이 얼굴을 때리기도 한다. 그래도 담임선생님의 지시를 잘 듣고 심부름도 잘하고 있다.

황 군의 아버지는 신장병으로 오랫동안 병석에 누워있고, 어머니는 교회에서 행정일을 하면서 어렵게 가족을 부양하고 있다. 황 군의 누나는 중학교 3학년인데 싸움을 잘하고 문제학생으로 소문이 나 있다. 자기 동생을 괴롭히던 애들을 손봐주기도 하였다. 황 군의 아버지는 평소에 황 군에게 남과 싸울 때는 절대 져서는 안 되며, 상대방을 공격할 때는 급소를 이용하여야 하고 빠르게 일격을 가해야 한다고 가르쳤다. 황 군의 부모는 어려운 가정형편으로 인하여 부부가 황 군이 보는 앞에서 말다툼을 자주 하는데, 아버지가 병을 앓기 전에는 황 군이 보는 앞에서 어머니를 때리는 일도 있었다.

초등학교 졸업을 앞두고 황 군의 담임선생님은 황 군이 평소 학교 규율을 잘 지키고 아버지의 병간호를 잘하며, 약한 친구들을 보호하고 학교 청소도 열심히 하여 학교장의 포상 대상자로 선정하여 추천하였다. 과거 친구를 때리는 행동은 최소한의 방어적인 조치라고 교사나 학교장이 판단하였기 때문에 포상 대상학생이 된 것이다. 그러나 담임선생님은 황 군이 중학교에 진학하면 친구들과 사귀기 힘들고 감정을 통제하지 못하여 문제를 일으킬 수 있다고 판단하여 상담을 받도록 종용하였다. 황 군은 상담이 필요 없으며 문제는 자신을 놀리는 애들이 문제라고 생각하였지만 담임선생님의 부탁을 뿌리치지 못해 마지못해 상담실을 찾았다.

면접관 질문

❶ 학교폭력예방 및 대책에 관한 법률에 대해 아는 대로 이야기해 보시오.

❷ 황 군은 자신이 아무런 문제가 없다고 주장하며, 상담을 받기 싫어하고 있다. 이런 경우 첫 면담 시 상담자로서 어떻게 하겠는가?

❸ 황 군을 상담하게 된다면 어떤 상담목표와 전략을 세울 것인가?

| 답변 |

To. 면접관 ❶

「학교폭력예방 및 대책에 관한 법률」의 구체적인 법률 관련 정보는 국가법령정보센터(법제처) 홈페이지(http://www.law.go.kr)에서 확인할 수 있다.

제1조(목적)

이 법은 학교폭력의 예방과 대책에 필요한 사항을 규정함으로써 피해학생의 보호, 가해학생의 선도·교육 및 피해학생과 가해학생 간의 분쟁조정을 통하여 학생의 인권을 보호하고, 학생을 건전한 사회구성원으로 육성함을 목적으로 한다.

제2조(정의)

이 법에서 사용하는 용어의 정의는 다음 각 호와 같다.

1. "학교폭력"이란 학교 내외에서 학생을 대상으로 발생한 상해, 폭행, 감금, 협박, 약취·유인, 명예훼손·모욕, 공갈, 강요·강제적인 심부름 및 성폭력, 따돌림, 사이버폭력 등에 의하여 신체·정신 또는 재산상의 피해를 수반하는 행위를 말한다.

1의2. "따돌림"이란 학교 내외에서 2명 이상의 학생들이 특정인이나 특정 집단의 학생들을 대상으로 지속적이거나 반복적으로 신체적 또는 심리적 공격을 가하여 상대방이 고통을 느끼도록 하는 모든 행위를 말한다.

1의3. "사이버폭력"이란 정보통신망을 이용하여 학생을 대상으로 발생한 따돌림, 딥페이크 영상 등(인공지능 기술 등을 이용하여 학생의 얼굴·신체 또는 음성을 대상으로 성적 욕망 또는 불쾌감을 유발할 수 있는 형태로 편집·합성·가공한 촬영물·영상물 또는 음성물)을 제작·반포하는 행위 및 그 밖에 신체·정신 또는 재산상의 피해를 수반하는 행위를 말한다.

2. "학교"란 초·중등교육법 제2조에 따른 초등학교·중학교·고등학교·특수학교 및 각종 학교와 같은 법 제61조에 따라 운영하는 학교를 말한다.
3. "가해학생"이란 가해자 중에서 학교폭력을 행사하거나 그 행위에 가담한 학생을 말한다.
4. "피해학생"이란 학교폭력으로 인하여 피해를 입은 학생을 말한다.
5. "장애학생"이란 신체적·정신적·지적 장애 등으로 장애인 등에 대한 특수교육법 제15조에서 규정하는 특수교육이 필요한 학생을 말한다.

제20조(학교폭력의 신고의무)
① 학교폭력 현장을 보거나 그 사실을 알게 된 자는 학교 등 관계 기관에 이를 즉시 신고하여야 한다.
② 제1항에 따라 신고를 받은 기관은 이를 가해학생 및 피해학생의 보호자와 소속 학교의 장에게 통보하여야 한다.
③ 제2항에 따라 통보받은 소속 학교의 장은 이를 심의위원회에 지체 없이 통보하여야 한다.
④ 누구라도 학교폭력의 예비·음모 등을 알게 된 자는 이를 학교의 장 또는 심의위원회에 고발할 수 있다. 다만, 교원이 이를 알게 되었을 경우에는 학교의 장에게 보고하고 해당 학부모에게 알려야 한다.
⑤ 누구든지 제1항부터 제4항까지에 따라 학교폭력을 신고한 사람에게 그 신고행위를 이유로 불이익을 주어서는 아니 된다.
※ 상담자는 내담자의 학교폭력 피해사실을 알게 된 경우 학교 등 관계 기관에 이를 즉시 신고하여야 하며, 학교폭력의 예비·음모를 알게 된 경우 학교의 장 또는 심의위원회에 고발할 수 있다.

To. 면접관 ❷
① 상담받기 싫어하는 황 군의 마음을 충분히 공감한다.
② 담임선생님이 황 군에게 상담을 받으라고 한 목적이 무엇인지 서로 이야기해 본다.
③ 자신의 부족한 점, 문제점이 무엇인지 생각하게 한다.
④ 상담 분위기를 부드럽게 조성하고, 황 군의 태도나 행동에서 칭찬할 만한 것을 발견하고 칭찬해 준다(아버지의 병간호, 선생님의 말을 잘 듣고 따르는 점).
⑤ 친구들을 때리게 되는 이유와 황 군의 입장을 충분히 청취하고 정서에 공감한다.
⑥ 학교에서 친구와 친하게 지내고 싶은 심정을 상기시킨다.
⑦ 앞으로 상담에서 다루는 문제를 소개하고 예상되는 상담의 효과를 미리 이야기해 준다.

To. 면접관 ❸
① 친구와의 싸움 피하기
   • 심호흡 훈련
   • 화를 인식하고 이를 참기(숫자세기)
   • 장난을 치다가 친구와 시비가 일어날 때는 무조건 그 자리를 떠나기
   • '미안하다'고 말하는 연습하기
   • 친구에게 양보하기
   • 학교폭력의 위험성과 위법성 인지하기
② 친구를 돕고 칭찬하기
   • 하루에 2번 친구를 돕거나 칭찬해 주기
   • 선생님의 심부름하기
③ 가족관계 개선하기
   • 모의 부재 시 부의 손발이 되어 주기
   • 모의 가정일 돕기
④ 지원체계 마련해 주기
   • 사회복지사와 협동하여 가정경제 지원방안 세우기
   • 지역아동보호센터에서 학습 및 놀이, 보건 도움받기

제15절 자기중심적 사고

제시된 사례

대학교 3학년에 재학 중인 곽 양(21세)은 아버지와 항상 갈등을 빚고 있다. 곽 양은 학교 성적은 중상위권에 있으며, 전공은 간호학과이고 졸업을 앞두고 있어 간호사 국가시험을 준비 중이다.

곽 양의 가족에 관한 사항은 다음과 같다.
- 아버지(53세) : 가족형 가내 수공업을 운영하고 있으며 주문이 밀리면 온 가족과 먼 친척까지 동원되어 물량을 맞추기도 한다. 1남 3녀의 농촌집안에서 장남으로 자랐으며, 경제적인 어려움을 겪었지만 책임감이 강하고 생활력이 강하여 여동생들을 다 결혼시키기도 하였다. 현재 농촌에 살고 있는 홀어머니를 주말마다 찾아가고 있으며, 아내를 동행하고 내담자 역시 할머니에게 효도하여야 한다고 데리고 가고 있다.
- 어머니(51세) : 남편에게 순종적이어서 가끔 과도한 요구를 하는 시어머니가 마음에 안 들지만 남편을 생각하면서 불평을 입 밖에 내지 않고 묵묵히 따르고 있고, 남편의 일을 열심히 돕고 있다. 종종 내담자가 남자친구와 데이트하거나 공부 때문에 늦게 집에 돌아와 가사에 소홀한 점에 대해 야단을 치기도 한다.
- 남동생(15세) : 중학교 3학년에 재학 중인데, 공부보다는 핸드폰을 사용하는 시간이 더 많다. 누나인 내담자에게 식사, 청소, 빨래 등을 요구하면서 누나가 게으르다고 불평하고 있지만 자신의 주변정리나 개인위생에 소홀히 하고 있다.
- 남동생(12세) : 초등학교 6학년인데, 부모님의 지시를 잘 따르고 내성적이며 공부를 열심히 하고 있어 부모의 사랑을 독차지하고 있다.

곽 양은 항상 이래야 된다, 저래야 된다고 비난하는 아버지가 싫으며 아버지의 편에 서서 자신을 같이 나무라는 어머니는 더욱 싫어한다. 아버지가 어머니와 같이 일하러 나가면서 내담자보고 집에 일찍 들어와 동생들 식사를 잘 챙기라고 하였는데, 내담자는 남자친구와 만나고 기말고사 준비로 약간 늦게 귀가하였고, 저녁을 먹지 않고 기다리는 바로 밑의 남동생에게 라면을 끓이라고 이야기한 후에 남자친구와 카톡을 하였다. 이를 늦게 안 아버지가 장녀로서의 자격이 없다고 하면서 그렇게 하려면 집에서 나가라고 고함을 쳐서 대항도 못 하고 눈물만 흘렸고, 결혼하여 나가면 다 해결될 것이라고 생각하였다. 내담자는 상담 중에 남동생에 비해 자신이 집안에서 차별대우를 받는다고 슬퍼하였으며, 자신이 집안일을 하기 싫어서 하지 않는 것이 아니라 국가시험 준비로 바쁘기 때문이라고 생각하고, 남동생은 그 나이에 식사 정도는 자기가 하여야 한다고 주장하고 있다.

현재 같은 대학의 4학년 남자친구와도 종종 갈등을 빚는데, 데이트하자는 문자를 잘 보지 않고 만나자는 약속시간에 늦게 나타나기도 해 남자친구가 화를 내면 바쁜 자신을 이해해 주지 못하는 그를 원망하기도 한다. 시험공부를 한다고 하지만 다른 일을 하다가 시험이 가까워져야만 책을 든다. 캠퍼스에서 곽 양은 남녀 구분 없이 폭넓게 사귀고 있고 방과 후 모임이 잦아 귀가 시간이 늦다. 모임 시 경비는 곽 양이 많이 부담하는 편이어서 아버지로부터 돈을 너무 과하게 쓴다고 야단맞은 적도 있다. 한번은 어머니가 아버지 일을 같이 도와야 한다고 아침에 이야기하였는데, 남자친구와 데이트 약속이 있다고 이를 거절하였다.

면접관 질문

❶ 청소년에게 가정이란 어떤 의미를 가지는가?

❷ 상기 내담자가 아버지와 갈등을 자주 빚는 이유는 무엇이라고 생각하는가?

❸ 상기 사례에서 내담자의 인지, 행동적인 특징을 이야기해 보아라.

❹ 내담자와 상담하게 된다면 상담자로서 개입방향은?

| 답변 |

To. 면접관 ❶

① 보호기능을 한다(의식주 해결, 기타 생리적 욕구 해결수단 제공).
② 사회성 형성의 학습장이 된다(부모의 가르침, 부모의 양육방식, 부모의 행동 학습, 부모의 훈육, 버릇 들이기, 친구 사귀기 등).

③ 자아정체감 형성의 근본을 제공한다(부모의 직업, 부모의 가치관 학습, 자기 정체성 형성 영향).
④ 의사소통의 장이 된다(부모와의 대화, 갈등화해 학습).
⑤ 대상관계 형성의 장이 된다(자기표상, 대상표상, 관계형성).
⑥ 평면적이고 민주적인 관계형성을 경험하게 한다.

To. 면접관 ❷

① 장녀로서 해야 할 가정의 책무 요구를 부당하다고 생각하고 있다.
② 자신을 이해하지 못하고 비난만 하는 것이 싫다.
③ 아버지가 남동생들에 비해 자신을 차별대우하고 있다고 생각하고 있다.
④ 아버지의 가치관이 구시대적이며 이를 자신에게 강요하고 있다고 생각한다.
⑤ 자신의 행동 하나하나에 간섭하고 조언하는 것이 싫다고 생각한다.
⑥ 자신이 집에 늦게 들어오는 이유가 합당하다고 생각하는데, 이를 비난하는 것은 불합리하다.

To. 면접관 ❸

① 자기중심적 사고를 한다.
  - 자신의 입장만 주장하고 상대방을 배려하고 이해하는 점이 부족하다.
  - 자신이 남동생과 가정에서 차별대우를 받는다고 생각한다.
  - 남자친구의 문자를 소홀히 보거나 약속을 어기는 행동을 한다.
② 자신을 남에게 좋게 보이려는 욕구가 강하다.
  친구들에게 좋게 보이려고 노력하여 친구들과의 경비 분담에서 자신이 경비를 많이 분담하는 행동을 하게 된다.
③ 어려운 문제를 회피하고 잘못된 결과는 남에게 그 탓을 찾는다.
  - 어려운 상황을 회피한다(결혼하면 갈등에서 벗어난다고 회피함).
  - 상대방에게 문제의 원인을 찾으려고 하고 있다(남동생이 자신의 저녁은 자신이 해결해야 한다는 생각).
④ 행동적 특징
  - 외향적인 성격으로 추정되며, 친구 사귐이 활발하고 친구와의 관계를 중시하고 있다.
  - 계획적이지 못하고 유유자적하여 하여야 할 일을 미룬다.

To. 면접관 ❹

① 내담자의 억울하고 답답한 마음을 이해, 공감한다.
② 아버지의 성장환경을 알고 아버지의 특징을 이해한다.
  - 책임감이 강하다(여동생을 다 결혼시키고 어머니에 대해 효도한다).
  - 그 책임감을 자녀에게, 특히 장녀에게 강하게 바란다(자신이 해 온 것을 자녀에게 그대로 바라고 강요한다).
  - 자신의 욕구(역할기대)가 내담자를 통해 충족되지 않을 때 비난한다.
③ 내담자 자신을 이해하고 갈등의 원인을 알고 대처하게 한다.
  - 자신의 일 이외에는 신경을 별로 쓰지 않아 부모와 갈등을 빚고 있다.
  - 부모의 자신에 대한 역할기대가 주된 갈등의 원인임을 알고 이런 기대사항을 한번 생각해 보고, 자신이 할 수 있는 일부터 실천해 보도록 노력한다.
  - 부모와 솔직한 대화를 나누게 하여 실제 부모가 남동생을 자신보다 더 귀하게 여기는지를 알아본다.
  - 자신의 일정을 먼저 부모에게 알리고 양해를 구한다.

④ 아버지와 화합한다.
- 사랑의 메시지를 아버지에게 보내기
- 아버지의 가장으로서의 고단함을 이해하고 표현해 주기
- 아버지와 스킨십하기

⑤ 기타 관계인과 좋은 관계를 유지한다.
- 가사를 어느 정도 분담하기
- 남자친구의 문자를 빨리 확인하고 회신해 주기
- 약속의 중요함을 인지하고 이를 지키거나 사전에 양해를 구하기

⑥ 내담자가 가치 있는 존재임을 인지시킨다.
  간호사 자격취득을 위한 노력을 인정하고 가치 부여하기

제16절 진로문제로 인한 부모와의 갈등

제시된 사례

인문계 고등학교 2학년에 재학 중인 문 군(17세, 남)은 6살부터 피아노를 배운 이후 초·중학교를 거쳐 현재의 고등학교에서도 계속하여 레슨을 받고 있다. 지금까지 피아노 대회에서 입상을 한 적은 없지만, 학교 학생들에게 실력을 인정받고 있다. 문 군은 피아노를 칠 때 모든 걱정이 다 없어지고, 종종 자신이 세계적인 피아니스트가 되어 무대 위에서 박수갈채를 받는 상상을 한다. 성적은 중간 수준에 머물고 있다(평균점수 75점, 석차 12등/25명).

문 군의 아버지는 일류 대학의 경영학과를 졸업하고, 현재 통신업체의 임원으로 근무하고 있으며, 어머니는 미술을 전공하셨는데 지금은 인테리어 관련 사이트를 운영하고 있다. 최근 문 군의 아버지는 문 군에게 피아노 치는 것은 취미로만 하고 일류 대학에 진학하여 출세하는 데 집중해야 한다고 말씀하셨다. 문 군의 어머니는 아들을 격려하고 있지만, 속으로는 문 군이 아버지의 뜻을 따라 이제라도 강남 유명 학원의 족집게 수업을 수강하기를 바라고 있다. 문 군의 형은 아버지의 뜻대로 현재 서울 소재 대학 법학과에 입학하여 공부하고 있다.

문 군은 형을 칭찬하는 아버지에게 분노를 느끼고 있고, 자기편을 들지 않는 어머니에게도 서운함을 느끼고 있다. 또 자기보다 공부를 잘하고, 부모님의 마음에 드는 모범생 형도 밉다. 그러다 보니 이제 아버지가 꾸중을 하시면 대들기도 하고, 분에 못 이겨 물건을 집어 던지기도 한다. 가족이 보기 싫어 학교에서 돌아오면 방문을 잠그고 부모님과 어떤 이야기도 하지 않는다. 저녁은 어머니가 문 군의 방에 따로 넣어주고 있다. 사연을 들은 담임선생님이 센터에서 상담을 받아보는 것을 권유하였고, 문 군은 스스로 상담실을 찾아왔다.

면접관 질문

❶ 상담자의 자질에 대해 설명하시오.

❷ 문 군의 저항에 대하여 본인의 생각을 이야기해 보시오.

❸ 문 군을 상담하게 된다면 어떻게 개입할 것인가?

| 답변 |

To. 면접관 ❶

① 인성적 자질
- 사명의식(청소년을 사랑하고 청소년을 위해 봉사한다는 의식)
- 바람직한 인간관
  - 청소년의 존엄성과 가치인정
  - 사랑의 느낌
  - 개선 가능성을 믿는 확신감
  - 용기, 끈기, 유머, 지각력과 민감성, 창조성과 독창성
  - 자신감
② 전문가로서의 자질
- 상담이론에 대한 이해
- 상담절차와 방법에 대한 이해
- 다양한 상담경험
- 심리검사 실시와 결과의 해석능력
- 내담자 이해를 위한 지식(심리학, 교육학, 사회학, 청소년학 등)

To. 면접관 ❷

① 저항의 원인
- 형에 대한 부모님의 차별적인 관심과 인정
- 진로문제와 관련하여 부모와의 의견 차이에서 오는 갈등
- 자신을 인정하지 않는 부모의 태도

② 저항의 형태
- 아버지와의 싸움
- 폭력적인 행동
- 어머니에 대한 원망
- 방 안에 자신을 격리함

③ 앞으로의 전개 가능성
- 인터넷(게임) 중독
- 학교 등교 거부

To. 면접관 ❸

① 진로갈등에 대한 충분한 공감과 이해
- 피아노를 전공하여 성공하고 싶어 하는 마음에 공감
- 이를 이해하지 못하는 부모의 태도에 대한 서운함 이해

② 내담자의 진로 결정
과연 피아노를 전공하는 것이 자신이 궁극적으로 추구하는 길인가, 아니면 부모에 대한 서운한 감정으로 저항을 하는 것인가를 규명해야 한다. 피아노를 포기하면 어떤 결과가 나올 것인가에 대한 내담자 탐색을 촉구한다.
- 내담자가 진로에 대한 결심이 확고하지 않은 경우
  - 진로탐색 검사를 수행하여 자신의 성격이나 적성에 맞는 직업군을 알아낸다.
  - 학교 진로상담 선생님이나 담임선생님과 진로상담을 하게 한다.
  - 그 결과를 가지고 부모와 상의한다.
- 내담자가 피아노가 아니면 안 된다는 결심이 확고한 경우
  - 자신의 장래 계획을 세운다.
  - 이 계획을 실천하여 피아니스트로 성공할 수 있음을 부모에게 확신시킨다.

③ 부모상담 병행
- 부모 자신의 욕구와 자녀의 욕구 분리
- 바람직한 양육환경의 조성
  - 형제간의 차별적 태도 지양
  - 내담자에 대한 관심과 지지
  - 내담자의 결정 자율성 인정과 협력

제17절 명예훼손

제시된 사례

기독교 재단의 대안학교에서 중학교 2학년에 재학 중인 남 군은 인터넷 게임을 온라인으로 즐기다가 임의적으로 한편이 된 참여자(남, 24세)에게 게임에서 자신과 협력이 제대로 되지 않는다고 게임 중에 문자로 입에 담지 못할 욕을 하였다. 그런데 그 청년이 욕이 담긴 화면을 캡처하여 명예훼손으로 고소하면서 남 군은 재판을 받게 되었고, 12시간 상담을 받으라는 법원결정을 받았다.

남 군은 다니고 있는 대안학교에서 예절상도 받을 만큼 어른을 공경하고 학교에서 봉사하며 성실한 학생으로 인정받고 있다. 대안학교 특성상 반 친구들은 모두 8명 정도이고, 교과학습 이외에 기도, 성경공부, 기타 여러 가지 활동을 한다. 남 군의 부모는 독실한 기독교 신자로서 설립목사를 따라 대안학교 설립에 기여하였고, 지금까지 대안학교 부설 유치원에서 교사로 재직하고 있다. 내담자와 아침, 저녁으로 기도하고 경건한 생활과 봉사하고 나누는 삶을 존중하며, 내담자가 그러한 삶을 살도록 교육해온 부모로서는 청천벽력과 같은 일이었다.

남 군은 기숙사 학교에서 엄격한 수업을 받은 후, 금요일 오후에 집에 와서 인터넷으로 게임을 즐긴다. 종종 남 군이 수업 중에 아프다고 하여 집으로 쉬러 오는 경우도 있다. 남 군의 부모는 남 군이 학교생활에 지친 것을 인정하고, 그냥 게임을 자유롭게 하도록 허용하였다. 대안학교와 집이 가깝게 위치하고 있고, 도시와는 많이 떨어진 시골에 위치하고 있어서 남 군이 대도시로 나가는 일은 거의 없다.

상담사와 마주한 남 군은 부모님은 신앙으로 똘똘 뭉친 사람이며 자신에게 신앙인으로 모범적인 생활을 하라고 하시지만, 그것을 실천하기가 어렵고 오히려 마음의 부담이 된다고 솔직하게 이야기하였다. 그러나 신앙심이 깊은 아들로 행세하고 싶었고 스트레스를 많이 받아 조그만 일에도 화가 나고 소리를 치는 일이 심해졌다고 실토하였다.

면접관 질문

❶ 대낮에 학교 근처 놀이터에서 한 무리의 초등학생들이 같은 또래의 애를 괴롭히고 있다. 이를 목격한 당신은 어떻게 할 것인가?

❷ 상담 경험이 있다고 하였는데, 상담자가 소진할 때가 있다면 어떤 경우에 그런가?

❸ 믿는 자식(내담자)에게서 배신감을 느낀다는 부모에게 상담자로서 이야기한다면?

❹ 상기 사례의 내담자에 대해 설명하시오.

| 답변 |

To. 면접관 ❶
① 어느 정도 거리를 유지한 채 큰 소리로 괴롭힘을 당하는 애의 이름이라고 생각하고 큰 소리로 부른다.
　예 "○○아, 지금 엄마가 너를 찾고 있는데 무엇을 하고 있니? 삼촌과 빨리 가야지!"
② 일단 위기에 빠진 아이를 무리에서 분리하여 안전을 확보하고 나서 무리에게 정색을 하면서 질문해 본다.
　예 "혹시 ○○를 위협하였니?"
③ 무리의 학생의 소속을 짐짓 추측하여 신분 노출의 가능성을 보여준다.
　예 "너희들 이곳에 있는 초등학교 학생들이구나."
④ 무리의 반응을 보고 바른 행동의 이야기하고 친구와 잘 지내야 함을 강조한다.

To. 면접관 ❷
약간 개인적인 질문에 가깝지만, 일반적인 상담자의 소진의 경우는 다음과 같다.
① 상담자로서 배운 이론과 실제의 상담내용이 너무나 차이가 나서 혼란에 빠질 때
② 상담일에 대한 불확실하고도 과도한 기대를 하여 그것이 충족되지 않을 때

③ 온갖 정성을 다한 내담자가 상담을 중도에 포기할 때
④ 상담을 수행하면서 자신이 너무 몰라 어떻게 대처하여야 할지 모를 때
⑤ 상담자가 아니라 조직원으로 행정적인 일을 많이 하여 상담자의 정체성 혼란을 느낄 때
⑥ 상담의 성과를 가시적으로 확인하지 못할 때 등

To. 면접관 ❸

① 자녀가 자신들의 바라는 모습과 다르게 행동하는 경우
- 자녀는 자신의 욕구를 실행하는 도구가 아니다.
- 지나친 기대는 자녀에게 스트레스로 작용하며, 자녀는 이에 저항하여 의도적으로 다른 행동을 한 것이라고 이야기한다.
- 자녀에게 관심을 보이며 이해·수용하고, 기대감을 표명함으로써 부모가 원하는 방향으로 행동조성을 할 수 있다.
- 자녀의 욕구와 희망에 대해 이해하고 수용하거나, 자녀의 의사를 타진하여 합의하는 자세를 가져야 함을 강조한다.

② 자녀가 생각하지도 않았던 실수나 범죄를 저질렀을 때
- 자녀의 평소 욕구를 억압하지 않았는지 생각하게 한다.
- 자녀를 지시하고 통제하고 무시하지 않았는지 생각하게 한다.
- 자녀의 정서를 파악하지 못하고 교우관계, 학교생활에 무관심하고 방치하지 않았는지를 생각하게 한다.

③ 기타 언급사항
- 청소년기 특징(인지적, 정서적, 행동적 특징)
- 부모와의 정서적 독립과 친구와의 관계 중시
- 개별성, 독립성, 자율성 존중

To. 면접관 ❹

① 자신이 독실한 기독교인의 아들로서 바르고 모범적으로 행동하여야 한다는 생각을 항상 하게 되지만 실제 자신이 느끼고 행동하는 면에서는 그렇지 못하다고 생각하고 있다.
② 기독교 신자인 주위 사람들의 시선에 부응하게 됨으로써 정서적 억압이 강하며, 아무도 모를 때는 자기의 본능으로 행동하고 싶은 충동이 강하다.
③ 감정의 억압이나 행동의 자제가 내재된 공격성을 발현한다.
④ 자신의 통제되지 않은 본연의 모습을 경험하면서 상당한 심리적인 문제를 경험하게 된다.
⑤ 기대되는 자아(봉사하고 기도하는 착한 자아)와 현실적인 자아(게임과다, 욕설하는 나쁜 자아)의 차이(Gap)에서 오는 심리적인 문제가 발생할 수 있다.

제18절 친구집착

제시된 사례

중학교 2학년인 강 양(14세, 여)은 거의 매일같이 어울렸던 단짝 친구가 최근 자기를 멀리하고 다른 애들과 보란 듯이 같이 다니는 것을 볼 때마다 죽고 싶은 생각뿐이다. 과거에는 담임선생님이나 다른 반 애들이 너무 단짝 친구하고만 친하게 지낸다고 핀잔을 줄 만큼 친하게 지냈다. 집도 같은 방향이어서 수업이 끝나는 시각이 다르면 서로 기다렸다가 같이 가곤하였다. 그러다가 지난 6월에 교내 수행학습에서 준비물 관계로 말다툼을 하고 난 다음부터 그 친구는 강 양을 피하고 다른 친구와 붙어 다니고 있다. 강 양은 그 친구에 미안하다고 이야기하고 싶었지만 자존심 때문에 그럴 수도 없었다. 강 양은 학교 가기가 싫다고 이야기하고 식사도 잘하지 않게 되었다.

강 양의 가족에 관한 사항은 다음과 같다.

- 아버지(44세, 부동산업) : 주로 토지나 상업적인 건물을 중개하고 있어 출퇴근 시각이 일정하지 않고 주말에도 근무를 한다. 두 딸을 무척 사랑하고 자상하며 쉬는 날에는 같이 놀아 준다. 딸에 대한 사랑이 너무 지나쳐 가지고 싶어 하는 물건을 아무런 제한 없이 사 주고 있다.
- 어머니(44세, 은행원) : 시내 시중은행에서 근무하고 있고 최근 잔업이 많아 퇴근이 늦다. 딸에 대한 관심이 적고 낮 시간에 무엇을 하는지에 대해서도 조금 무관심하다. 은행 관련 일에 집중하고 주말에는 피로감을 호소하고 잠을 많이 자고 있다.
- 여동생(11세, 초5) : 언니와는 성격이 대조적이어서 활발하고 남자애처럼 활동량이 많고 거침이 없다. 소심하고 걱정을 많이 하는 언니가 이해가 되지 않는다.
- 외할머니(70세, 주부) : 남편이 세상을 떠나고 딸의 집으로 들어와서 외손녀들을 보살피고 집안 살림을 하고 있다. 외손녀들이 공부를 잘하지 않고 게으르다고 나무라고 있다.

강 양은 초등학교 때부터 친구에게 배신을 당했다고 괴로워한 적이 많았다. 중학교 입학하고부터 단짝인 친구와 만나 잘 지내다가 초등학교 때처럼 배신감에 괴로워하며 죽고 싶다고 일기장에 수차례 적었다. 강 양은 슬픈 감정이 일 때는 언제나 심한 두통을 수반한다. 또한 자신이 큰 병에 걸려 죽을지 모른다는 생각으로 조금만 신체에 이상증세가 느껴지면 어머니를 졸라 병원에 간다. 강 양은 진정한 친구는 자신의 마음을 알아주는 사람이며, 자기만을 바라보아야 하는데 이 세상에는 그런 사람은 아주 적다고 이야기한다. 토요일에 강 양의 방을 청소를 하던 외할머니가 우연히 강 양의 현재의 일기장을 보고 '죽고 싶다'는 글귀를 발견하고 놀라서 딸에게 이야기하고, 강 양의 어머니는 강 양을 설득하여 센터 상담실을 찾았다.

면접관 질문

❶ 상담 초기 내담자와의 관계형성이 잘 안되었을 경우 어떻게 하겠는가?

❷ 자신의 상담 멘토(Mentor)가 있는가?

❸ 외부 학교와 긴밀한 협력이 필요한 경우 청소년상담사의 역할은 무엇인가?

❹ 강 양을 상담한다면 상담목표를 설정해 보시오.

| 답변 |

To. 면접관 ❶
① 내담자가 편안한 마음을 가지기 이전에 내담자의 문제를 탐색하다 보면 내담자가 위협을 느낄 수 있다. 이런 경우 라포 형성이 잘 안되는데, 상담자는 상담 장면에 내담자가 편안하게 적응할 수 있도록 한다.
- 내담자가 좋아하는 일이나 활동을 같이 해 본다.
- 내담자와 만나는 장소를 변경해 본다(외부공원, 분식집, 영화관, 음악회 등).
- 내담자의 외모나 복장 등에 대해 관심을 보이고 칭찬한다.
- 부모에게 얻은 내담자의 정보를 활용하여 장점과 강점, 특히 시간을 많이 사용하는 활동에 대해 공유하고 참여해 본다.

② 내담자의 욕구나 상담에 대한 태도 파악이 안 되고 내담자와 공유하는 면이 적어 내담자와의 관계형성이 어려울 때는, 내담자에게 이해와 공감, 존경의 태도를 견지하여 내담자가 자기노출을 하도록 유도한다.
③ 상담자가 부모의 대리자나 선생님처럼 가르치려고 한 적이 있는지 곰곰이 생각해 보고, 내담자의 입장에서 생각하고 느끼도록 노력한다.

To. 면접관 ❷
개인적인 질문이어서 평소 수퍼비전(Supervision)을 받고 있거나 대학이나 대학원에서 상담지도를 받고 있는 교수님이나 선배, 기타 기관장 등의 상담전문가들의 간단한 인적사항, 특화된 상담이론이나 기법, 자신이 도움을 많이 받은 것들을 정리해 놓는 것이 좋다.

To. 면접관 ❸
① 각 학교에는 대부분 Wee Class가 있어 학교 부적응의 문제가 발견된 학생을 1차적으로 상담을 하게 되지만, 워낙 상담할 학생들이 많아 간단한 진로상담 이외에는 대부분 해당 지역의 청소년상담복지센터에 상담을 의뢰하는 실정이다.
② 이런 상황을 감안한다면, 우선 의뢰받은 학생(내담자)의 학교생활 정보를 담임교사나 Wee Class 상담사에게 얻어야 한다.
- 학교 결석, 조퇴, 지각 등의 정보
- 학교 수업 중의 행동과 태도, 성적과 학업방식
- 학교 내 교우관계
- 기타 학교 부적응 행동(선도위원회, 학폭위 회부 등)

③ 학교의 비행예방프로그램, 좋은 친구관계 유지프로그램, 친구상담(Peer Counselor) 제도 정착, 학부모 교육 시 바람직한 양육방식이나 자녀 이해의 강의 등 학교행사에 적극적으로 참석하고 정보를 공유한다.
④ 담임교사와 과목교사들이 학생에 대한 이해와 관심을 기울이게 하고, 공감능력을 향상하기 위해 교육이나 토론을 한다.
⑤ 입시위주, 문제학생 징계나 처벌과 같은 사후 교육행정보다는 학생들의 문제행동을 예방하고 학생 개별관리를 지향하는 교육제도 수립에 기여한다.

To. 면접관 ❹

① 친구관계 개선
- 학교생활에서 친구에게 먼저 다가가고, 관심 가지고 친구들 대화에 끼어들기
- 다양하고 많은 친구를 사귀는 것이 좋다는 경험을 해 보기
- 자신이 어떻게 하느냐에 따라 친구의 반응이 달라진다는 것 알기
- 친구를 독점하고 조종하려는 태도 버리기

② 불안의 감소
- 친구에게서 소외당한다는 불안감의 경감
  - 친구와 일시적으로 멀어지면 사과하고 관계회복을 위해 애쓴다.
  - 친구와 멀어지는 것은 그 친구로부터 버림을 받는 것이 아니다.
- 생각과 반대되는 연상을 통한 불안감의 경감
- 스트레스에 도전하고 스트레스원을 해소하기
- 건강염려증 해소(운동하고 취미생활 하기)

③ 사회적인 기술 향상
- 친구들 간의 화제에 능동적으로 끼어들고 참여한다.
- 상대방의 말을 경청하고 공감하는 태도를 조성한다.
- 사귀는 친구의 폭을 넓히기 위한 노력을 하게 한다.

제19절 대인관계의 어려움

제시된 사례

다음은 학교 수업시간에 잠만 자고 학교 친구들과 사귀지 못하다 학업을 중도 포기한 17세 남학생의 사연이다.

김 군은 작년 고등학교 2학년 때 친구들의 따돌림과 괴롭힘에 어려움을 느끼다가 학교가 싫어 학교 다니는 것을 포기하고, 집에서 대학교 검정고시를 준비하고 있는 학교 밖 청소년이다. 김 군의 지능은 경계선(전체 지능 68)에 있으며, 의욕 및 흥미 저하, 정신운동지체, 자살사고 등 우울의 증세를 보이고 있으며 자신 및 주위 사람들에 대해 불편감, 분노감과 원망감을 느끼고 있다. 이를 걱정한 어머니가 김 군을 설득하여 상담센터에 방문하였다.

1. 김 군의 가족에 관한 사항은 다음과 같다.
   - 아버지(50세, 회사원) : 내담자가 어렸을 때부터 많은 기대를 해왔다. 가정형편이 어려워 고학을 하면서 현재 중소기업의 회사원으로 일하고 있다. 아들에게 걸었던 기대를 접었다고 상담자에게 이야기하였다.
   - 어머니(47세, 회사원) : 내담자가 학령기 전후 학습능력이 부진하다고 매질을 하였고, 지능검사 결과를 알고 난 이후에는 아들을 학대하였다고 자책하고 있다. 그러나 아들을 보살피거나 이해하고 공감하지는 못하고 있다.
   - 누나(20세, 대학생) : 외향적이고 활발하여 내담자와 장난을 치며 놀리기도 한다. 내담자의 심리적인 문제는 눈치채지 못하고 있다.

2. 김 군을 처음 상담한 상담사의 상담보고서 내용은 다음과 같다.
   - 김 군의 주호소문제 : 친구 사귀기가 어렵고 타인에게 말을 거는 것이 두렵다.
   - 외현적 특징 : 키가 크고 호리호리하였으며 눈맞춤을 피하였다. 상담사가 하는 말을 한 번에 알아듣지 못하고 다시 이야기해 달라고 하였다. 손을 꼼지락거리면서 약간 불안한 몸짓을 하였다.
   - 언어능력이 떨어져 자신의 생각을 표현하는 데 어려움을 나타내었다.
   - 말을 잘하지 않았으며 묻는 질문에는 간단히 고개를 끄덕이거나 가로저었다.
   - 운동을 싫어한다고 하였고 쉬는 시간에는 애니메이션 캐릭터를 잘 그린다고 자랑하였다. 그리고 여러 사람이 모이는 곳은 가기 싫다고 이야기하였다. 자신에게 잘해 주려는 친구들이 있기는 하지만 선생님이 시켜서 마지못해 그렇게 한다고 생각하고 있다.

면접관 질문

❶ 상기의 내담자가 첫 면담에서 자신에게는 상담이 전혀 도움이 안 된다고 강력하게 주장한다. 상담자로서 당신은 어떻게 할 것인가?

❷ 이성교제에 문제가 있고 이성친구가 안 생겨서 상담하게 된 내담자가 2회기 때 여자친구가 생겼다고 종결을 요구할 때 어떻게 하겠는가?

❸ 만약 학교폭력 가해자가 상담을 요청하여 내담자로 온다면 어떤 개입을 할 것인가?

❹ 내담자의 대인관계의 어려움은 어디서 기인한다고 판단하는가?

| 답변 |

To. 면접관 ❶

① 그래도 어머니를 따라서 상담실에 온 용기에 대해 칭찬한다.
② 상담실에 들어선 일에 대해 느끼는 감정에 충분히 공감한다.
  • 낯섦, 당혹감, 불편감 등
  • 자신을 놀림감으로 취급한 친구들에 대한 분노감
③ 자신이 타인에게 노출된다는 불편감과 두려움을 감소시킨다.
  • 비밀보장 약속
  • 기대되는 상담효과에 대해 미리 설명
④ 과거 경험하였던 일에서 내담자가 느꼈을 법한 감정을 떠올리면서 공감하는 모습을 보인다.
  • 과거 학교를 자퇴할 당시의 주저함과 자책감
  • 현재 공부할 때 연상되는 여러 가지 사건과 생각에 대한 괴로움 등
⑤ 상담을 통해 이러한 문제가 해결될 수 있다는 희망을 전달한다.
  • 성공한 유사사례 소개
  • 상담자의 경험과 전문성 언급

To. 면접관 ❷

① 우선 여자친구가 생긴 점에 대하여 내담자와 같이 기쁨을 공유한다.
② 내담자가 여자친구가 생김으로써 변화된 사항을 같이 이야기하고 공감한다.
③ 앞으로 여자친구와의 활동계획 등을 관심을 가지고 묻고 듣는다.
④ 여자친구가 생겼으므로, 상담의 필요성이 더욱 커졌음을 전달한다.
  • 여자친구와의 건전하고 안전한 사귐의 요령 전달
  • 앞으로의 여자친구와의 활동계획 세워보기
  • 청소년으로서 여학생이 가지는 특징과 심리의 설명
  • 여자친구와의 사이에 발생할 수 있는 갈등이나 다툼의 해결방안 세우기
⑤ 상담의 목표가 여자친구를 포함하여 내담자의 생활에서 생기는 여러 가지 심리적인 문제를 해결하고, 반 친구나 부모님과의 갈등을 해소하며 나아가 진로문제를 해결하는 광범위한 활동임을 전달한다.

To. 면접관 ❸

① 자발적으로 상담을 받으러 온 내담자를 칭찬한다.
② 다른 친구를 때렸을 때의 상황을 파악한다.
  • 자신이 피해자라고 이야기할 때 동조하지 않고 내담자의 억울함에 공감한다.
  • 자신의 분노를 통제하지 못한 이유를 탐색한다.
  • 폭력적인 행동 이외에 할 수 있었던 다른 방법에 대해 생각하게 한다.
③ 내담자의 가해행동의 내용을 파악한다.
  • 담임교사와의 면담으로 가해행위가 처음 일어난 것인지, 아니면 여러 번 되풀이된 행동인지 알아본다.
  • 먼저 때린 행동인지 친구가 때린 후 한 대응행동인지 알아본다.
④ 내담자의 부모 양육방식과 태도를 탐색한다.
  • 가정에서의 폭력성 학습 여부를 탐색한다.
  • 남에게 무조건 이겨야 한다는 교육이 있었는지 탐색한다.

⑤ 상기 탐색한 결과에 의거하여 개입한다.
- 가정에서의 폭력성 학습의 결과인 경우
  - 부모상담을 통하여 부부관계를 개선하게 한다.
  - 민주주의적인 양육방식으로 변화하게 한다.
- 분노를 인식하고 분노를 통제하는 훈련을 한다.
  - 자신의 주장을 양보하는 태도를 조성한다.
  - 자신이 옳고 상대방이 나쁘다는 인식을 개선한다.
  - 갈등이 발생할 때 심호흡을 하고 숫자를 5까지 헤아리게 한다.
  - 자신의 폭력이 가져올 결과에 대해 생각하고 이를 열거해 본다.
- 자신의 욕구를 조절하고 학교에서 즐겁게 지내는 활동을 익힌다.
  - 친구와 즐겁게 노는 활동 배우기
- 다양한 사회적 기술을 연마한다.
  - 양보하기
  - 배려하기
  - 칭찬하기
  - 돕기

To. 면접관 ❹

① 지능이 경계선으로서 의사소통에서 문제가 발생함으로써 친구들이 놀리거나 따돌리게 된다.
  - 언어이해력이 떨어져 상대방의 말을 잘 이해하지 못한다.
  - 유머에 취약하며 농담과 진담을 구별하지 못한다.
  - 언어적·행동적 반응이 늦다.
② 운동을 싫어하고 쉬는 시간에 친구들과 어울리지 않고 그림만 그린다.
③ 친구의 호의를 가식적인 것으로 판단하고 의도적으로 회피하고 차단한다.
④ 잠재된 공격성과 원망감으로 스스로를 무리에서 소외하고 있다.
⑤ 부모로부터의 학대경험이 사회성 발달을 저해하였다.
⑥ 스스로 남보다 못하다는 생각으로 능동적으로 친구에게 접근하지 못한다.

제20절 자살생각

제시된 사례

고등학교 3학년에 재학 중인 작년에 채 양은 친구들로부터 마음의 상처를 받고 등교 거부를 하다가 올해 3월에 학업중단을 하려고 하였다. 아버지의 강력한 반대에 부딪쳐 학교로 돌아가게 되었지만 학교를 자주 결석하고 있다. 학교 친구들이 자신을 비웃고 하찮게 생각하고 있다고 생각하고 있으며, 집에서 혼자 지내면서 교복을 입고 학교에 가는 학생들을 보고 쓸쓸한 표정을 짓고 허공만 쳐다보며 한숨을 자주 짓는다. 고등학교 1학년 때 학교 화장실에서 손목을 칼로 그은 적이 있어 급히 병원에 후송되기도 하였다. 채 양은 옥상이 개방되어 있는 인근 아파트를 직접 가 보기도 하였다.

1. 채 양의 가족에 관한 사항은 다음과 같다.
   - 부(46세, 고졸, 택시기사) : 내담자에게 지시적이고 엄한 아버지이며, 가정의 경제적인 책임은 남자가 져야한다고 생각하며 생활력이 강하다. 택시 일로 내담자와 대화할 기회가 거의 없다. 딸이 어떤 수를 쓰든지 간에 고등학교를 졸업하고 대학을 졸업해야 사람 구실을 한다고 생각하고 있다. 딸이 지금까지 고분고분 자신의 말을 잘 듣다 최근에 자신을 무시하고 멋대로 행동하고 있어 불편하고 화가 나 있다.
   - 모(46세, 고졸, 보험설계사) : 조용하고 말이 없으며 몸이 약하여 여러 가지 잔병을 앓고 있다. 딸에 대해서는 딸 편에 서서 이해하고 딸의 요구를 들어주려고 하고 있다. 딸의 무기력한 모습에 걱정하고 있는데 주위에서 상담을 권하여 상담센터에 딸과 같이 방문하였다.
   - 오빠(21세, 대학생) : 성실하며 공부를 잘한다. 여동생을 위하여 뭔가 조언도 하고 관심을 기울이고 있으나, 여동생이 별로 변하는 모습을 보이지 않아 이제는 관심을 보이지 않고 있다.

   채 양은 모든 것이 귀찮고 무의미하며, 현실에서 자신이 사라지는 것이 가족에게 부담을 줄여준다고 생각하고 있다. 그러나 관계를 맺고 싶은 욕구는 강하여 자기에게 관심을 보였던 몇 안 되는 친구들에게 카톡으로 연락하고 있고 자신은 곧 학교에 나갈 것이라고 이야기하고 있다.

2. 채 양에 대한 담임교사의 기록은 다음과 같다.
   - 친구들에게 약점이 드러나지 않으려고 노력하고 있고 특히 가족에 관한 사항을 이야기하지 않으려고 한다.
   - 친구들의 자신에 대한 비판이나 평가에 과도하게 반응하며 친구와의 갈등을 못 견뎌 한다.
   - 매사에 소극적이고 부정적인 사고를 하고 있다.

면접관 질문

❶ 자살하려고 하는 사람의 특징은 무엇인가?

❷ 중요한 약속으로 급히 퇴근하려고 하는데, 예고도 없이 내담자가 방문하여 도움을 청한다. 이때 어떻게 할 것인가?

❸ 인터넷 도박을 자주 하는 학생을 상담할 때 어떻게 할 것인가?

❹ 채 양에 대한 상담을 어떻게 할 것인가?

| 답변 |

To. 면접관 ❶

① 보통 우울을 경험하고 행동이 충동적이다.
② 죽음에 대해 지나치게 생각을 많이 하거나 몰두한다.
③ 죽고 싶다고 친구나 가족에게 이야기하거나 일기장에 글로 남긴다.
④ 자신이 가치가 없다고 생각하거나 미래에 대해 부정적인 생각을 한다.
⑤ 아끼는 물건을 다른 사람에게 주거나 버린다.
⑥ 섭식에 갑작스러운 변화가 생기고 잠을 잘 자지 못한다.
⑦ 조그만 일에도 수치심을 느끼거나 죄의식을 가진다.

To. 면접관 ❷

① 우선 방문한 내담자에게 무척 급하고 중요한 사안이 있다는 것을 인정해 주고 공감한다.
② 5분이나 10분 정도의 시간만 허용됨을 내담자에게 알리고, 찾아온 목적을 분명히 이야기하게 한다.
③ 사안의 중대함 정도에 따라 행동한다.
  - 사안이 중대하고 위급한 경우, 약속을 취소하고 일단 내담자와 상담을 한다.
  - 사안이 위급하지 않지만 내담자가 심각하게 생각하는 경우
    – 심각성의 정도를 경감하는 이야기를 해준다.
    – 정규 상담시간이나 내일 상담을 하자고 제의한다.
  - 사소한 일이며 상담자의 관심을 끌기 위하여 충동적으로 행동한 경우
    – 상담 이외의 시간에는 서로 존중하는 태도가 중요함을 전달한다.
    – 다음 상담에서 이야기하자고 한다.
    – 이 경우 너무 쌀쌀맞다는 인상이나 너무 허용적인 인상을 주지 않도록 한다.

To. 면접관 ❸

① 도박을 하게 된 경위와 빈도, 액수, 학업에 끼치는 영향 등을 조사한다.
② 도박의 위험성을 전달한다(감당할 수 없는 채무, 중독성, 자살의 위험성, 학업중단 가능성 등).
③ 도박하는 빈도나 액수 등 중독 가능성이 커 전문기관의 도움이 필요하다고 판단되는 경우
  - 한국도박문제관리센터에 상담을 의뢰한다.
  - 형법 제246조(도박, 상습도박)의 처벌대상이 됨을 교육한다.
  - 도박 상담전화 : 1336번
④ 아직 도박하는 행동이 경미한 경우
  - 도박이 불법이라는 사실을 인지하게 한다.
  - 건전하게 여가시간을 즐길 수 있는 활동을 찾아서 하게 한다.
  - 친구에게서 돈을 빌리는 행동을 근절하게 하고 빌린 돈은 꼭 갚게 한다.
  - 돈을 적정하게 사용하는 습관과 일확천금의 환상을 가지지 않게 한다.
  - 부모의 방임과 무관심을 해결하기 위한 부모상담을 병행한다.
  - 기타 사행성 게임의 앱을 삭제한다.

To. 면접관 ❹

① 라포를 형성한다.
- 채 양의 현재 감정에 충분히 공감한다.
- 학교가 싫지만 학교에 가는 애들이 부러운 양가감정을 이해하고 이를 전한다.
- 자신의 문제를 해결하고 싶은 마음을 칭찬한다.

② 우울의 원인을 밝히고 이를 해소한다.
- 자신의 문제를 알고 해결하고 싶은 마음이 있는 것은 강점이고 자원임을 알게 한다.
- 인지적인 왜곡 여부를 점검하고 이를 수정한다.
- 자신의 심리적인 문제를 해결하기 위한 자해는 위험행동이며 이외에도 좋은 방법이 많고 도울 사람이 많다는 점을 인지시킨다.
- 자신의 생각과 의사를 잘 전달하고 이야기하도록 만든다.
- 필요한 경우 우울에 대한 병원진단과 약물치료를 병행한다.

③ 친구관계를 개선한다.
- 친구에게 먼저 다가가 대화하기
- 가까운 친구에게 자신의 고민을 전하고 위로받고 조언듣기
- 자신의 감정이나 생각을 친구에게 솔직하게 이야기하기

④ 부모의 상담을 한다.
- 내담자에게 관심을 기울이며 이해하고 격려하는 태도를 보이게 한다.
- 부친으로 하여금 학력에 대한 욕구가 딸에게 많은 좌절과 스트레스를 주고 있다는 사실을 이해하게 한다.
- 부부가 서로 화합하고 사랑하며 그런 모습을 자녀에게 보이도록 한다.
- 차후 자살 위험성을 전달하고 세심히 관찰할 것을 부탁한다.

> **참고** 청소년 온라인 도박
> - 도박게임 : 스포츠토토, 사다리 게임, 달팽이 게임, Power Ball, 로하이
> - 도박의 개인적 요인 : 충동성, 재미추구, 인내력 부족, 위험회피 자각, 스트레스 인내력 부족
> - 도박중독 단계 : 도박연습 – 도박환상 – 전념 – 일탈 – 중독

합격의 공식 시대에듀 www.sdedu.co.kr

▲ 정오표

PART 06

면접자료

CHAPTER 01	문제유형별 상담개입전략
CHAPTER 02	청소년 위험행동
CHAPTER 03	청소년 관련 정보

PART 06 | 면접자료

> **핵심요약**
> 이 파트에는 면접시험에서 혹시 면접관이 질문하게 될지도 모르는 사항을 별도로 정리해 놓았다. 또한 면접시험 며칠 전에 빠른 시간 내에 복습할 수 있도록 문제유형별로 상담개입전략 및 청소년 위험행동에 대한 지식을 정리해 보았다. 비록 완전한 개입전략이 아니라고 하더라도 수험생 여러분이 쉽게 이해하고 행할 수 있는 전략이며, 또한 면접에서 무난히 인정받을 수 있는 수준이라고 생각한다.
> 그러나 무엇보다 중요한 것은 이 파트에서 언급된 지식보다는 미래 상담자로서의 자부심과 청소년을 사랑하는 태도, 그리고 어려운 여건을 극복하면서 전문가로 성장하려는 열정과 이에 수반되는 끊임없는 노력이라는 것을 생각하여야 한다.

제1절 문제유형별 상담개입전략

(1) 교우관계
  ① 왕따, 따돌림, 괴롭힘, 학교폭력
    ㉠ 괴로움을 공감하고 이해한다.
    ㉡ 자신의 행동을 점검한다.
      • 친구를 원망하기 이전에 나의 행동이나 태도에 문제가 없었는지 점검한다.
      • 친구를 무시하거나 혹은 친구가 싫어하는 행동이나 태도를 취하였는지 살펴본다.
      • 너무 잘난 척한 것은 아닌지 반성해 본다.
    ㉢ 우호적인 친구를 물색하고 그와 사귐을 시도한다.
      • 나를 동정하고 이해하는 친구를 찾는다.
      • 그와 친구관계를 맺는다.
      • 그 친구를 매개로 하여 다른 친구를 사귄다.
    ㉣ 대인기술을 습득한다.
      • 상대방에게 자신의 감정을 분명히 이야기한다.
      • 자신의 감정이나 의사를 가해자에게 분명히 표현한다.
      • 학교폭력을 신고(117)한다는 경고를 가해자에게 전달한다.
    ㉤ 보호요청을 한다.
      • 교사와 부모님에게 알린다.
      • 학교폭력 신고(117) 조치를 행한다.

② 친구로부터의 소외
  ㉠ 친구에게서 소외당하는 감정에 공감한다.
    • 당혹스러움, 서운함, 괴로움의 이해
    • 자신이 소외되고 있다는 객관적인 증거 수집(인지적 왜곡 여부 사전 체크)
  ㉡ 먼저 자신의 행동을 점검한다.
    • 이기적, 가식적, 남이 싫어하는 태도나 행동 여부 점검 및 수정
    • 친구의 말이나 태도, 행동에 대한 과민한 반응이 아님
  ㉢ 대인기술을 습득한다.
    • 친구 돕기, 친구 칭찬하기 훈련
    • 바람직한 대화법, 자기 의사표현 훈련
  ㉣ 동정적인 친구를 물색하여 친구 사귀기를 시도한다.
    • 상대방 입장 이해하기
    • 우정으로 친구 사귀기 재시도

(2) 부모와의 갈등 및 애정결핍으로 인한 부적응 행동
① 범법행위와 비행
  ㉠ 촉진적 상담관계 형성
    • 공감, 수용, 이해
    • 범행 당시의 자신에 대한 현재의 생각과 정서 이야기하기
    • 자신의 강점과 가능성, 희망 찾기
    • 자신의 노력 여하에 따라 미래가 달라진다는 사실 인지하기
  ㉡ 상담목표

부모상담 병행	• 바람직한 양육방식과 태도 권장 • 폭력행사, 폭언 및 지나친 간섭 개선, 애정과 대화
비행근절	• 도덕교육 • 비행과 그 결과에 따른 형벌 교육 • 스트레스 대처, 분노조절 프로그램 참가
자존감의 향상	실행 가능한 작은 목표설정과 성공체험
미래에 대한 통찰과 계획	• 학습목표 세우기, 목표성취를 위한 실천계획 세우기 • 장래희망 사항, 장래직업 정하기

② 가출시도와 자살생각
  ㉠ 자기 잘못에 대한 부모의 용서 전달
    • 부모의 내담자 용서 확인
    • 위험행동(가출이나 자살시도)의 방지
  ㉡ 도움과 해결책 깨닫기
    • 모든 일은 그 해결책이 있음을 알기
    • 주변의 도움을 청할 수 있음을 알기

- ⓒ 부모상담 병행
  - 자녀의 불안을 야기하는 행동과 태도의 변화
    - 처벌 위주의 훈육 탈피
    - 권위주의적인 양육방식 개선
  - 위험행동으로 발전할 수 있는 가능성 인지
  - 평소의 바람직한 양육방식 알기
- ⓔ 내담자 개인상담 실시
  - 자존감 형성(격려, 성공적 체험, 성공사례 학습)
  - 자신의 실수 인정과 재발 방지를 위한 행동계획 세우기
  - 욕구지연과 통제 능력 기르기

③ 강압적 부모에 대한 저항으로 가출
  - ⓐ 부모의 뉘우침 전달
    - 가정으로 전화가 왔을 때 혹은 친구를 통해 부모가 잘못을 인정하고 뉘우치고 있음을 알게 하기
    - 가출 이후의 위험요소를 알게 하기
  - ⓑ 부모상담 병행
    - 자녀의 불안을 야기하는 행동과 태도의 변화
      - 처벌위주, 권위주의적인 양육
      - 지나친 간섭, 행동제약
    - 애정과 관심, 신뢰와 격려
  - ⓒ 내담자 개인상담 실시
    - 자존감 형성(격려, 성공적 체험, 성공사례 학습)
    - 부모와의 관계 개선
      - 부모입장 되어 보기
      - 자신의 기분이나 의사, 주장을 부모에게 바르게 전달하기

④ 가정불화로 인한 가출과 비행
  - ⓐ 이해, 공감, 감정의 분출과 정화도모
  - ⓑ 상담목표
    - 부모와 애착관계 형성
      - 부모의 상담병행으로 부모의 문제행동 개선
      - 부모의 이해와 포용
      - 부부관계 개선
    - 비행근절
      - 도덕교육
      - 비행과 그 결과에 따른 형벌 교육
      - 스트레스 대처법, 분노조절 프로그램
    - 자존감의 향상

- 미래에 대한 통찰과 계획(학교 밖 청소년의 경우)
  - 직업학교, 대안학교
  - 장래희망, 미래직업 설정

⑤ 비행청소년에게 접근하는 전략
  ㉠ 우선 비행·문제청소년의 특징을 이해
   - 애정결핍이 많음
     - 관심을 기울이며, 애정을 가지고 이해·수용
   - 인정받기를 원함
     - 청소년의 좋은 점과 장점 부각
     - 그가 처한 사정이나 그렇게 될 수밖에 없는 사정에 대해 공감
  ㉡ 비자발적으로 상담을 받으러 온 경우
   - 부모 또는 자신에 대한 감정발산 유도
   - 일종의 멘토(Mentor)를 만나 자신의 문제를 해결한다는 가벼운 마음을 가지게 함
   - 비밀보장 약속
  ㉢ 부모상담 병행
   - 부모교육 : 자녀의 이해, 수용, 절제된 관심과 간섭, 좋은 양육방식 전달
   - 자녀 양육에 대한 인식, 태도, 방식 개선
  ㉣ 자기통찰 유도
   - 비행결과의 부정적인 결과의 인식과 평가
   - 자아개념 정립, 자아존중감 향상
   - 주된 상담의 기법 : 직면·해석·저항의 처리, 명료화, 요약
  ㉤ 기타 상담기법
   - 분노와 감정조절 능력의 훈련
   - 생활방식의 변화 도모
   - 비행의 재발방지를 위한 조치
   - 욕구지연과 통제의 연습
   - 부모에게 효율적으로 요구하는 기술 익히기

(3) 인터넷(음란물) 중독
  ① 인터넷 게임중독
   ㉠ 게임 몰입 이유 탐색
    - 부모의 방임, 무관심, 지시적이고 강압적인 태도
    - 양부모의 근로(낮 시간대의 관리, 통제기능 부재)
    - 인정의 욕구, 스트레스 취약기질, 높은 충동성, 주의력 부족
    - 친구의 따돌림, 학습욕구 저하, 자기정체성 혼미, 미래의 희망 미결정
   ㉡ 인터넷 게임시간 줄이기
    - 대안활동 모색과 권유 : 스포츠활동, 동아리 활동, 기타 취미활동(대안활동의 요건 : 정기적, 회비 등 돈이 들어가는 활동, 부모와 같이 하는 활동, 땀 흘리는 활동)
    - 게임시간 정하기와 실천(부모와 자녀의 합의, 부모의 모범적 행동)

- 학습계획 수립과 실천(목표성적의 결정, 달성 시 긍정적 보상약속)
- 부모의 관심과 자신의 결심 적어내기

ⓒ 부모와 행동계약서 작성
- 바람직한 행동(학습 등)에 대한 정적 강화
- 토큰경제
- 기간, 상과 벌의 내용 명시
- 부모의 책임, 부모에게 요구되는 역할 명시와 준수

② 보호프로그램 설치
검색어 차단, 사이트 접속 제한 프로그램 설치 등

② 음란물 중독
ⓐ 내담자 감정에 공감
- 음란물 접촉상태 파악
- 자기회의와 죄책감 공감
- 자기테스트 실시 : 중독성 여부 체크

ⓑ 성지식 오류 위험성 설명
- 과장되고 잘못된 지식
- 폐해 인지(이성을 쾌락의 상대로 봄, 성도덕의 마비 등)
- 과도한 탐닉으로 인한 성기능 이상 위험성 깨닫기

ⓒ 대 책
- 인터넷 시간 줄이기
  - 대안활동 모색 : 스포츠, 동아리 활동
  - 늦게까지 독서실에서 공부하기
- 부모와 행동계약 만들기
  - 바람직한 행동에 대한 포상
- 컴퓨터에 보호프로그램 설치
  - 검색어 차단, 사이트 접속 제한 등
  - 게임시간 선택제 실시(부모 혹은 18세 미만의 청소년 본인이 신청하며 원하는 시간에 게임을 차단할 수 있는 제도 ; 2012.1.22. 시행)
- 기타 해결책
  - 자기 전까지 자기 방문 열어놓기
  - 가족과의 대화 많이 하기, 가족행사 적극 참여하기

③ 자위행위
ⓐ 공감과 이해
자위 후의 죄책감, 수치감, 공허감

ⓑ 자위에 대하여 설명
의학적으로는 무해하다고 하지만, 반복하면 심리적 문제도 유발하고, 과도한 성기 마찰로 상처가 날 우려가 있다는 사실 교육

　　　　ⓒ 대책
　　　　　• 성적 에너지의 생산적 처리 : 스포츠, 건전한 이성 간의 만남(동아리), 봉사활동, 체험활동
　　　　　• 자기통제력 향상
　　　　　　- 방문 열어놓고 인터넷 하기
　　　　　　- PC에 보호프로그램 설치(검색어, 사이트 차단)
　　　　　　- 독서실에서 공부하다가 늦게 오기
　　　　　　- 충동 시 주의를 딴 곳으로 돌리기
　　　　　• 부모와의 애착형성
　　　　　　- 가족과 대화하기
　　　　　　- 가족행사 참여하기

(4) 진로결정
　　① 부모와의 갈등이 있는 경우
　　　　㉠ 이해와 공감
　　　　　• 부모와 진로 불일치로 인한 괴로움
　　　　　• 자신의 욕구나 희망사항에 대한 부모의 몰이해에 대한 짜증과 분노
　　　　㉡ 자신에 대한 정확한 이해 점검
　　　　　• 흥미, 적성, 성격검사 결과 분석
　　　　　• 학교 선배들의 조언
　　　　　• 희망직업에 대한 정확한 정보취득
　　　　　• 진로상담
　　　　㉢ 자신이 원하는 진로에 확신이 서면 부모를 설득
　　　　　• 부모의 입장을 충분히 이해하는 태도 보이기
　　　　　• 명확한 계획과 꿈
　　　　　• 꿈을 실현하려는 정열과 포부 설명
　　② 진로선택에 어려움을 겪고 있는 경우
　　　　㉠ 이해와 공감
　　　　　자신이 어떤 진로를 선택해야 할지 모르는 것에 대한 당혹감에 공감
　　　　㉡ 자신에 대한 정확한 이해
　　　　　• 적성, 흥미 및 성격검사
　　　　　• 홀랜드(Holland), 스트롱(Strong) 진로탐색검사
　　　　　• 진로상담 선생님과 상담
　　　　㉢ 희망직업에 대한 정확한 정보취합 및 평가
　　　　　• 연봉, 자격요건, 경험요건 등 조사
　　　　　• 희망직업과 자신의 흥미, 적성 일치 여부 확인
　　　　㉣ 최종적 결정
　　　　　• 자신의 흥미, 적성과 희망하는 진로직업의 비교 및 평가
　　　　　• 자신의 성적과 자격요건 등을 종합하여 판단하고 결정

(5) 자살위기 상황 대처
    ① 목 표
        ㉠ 청소년에게 손상을 입히지 않고 위기가 지나가게 한다.
        ㉡ 청소년에게 희망이 존재한다는 것을 알게 한다.
        ㉢ 위기에 처한 청소년에게 자살이 아닌 수많은 다른 대안이 있음을 알게 한다.
        ㉣ 청소년을 도와줄 수 있는 자원이 많으며, 이 자원들을 이용할 수 있는 방법을 알게 한다.
    ② 상담의 방법
        ㉠ 삶의 곤경에 대한 대처능력을 키운다.
        ㉡ 면역체계를 세운다.
        ㉢ 지지망을 갖게 한다.
        ㉣ 청소년의 관심이 무엇인지 경청한다.
        ㉤ 충고를 강요하지 않는다.
        ㉥ 문제를 최소화하지 않는다.
        ㉦ 의사소통의 연락망을 계속 열어놓는다.
        ㉧ 언제든 망설이지 말고 도움을 요청하도록 한다.
    ③ 자살을 이야기할 때 해야 할 것
        ㉠ 말하지 말고 참을성 있게 경청한다.
        ㉡ 침착함을 유지한다.
        ㉢ 중요한 자료를 확보한다(청소년의 이름, 주소, 전화번호, 부모의 직장 전화번호 등).
        ㉣ 청소년에게 계속하여 이야기하도록 한다(경청유지).
        ㉤ 자살계획을 가지고 있는지 파악한다.
            • 어떻게 자살할 계획인가?
            • 얼마나 오랫동안 계획하고 생각하고 있었는가?
            • 어떤 사건으로 인해 이러한 상황까지 오게 되었는가?
        ㉥ 몇 가지 즉각적인 대안들을 제시해 준다.
        ㉦ 자살을 하지 않겠다는 약속을 하게 한다(생명존중서 작성).
        ㉧ 부모를 개입시켜 자살행동을 미연에 방지한다.
    ④ 자살을 이야기할 때 하지 말아야 할 것
        ㉠ 홀로 남게 하거나 멀리 보내지 않는다.
        ㉡ 청소년의 관심사를 최소화하거나 위험에 대해 가볍게 대처하지 않는다.
        ㉢ 침묵에 대해 조급하게 대응하지 않는다(생각할 시간이 필요하다).
        ㉣ 자살에 대해 대화하였으니, '이제 안심이다'라는 생각의 덫에 빠지지 않는다.
        ㉤ 인내심을 잃지 않는다.
        ㉥ 비밀을 약속하는 것 대신 도움을 약속한다.
        ㉦ 자살이 옳고 그른지에 대해 논쟁하지 않는다.

제2절 청소년 위험행동

(1) 10대 임신
  ① 증가요인
    ㉠ 임신가능 연령이 낮아짐
    ㉡ 성에 대한 개방적인 태도
    ㉢ 성경험 연령이 낮아짐
    ㉣ 부모와의 대화부족
    ㉤ 피임방법을 모르거나 귀찮다고 피임을 하지 않음
    ㉥ 포르노 영상매체에 무제한 노출
    ㉦ 성파트너에게 자신의 무경험을 표현하려는 의도
  ② 문제점
    ㉠ 미숙아 출산의 가능성 높음
    ㉡ 산모와 아이의 건강문제
    ㉢ 저학력으로 인한 경제적인 문제
    ㉣ 아이의 유기나 입양으로 인한 정신적인 문제

(2) 청소년 성(性)문제
  ① 종 류
    ㉠ 성폭력
      • 육체적 고통 : 부상, 임신, 성병 등
      • 정신적 고통 : 공포, 우울증, 좌절감과 죄의식, 수치심, 가해자에 대한 혐오감, 자살 등
    ㉡ 성매매
    ㉢ 음란채팅
    ㉣ 음란사이트 중독
  ② 원 인
    ㉠ 성 호르몬 분비에 따른 성욕증가
    ㉡ 뇌기관 이상에 따른 성욕증가
    ㉢ 그릇된 성문화의 악영향(성의 상업화, 대중매체의 영향)
    ㉣ 경제적 이익을 취하기 위한 의도적 행동
  ③ 대처방안
    ㉠ 유해환경의 감소 : 퇴폐업소의 정리, 대중매체 접속차단
    ㉡ 성교육 실시(성평등, 성지식 바로 알리기, 성적 의사결정력 키우기)
    ㉢ 청소년성보호 관련 예산증액, 성문제예방 전담교사 배치

(3) 청소년 자살
  ① 원인
    ㉠ 학업성적에 대한 비관
    ㉡ 부모의 무관심이나 애정결핍, 화목하지 않은 가족관계
    ㉢ 경제적 어려움
    ㉣ 학교폭력
    ㉤ 이성문제(성관계, 성폭력)
  ② 과정
    ㉠ 자살생각
    ㉡ 자살계획
    ㉢ 자살시도
    ㉣ 자살실행
  ③ 특징
    ㉠ 충동적으로 일어나기 쉬움
    ㉡ 다분히 감정적임
    ㉢ 친구와 동일시하여 집단자살을 하기도 함
    ㉣ 가정불화가 자기의 책임이라고 생각하여 죄책감에 빠지기도 함
  ④ 대처방안
    ㉠ 국가, 지방자치단체의 '청소년 자살 예방프로그램'
    ㉡ 학교와 지역사회의 정서적 지원(사회적 관심의 증가)
    ㉢ 위기개입 : 청소년에게 언제든지 다가가 도와줄 수 있는 지원체계 구축
    ㉣ 대학입시 중심의 교육체계 개선
    ㉤ 대중매체를 이용한 긍정적인 가치관 교육 실시
    ㉥ 자살사이트의 엄중단속
      • 차단어를 수록하여 사이트 검색차단
      • 사이트 운영자 처벌
  ⑤ 관련사항 : 보통 남자가 여자보다 자살 성공률이 높음

(4) 거식증
  ① 개요
    ㉠ 신경성 무식욕증, 신체상과 체중감소에 강박적으로 집착하여 의도적으로 음식 거부
    ㉡ 여자 청소년에게 많이 발생
    ㉢ 쉽게 우울증에 빠짐
  ② 많이 걸리는 사람
    ㉠ 엄격한 부모, 가정에서 자란 모범생
    ㉡ 완벽주의자, 다이어트 강박증세가 있거나 비만에 대한 강한 두려움을 가진 여자 청소년

③ 원 인
- ㉠ 뇌의 결함, 시상하부의 교란
- ㉡ 날씬해져야 한다는 사회적 압력에 대한 반응
- ㉢ 지나치게 간섭하는 부모에 대한 반응
- ㉣ 내향성, 불안, 의존성, 강박관념

④ 치 료
- ㉠ 구조적 가족치료(Minuchin)
- ㉡ 약물치료(항우울제)

(5) 폭식증

① 증 세
- ㉠ 엄청나게 많이 먹고, 스스로 토함(변비약, 설사약, 이뇨제 등 사용)
- ㉡ 폭식 후 자신에 대한 열등감, 혐오감, 낮은 자존감을 나타냄
- ㉢ 화를 잘 내고, 충동적이거나 성취 지향적임

② 원 인
- ㉠ 가족으로부터 받지 못한 애정에 대한 심리적인 굶주림
- ㉡ 신경전달물질의 이상(세로토닌, 엔돌핀 기능이상)
- ㉢ 자신의 외모에 대한 과도한 관심과 걱정

③ 치 료
- ㉠ 항우울제 투여
- ㉡ 집단치료(인지행동치료, 환자의 무의식적인 면에 대한 심리치료)

(6) 비행청소년

① 특 성
- ㉠ 자아정체감이 제대로 형성되지 않음
- ㉡ 자기통제력 부족
- ㉢ 저소득층 청소년은 교육기회 및 좋은 직장을 얻을 기회의 부족으로 비합법적인 수단을 이용하게 되어 비행에 가담

② 비행청소년 가족
- ㉠ 가정규칙이 없음
- ㉡ 부모의 관리감독 소홀
- ㉢ 일관성 없는 자녀훈육
- ㉣ 가족문제나 위기를 효율적으로 해결하는 능력이 없음
- ㉤ 과도한 관용 혹은 방임

(7) 인터넷 중독
    ① 인터넷 자체의 특징
        ㉠ 쌍방향 통신가능
        ㉡ 무한한 개방성
        ㉢ 금단현상, 내성, 일상생활 장애 발생
    ② 인터넷 중독의 개인심리적 특성
        ㉠ 우울증, 충동성
        ㉡ 외로움의 회피, 인정욕구
    ③ 인터넷의 주된 용도
        ㉠ 온라인 게임
        ㉡ 도 박
        ㉢ 채 팅
        ㉣ SNS(Facebook, 인스타그램, 카카오톡, 유튜브 등)
    ④ 중독에 잘 빠지는 유형
        ㉠ 성적저하, 부모의 방임이나 방치, 친구와의 갈등, 소외감
        ㉡ 인정에 대한 강한 욕구
        ㉢ 우울증, 낮은 자존감
    ⑤ 조 처
        ㉠ 자신의 인터넷 이용형태를 중심으로 하여 '생활일지' 작성
        ㉡ 시간을 효과적으로 관리할 수 있는 기법 활용
        ㉢ 가족의 관심, 애착, 대화의 기회 만들기
        ㉣ 외부의 방해물(차단장치) 설치 : 일정 시간이 경과하면 자동으로 전원 차단
        ㉤ 인터넷을 대체할 수 있는 활동 개발(사물놀이, 운동, 정기적인 활동, 취미활동 등)
        ㉥ 청소년 문화, 여가환경의 개선 도모

(8) 약물 오남용
    ① 신체적 징후 : 눈의 충혈, 콧물이 나옴, 눈초점 안 맞음
    ② 원 인
        ㉠ 호기심, 모험심, 강박적인 사용
        ㉡ 스트레스와 문제처리
        ㉢ 사회 도구적 동기(집단구성원이 되기 위한 시도)
    ③ 대처방안
        ㉠ 가 족
            • 무조건적으로 수용하며, 자녀의 입장에서 생각하고 이해
            • 마약류의 폐해에 대해 정확하게 이야기하기
            • 중독이 자기 자신의 책임이라는 것을 인식하고 협력적 태도를 보이기
            • 같은 개입이 소용이 없을 때는 병원 등의 기관에 치료 의뢰

ⓒ 학 교
　　　　• 정기적인 실태조사 실시
　　　　• 술, 담배 및 기타 약물사용에 대한 학교의 규칙과 벌칙들을 청소년 스스로 수립하여 실천하도록 한다.
　　　　• 정책을 공정하고 일관성 있게 시행
　　　　• 종합적인 예방교육 시행
　　　　• 학교, 지역사회, 학부모회, 치료기관, 민간단체 연계 등 도움을 받을 수 있는 체계 구축
　　　ⓓ 지역공동체
　　　　• 지역별 약물치료센터와 예방시설 설치
　　　　• 전문가를 시설에 배치
　　　　• 지역의 학교에 전문가를 파견하여 효과적인 예방교육 시행

(9) 학업중단
　① 원 인
　　ⓐ 부모의 지나친 관심과 기대 혹은 무관심이 자녀와의 갈등 유발
　　ⓑ 학업성적이 낮은 학생의 실망감, 차별대우
　　ⓒ 학벌주의 사회구조
　　ⓓ 유해한 업종, 유해한 매체물, 유해환경들의 유혹
　　ⓔ 문제를 회피하려는 성향
　　ⓕ 스트레스의 내성 취약성
　② 특 징
　　ⓐ 개인적인 요인보다는 학교와 같은 환경적 요인이 더 크게 작용
　　ⓑ 학업 중퇴자의 사회적인 낙인으로 소외감, 절망감 경험
　　ⓒ 비행에 연루가 될 가능성 높음
　③ 정 책
　　ⓐ 직업훈련
　　ⓑ 대안학교
　　ⓒ 청소년쉼터
　　ⓓ 청소년상담
　④ 정책적 대안
　　ⓐ 도시형 대안학교 및 대안중학교의 설립
　　ⓑ 비정규학교 지원 및 학력인정
　　ⓒ 실업계 직업교육의 확대
　　ⓓ 상담 전담교사의 의무적 배치
　　ⓔ 학교방문 순회상담의 강화

⑤ 학업중단 청소년을 위한 사후 지원대책
　㉠ 위탁직업교육 및 시설 학력인정제 도입
　㉡ 국가기술자격시험 필기시험 면제
　㉢ 청소년쉼터와 학교 간의 연계체계 구축
　㉣ 복학 및 복교 프로그램 이수 의무화

(10) 청소년 가출
① 원 인
　㉠ 방출요인
　　• 가정 : 부모와의 불화, 부모의 별거나 이혼, 부모의 부부싸움, 경제적 어려움
　　• 학교생활에서의 소외감, 학업에 대한 심한 압박감
　㉡ 유인요인
　　PC방, 노래방, 찜질방, 유흥업소, DVD방
　㉢ 촉발요인
　　• 가정 밖(가출) 청소년의 정서적・행동적 특성
　　• 또래집단의 유혹
② 특 성
　㉠ 범죄가담 가능성
　㉡ 학업중단을 초래함
　㉢ 다양한 이동경로(친구 집, 이성친구 집, 돈이 필요하면 유흥업소에 나감)
③ 당면문제
　㉠ 고용 및 주거문제
　㉡ 신체적・정서적인 문제 : 임신, 임신중절, 출산, 낮은 자아존중감, 심리적인 불안, 타인에 대한 두려움과 분노
　㉢ 학교의 퇴학처분
　㉣ 약물남용, 비행문제 발생
④ 대 책
　㉠ 가정 밖(가출) 청소년 보호법 제정 : 구체적인 지원시행
　㉡ 청소년쉼터 확대 및 기능적 특성화
　㉢ 자립, 자활을 위한 중장기 시설의 확대
　㉣ 의료 서비스의 제도화 : 무상치료 시스템의 구축
　㉤ 학교 밖 청소년의 취업기회 확대

⑤ 학교와 부모의 지도방안
  ㉠ 부모와 자녀 간의 의사소통 강화
  ㉡ 건강한 가정의 유지
  ㉢ 즐거운 학교환경 조성
  ㉣ 학교 내 민주적인 분위기 조성(체벌금지, 강압적 분위기 해소, 입시 위주 교과진행 지양)
  ㉤ 학교사회사업의 정착 : 각종 문제행동에 개입, 개별적이고 전문적인 학교사회사업 전개

(11) 폭 력
  ① 개 념
    ㉠ 금품이나 물건의 강탈, 폭행, 공갈, 협박, 성폭력
    ㉡ 신체적·정서적·성적 가해행동
  ② 원 인
    ㉠ 개인적 원인 : 성격적·정서적 측면, 인지처리 과정의 왜곡
    ㉡ 가정적 원인 : 결손가정·빈곤가정, 부모의 적대적·권위적 태도·방임적 태도, 부모의 처벌적 양육방식
    ㉢ 학교적 원인 : 학업포기 학생의 방임, 입시위주의 교육환경, 교사의 무관심
    ㉣ 사회환경적 요인 : 대중매체의 폭력노출
  ③ 학교폭력에 대한 정책의 방향
    ㉠ 예방적 접근, 연계체계 구축, 정부-민간업체의 연계
    ㉡ 피해학생과 가해학생의 문제해결을 위한 명확한 지침
    ㉢ 교육시행 : 학교장, 교사(학교폭력 관련 연수교육), 학생(인권교육)
    ㉣ 기구 : 학교폭력대책심의위원회
    ㉤ 폭력문화추방 캠페인 전개
  ④ 학 교
    ㉠ 성적중심이 아닌 다양한 학내 프로그램 운용
    ㉡ 전문 상담교사의 배치, 교내의 순찰활동 강화
    ㉢ 다양한 인성교육
  ⑤ 가 정
    ㉠ 부모의 바람직한 양육태도
    ㉡ 대화의 활성화, 관계개선 노력
  ⑥ 사 회
    ㉠ 유해환경의 제거
    ㉡ 대중매체의 폭력에 대한 자율적인 규제
    ㉢ 건전한 놀이문화 육성을 위한 문화공간 확보
    ㉣ 상담지원과 법률적 지원 체계
    ㉤ 청소년치료센터의 설립, 치료프로그램의 개발

> **참고**
>
> **학교폭력 발생 시 방관학생들을 위한 조치**
> - 일단 가해자와 피해자의 부모에게 알린다.
> - 반드시 학교에 사건을 신고하고 심의위원회를 통해 사건을 해결하도록 한다.
> - 학교는 학생들에게 "방관자의 입장은 가해자의 책임과 같다"고 교육한다.
> - 고자질이 아니라 신고가 최선의 예방책임을 기억하도록 한다.
>
> **학교폭력 사안처리 원칙**
> - 피해자 우선 보호원칙(응급조치)
> - 가해행위 중단(가해행위의 방치는 폭력의 재발을 부른다)
> - 학교폭력의 피해와 가해의 진실을 밝힘
> - 피해, 가해 학생의 학교적응
> - 즉각적인 개입과 적극적인 해결의지
> - 학교폭력법에 의한 처리과정의 공식적 진행
> - 사건의 왜곡, 오해 방지를 위해 사건의 표면화 및 적극적인 대응
> - 필요시 전문기관에 연계
>
> **학교폭력 예방기술**
> - 친구 사귀는 기술
> - 공감훈련
> - 긍정적 자기진술
> - 나 표현법
> - 자기주장훈련
> - 갈등해결
>
> **학교폭력 상담절차**
> - 시작 단계
> - 구체적인 정보수집 단계
> - 욕구파악 단계
> - 문제해결 방법 탐색 단계
> - 상담종결 및 연계 단계

(12) ADHD

① **정의** : 주의력결핍 과잉행동 장애(ADHD ; Attention Deficit Hyperactivity Disorder)는 아동기에 많이 나타나는 장애로서, 지속적으로 주의력이 부족하여 산만하고 과다활동, 충동성을 보이는 상태를 말한다.

② **원인**
㉠ 신경·생물학적 요인
- 유전
- 뇌손상과 뇌기능 장애
- 신경전달물질(도파민, 노르에피네프린)의 이상 – 삼환계 항우울제 치료효과

      ⓛ 환경요인 및 심리·사회적 요인
- 임신과 출산 합병증
- 가정환경
- 부모-자녀관계와 상호작용
- 교사-아동관계와 상호작용

      ⓒ 여러 가지 요인의 상호작용

③ 특 성

      ㉠ 주의력 결핍(부주의)
- 세부적인 면에 주의를 기울이지 못하고, 실수를 자주 한다.
- 놀이를 할 때도 지속적으로 주의를 집중하지 못하고, 일을 끝까지 해내지 못하는 경향이 많다.
- 대인관계에서도 다른 사람의 말에 귀를 기울이지 못한다.
- 좋아하는 활동 시에는 더욱 주의를 집중하기도 하지만, 지루한 수행에는 쉽게 싫증을 낸다.
- 주의집중이 요구되는 초등학교 고학년이 되면서 학습부진과 함께 학습동기의 저하나 정서적인 문제를 유발하기도 한다.

      ⓛ 과잉행동
- 가만히 앉아있지 못해서 부모들이 "잠시를 가만히 있지 못한다", "마치 모터나 바퀴가 달린 것 같다"고 호소한다.
- 연령에 따라 나타나는 양상에 차이가 많고, 집단활동에 어려움을 보인다.

      ⓒ 충동성
- 억제능력의 결여로 인하여 충동통제에 어려움을 보이며, 참을성과 인내력이 부족하다.
- 성급하게 대답하거나 행동하고, 다른 사람의 활동을 방해하거나 간섭하기도 해서 대인관계에서 어려움을 경험한다.
- 충동성으로 인해 행동의 결과를 예상하지 못하므로, 위험한 행동을 하게 되거나 뜻하지 않은 사고를 당하기도 한다.

④ 부수적인 문제

학습문제	• 지적 잠재력에 비해 학교성적이 낮고, 과제를 수행하는 능력이 매우 부족하다. • 부주의와 충동성으로 인해 주의를 필요로 하는 과제의 수행 시 정보처리 과정에서 순차적이고 논리적으로 과제를 조직화하지 못한다. • 학습과제가 어려워지는 초등학교 고학년의 경우 학습문제를 호소하는 경우가 많다.
정서문제	• 스스로 자신의 행동을 통제할 수 없음을 인식하고, 주변으로부터 부정적인 피드백을 경험해서 자존감이 낮아지고 좌절감과 우울감을 경험하는 경우가 많다. • 주변 사람들에 대한 서운함과 억울함이 분노감으로 지속되면서 반항적인 태도와 행동을 나타내기도 한다.
대인관계 문제	• 부주의와 과잉행동, 충동성 때문에 주변의 사람들과 원만한 관계를 형성하는 데 어려움이 많다. • 놀이 시 기본규칙을 지키지 못하고, 상대방을 배려하는 면이 부족해서 따돌림을 당하기도 한다. • 부모와의 관계에서는 아동의 문제가 만성적으로 지속되고, 성장하면서 학습문제나 행동통제의 문제가 동반되면서 관계가 악화되는 경우가 많다. • 특히, 부모가 양육과정에서 스트레스와 무력감을 느끼는 경우가 많다.

제3절 청소년 관련 정보

(1) 청소년 관련 기구

    ① 청소년보호위원회(여성가족부 산하)
        ㉠ 시·군·구 청소년상담복지센터
        ㉡ 청소년쉼터

    ② 교육청 산하
        ㉠ 12개의 시·도 청소년상담센터
        ㉡ 한국직업능력연구원 진로상담센터
        ㉢ 한국교육개발원 상담실
        ㉣ 한국교육학술정보원 에듀넷(Edunet) 교육종합상담실
        ㉤ 14개 독학정보상담실(평생교육진흥원)

    ③ 보건복지부 및 여성가족부
        ㉠ 아동복지시설 : 아동상담소, 아동보호치료시설 등
        ㉡ 여성복지상담센터 : 여성보호센터(가출·부랑여성을 보호 - 숙식제공, 사회재활)
        ㉢ 간이상담소
        ㉣ 사회복지관
        ㉤ 정신건강복지센터
        ㉥ 장애인 지역사회재활시설

    ④ 법무부
        ㉠ 소년분류심사원
        ㉡ 소년원
        ㉢ 한국법무보호복지공단
        ㉣ 보호관찰소

    ⑤ 기타 사회단체운영
        ㉠ 사회단체 상담실
        ㉡ 종교단체 상담실
        ㉢ 기업체운영 상담실

    ⑥ 초·중·고 WEE CLASS
    ⑦ 대학의 학생상담소

(2) 자살방지 기구

    ① 한국자살예방협회(www.suicideprevention.or.kr)
    ② 청소년사이버상담센터(www.cyber1388.kr)
    ③ 생명의전화(www.lifeline.or.kr)
    ④ 보건복지상담센터(www.129.go.kr)

(3) 청소년 관련법(청소년 대상연령)
　① 청소년기본법, 청소년복지지원법, 청소년활동진흥법(9세 이상~24세 이하)
　② 청소년보호법, 아동·청소년의 성보호에 관한 법률(19세 미만)
　③ 소년법, 보호소년 등의 처우에 관한 법률(19세 미만)
　④ 한부모가족지원법, 국민기초생활보장법(18세 미만, 취학 중인 경우 22세 미만)
　⑤ 근로기준법(15세 미만, 중학교 재학 중인 경우 18세 미만), 민법(19세 미만)

(4) 청소년 보호단체
　① 청소년보호위원회
　　㉠ 청소년보호법에 근거하여 1997년 국무총리 산하 기관으로 설립, 여성가족부에서 운영
　　㉡ 청소년을 유해환경으로부터 보호하기 위하여 각종 정책을 입안·심의·결정하는 기구
　　㉢ 위원장 1명을 포함한 11명 이내의 위원으로 구성
　② Help Call 1388(청소년전화)
　　㉠ 위기청소년을 위한 사회안전망의 일환으로 청소년사이버상담센터에서 365일, 24시간 운영하는 청소년상담전화
　　㉡ 청소년, 그 부모뿐만 아니라 청소년기의 고민 등에 대해 궁금한 사람은 누구나 이용 가능
　③ 보호관찰소
　　㉠ 의미 : 지역사회에서 재범하지 않도록 관리·감독하며 사회에 잘 적응할 수 있도록 지원
　　㉡ 대상 : 소년법의 보호처분을 받은 청소년, 형사법원의 집행유예를 받은 성인
　　㉢ 업무 : 보호관찰, 사회봉사 명령/수강명령의 집행, 갱생보호

(5) 청소년보호제도
　① 청소년 보호구역
　　㉠ 지방자치단체가 청소년 보호를 위해 필요하다고 인정하는 경우, 청수년통행 금지구역(24시간 금지)과 청소년통행 제한구역(일정시간 금지) 설정 가능
　　㉡ 상세한 내용은 조례로 정할 수 있으며 관할경찰서, 학교, 관계기관, 지역주민의 의견을 반영하여야 함
　② School Zone
　　㉠ 어린이 보호구역
　　㉡ 초등학교 및 유치원 정문에서 반경 300m 이내의 주통학로를 보호구역으로 지정하여 교통안전시설물 및 도로부속물 설치로 학생들의 안전한 통학공간을 확보하여 교통사고를 예방하기 위한 제도
　　㉢ 1995년 도로교통법에 의해 도입
　③ Green Food Zone
　　㉠ 어린이 식품안전보호구역
　　㉡ 학교(초·중·고교) 매점과 학교 주변 200m 이내의 통학로에 있는 문방구·슈퍼마켓 등에서 건강저해식품, 부정·불량식품, 유해첨가물식품 등의 판매를 금지하는 제도

④ 청소년문화센터
- ㉠ 청소년들에게 다양한 문화적 체험의 기회를 제공하며, 전문성 개발을 돕기 위해 여러 가지 프로그램 개발·운영·보급
- ㉡ 청소년 자치활동, 문화축제(We즐)·놀토·미터 체험활동 등의 자발적인 청소년 자치활동 지원
- ㉢ 청소년 국제자원봉사, 유럽문화체험여행, 다문화·이문화 소통프로그램과 청소년 역사문화유산 리뷰(H.R.C) 및 학교 연계 프로그램 등 실시

(6) 비행청소년 분류
① 촉법소년 : 10세 이상 14세 미만 형벌법령에 저촉되는 행위를 하였으나 형사책임 능력이 없는 관계로 처벌을 받지 아니하며 보호처분의 대상이 된 소년
② 범죄소년 : 14세 이상 19세 미만으로 범죄를 저질러 형사책임이 있는 소년
③ 우범소년 : 10세 이상 19세 미만으로 장래 형벌법령에 저촉되는 행위를 할 우려가 있는 소년

(7) YP(Youth Patrol, 청소년 스스로 지킴이) 프로그램
① 자기 통제력이 부족한 청소년이 인터넷 게임중독, 유해매체물·약물·업소·물건 등 주변 생활환경의 유해성으로부터 스스로를 보호할 수 있도록 분별력과 조절력을 길러주는 청소년 보호프로그램
② 일방적인 주입식 교육을 지양하고, 교과수업이나 창의적 체험활동 등의 시간을 활용, 학생 스스로 사고하고 판단하며 행동하게 함으로써 올바른 습관을 형성하도록 도와주는 자기주도적 학습활동

(8) 청소년 보호프로그램
청소년들이 이용하는 인터넷상에서 유해 성인사이트나 음란물을 차단하거나 PC 사용시간 관리를 하기 위한 소프트웨어

(9) 진로상담 사이트 - 고용24(www.work24.go.kr)
① 청소년, 성인을 대상으로 하여 채용정보, 직업정보를 제공하며, 직업심리검사 및 진로상담 서비스 제공
② 검사종류 : 청소년 직업흥미 검사, 청소년 적성검사 등

(10) 청소년의 달 : 5월
국가, 지방자치단체, 공공단체, 청소년단체 등은 청소년의 달(5월)에 청소년의 문화·예술·수련·체육 행사나 청소년의 인권 증진 및 육성에 관한 연구발표 행사, 모범청소년이나 청소년지도자 및 우수한 청소년단체에 대한 포상, 대중매체 등을 활용한 홍보행사 등을 하도록 노력하여야 한다고 명시되어 있음(청소년기본법 제16조, 동법 시행령 제17조 참고)

(11) 청소년의 정책입안 참여
① '청소년참여위원회' 운영을 통해 청소년들을 중앙 및 지방자치단체 정책 및 사업 과정에 주체적으로 참여토록 함으로써, 청소년 시책의 실효성을 제고하고 있음
② '청소년특별회의'를 통해 청소년과 청소년 전문가가 함께 참여하여 범정부적 차원의 청소년정책을 추진해 나가도록 하고 있음
③ '청소년운영위원회'를 통해 청소년수련시설의 운영 및 프로그램 등에 청소년의 의견을 반영함으로써 청소년이 주인이 되는 시설이 되도록 하고 있음

(12) 청소년 Drop-in Center
① 청소년들이 잠깐 들러서 휴식을 취할 수 있게 근접성이 높은 위치에 만들어 놓은 장소
② 기 능
  ㉠ 청소년의 쉼터(인터넷-정보탐색, 책도 읽고 진로정보도 제공받음)
  ㉡ 단기적으로 모든 청소년에게 도움을 제공
  ㉢ 심리검사 및 상담

(13) 대안학교(Alternative School)
① 학업중단 학생 등 부적응 학생들에게 다시 한 번 정상적인 생활로 복귀할 수 있는 기회를 주기 위해 일반학교와는 달리 전인교육과 체험학습 등에 중점을 둔 별도의 교육 프로그램을 운영하도록 고안된 학교
② 공교육의 문제점을 보완하고 자율적인 프로그램을 운영하도록 고안됨
③ 교육부 인가가 난 곳도 있음

(14) 아동복지센터
국가와 사회의 보호가 필요한 아동에 대하여 상담과 보호·치료 등의 기능을 수행하는 아동복지 전문 행정기관

(15) 위기상담
실직, 배우자 사망, 청소년 자살시도 등 내담자가 위기상황에서 자살 등 부정적이고 과격한 이상행동을 할 가능성이 클 때, 행동을 제지하거나 보류하기 위하여 가족이나 보호·기구의 개입을 신속하게 진행하는 상담형태

(16) 역할연습
① 모레노(Moreno)가 창안하고 형태주의 상담이론가 펄스(Perls)가 사용
② 자기의 역할을 연극하듯 행동하게 하여 정서적 카타르시스를 경험하게 함으로써 정서적인 문제를 해결하는 기법
③ 다른 사람들이 그 역할연기에 대해 평가 및 피드백
④ 역할놀이와 행동연습으로 구성

(17) 한국청소년상담복지개발원

① 설립 : 1991년 청소년기본법 제정으로 설립
② 역 할
　㉠ 청소년상담기법, 정책개발
　㉡ 청소년상담인력 양성
　㉢ 청소년상담 관련 연구
③ 목적 : 청소년상담의 저변확대, 질적 향상 도모

(18) 청소년보호법상 청소년보호 관련 용어

① 청소년 시청보호시간대
　㉠ 평일 : 오전 7시~오전 9시, 오후 1시~오후 10시
　㉡ 공휴일, 토요일 및 초·중·고교의 방학기간 : 오전 7시~오후 10시
② 매체물의 등급 구분
　㉠ 청소년보호법상 등급구분 : 9세 이상 가, 12세 이상 가, 15세 이상 가
　㉡ 방송물 : 7세 이상 시청가, 12세 이상 시청가, 15세 이상 시청가, 19세 이상 시청가
　㉢ 게임물 : 전체이용가, 12세 이용가, 15세 이용가, 청소년 이용불가
　㉣ 영상물(영화·비디오) : 전체관람가, 15세 이상 관람가, 청소년 관람불가
　㉤ 정보통신물 : 19세 미만 이용불가
　㉥ 간행물 : 19세 미만 구독불가
③ 출입 제한·금지 장소
　㉠ 금지구역 : 유흥주점, 단란주점, 비디오관람점, 전화방, 무도학원
　㉡ 제한장소
　　• PC방 : 오후 10시~오전 9시
　　• 찜질방 : 오후 10시~오전 5시

(19) 한국성폭력상담소(사단법인)

① 설립 : 1991년 4월 설립
② 기 능
　㉠ 성폭력 피해생존자 상담·지원
　㉡ 성차별적 성문화 바꾸기
　㉢ 성폭력관련법, 정책 감시 및 제언

(20) Edunet(한국교육학술정보원)

① 설립 : 1999년 4월 22일
② 기 능
　㉠ 교육정보화를 통한 공교육 강화
　㉡ 고등교육 및 학술정보화를 통한 국가연구 경쟁력 제고
　㉢ 교육행정 정보화를 통한 선진 교육행정 서비스 구현 및 학부모 알 권리 신장
　㉣ 이러닝(E-Learning) 세계화를 통한 국가 위상 강화

(21) 소년분류심사원

① 법원소년부(가정법원 소년부 또는 지방법원 소년부)가 결정으로써 위탁한 소년을 수용하여 그 자질(資質)을 분류·심사하는 시설
② 분류심사는 의학·심리학·교육학·사회학·사회사업학 등의 전문적인 지식과 기술에 근거를 두고, 보호소년의 신체적·심리적·환경적 측면 조사·판정
③ 소년의 신체·성격·소질·환경·학력 및 경력과 그 상호관계를 규명하여 보호소년의 교정에 관한 최선의 방침을 수립하는 것을 목적으로 함

(22) 학교폭력예방 및 대책에 관한 법률(학교폭력예방법)

① **학교폭력** : 학교 내외에서 학생을 대상으로 발생한 상해, 폭행, 감금, 협박, 약취·유인, 명예훼손·모욕, 공갈, 강요·강제적인 심부름 및 성폭력, 따돌림, 사이버따돌림, 정보통신망을 이용한 음란·폭력정보 등에 의하여 신체·정신 또는 재산상의 피해를 수반하는 행위
② **학교폭력대책위원회(국무총리 소속)의 심의사항**
　㉠ 학교폭력의 예방 및 대책에 관한 기본계획의 수립 및 시행에 대한 평가
　㉡ 학교폭력과 관련하여 관계 중앙행정기관 및 지방자치단체의 장이 요청하는 사항
　㉢ 학교폭력과 관련하여 교육청, 학교폭력대책지역위원회, 학교폭력대책지역협의회, 학교폭력대책심의위원회, 전문단체 및 전문가가 요청하는 사항

(23) 컴퓨터 과다사용에 따른 신체적 증상

① **거북목증후군** : 컴퓨터나 스마트폰을 오래 사용하면 거북목 자세를 유지하게 되어 척추 윗부분에 힘이 가해져 점점 목 뒷부분의 인대가 늘어난다. 이렇게 되면 뒷목과 어깨, 허리까지 통증이 생길 수 있고 만성화되는 경우 '근막통증증후군'이나 '척추 디스크' 등 각종 근골격계 질환으로까지 발전
② **손목터널증후군** : 손과 손목에 통증이 있으며 손가락이 저린 증상
③ **시각계통 이상 증후군** : 시력이 떨어지거나 각막염, 결막염 등의 눈병 발병
④ **근막통증증후군** : 뒷목이나 어깨, 허리가 뻐근하거나 쿡쿡 쑤시는 통증
⑤ 이외에도 안구건조증, 소음성 난청, 척추측만증 등이 있음

(24) 청소년시설

① **청소년활동**(청소년수련시설 + 청소년이용시설), 청소년복지, 청소년보호에 제공되는 시설
② **청소년수련시설** : 청소년수련관, 청소년수련원, 청소년문화의 집, 청소년특화시설, 청소년야영장, 유스호스텔
③ **청소년이용시설** : 수련시설이 아닌 시설로서, 그 설치목적의 범위에서 청소년활동의 실시와 청소년의 건전한 이용 등에 제공할 수 있는 시설
　예 독서실, Drop-in Center 등

(25) 청소년수련활동 인증제도의 인증기준

구 분	영역 및 유형	기 준
공통기준	활동프로그램	• 프로그램 구성 • 프로그램 자원운영
	지도력	• 지도자 전문성 확보 계획 • 지도자 역할 및 배치
	활동환경	• 공간과 설비의 확보 및 관리 • 안전관리 계획
개별기준	숙박형	• 숙박관리 • 안전관리 인력 확보 • 영양관리자 자격
	이동형	• 숙박관리 • 안전관리 인력 확보 • 영양관리자 자격 • 휴식관리 • 이동관리
특별기준	위험도가 높은 활동	• 전문지도자의 배치 • 공간과 설비, 안전관리
	학교단체 숙박형	학교단체 숙박형 활동 관리
	비대면방식 실시간 쌍방향	실시간 쌍방향 활동 운영 및 관리
	비대면방식 콘텐츠 활용 중심	콘텐츠 활용 중심 활동 운영 및 관리
	비대면방식 과제수행 중심	과제수행 중심 활동 운영 및 관리

(26) 인증수련활동 유형

① 기본형 : 전체 프로그램 운영 시간이 2시간 이상으로, 실시한 날에 끝나거나 또는 2일 이상의 각 회기로 구성되어 있으며, 숙박 없이 수일에 걸쳐 이루어지는 활동
② 숙박형 : 숙박에 적합한 장소에서 일정기간 숙박하여 이루어지는 활동
③ 이동형 : 활동내용에 따라 선정된 활동장을 이동하여 숙박하며 이루어지는 활동
④ 학교단체 숙박형 : 학교장이 참가를 승인한 숙박형 활동(개별단위 프로그램 : 학교단체 숙박형 활동을 구성하는 각각의 프로그램)

(27) 국제청소년성취포상제

① 포상단계(금장, 은장, 동장)별 공통으로 4가지 포상활동(신체단련, 봉사, 자기계발, 탐험)을 정해진 일정 기간 이상 활동하면서, 각 활동별 성취목표를 달성하면 국제적인 포상을 받을 수 있음
② '합숙활동'은 금장 포상단계에만 추가로 활동해야 함
③ 참가대상 : 만 14~24세(만 25세 생년월일 생일전까지) 국내외 청소년 누구나 가능
  ㉠ 동장(만 14세 이상)
  ㉡ 은장(만 15세 이상)
  ㉢ 금장(만 16세 이상)
④ 원칙 : 개별성, 비경쟁성, 성취 지향성, 자발성, 발전성, 균형성, 단계성, 영감을 주는, 지속성, 재미

(28) 청소년자기도전포상제

① 만 7~15세(초등학교 1학년~중학교 3학년) 청소년들이 자기계발·신체단련·봉사·탐험·진로개발의 5가지 활동영역 중 4가지를 선택하여 스스로 정한 목표를 성취해가며, 숨겨진 끼를 발견하고 꿈을 찾아가는 자기성장프로그램

② 활동영역 : 자기계발활동, 신체단련활동, 봉사활동, 탐험활동, 진로개발활동

③ 기본이념 : 다양한 활동, 스스로 하는 활동, 재능의 발견 및 개발의 기회, 단계적 활동, 경쟁이 없는 활동, 성취 지향적 활동, 좋은 친구가 되기 위한 활동, 즐길 수 있는 활동

(29) 청소년방과후아카데미

① 여성가족부와 지방자치단체에서 공적 서비스를 담당하는 청소년수련시설(청소년수련관, 청소년문화의 집 등의 공공시설)을 기반으로 방과 후 돌봄이 필요한 청소년(초등학교 4학년~중학교 3학년)들에게 학습지원, 전문체험, 자기계발, 생활지원, 특별지원 등 제공

② 청소년들의 건강한 방과 후 생활과 삶의 질 향상을 위해 다양한 청소년 활동프로그램 운영, 청소년 생활관리 등 청소년을 위한 종합적인 교육·복지·보호서비스를 제공하는 국가정책 지원사업

(30) 청소년 아웃리치(Outreach) 활동

청소년상담사들이 청소년 관련 기관 직원, 인근 경찰서의 경찰과 같이 저녁이나 방학 직후, 시험 본 날, 크리스마스 이브 등과 같이 청소년들이 안전한 통제에서 벗어나 거리를 배회하거나 공원이나 야산 등에서 위험행동을 할 가능성이 있는 장소와 시간대에 청소년들을 상담하고 지도하여 학교, 가정, 보호기관, 쉼터로 돌려보내는 봉사활동

아이들이 답이 있는 질문을 하기 시작하면
그들이 성장하고 있음을 알 수 있다.

- 존 J. 플롬프 -

2025 시대에듀 청소년상담사 3급 2차 면접대비 한권으로 끝내기

개정12판1쇄 발행	2025년 04월 15일 (인쇄 2025년 02월 19일)
초 판 발 행	2013년 05월 03일 (인쇄 2013년 03월 21일)
발 행 인	박영일
책 임 편 집	이해욱
저 자	문두식
편 집 진 행	박종옥 · 장민영
표지디자인	김지수
편집디자인	김기화 · 김휘주
발 행 처	(주)시대고시기획
출 판 등 록	제10-1521호
주 소	서울시 마포구 큰우물로 75 [도화동 538 성지 B/D] 9F
전 화	1600-3600
팩 스	02-701-8823
홈 페 이 지	www.sdedu.co.kr
I S B N	979-11-383-8796-5 (13330)
정 가	32,000원

※ 이 책은 저작권법의 보호를 받는 저작물이므로 동영상 제작 및 무단전재와 배포를 금합니다.
※ 잘못된 책은 구입하신 서점에서 바꾸어 드립니다.